网络经济

内生结构的
复杂性经济学分析

姜奇平 |著|

中国财富出版社

图书在版编目（CIP）数据

网络经济：内生结构的复杂性经济学分析／姜奇平著．—北京：中国财富出版社，2017.12

ISBN 978-7-5047-4881-2

Ⅰ.①网…　Ⅱ.①姜…　Ⅲ.①网络经济　Ⅳ.①F062.5

中国版本图书馆 CIP 数据核字（2017）第 305645 号

策划编辑	刘 晗	责任编辑	张冬梅 郑晓雯		
责任印制	石 雷	责任校对	孙会香 卓闪闪	责任发行	董 倩

出版发行	中国财富出版社		
社　　址	北京市丰台区南四环西路 188 号 5 区 20 楼	邮政编码	100070
电　　话	010-52227588 转 2048/2028（发行部）	010-52227588 转 321（总编室）	
	010-68589540（读者服务部）	010-52227588 转 305（质检部）	
网　　址	http://www.cfpress.com.cn		
经　　销	新华书店		
印　　刷	北京京都六环印刷厂		
书　　号	ISBN 978-7-5047-4881-2/F·2843		
开　　本	710mm×1000mm　1/16	版　次	2017 年 12 月第 1 版
印　　张	25.25	印　次	2017 年 12 月第 1 次印刷
字　　数	440 千字	定　价	78.00 元

版权所有·侵权必究·印装差错·负责调换

目 录

1 网络经济学的议题设置 1
    1.1 复杂性结构理论的经济学背景 9
        1.1.1 复杂性经济学的元问题 10
        1.1.2 结构范式演进的逻辑与历史线索 48
        1.1.3 网络经济学自身的特殊基本问题 64
    1.2 结构问题的技术与社会背景 78
        1.2.1 网络结构的技术含义：概念与议题由来 78
        1.2.2 网络结构的社会含义：思想与理论 87
    1.3 从质性到复杂性量化 90
        1.3.1 经济学中的复杂性量化渊源 90
        1.3.2 作为结构化方法论的图论 100

2 网络经济学的结构框架 115
    2.1 在现有网络经济学框架中内生复杂性 117
    2.2 在数量、价格外内生第三维：品种 118
        2.2.1 斯蒂格里茨对经济学基本问题的重新设定 119
        2.2.2 信息化经济学是异质经济学 122
    2.3 在第三维品种基础上内生第四维：网络 123
        2.3.1 元结构：从超图角度看待图 124
        2.3.2 量化第四维：以图为对象的超平面分析法 129
    2.4 高维经济学的理论意图与框架基础 130

3 概念与定义：量化异质效用 135
    3.1 异质效用的排序问题 138

1

- 3.1.1 新效用量纲的内涵："全面反映多样性" …… 141
- 3.1.2 量化复杂性：哈耶克数学思路与图论的暗合 …… 142
- 3.1.3 图值：自由选择的量化单位 …… 145
- 3.2 量化异质效用：以图定义品种 …… 148
  - 3.2.1 经济学角度的图值：与复杂性科学保持距离 …… 149
  - 3.2.2 结构化 N 的理论根据与数学本质 …… 150
  - 3.2.3 面向节点为异质效用进行图排序 …… 153
  - 3.2.4 面向边为异质效用进行图排序 …… 154
  - 3.2.5 异质系数 H：用于计算的复杂性系数 …… 165
- 3.3 异质财富的"价格"：内生结构的情境价格 …… 169
  - 3.3.1 系数结构化：在价格中内生结构的问题意识 …… 170
  - 3.3.2 边"价格"：对货币的情境估值 …… 172
  - 3.3.3 边权重：信任值 …… 173
- 3.4 异质财富的收入：信息国民收入 …… 174
  - 3.4.1 流量结构化：异质收入 …… 174
  - 3.4.2 信息国民收入：数量、品种与质"量" …… 175

4 不同方式资源配置的网络结构 …… 177

- 4.1 资源配置的统一场：从家庭、市场（企业）到网络 …… 180
  - 4.1.1 与市场并列、从市场推广为通则的网络 …… 180
  - 4.1.2 对市场结构研究的拓展 …… 181
  - 4.1.3 配置理论的视角拓展 …… 186
- 4.2 随机网络：基于家庭的农业经济网络结构 …… 200
  - 4.2.1 随机网络：以家庭为中心的网络 …… 200
  - 4.2.2 随机网络的结构特征：泊松分布与谱密度 …… 203
  - 4.2.3 随机网络的经济解释 …… 205
  - 4.2.4 随机结构对均衡的影响 …… 210
- 4.3 规则网络：基于市场和企业的工业经济网络结构 …… 212
  - 4.3.1 规则网络：市场、企业的网络结构 …… 212
  - 4.3.2 市场的图本质：正则网络 …… 213
  - 4.3.3 企业的图本质：星形网络 …… 220

       4.3.4 规则网络结构对均衡的影响 236
   4.4 复杂网络：基于网络的信息经济网络结构 238
       4.4.1 网络作为市场与企业的推广 238
       4.4.2 小世界网络：规则与随机之间 241
       4.4.3 无标度网络：择优连接 246
       4.4.4 复杂网络结构对均衡的影响 250

5 网络组织结构：产业与企业的网络化 253
   5.1 产业网络化结构：平台与生态 255
       5.1.1 网络与企业的区别 256
       5.1.2 网络边界界定 262
       5.1.3 网络中的"平台—应用"结构 267
       5.1.4 生态结构 288
   5.2 企业网络化结构 293
       5.2.1 管理图论：网络组织的自治机制 294
       5.2.2 组织的功能结构 298
       5.2.3 管理功能的框架性比较 299

6 资本结构的网络化与产权制度演进 303
   6.1 思考资本的新方式 305
       6.1.1 资本结构化问题的讨论方法 305
       6.1.2 资本及其结构 306
   6.2 资本的连接方式 312
       6.2.1 结构洞的基本概念 312
       6.2.2 结构洞的方法论意义 314
       6.2.3 结构洞：资本网络化与产权边界 317
   6.3 资本结构与均衡 318
       6.3.1 结构洞与全局均衡 318
       6.3.2 结构洞微观均衡机理 322
   6.4 网络经济的产权制度：实质性变化 329
       6.4.1 使用而非拥有的新产权制度 329

6.4.2 产权制度安排：相对产权论与绝对产权论 ……………………… 331

7 网络经济的均衡结构分析 …………………………………………… 335
7.1 基础模型：文献回顾 …………………………………………… 338
7.2 均衡框架：内生范围经济的三维均衡 ………………………… 344
7.2.1 需求曲面 …………………………………………………… 345
7.2.2 供给曲面 …………………………………………………… 348
7.2.3 "简单性—复杂性"两市场一般均衡 ……………………… 350
7.3 均衡框架：第四维结构化视角的范围经济 …………………… 352
7.3.1 议题设置：两种范围经济 ………………………………… 355
7.3.2 问题背景：同质的"异质完全竞争" ……………………… 357
7.3.3 范围经济的结构化成本理论 ……………………………… 363
7.3.4 拉姆齐定价作为均衡与最优价格 ………………………… 388
7.4 展望：从两两均衡到全局均衡 ………………………………… 395

1 网络经济学的议题设置

在网络经济学之前的基础研究是信息化与网络经济学研究,我们做的工作主要是建立传统经济学与新经济学之间内在转换的桥梁,在其中不谈技术特殊性问题(工业技术与信息技术的区别),只讨论经济问题(电子商务中的商务本身)涉及的理论经济学上的区别。总的改变在于,加入数字经济后,以完全竞争代表工业化经济的同质完全竞争,以垄断竞争代表信息化的异质完全竞争[①],建立起工业化与信息化两部门经济模型。经济学的结论从以往完全竞争与垄断竞争偏正结构的均衡,变为对等结构的均衡(称为广义均衡);从偏正结构的最优,演化为对等结构的最优(广义帕累托最优)。

网络经济学在广义均衡与最优基础上,进一步将代表复杂性、差异化的垄断竞争均衡与最优方法,深化为以图论为代表的网络数学方法,揭示内生复杂性的均衡与最优的结构。这就是内生结构的复杂性经济学分析要研究的对象。之所以称经济学分析,是指主要研究论证建立网络经济学所需的新视野与新方法,包括提出不同以往的问题,采用不同以往的方法的可能性。

互联网发展已有多年,其对经济和经济学的冲击,人们的感受越来越深。作为网络经济的专业研究者,回过头来想网络到底是怎么回事,最简洁概括的一句话是:网络是人类经济史上,继市场、企业的发明之后的又一重大发明。现有经济学包括网络经济学,但还没有形成这种认知,现在还在用市场、企业的规律解释网络这样一种本质上不同于市场、网络的资源配置方式,而没有发现网络实践已提出了斯密、科斯经济学的系统的反例。因此,我们的网络经济学研究希望打破这样的局面,发现网络在经济学上的特殊性,让其并列于市场和企业。

---

① 垄断竞争并不必然代表异质完全竞争,例如,规模经济(且范围不经济)虽然以垄断竞争均衡定价,但却是同质的不完全竞争。我们以不完全竞争(罗宾逊夫人意义上的同质不完全竞争的简称)指代规模经济意义上的垄断竞争,以"垄断竞争"一词特指异质完全竞争意义上的(即张伯伦意义上)垄断竞争,如范围经济。二者不一定相互排斥,例如经济既可规模化也可范围化。

在本研究中，我们把网络经济学当作内生结构的复杂性经济学。作为一般经济学，它首先是复杂性经济学。与不内生结构的复杂性经济学（信息化经济学）相比，它的特点在于内生结构是一种结构经济学。我们把网络经济学当作复杂性经济学与结构经济学的合体。

网络经济学在此是指泛网络经济学，它不是只研究互联网现象，而是把一切现象——从市场、企业到互联网都视为网络现象。根据这样一种定位，网络不是指一种具体现象，而是一切具体的网络与非网络现象背后的本质。

从这种普遍本质看上去，所谓非网络现象，只是网络结构中缺失某一要件的特例。例如，所有网络是具有节点（个体）与边（关系）的组合结构，原子论的自利只是一种特例，即当结构中关系被均质化从而外生[①]后的"残缺"了的网络。

打个不一定恰当的比喻，好比弗洛伊德的学说，作为一种泛性论，把性、非性的现象，都归结到性的本质上来。这并不意味着非性的现象真的具有狭义的性的含义，而是性本身的意义被推广了。

互联网具有典型的结构特征，但并不是说互联网出现之前的市场、企业没有结构，而是我们把互联网中的结构当作健全的、完全的结构，对比之下，市场、企业的结构是不完全的，互联网只是一种更完全的结构的特例。

从这个意义上说，以往标准的经济学（新古典理论）研究的对象，只是结构残缺的网络。网络经济学将经济现象复原到其真实世界结构全貌来加以认识，因此它不是像新古典理论那样的特例经济学，而是名副其实的普遍经济学。

本研究是中国社科院创新工程"分享经济研究"项目2017年工作的一部分，这一研究侧重从平台经济角度，解析分享经济的资源配置机理。从学科建设角度看，它是从资源配置角度对信息化与网络经济学的基础理论进行研究的一部分。它与现有研究的一个显著区别在于，将网络经济学视为了标准经济学[②]的推广形式，而不是把网络经济学当作标准经济学的一个应用学科或子学科。

---

① 外生是指有它与无它，显示不出实质区别。例如，新古典理论将社会关系外生化，有社会关系与没有社会关系的分配结论是一样的。而导致社会关系异质性和差异的交易费用，被零摩擦的假定排除了。

② 标准经济学在本书中特指西方标准经济学，即新古典主义经济学。

对标准经济学的第一个推广是内生异质性,即放松标准经济学的同质性假定,将标准经济学视为 N = 1 这一特例,将标准经济学(同质经济学)推广为异质经济学(N > 1 的经济学)即信息化经济学①;第二个推广是内生结构,进一步放松异质经济学中的质性设定(无结构、无具体的质的区别,如代表性消费者模型),将异质经济学视为无结构(均质)网络这一特例,将其推广为内生网络(结构、有具体的质的区别)的异质经济学。

因此,内生结构的异质经济学中,"内生结构"指质的具体性,"内生结构的异质"是指有具体的质的差异。质的具体性,在网络经济学中用图论方法解析,图(即网络)具有点与边两个维度,不同的点和边的结合构成的网络,代表事物的不同的质;质的具体性是相对于原子论而言的,原子论世界的质是抽象的、无内容的(同质性假定把有质的区别与无质的区别当作一回事),只有点(原子)的逻辑,抽象掉了边(关系,犹量子力学波粒二象性中的波)的逻辑。因此事物与事物之间是同质性的,只具有外在关系(功利关系),而没有内在关系(不计功利而本然的关系)。

在数学上,网络是用图(Graph)来表示的。网络与图论的关系一望而知。早在图论初起的 20 世纪 30 年代,法国数学家因为不习惯图论这个新词而拒绝采用它,使用的替代词就是网络。可见,网络即图,图即网络。用网络的方法解释网络经济,是自然而然的。但现有经济学却不是这样,而是仍然沿用原子论的方法解释网络经济,把网络经济当作原子论经济的一种具体的、应用层面的表现。引入图论方法后,事情颠倒过来:原子论经济才是一种具体的、应用层面的表现,它只是网络(图论)抽掉边以后的特殊现象。换句话说,把新古典主义经济学放在图论中观察,它只是作图人由于粗心大意忘记画上边(点与点之间的连线),而把一大堆原子节点当作图的全貌的局部理论。由原子论的标准理论解释的网络经济,只是用节点冒充图的伪科学。

从这个意义上说,网络经济学作为一般经济学,相当于把标准经济学(新古典主义经济学)当作基于原子论的牛顿力学(比喻只限于线性条件的特例),把它推广为基于波粒二象性(Wave - Particle Duality)的量子力学(比喻推广为线性与非线性结合的系统论)。从机械论变成生命论。从"干"(没

---

① 与信息化对应的,其实不是工业化,而是货币化,即用中介形式表述的工业化。信息化对应的本体(电子商务之"务")是服务化,信息化是以信息这种中介形式表征的服务化。

有人情味、物化）的社会科学，变成"湿"（有人情味、以人为本）的社会科学。以波粒二象性作为比喻，经济学只有粒一个维度时，看到的所有现象是一条直线；当它有波粒两个维度时，看到的所有现象是一个平面。结构理论的好处是，能让人们看到在线的状态（特例状态）叠合起来而无从呈现（但并非不存在）的平面现象。

同为资源配置理论，网络经济学与原子论的资源配置理论（如标准的新古典经济学）不同，它具有人文内涵，回到仁（《论语》）与同情心（《道德情操论》）这个利益原点上，认识资源配置是作为一种对象化活动所体现的主体性质（以人为本的质性）。

网络作为主体质性，其中内生结构中生出的"边"（比喻"波"、关系、互联互通）这一新的维度，内在的是性善论，它映射到资源配置上，就是由近及远不忘初心（亲自）地分享、使用资源的这样一种主体合作状态。与之相比，标准经济学中内在设定的是原子论立场，内在的是性恶论。自利设定，是以节点为中心，把关系（利他、分享）当作节点派生的功利性行为。图论对应的人性论，相当于把性恶与性善，统一在图（波粒二象性）这一统一场景中。认为二者都是内在于系统的，是原生的范式（而非其中一个是基本范式，另一个是从中派生的第二性的东西），像阴阳一样不分先后，相互转化。

关系的数学性质从得失角度看，具有自返性、对等性、传递性三个特点。自返性相当于"报"的概念，对等性相当于"一报还一报"，传递性相当于"朋友的朋友是朋友"。

关系的一般性质可以终极地推到哲学之上。如果人们关系的基础不是理性（它可以跨越时空，令陌生人产生关系），那么将是什么？从形式上看，是通过邻接。但邻接与理性的区别何在？从经验上看，这很像是湿与干、生与熟的区别。它们在形而上层面意指的分别是心物一元与心物二元。邻只是形式，实质是指联系的先验的直接性。例如，诚这个概念就是指这种先验性，它是本原的，而不是派生的。

当然，本项研究有别于《分享经济：垄断竞争政治经济学》，不是主体研究，而是经济学的客体研究。如果说主体是内容，客体是形式，这里的形式就是指结构。内生结构指内生网络。平台问题，在更广意义上讲是分享问题；从客体角度看，本质是网络的结构问题。网络是分享的毛细血管，网络不光进行利益分享，而且使资源得到更充分的利用。结合到现实，网络经济学需要提供一个更广的架构,将传统上属于企业之外的外部性和网络效应问题,纳入整体框架中来思考。在这一框架下,对市场、企业与网络进行论述。其特点在于将市场、企业视为网络的特例,而把网络视为资源配置的通则。从这个角度说,我们的网络经济学不同于其他只谈互联网的网络经济学,它是一种泛网络论或泛网络经济学,即把所有经济现象都视为网络现象,复杂网络只是这种泛网络的高级形式的经济学。

本研究定位于经济学分析而不是经济学,研究旨在探讨网络经济学的议题设置问题,即应如何提出问题,提出什么样的问题,并给出思考线索,而不在于解决这些问题,或者说给出设定好的结果。

本研究的最大创新在于,将原来有各自不同背景的市场经济学、企业经济学和网络经济学的基本问题,纳入同一个均衡框架中来进行分析,从而提供一个通解。在内生结构的异质经济学看来,信息化经济学是标准经济学内生复杂性(即品种)维度后的推广,因此是标准的二维经济学(数量—价格二维经济学)在垄断竞争理论(差异化均衡理论)的基础上,向三维(品种—数量—价格)框架的推广。而网络经济学,则是这种三维化的经济学,向第四维(图,即网络)的推广。

作为第四维的网络,在形式上是"图",实质上代表的是"质",即通过结构表现的质性。本研究突破了经济学以往不能研究质性的禁区,放松同质化假定到更广泛的、异质的、具体的复杂性空间,使之成为普遍经济学,而把以往加上同质限定条件的经济学当作特例经济学。通过内生结构的异质经济学,我们将原有经济学进行了两次推广:把网络经济学视为信息化经济学内生结构后的推广,而信息化经济学是标准经济学内生品种(质性)后的推广。

经济学从简单性范式向复杂性范式的演进,代表的是从对同质性经济现象的规律的认识,向对异质性经济现象的规律的认识的深化。主要适应的现实是从同质经济(传统中国制造)向异质经济(中国创造)的转变。

复杂性代表的是质的多样性(而同质性假定则只是质的多样性程度为1这一特例)。我们用品种代表抽象复杂性,用结构代表具体复杂性。复杂性的具体性就表现在图(网络)上,具体复杂性代表具体的质(从而把事物的品种值表述为事物的图值)。通过将异质结构内生进入经济学,网络经济学要从方法创新中解决经济学的质性分析可能出现的问题。

结构化的复杂性对应的实质性理论问题,是关于自发自由秩序的思考。自由秩序是复杂性经济的结构之质。我们认为,一个经济在同等成本条件下容纳、承受的复杂性程度越高(结构越复杂),它的规则所包容的自由选择的机会就更多,这样的秩序就更加自由。自由不是一种主观选择,在经济的低级发展阶段(如同质化的工业化阶段),否则经济就不能稳定均衡。这是因为其分工协作结构的发育还没有达到网络经济学所要求的均衡的水平。相反,经济发达是结构由简单变复杂的过程。当人均收入达到一定水平后,人们对差异化产品才能稳定给出边际成本之上的溢价,从均衡水平接受零利润之上的利润,使经济从低水平的循环流转,向创新驱动方向发展。从结构化的复杂性视角看,自由是在某种结构——规则网络与随机网络结合的双层结构(如无标度网络)中实现的多样性。与从经济学个体主义方法(可能只是原子论方法)入手研究自由不同,网络经济学从结构(由个体与互利连接构成)方法切入研究自由问题。

与现有大量谈论新技术的网络经济学不同,我们很少谈论具体的技术。作为基础理论的网络经济学与技术经济学有不同的分工,对理论经济学来说,技术虽然重要,但只是背景。对于电子商务,它考察的重点是商务,而非电子(生产力)。正如建立在非电子商务实践基础上标准经济学很少讨论电力、纺织之类技术一样。对网络经济学的基础理论来说,它更关心的是(由特定生产力决定后的)生产关系,是电子商务中商务的本质与范式,和旧体系在商务本质与范式上的不同及其演进关系。要重点研究的是,复杂性结构在整体水平上对经济产生了显著影响,可以使个性化供求实现多点触达这种以往商务难以实现的本质性的变化,与简单性结构条件下经济只能进行大规模同质化生产,二者与启蒙理性或自由秩序这种范式间的内在的关系。

为此要提出的结构问题的关键问题是"检验一个均衡如何随网络结构的变化而改变"[①],这种均衡不是取决于新古典主义理论作为出发点的原子论化的"个人努力",而是"自己的努力加上邻居的努力"。现有的网络经济学与这个基本问题相脱节,因此还不能独立于未把网络当作内生变量的标准经济学。本研究希望改变这种状况,推动构建有独立问题意识的网络经济学,这

---

① 桑吉夫·戈伊尔. 社会关系:网络经济学导论[M]. 吴谦立,译. 北京:北京大学出版社,2010:40.

种网络经济学与现有教材的不同在于，它把网络作为内在因素内生到经济学基础架构之中，而不是用网络来举例说明那些外在于网络机制的经济学原理。

为此，网络经济学必须是"结构"的经济学。内生结构就是内生复杂性。这里的结构特指"图"意义上的结构，即网络（以图论解析的复杂网络）。经济学每内生或外生一个基本维度，意味着经济学的升级与降维。标准经济学内生品种（抽象的质）则升维成信息化经济学，信息化经济学内生图（具体的质）则升维成网络经济学。网络经济学降一维（图的维度）就变成信息化经济学，信息化经济学再降一维（品种的维度）是标准经济学。它们之间是特例与推广的关系。从这个意义上说，网络经济学要做的主要工作，是把所研究的经济现象，从只是作为包含网络局部特征的特例的一般经济现象，推广到包含了网络全部特征的更普遍的现象和规律上来。

在形式化的分析背后，本研究希望做出的实质性的贡献，是建立一种人的自由而全面发展的经济数学，把人的自由选择，用新的数学语言加以形式化，从而使经济学聚焦于人的自由而全面发展。

1.1　复杂性结构理论的经济学背景

经济学中的"结构"传统往往来自于与发展有关的宏观方面的议题设置，如新兴古典经济学中对分工带来结构变化的分析，结构主义宏观经济对南北贸易问题、中心—外围结构的分析，以及结构经济学对发展中国家不同于发达国家的特殊性的分析等。这些理论的共同之处在于强调发展中国家与发达国家具有不同的结构。或者说，经济作为一个整体，具有质的不同。对一个国家来说，质就是他的国情、"特色"，如果不顾及国情乱来，就会造成结构与功能的紊乱。

结构也是一个微观问题。强调质的不同，落在微观上就是网络（结构，即质）内生于经济的问题。这一问题的议题设置，由于经济微观结构从（工业经济的）同质化向（信息经济的）异质化的转变而变得越来越重要。对一个人来说，质与他的自由意志、个性乃至情感等非决定论的、非线性的行为[①]

[①] 行为经济学说的"行为"，特指人的功能性的特性。我们用结构来解析功能，但结构（包括图论）不是唯一方法，还有实验、心理分析、语言分析等适合将人与物区别开来的方法。

相联系。

总之,强调质的不同以及质变的经济学意义(如对均衡点的位移),构成了结构问题的经济学背景。

1.1.1 复杂性经济学的元问题

本项研究主要从经济学角度研究复杂性,它具有这样的针对性,提纯复杂性理论中专属于经济学的问题。当前经济学领域的复杂性研究,具有将复杂性科学、自然科学概念和体系按照非经济学的逻辑系统引入经济学分析的现象。这令许多经济学家如读自然科学,摸不到头脑,不知所云。面对这种现状,我们把属于经济学本身的复杂性问题,与不属于经济学(包括不属于基础理论但可作为应用分析)的问题分开,正确地提出复杂性经济学问题本身,作为主要的研究内容。并且进一步按经济学语言和逻辑,厘清复杂性科学概念运用于经济分析时的经济学所指。

从研究角度看,复杂性与质性是同类问题。典型的社会现象,如精神现象、心理现象、社会现象,相对于物理现象具有更多的复杂性,主要是因为具有更多质的差异。

复杂多样的根本在于研究对象的质不同。同质现象适合量化分析,因为 $1, 2, 3, 4, \cdots, n$ 所指代的对象,一个不加言明的假定,它们在质上是没有区别的,或更准确说对于它们之间质的区别,理论是不加以考虑的(就当作不存在一样)。而精神现象、心理现象和社会现象,就其特殊性来说,却不能离开质的差异来分析。一旦离开了对质的分析,研究对象中那些属于人类独特性的东西就会消失不见,只剩下把人当作机器来进行的社会物理学式的机械把握。

质性问题一般用定性方法把握,而经济学要求定量分析,这本身就是一个矛盾。复杂性经济学作为一个自相矛盾的术语,给自己提出了一个看似不可解决的任务,要求系统地而非局部、个别地对质的差异性以定量的方式加以全景把握,把质加以量化。以定量分析替代定性分析。为此,首先要讨论提出和解决的问题本身是什么,看看它的特殊性在哪里,同以往经济学提出和解决的问题比起来,有什么样的继承与发展关系。

从网络经济学角度把握的经济学本体,网络代表的是一种随机与规则结合的自由。在这种观点看来,自由作为复杂性的表象(与之相反的是机械化、无选择），可以通过结构①刻画其性质。与现有自由主义不同，从网络的自由观走向的不是市场原教旨主义主张的市场自由，反而认为市场自由是不充分的，网络才更符合自由选择的概念。

1.1.1.1 复杂性的经济哲学问题

1. 复杂性问题的经济学背景

网络经济学可以视为一种复杂性经济学，它是以结构方法量化的复杂性经济学。

复杂性是网络经济学的基本问题。提出复杂性问题，并不是再提出一个经济学以外的问题，而就是经济学本身的问题。我们把现有经济学与网络经济学的区别，简单地当作简单性与复杂性的区别。把同质性假定称为简单性范式（其方法是原子论而非结构论的），因此现有的新古典经济学从哲学上，可以被视为简单性范式经济学，而网络经济学则是复杂性范式经济学，二者是相反、镜像的对称关系。

复杂性经济学以复杂性（异质性）为基本假定，复杂性假定是与简单性（同质性假定）相对而言的另一种范式。从这个意义上说，复杂性经济学提出的复杂性问题，既是一个形式问题，又是一个实质问题。

可称得上是复杂性经济学的资源可以分为两类，一类来自复杂性科学（具有准自然科学的特点），代表是桑塔菲学派，以将复杂性科学的视角从自然科学引入社会科学为特长，其核心观点见于布莱恩·阿瑟的《复杂经济学：经济思想的新框架》②，桑塔菲学派的中国观点主要体现于中国信息经济学派，代表性人物是陈禹，核心观点见其《复杂性研究视角中的经济系统》③。在这一学派之外的复杂性经济学家，以物理学博士陈平为代表。陈平的复杂性经济学是半复杂性科学（混沌理论）、半经济学（演化经济学）的，其计量方法中自然科学的色彩较重，许多是从物理学、生物学中直接搬到经济现象分析中来的，与经济学自身偏人文色彩的复杂性传统基本脱节。

---

① 把结构作为内生复杂性的方法。即认为事物复杂性的不同，主要在于结构的不同，相同结构具有相同性质，不同结构具有不同的性质。复杂性是由事物之间质的不同造成的异质现象（与之相反的机械性是同质现象）。

② 布莱恩·阿瑟. 复杂经济学：经济思想的新框架 [J]. 比较, 2014, 74 (5).

③ 陈禹, 方美琪. 复杂性研究视角中的经济系统[M]. 北京：商务印书馆, 2015.

另一类来自社会科学内部的传统，最突出的是奥地利学派经济学，与复杂性科学的思想渊源不同，它以人文科学见长。奥地利学派思想源于门格尔，他的观点在与德国历史学派的争论中形成，围绕的是国家与个人之间的利益争论，而不是物理学争论。代表人物是哈耶克、米塞斯，以提出人的行为假设、富于哲学思辨色彩为特色。他们与复杂性科学谈的是相同对象，但彼此没有直接方法关联，内容以人文科学见长（而复杂性科学家的知识结构偏理工），在思想性上弱一些。另外，更加实证的，还有演进经济学（侧重制度问题）、行为经济学（侧重人的问题）、社会网络经济分析（侧重形式问题）等。

网络问题从表面看是一个形式问题，甚至会被广泛误解、窄化为技术问题。但它背后有没有实质性问题？或者进一步明确地说，有没有理论经济学意义上的实质性问题呢？如果没有，提出网络问题就只是提出了一个方法、应用上的问题，只是局部性的小问题，可以纳入经济学体系中的某一分支来讨论，谈不上是普遍经济学。然而从所解释的信息革命是一场体变而非用变这一考虑提出问题，则需要提出属于体的问题。把新的体作为通则，而把旧的体当作新体的某种发育不全的特例[①]。对体的问题追问所谓实质性问题，指向的是基本范式，而非细枝末节的应用。

网络面对的经济（信息经济），是比传统经济（工业经济）更为复杂的经济。这种复杂不仅表现在个性化、定制、风险、不确定等这些现象越来越突出，越来越从边缘现象变为中心现象，更表现在现象背后的规律性存在（如均衡价格的确定规律以及适应这种规律的组织与制度），即复杂性范式本身越来越从边缘范式（如同质化假定将复杂性范式边缘化）变为核心范式。解释这种新的实践，超越了现代经济学范式的天花板。

现代经济学（现代性范式经济学）是以现代性范式为界限的各学科中的一个分支，所有这些学科都以启蒙理性为其思维的底板。凡超出启蒙理性界

[①] 具体是指，新体（网络）具有在复杂性条件下配置资源、分配利益的功能，在加上复杂性特有的维度（品种轴）形成的二维之体看来 $N=1$（同质假定）这一特定条件下，以简单性方式配置与分配的功能（例如，不系统地具备一对一精准配置与分配的结构功能）。而旧体（工业化市场和企业）只能在低一维（只有数量维）条件下。新体的普遍性表现在，放松了多样性这一维量值，从 $N=1$ 这一"特例"，"推广"到 $N>1$（内生复杂性从而呈现个性化、定制经济）这一更普遍的真实世界情况中去。

限的现象必然会被视为理论上"不存在"的。例如,复杂性现象存在不存在?当然存在,但它只是在应用上、细节上"现象地"存在,而在理论上是"不存在"的,在会计和统计上也会消失,如索洛悖论所说。

现代经济学以同质性假定为前提的经济人理性,属于启蒙理性的分支设定,或者说是经济学的启蒙理性假定。凡不符合同质性假定的现象,在理论中(在规则体系这个"体"中)就不存在。例如索罗悖论就视信息经济中的异质性产出为统计上不"存在"的。个性化、定制可以在现象上存在,但不可以在基本假定中存在(对均衡没有实质影响)。这是信息革命中最有疑义的思想,亦即革命不能涉及体,不能涉及范式,甚至根本不能这样提出问题。例如,提出属于体变的网络问题。

但理论包括经济学理论,终究是要以对现实的解释力来论是非。当同质化的工业经济(典型如单一品种大规模制造见长的传统中国制造)在经济中的重要性,日益让位于向复杂性转型升级(典型如小批量多品种的中国创造)的经济时,提出网络经济,旨在为转型升级的经济,从根本上提出新的范式。通过新的范式,可以看出在传统"天花板"内看不出的事实与规律(如受限于 GDP 观察不清的财富、多样化效率)。

由于涉及现代性水平上的范式转换(诸如第一次现代化、第二次现代化水平的转换),新的范式必须高于启蒙理性的总体范式。结构,正是这样的范式。罗姆巴赫把实体、体系和结构并称为三大范式,正好对应经济现象中的自然经济、工业经济和网络经济。结构在这里不是一种技术现象,而就是本体论范式,是像经济人理性中的理性那样的同级的范式。结构特指复杂性结构,它的背后就是复杂性作为新范式。新旧范式之际的演进关系在于,同质性是无结构的(均质结构,即结构值 $N=1$);异质性则是内生结构(非均质结构,即结构值 N 不等于 1、大于 1)。只有找到对传统理性范式的这一突破点,新的经济现象才能系统地找到理论上的家。

2. 奥地利学派与复杂性经济学

环顾经济学史,认真地把复杂性范式当作核心,在与同质性假定同样高度讨论体系框架性问题且有巨大影响力的专业经济学家(而不算复杂系统科学家),恐怕只有奥地利学派一支。米塞斯提出的理性与行为双重假设,成为奥地利学派的纲领性主张。在具体概念上,复杂性范式的代表性概念,要属哈耶克提出的自发自由秩序概念。从某种意义上说,自发自由秩序与网络涉及的是同一个问题，都在于用新范式理解、解释涌现生成中的规则和结构的形成，而有别于研究静态的规则的普遍性。

同为自由主义，我们认为芝加哥学派与奥地利学派的不同，是罗姆巴赫语义中"体系"与"结构"的不同。凡体系，都以简单性①范式（启蒙理性）为学说内核；凡结构，都以复杂性范式为内核。可以说，芝加哥学派是关于市场的简单性范式学说，奥地利学派是关于市场的复杂性范式学说。不过，以互联网思维看，两派关于自由的观点都是不彻底的，因为都局限于把市场当作自由的载体。从网络看市场，犹如从结构看体系，认为市场仍然是一种体现启蒙理性的传统事物，按哈耶克自己的区分，芝加哥学派的理性表现为大陆启蒙理性（法德理性），形式上表现为注重结果，"结果"隐喻的实际上是质的差异性转化为无差异的质这一过程完结之后的沉淀下来的理性；奥地利学派的理性表现为海洋启蒙理性（苏格兰理性），形式上表现为关注过程，这一过程隐喻的实际上是理性的沉淀过程，在这一过程中，同质化理性这一"结果"还在形成之中，而且是没有固定终点的（历史没有"终结"点），异质性（所谓"行为"）才是常态。

作为审题的一部分，我们要探讨奥地利学派提出的问题，在多大程度上算真正的复杂性经济问题（不光是复杂性问题，还包含人的自由选择问题）。对奥地利学派经济学来说，这样审题主要出于一种对现实的疑问，奥地利学派在关系范式上的看法，不像是纯正的结构的观点。同是反对笛卡尔的体系，要研究奥地利学派在多大程度上与他们反对的理性仍然存在千丝万缕的联系，特别是他们的方法论个人主义在多大程度上仍是一种原子论（而原子论本身就具有理性性质），它与复杂性理念中真正作为结构基础的关系（关联，在图论中是边，在技术上是网络互联互通）到底是什么关系，这些都是有待澄清的问题。举个例子来说，奥地利学派有关于计划与市场的强烈对比，从复杂性范式角度看是毫无必要的，计划固然是所谓建构理性，而市场同样是建构理性，只不过一个是关于数量的，一个是关于价格的。计划经济以建构理性的方式按照利益相互作用（社会关系）来安排使用价值（数量）之间的供求

---

① 我们区分简单性与简单，简单性是指同质性，把一切事物包括自然与人的规律，简化为理性加以把握。简单性的简单在于对事物之间的质，加以高度概括，当作一种质，来"简"化为确定性、决定性的规律加以把握。经过简化的质（同质化的质），变成脱离真实世界的形而上的存在。简单性的事物可能并不简单，而是很复杂。但无论多复杂，复杂的只是现象，它的质（本质）仍是简单的。

比例；而市场经济不过是以同等程度的建构理性形成交换价值之间的供求比例。至于形式上的计划与自发，只不过是同一个启蒙理性的不同外在表现。而真正与计划构成对比的，不应是市场，而是网络。从范式对比角度说，网络对于市场的颠覆，一点也不亚于对计划的颠覆。由于存在这方面的问题，我们不能把奥地利学派的复杂性经济学直接拿过来用。而涉及对奥地利学派市场观中复杂性观念与理性残余的仔细分析，例如研究奥地利学派对价格、企业等一系列问题的看法（奥地利学派对列表价格与情境定价会怎么看），通过补充关系（关联）范式，以形成更全面的复杂性经济学理论。

哈耶克谈的所有事情都与复杂性有关，但直接谈复杂性的文章并不多，只有一篇《复杂现象论》。之所以把他的学说与复杂性经济学联系起来，主要是因为他讨论的一些核心现象，如自发自由秩序、规则的涌现生成、时间与不确定性、异质资本、个人知识等，全是清一色的复杂性现象。而且解释这些现象又是建立在批判笛卡尔理性的基础之上①。《复杂现象论》本身对复杂性的认识，从复杂性科学专门知识角度看，有一点令人失望，它主要是关于认知和方法的，但其中也包含着超越复杂性科学局限性的人文思想。

考察奥地利学派②，主要是看他们自己怎么理解复杂性的范式和原则，包括他们自己宣称的原则与对于原则的运用是否一致。与我们理解的复杂性是不是一回事，是不是同一个范式。

其中的一个第三方客观标尺，就是罗姆巴赫的框架。罗姆巴赫在审议理性问题时，严格区分了体系与结构的不同。体系对应以笛卡尔为代表的启蒙理性（一般说的"宏大叙事"），结构则对应与之对立的广义的复杂性③。我们现在要看一看哈耶克说的建构理性，到底是不是专业哲学家所指的启蒙理性。因为我们严重怀疑哈耶克的思想中残存体系的色彩，他反对计划经济体系，但结果只不过是在维护与计划体系相反的另一种体系（市场体系）。而体系本身在我们看来是可疑的。我们把市场视为一种结构，而非体系；把网络

---

① 对新古典经济学的现有各种批评，之所以没有形成与新古典经济学同样的影响，其理论原因首推缺乏思辨高度，只谈与同质性假定相反的现象，却不能提到作为理性根据的笛卡尔理性的高度，来加以系统化的批判或建设。奥地利学派聚焦于此，弥足珍贵。

② 我们在考察奥地利学派的同时，将复杂性科学版的复杂经济学作为复杂性经济学一个偏于自然科学的版本加以比较和讨论。

③ 广义是指问题中包含了社会科学所研究的人的特性。这往往是自然科学专业出身的复杂性理论研究者的思维盲区。

视为结构（而绝非体系）的推广形式。辨析这个问题非常重要，因为背后涉及我们的结构分析所指向的实质问题，到底与奥地利学派提出的问题是不是同一个问题？或者说，奥地利学派可不可以作为结构分析的基础，以及修正到什么程度，才能把奥地利学派观点从一种体系分析转变为结构分析？由于复杂经济学在诸多问题上（如行为，时间，知识不完全、不确定性等）与奥地利学派的观点一致。这种辨析还兼带着澄清复杂性经济学与复杂经济学是不是一回事的问题。

总体来看，奥地利学派的自由观，与网络自由观极为形似，但有精神实质的不同，网络自由观因为对启蒙理性持整体扬弃态度（无论是对德法的"理性的"唯实式论的理性，还是对英式"经验的"唯名论式的理性），进而对市场持扬弃态度（对计划则基本持否定态度）。按照互联网思维，计划与市场不是对立物，而是"同伙"的，同样反个性化、反定制、反体验，因此不能切"人的意义"这个主题，没有真正回到人本身。自由不自由不是看个人，而是看个性。个人之间如果相互同质，仍是不自由的（只能选择趋同，使成本极小化；却不能选择求异，使意义极大化），只有个人（在合理范围内，也就是追求自由不伤及公共利益时①）可以自由选择与他人不同质，才有真正的自由选择可言。网络自由观吸收市场自由观中理性的合理方面（如通过完全竞争优化成本结构），否定其反个性化定制、零利润的缺点；互联网思维反计划，但却比计划更强调公共利益和利益包容，主张以免费方式（类似提供公共产品的方式）提供公益，通过差异化增值服务（以异质完全竞争达到情境最优）获得有经济利润（而不仅是会计利润）的回报，获得比计划与市场更高的社会经济效益。

1.1.1.2 奥地利学派复杂性问题的理论背景

1. 笛卡尔理性问题

复杂性范式问题对经济学来说，对应的是经济学先验假定。标准经济学和现有经济学先验假定是理性经济人假定。其中理性与经济人强调的侧重点有所不同，理性是哲学假定；经济人是其方法假定。经济人含极值意思（最

---

① 其实证的标志是人的收入。一般来说，人均收入越高，人类可自由支配的部分越多。这是一个客观的而非主观的标准。如果人均收入过低，过分追求自由，必以损害社会自由收场；相反，人均收入已相当高，有充分可自由支配的收入，却没有自由选择的机会，从经济上可判定为社会不自由。

大化或最小化），非"理性人"（行为人、社会人）也有最大化、最小化问题（例如快乐最大化可能是"经济人"的）。因此在经济人与理性之间，更本原的、第一性的范式不是经济人范式，而是理性范式，它是经济学的哲学范式。

从人性假定看，奥地利学派经济学、复杂经济学与新古典主义的区别，主要在于提出了与理性并列且相对的概念"行为"，作为经济哲学的先验假定。这里的行为，不同于口语上的行为，实际应当把它作为理性的反义词来理解。由于理性的口语上的反义词是非理性、反理性，不能准确表达实际意思，因此用行为这一正面的词，代指反理性、非理性所要指涉的正面意思。奥地利学派在这方面最有代表性的是米塞斯，他提出"理性—行为"双重假定。认为"理性和行为是同一事物的两个方面"①。

阿瑟的复杂经济学沿袭了奥地利学派的"行为人的观点"，他说："从复杂性角度出发来研究经济或经济中的某些领域，就意味着研究经济是如何发展的，也就意味着详细地研究个体行为共同形成的结果，以及这些结果反过来如何改变他们的行为。"② 他关于均衡的观点直接来自行为人假定："在我们研究'行为人可能如何应对'这个问题时，我们就已经认为经济是不均衡的"③。

奥地利学派在经济学基本假定（经济学人性假定）之上，还深入讨论了这一假定本身更进一步的理据，即经济学人性假定所依据的哲学假定。这方面的代表人物是哈耶克。哈耶克哲学观点与我们所持的哲学观点有一个重大的相同之处——都对笛卡尔理性持强烈的批判态度，在这一点上与新古典经济学的立场形成鲜明对照。

哈耶克的哲学观点，是通过一系列非哲学专业的术语或者说他自己发明的概念来表述的。他质疑理性假定的出发点，基于某种动机（如政治理念方面的动机）区分"自然的"和"人为的"。这一对概念首先就不标准，人的自由意志、自由选择，都不能认为是自然本身的，顶多是属于人本身自然的倾向。因此，这里的"自然的"，实际指的是自然而然的，是无为而无不为意义上的人为。而"人为的"，则是指刻意而为，具体是针对计划理性。后来米塞斯使用的理性和行为这一对术语，更加准确一些。

---

① 卡伦·沃恩. 奥地利学派经济学在美国——一个传统的迁入[M]. 杭州：浙江大学出版社，2008：79 - 80.
② 布莱恩·阿瑟. 复杂经济学：经济思想的新框架 [J]. 比较，2014，74 (5).
③ 布莱恩·阿瑟. 复杂经济学：经济思想的新框架 [J]. 比较，2014，74 (5).

哈耶克理性观顶层思路存在于一个特殊的表达中，他认为，抽象先于具体与理性。这里的抽象，是一个只有他自己使用的特定概念。"具体"对应认识论上的经验，"理性"对应认识论上的理性认识；而他说的"抽象"，不同于专业哲学家说的抽象，而近似于直觉所指向的对象。哈耶克认为世上先有抽象，后有具体和理性。哈耶克说的抽象，含义特别。第一，我们判断它不是什么。哈耶克认为经验是具体的，直觉却是抽象的，是某种超感性的、"上界"的。这种观点近于柏拉图的理念说。但鉴于哈耶克对柏拉图的理念、黑格尔的绝对理念都持批判态度，我们还不能说这个抽象就是理念。第二，我们判断它是什么。如果我们把哈耶克的与理性对立（也与感性对立）的抽象，一律替代为道，是可以讲通的。这个道，就是"道可道非常道"那个水平的道。哈耶克认为计划经济存在的问题，就在于认为道是可道的；非要把不可言说的道，用人为的方式"道"出来，结果就失去了道的原意。化繁为简，把本质上属于复杂性的东西给简单化。按照奥地利学派的逻辑，理性不是道，理性与行为的统一才构成了道（所谓"抽象"，中文也可译为"玄"）。在这一点上，复杂性经济学的看法是完全一致的。复杂性经济在哲学谱系中，属于建设性后现代主义，与解构性后现代主义的区别也在于此。解构的观点认为对理性只有否定，没有肯定，相当于只承认行为构成道，而理性（包括中心化）应被排除；而建设性的观点对理性的态度是扬弃，即肯定一部分、否定一部分，认为它不是错误，而是不全面，理性加上行为就全面了，就符合道了。

哈耶克明确反对启蒙理性，把它视为现有经济学一切问题的根源。这与我们基于互联网经验上升到理论后的认识，在大方向上恰好是完全一致的。

理性这个概念有众多的解释和许多不同含义，哈耶克反对的理性主义主要是笛卡尔理性主义。用他的话说："主要是由于笛卡尔的缘故，'理性'一词才改变了含义。"[①] 哈耶克对"笛卡尔的忠实门徒卢梭"，持同样的否定态度。哈耶克给笛卡尔理性起了一个名字——建构论理性主义。"法国哲学家笛卡尔为它构筑起基本信条"，其特点是"唯科学主义"的态度，"笛卡尔的理性主义对历史演化的力量视而不见"[②]。

---

① 弗里德里希·哈耶克. 哈耶克文选[M]. 冯克利, 译. 第二版. 南京：江苏人民出版社, 2007：521.

② 弗里德里希·哈耶克. 哈耶克文选[M]. 冯克利, 译. 第二版. 南京：江苏人民出版社, 2007：521-522.

对哈耶克来说，把经济学的基本问题提高到哲学高度，就变为："人类的文明，是像笛卡尔派理性主义所设想的那样属于人类理性的产物呢，还是另有来源？"① 另一个来源，到了米塞斯那里，被明确为行为。行为是理性的反义词，具有与冰冷计算见长的理性相反的特征，在精神现象、心理现象和社会现象等表现人的独特性的现象中表现得更加明显。哈耶克欣赏曼德维尔这样的休谟式的看法："人都是摇摆不定的，完全受着情绪的左右"②。与哈耶克思考同向的人，主要包括休谟、斯密、门格尔、波普尔等。

理性与行为的二元关系，我们称之为心物二元。它不是指物质与精神，而是指两种存在方式，一种是把人的世界与非人的世界都按照物的存在方式来理解，这是理性的观念；另一种是把人的世界与非人的世界都按照心的存在方式来理解，这是行为的观念。我们认为，理解与把握复杂性，必须采取心物一元的观点与方法。从这个角度说，哈耶克理解的复杂性，与我们理解的复杂性，是一致的。

换一个角度，从复杂性科学角度来思考，笛卡尔理性的技术特点是在于把一切复杂性还原为简单性来加以认识和把握，所谓化繁为简。然而，用简单性范式来认识和把握复杂性，一定会把自然与人的统一体，仅仅以自然的方式理解与把握，而过滤掉人的独特性（例如"受着情绪的左右"）；一定会把人当作物化的人（物理的人）把握，而过滤掉人的自由意志（主观能动性）。以新古典主义为代表的经济学，是在启蒙运动和工业化的大背景下发展起来的，同质性假定完全是为了与之适应而被设立起来的。以行为来制衡理性，就带有把被简单性范式简化的事物，还原到它原有的复杂性状态来加以认识和把握的意思。从这个意义上说，行为与复杂性是一个意思。

当然，行为只是全面的人的一个方面。哈耶克并不反对理性，而是反对把理性绝对化，希望人们认识到理性的有限："承认理性有限的人，希望在复杂的人类事务中至少建立起一定程度的秩序，以此来发挥理性的作用。"③ 这

---

① 弗里德里希·哈耶克. 哈耶克文选[M]. 冯克利, 译. 第二版. 南京：江苏人民出版社, 2007：523.
② 弗里德里希·哈耶克. 哈耶克文选[M]. 冯克利, 译. 第二版. 南京：江苏人民出版社, 2007：516.
③ 弗里德里希·哈耶克. 哈耶克文选[M]. 冯克利, 译. 第二版. 南京：江苏人民出版社, 2007：526.

一点与我们的理解也是一致的。

哈耶克把笛卡尔理性与功利主义联系在一起说："笛卡尔曾教导说，我们只应当相信我们能够证明的事情。把他的学说普遍应用于道德和价值领域，意味着只有那些我们能够确定是为了明确目标而设计的事物，我们才能接受其可靠性。"[①] 哈耶克在这里说的是事实，不过稍稍加入了英式的成见。在我们看来，功利主义的主要缺点并不在于目的性太强，正好相反，在于经常把手段当作了目的，往往为了手段而忘记真正的目的。我们对于机制设计持中立看法，把功利主义当作一个具体操作问题、一个非原则性的问题来看。

在列出与奥地利学派观点的相同之处后，再仔细分析，复杂性经济学与奥地利学派经济学的区别也是明显的。

从实践来看，在计划经济问题上，新经济学派的判断与奥地利学派的判断基本是一致的，但哈耶克对市场的迷信让我们感到不可理解，因为在我们看来，市场的决定性作用只是一种基础性的作用，更重要的是发挥网络的主导性作用。

回溯各自的理论来源，我们发现了问题所在：哈耶克口头上提出反对启蒙理性，但他反对的主要是大陆启蒙理性（德法的启蒙思想，如伏尔泰、卢梭等），赞同苏格兰启蒙理性（如休谟、斯密等），后者具有强烈的经验主义色彩。哈耶克反对的只是建构论理性主义，即唯理性主义或唯科学主义。但把海洋传统中的经验论与复杂性研究进行了系统的绑定。而依据信息革命，特别是互联网的实践，我们认为要把网络的思路贯彻到底，势必把计划与市场都当作启蒙理性的产物，加以扬弃。因此，既反对大陆启蒙理性，也反对海洋启蒙理性；既反对迷信计划，也反对迷信市场，而主张网络本身。

这里有一个微妙的交集，这就是演化论。以自发、自组织、涌现、生成为特点的演化论无疑属于复杂性范式的一个主要部分，但哈耶克把苏格兰启蒙理性直接等同于演化论，对此我们表示怀疑。理论上的理由在于，真正的复杂性范式应独立于唯名论与唯实论之争，而英国经验主义偏向唯名论传统，发展到经济学上，有以方法论个人主义片面取代真正的有机联系的整体论的倾向。同是主张自组织、自协调、自生长，与网络的结构观相比，这一点显得格外明显。例如，在奥地利学派的知识论中，充斥着以个体的知识判断代替可知不可知判

---

① 弗里德里希·哈耶克. 哈耶克文选[M]. 冯克利, 译. 第二版. 南京：江苏人民出版社，2007：536.

断。从中立的观点一望而知：个体不知道，不等于规律不存在；个人不可知，不等于网络智慧的知或不知。反过来看，网络智慧超越个人知识，也不等于计划可以复活。更主要的是实践上的区别，我们严重反对市场迷信，是因为网络可以做得比市场更好，它可以一对一地配置资源，市场却做不到。我们不用"过时"来形容市场，而宁可说，市场的决定性作用只是一种基础性作用，信息经济只能由网络主导，而不可能用市场主导。我们主张以市场为基础，以网络为主导。这是与奥地利学派的实质性分歧。

这种分歧映射回基础理论，可以看出，我们更强调复杂性落地在结构上。哈耶克尽管口头上也这样说，但我们认为方法论个人主义诱使他把重心实际放在了网络节点的体系化上。从节点看网络，哪怕是看到了关系、关联、相关（建构论理性主义连这一点也看不到），但由于看不到关系的分布结构，看到的一定是一头雾水，是一种知识上的无助感，更不要提如何从容把握。事实上，个人知识不是用来了解一切细节的，个人在情境中，根本不需要知道全部，只需要知道与全体相关联的当下与此在就够了。从网络结构角度看，不确定性只不过是一种情境化的确定性，下一代人在我们这一代人眼中的"高风险"中过得心安理得，而不会像哈耶克说的那样惶惶不可终日。奥地利学派认为未来不可预测，这只说对了一部分，用大数据可以预测未来的大部分（93%），尽管可能不是主要的部分（由自由意志决定的另外7%）。同样倡导个体的创新与自由自主选择，但我们不认为这是出于理性有限的无知冒险，而认为这就是生活的一部分。总的来看，同是主张把复杂性当作范式，但哈耶克包括整个奥地利学派（由于时代局限）看漏的，是复杂性的具体运行机制（这就是近20年来，我们在互联网商业中观察到的，实际运行通了的机制），这种机制与路由器（相当于互联网的"发动机"）在结构上的原理是完全一致的，其特点在于以邻接矩阵的方式加以结构化的复杂性经济运行机制。它既不是市场，更不是计划，而是一种人类全新的经验。奥地利学派谈复杂性经济，越往哲学方向讲越像真的，但越向实战方向靠，越像纸上谈兵。这就是我们实在的感觉。

哈耶克反对笛卡尔理性，似乎是出于认识论上的原因，这样就把形而上的理性理解为理性认识了，进而把计划与市场的分别，理解为是人为的与自然的之间的区别。他批判计划经济的哲学理由在于，认为计划只是理性的，而市场复杂性是超越感性和理性的，因此理性是有限的。固执于这种有限性，是理性的自负。这个推理是牵强的，从对笛卡尔理性的批判中，并不能必然地导出这样的结论。因为市场造成人的物化,也颠倒了自然的与人为的事物之间的关系,同样是从笛卡尔的逻辑中导出的。

从为复杂性经济学寻找哲学依据来说,对笛卡尔理性的批判,是从简单性范式过渡到复杂性范式的必由之路。这一点没有分歧。分歧在于,我们认为从对笛卡尔理性的批判中,既可以导出对计划的批判,也可以同样导出对市场的批判。计划与市场是理性的一对镜像,虽然相反,但具有同等的内核。二者在理性化程度上是相等的。它们同属第二次浪潮(现代性),内核是毫无区别的。真正有区别的是网络,它既不同于计划,又不同于市场,才真正是笛卡尔理性在现实中的相反存在。

哈耶克的复杂性,与我们力图探索的全面的复杂性相比,有两个不同:第一,哈耶克复杂性范式(自由范式)的实质,在我们看来,还留有形而下的理性的尾巴。在形而下这一点(能指)上,摆脱了笛卡尔理性,但在所指上,却只是部分地摆脱建构理论(而陷入了市场建构理性),他虽在主观上与方法上,在一定程度上认识到结构对于质性分析的极端重要性,但在客观上与方法运用上,并没有将复杂性范式中的结构内涵,充分内生在经济分析中。因此,他说的自发自由秩序的自发,是经验意义上的,而不像他所声称的是"抽象"的。第二,哈耶克范式留有唯名论的印记,在关于个体实在,还是普遍实在上,哈耶克不由自主地流露出个体实在的倾向,例如他说的无知、可知,都是针对个人而言,否定了共同知识的实在性。而我们对唯名、唯实,持中立态度。因此对启蒙理性持整体上的批判态度,而不具体区分其中以认识论划分的经验派(英国启蒙理性)与唯理派(德法启蒙理性)。对于复杂性,我们一方面认为它在个体(节点)上的表现,具有哈耶克所提及的几乎全部的经验上的特性;另一方面,认为它又是整体论的、系统论的,强调有机关联的实在性,认为由两个方面共同构成的结构(即图),才是复杂性的真实存在方式。而认为哈耶克常提及的结构,缺乏实际内容,既没有落实在方法上,也没有落实在观点上,只是一种直觉推断。

2. 均衡问题

布莱恩·阿瑟说:"复杂经济学认为,经济未必处于均衡状态。"[①] 这里存在对均衡的窄化的理解。这种说法是针对以报酬递减为前提假设的新古典

---

① 布莱恩·阿瑟. 复杂经济学:经济思想的新框架 [J]. 比较, 2014, 74 (5).

经济学理论而言。而所谓非均衡，则以报酬递增这样的新经济增长理论的前提假设来立论①。这里的均衡与非均衡问题，实际是一个稳定与非稳定问题，特别是内生差异化后的均衡是否是一种稳定均衡。陈平曾得出一个结论："复杂性和稳定性是鱼和熊掌不可兼得的（Trade‐Off）消长关系。"② 新古典经济学理论一般只把新古典均衡当作长期稳定状态，认为其他均衡状态都是短期现象，因此是不稳定的。我们的观点则相反，认为反映复杂性的垄断竞争均衡也可以是稳定的均衡。差异化带来的"不稳定"和"非均衡"，本身有稳定特征，首先，它稳定在对新古典均衡的偏离上，而且偏离度很稳定，始终都以 AC‐MC 为固定尺度偏离。其次，AC‐MC 的大小，又完全取决于差异度的大小。因此说，是很有规律的。

我们分别从经济哲学和经济学两个层面讨论奥地利学派的均衡思想。

首先，从经济哲学高度看，哈耶克提出的自发自由秩序概念，对启蒙理性的批判是不彻底的。这是相对于从互联网角度，对工业革命的核心理念进行扬弃的角度而言的。

复杂性理论确实也强调自发自由秩序，从言辞上甚至与奥地利学派一模一样，但这里的自发，实际有不同所指。我们所说的自发，不是指自发形成一个统一均衡价格，而是自发地形成情境化的价格（一物一价）；而奥地利学派说的自发，只是形成价格的形式，而形成的价格本身，在我们看来，仍然是自为的（理性的）。也就是说，结果是自为，过程是自发。因此我们认为在均衡问题，也就是经济学的全局得失内核上，奥地利学派只不过是在用市场的理性自负，在替代计划的理性自负，而理性自负依然。奥地利学派与新古典主义理念的分歧，只不过是实现启蒙理性的途径和方式（如何实现）不同，而在"实现什么"这一点上没有本质区别。

证据就在奥地利学派的经典教科书罗斯巴德的《人，经济与国家》之中。如果说这本书不代表奥地利学派观点，就实在找不出代表奥地利学派的统一标准了。按照罗斯巴德对均衡价格的理解，"一旦市场价格被确立，很明显这个价格就必然会是整个市场的统一价格"③。这句话很平常，在实证上也是有

---

① 布莱恩·阿瑟. 复杂经济学：经济思想的新框架 [J]. 比较，2014，74（5）.
② 陈平. 文明分岔、经济混沌和演化经济动力学[M]. 北京：北京大学出版社，2004.
③ 穆雷·罗斯巴德. 人、经济与国家[M]. 董子云，李松，杨震，译. 杭州：浙江大学出版社，2015：198.

根据的，而且符合奥地利学派的判断。但正是在这个最基本的地方，存在着奥地利学派的复杂性经济学与网络的复杂性经济学的实质分歧。

在我们看来，这个说法要想在真实世界成立，必须是 P = MC 正好是均衡价格这一特例，此刻的市场应是完全竞争导致完全的同质化。这本教材本身做的工作是米塞斯思想的体系化，但如果这就是真实世界的全部或大部分的话，米塞斯的行为假定也就没有实质性存在的必要了，只需要形式地、象征地存在就可以了。因为，行为如果具有实质内容的话，在我们看来一定意味着稳定均衡点从 P = MC 这一特例的偏移。在行为与理性同等重要的真实世界中，由行为的异质性导致的，将不是这里所说的"统一价格"，而是依行为的不同而情境化确定的价格。这样才能将米塞斯的观点发挥充分。按行为假定的本意，价格应是一个集合，其中所谓"统一价格"，只是同质完全竞争那一个点，只在这一点是真实存在；在其他的点上，各有各的均衡，各自均衡偏离这个点的程度，恰与行为的成分比重形成有规律的比例关系（AC − MC）。对于这些分布式存在的点来说，统一价格只是它们真实价格形成中的一个组成部分，另一部分定价是由本质上行为内生的差异带来的，也就是说，至少有 50% 的真实价格是由 P = MC，附加一个 AC − MC 的行为偏离而构成。从点集这个全局来看，构成全局均衡价格的那个点，就不应是统一价格这个点，而是某种垄断竞争均衡点。

从某种意义上说，罗斯巴德这种理解对奥地利学派来说，也是对的。那就是把行为仅仅当作实现理性的手段，行为不同于理性的特点在于它的自发性，行为只是以自发偏离理性的形式，回到理性本身，这是斯密的风格，也是苏格兰式启蒙理性的风格。如果是这样的话，米塞斯根本就不应把行为与理性并称，而应直接任命行为作为理性的下级。基于互联网实践的网络结构论，在这个问题上，实际比奥地利学派更加奥地利学派，希望将行为的原则体现在比方法、途径更高的层次上来认识，把它作为既扬弃德法启蒙理性，也扬弃英国启蒙理性的新范式来加以弘扬。为此把自发引向形成多元价格的机制的方向。

价格多元化的思想体现在均衡价格上，就带来一个特别的关注点，就是垄断竞争均衡价格。在我们看来，垄断竞争均衡价格的实质，是一系列的多元价格的数学集合，它以加总的形式"代表"多元价格。也就是说，在真实世界中，垄断竞争价格实际表现为向一物一价方向运动（共同点是从 MC 偏离，向 AC 方向偏移）的诸多存在差异的实际价格的集合；只是为了理论研究的方便，而像代表性消费者模型那样，搞出一个代表性多元价格。如果这个代表性的价格真的与某个真实存在的实际价格偶然重合，只能说在这个产品上的均衡价格恰巧代表了各种差异价格的平均值，是一个垄断竞争自身的特例。

罗斯巴德经典教科书的垄断竞争部分写得令人不忍卒读，代表或降低了奥地利学派在这个问题上的思想性水平。本来，米塞斯既然提出一个很好的问题，把行为作为与理性并称的假定，在均衡价格上，就应实质性地体现出来。我们替奥地利学派代为设想，如果把米塞斯的行为假定贯彻到底，应该反对新古典主义的均衡价格，即 P = MC 作为统一价格，理由是边际成本定价的过程，恰恰是磨平所有行为因素向理性趋近的过程。作为对比，依行为假定而得出的"统一价格"，一定应是垄断竞争均衡价格 P = AC。而 AC − MC 正是行为不同于理性的数学量值。而奥地利学派完全证明反了。由于奥地利学派与边际分析存在历史渊源（当时是作为"主观"方法来运用），到了罗斯巴德这里，被新古典主义的相反思路（"客观"方法）牵着鼻子，进入了新古典经济学的均衡套路。

主观方法与客观方法的区别在于，如果按奥地利学派早期运用边际分析的本意，边际分析仅用于个别定价（主观在这里其实不是指心理，而是指个别）。在形成统一价格时，一定会注意到诸多主观的边际值，由于行为的作用，形成彼此的差别，而在形成总的市场价格时，出现平均成本与边际成本之差，而出于主观（或行为）的立场，会转向垄断竞争均衡价格，作为统一价格。

整个奥地利学派在这里存在一个理论盲区。奥地利学派实际上不承认统一的均衡价格。他们说的统一价格仅指真实世界的实际价格。对此的理解有重大歧义。

首先，奥地利学派忽略了基于"行为"的统一价格的存在。在我们看来，统一价格有两类，一类是同质完全竞争均衡价格（P = MC），另一类是异质完全竞争均衡价格（被新古典理论称为垄断竞争均衡价格，即 P = AC）。奥地利学派完全没有意识到垄断竞争均衡价格是一种异质的（用他们的话说"行为"的）均衡价格，是另一种统一价格，而把"统一价格"这个词，完全赋予了新古典的同质完全竞争均衡价格。因此他们说的不存在统一价格，应理解为不存在新古典经济学的统一价格。

其次，由于方法论个人主义，奥地利学派倾向于取消整体的实在性，因此天然拒绝用"统一"来指均衡价格。但如果按奥地利学派自己的逻辑推演下去，一个一个的边际定价，实际由于个体的差异性（所谓"主观"偏好，我们认为实际是表现为个性化的客观体验）而存在量值上的差异，也就是说，形成的是不同的"地方"价格。如果把这个价格作一总的平均，就会发现与同质的（无个性差异的）边际定价，差一个 AC − MC 的差值[①]。这完全不是新古典主义的理解，按新古典经济理论，一个一个的边际定价，即使形成的是不同的"地方"价格，但价格的整体却也必须是边际价格（P = MC），而不是平均价格（P = AC）。因为同质完全竞争会磨平个体的差异（而奥地利学派认为由于"行为"会系统偏离"理性"，个别边际与整体边际之间的差异是不可能磨平的）。但糟糕的是，由于奥地利学派的方法是只看树木不看森林，因此没有发现多样化的树木与单一品种的树木在森林整体景观上的不同。这合理解释了为什么边际方法是奥地利学派发明的，却与新古典均衡理论运用边际方法得出的整体结论大相径庭。实际上新古典理论钻了奥地利学派的空子。把奥地利学派想说又说不出来的个别不等于整体（当作为了整体不存在），偷换成了个别等于整体，用理性彻底排除了行为的"干扰"。

如果不用方法论个人主义自缚手脚，改用芝加哥学派的整体数学，奥地利学派背后的逻辑应用这样一种语言表述（实质意思不变）：一个一个内生"行为"因素的边际定价，只是追求（有质的差异的个体自身利益）最大化的条件，而非整体均衡条件；整体均衡条件与不内生"行为"（而采用"理性"假定）的整体均衡相比，要另附加差异化本身的影响[②]（在量值上存在一个等于补贴或固定成本的差值）。奥地利学派心目中的真实世界的实际价格，应是这样的价格，即芝加哥学派的理想价格（P = MC），加上一个"行

[①] 平均值只对差异有意义，如果无差异，则边际值必等于平均值；差异越大，平均值与边际值差值越大；差异越小，平均值与边际值差值越小。

[②] 新古典理论对此"视而不见"，他们的正式理由（不如说是借口）是，由于要素流动和完全竞争，差异在长期是不存在的，因此在长期，帕累托最优一定是 P = MC = AC_{min}。这是在阉割奥地利学派的灵魂，而奥地利学派自己还不知道。如果奥地利学派明白这里的数学意思，应反击说，"行为"不是短期的，而就是长期的。人的行为不可能仅仅因为时间而趋同；恰恰相反，时间让人的行为更显差异（无论是需求还是资本）。

为"溢价（AC－MC）。D－S 模型就是这样论证的。这才是垄断竞争理论的正解。而罗斯巴德完全没有把这个意思表达清楚。如果我们代奥地利学派来写教材，在均衡价格问题上，应这样表现米塞斯的思想："理性"的（芝加哥学派）均衡价格是 P＝MC，加入"行为"后，均衡价格将稳定地移向 P＝AC。这一内生"行为"后的均衡价格，不会像帕累托说的那样，随着要素自由流动和完全竞争而趋同于总的边际成本定价，而会依行为相对于理性的强度，而保持在一个有规律的对 P＝MC 的偏离状态。

信息化与网络经济学说的二维均衡（广义均衡）"翻译"成奥地利学派的语言就相当于说：新古典均衡（"理性"均衡）在 P＝MC，而奥地利学派均衡（"理性"＋"行为"二维均衡）在 P＝AC。内生行为的经济之所以不会因为竞争而滑向总的边际成本定价，是因为"行为"像一种刚性，拉扯着经济偏离"理性"。人只要不改变"行为"这一本性，这种均衡就会是稳定的。反倒是理性均衡（P＝MC）不"稳定"，因为理性假定的动力机制相当于社会物理学机制，人毕竟是人，非要用社会物理学牵引，久而久之（"长期"），他的自由意志的本性一定会显露出来。

门格尔正是这样来理解复杂性经济问题的："在自然的现象领域中，可以观察到严格意义上的典型现象（比如化学中的最简单的成分，物理学中最基本的因素等），而在人的现象领域，现象所具有的复杂性（先不管现象的发展这一因素）就排除了严格意义上的典型性，因而也就排斥了从这些现象中发现精确规律的可能性。"[①] 奥地利学派的均衡价格论是不成熟的，要把门格尔的这个意思表达出来，应把均衡价格分作为典型现象（精确规律）的 P＝MC，然后把行为的影响，统一表述为向非典型、非精确方向有规律地偏移。门格尔没发现的是，非典型、非精确本身是有规律的，它的限度就是 P＝AC。如果行为的非典型、非精确超过了这个限度（达到 P＞AC），经济才真的非均衡了。奥地利学派应区分行为均衡与非均衡，否则就会让人误会加入"行为"因素后，人类的供给与需求向着相互背离的方向发散。

行为均衡背后的思想，简单说在于行为是一种"刚性"，这种刚性表现在：第一，行为是"长期"存在的；第二，是在完全竞争中存在的；第三，是在要素流动中存在的。完全竞争的意思实际是"可竞争"，既可以趋同，也

[①] 卡尔·门格尔. 经济学方法论探究[M]. 姚中秋，译. 北京：新星出版社，2007：207.

可以求异。好比百花齐放意义上的竞争，不是要所有花变成一种花，也不是说每种花不一样就不存在竞争。"俏不争春"，争的是俏（喻特色、不同的质），不是春（喻相同的成本）。这就是张伯伦把垄断竞争说成是异质的完全竞争的初心。

米塞斯的理论本来应该这样与新古典主义进行论辩：到底边际成本定价是均衡定价的常态（稳定形式）？还是平均成本定价是均衡定价的常态？新古典主义由于外生行为，只有理性一个假定，必然是认为前者；而米塞斯的理论由于内生了行为，恰恰只能是后者。奥地利学派发明了边际分析方法，本身不是用来说明均衡价格的，把边际分析运用到均衡价格上，边际分析不是不起作用，而是用来显示与平均分析的差值，作为行为的数值着落，回答行为的影响最后在财务报表上落在哪里去了。

罗斯巴德显然没有考虑这些问题，将奥地利学派边际分析方法误用于均衡价格形成方法，从而彻底掉入了新古典经济的陷阱。新古典经济用边际成本定价来确定均衡的统一价格，是完全没问题的，因为他们从根本上就否定"行为"。但奥地利学派也跟着学，就显得怪异了。在《人，经济与国家》中，罗斯巴德滑向新古典理论的一个突出表现，就是把垄断竞争说成是不完全竞争。这通常是在用新古典主义思想阉割、收服垄断竞争理论时故意采用的理论策略，标志是完全无视张伯伦与罗宾逊夫人论战的核心。张伯伦坚持垄断竞争在本质上不同于不完全竞争，在于垄断竞争的根本假定是异质性（相当于米塞斯说的"行为"），因此不是竞争完全不完全的问题（张伯伦认为垄断竞争也是一种完全竞争，是异质完全竞争，这点与罗宾逊夫人看法正好相反），而是完全竞争的性质是异质性（即哈耶克说的"差异与多样性"）还是同质性（即同质性假定，或哈耶克说的建构论理性）这一问题。竞争完全同样会存在差异性（"行为"），这是两种学说最本质的区别。

罗斯巴德在垄断竞争的相关章节中，相当于忽视了行为是否构成均衡定价的因素的问题，而变成技术性地讨论竞争是否完全，变相回避了无论竞争是否完全，竞争本身的性质到底是理性竞争，还是理性加行为的竞争这一更为关键的问题。在这里，我们的观点与奥地利学派的观点彻底决裂了。我们坚持把"行为"作为决定经济全局得失（即均衡价格）的关键变量，而看轻奥地利学派在这个主战场上的临阵脱逃。

从经济学本身来看，奥地利学派的所谓"非均衡"，在我们看来是一种特指。

根据我们的新综合观点，所有导致所谓非均衡的因素，都源于差异性（异质性）。无论是置配论意义上的差异性（产品差异性，如品牌、专利，以及被称为"行为"的创新、心理、技术、垄断），还是分配论意义上的差异性（利益冲突、交易费用、寻租、制度等），由差异性而形成的刚性，阻止完全竞争趋向同质化（无差异化），如果在一个标准周期中不能使要素充分流动而达成的供求平衡，是垄断竞争均衡，其特征是以平均成本确定均衡价格（而非以边际成本确定均衡价格）。

这足以解释、包容、综合桑塔菲学派和奥地利学派的非均衡观点。他们认为复杂性经济是非均衡的。但在我们看来，这里的"非均衡"的实际意思其实是非同质完全竞争均衡，而不是没有任何均衡。他们相当于把 P = MC 当作均衡本身，或均衡的全部了。因此才有非均衡一说。非均衡在此只是非某种特定类型的均衡，复杂性有复杂性的均衡。均衡不过是表示一定利益关系下的供求相等而已，复杂性并不刻意以供给与需求的不相等为本质，也并不刻意以拒绝利益关系相互转化为前提[①]。

复杂经济学不断提出正反馈这样一个技术概念，作为均衡不存在的论据。正反馈（包括负反馈）是一个技术概念，而非经济学概念。专业经济学家（如夏皮罗、瓦里安）也把正反馈作为网络经济的基本现象，但没有与均衡直接联系在一起。

正反馈这个技术概念对应的专业经济学概念是报酬递增。报酬递增与递减本身与均衡，并没有必然联系，却与相应的均衡是"什么样的均衡"有内在联系，并且更多与规模经济、范围经济相联系。专业的经济学模型，例如 D－S 模型，指出了报酬递增与均衡的真正关系。以规模经济（规模报酬递增）为例，被布莱恩·阿瑟当作与报酬递增等价的正反馈现象，在斯蒂格里茨、迪克西特（包括克鲁格曼）那里，只不过造成对"补贴"（其量值等于固定成本，FC = AC － MC）的一种等值补偿，会造成均衡点从完全竞争（P = MC）向垄断竞争（P = AC）有规律地迁移。这与阿瑟误导的均衡不存在，完全是两回事。

阿瑟的实际意思是什么呢？与后继者（或不如说是被他误导的网络经

[①] 复杂性并不意味着利益关系只有对立与不平衡，而不存在协调与相对平衡。制度的存在，在一定意义上就是利益（力量）相对平衡的产物。

济学家）理解的不同，他们以为阿瑟说的是所有均衡都不存在，而阿瑟实际说的是报酬递减这种特定条件下的均衡（即新古典完全竞争均衡）不存在。

我们不妨用经济学专业术语还原阿瑟用技术术语表述的判断到底是什么意思。他说："事实上，正反馈是复杂体系的特有属性，或者更确切地说，正反馈与负反馈共同作用的现象是复杂系统的特有属性。如果一个系统只有负反馈（在经济学中就是收益递减），系统会快速回到均衡状态，表现出'死'行为。如果一个系统只有正反馈，系统会偏离均衡，表现出爆炸性行为。系统只有在同时包含正反馈和负反馈时，才会出现'有趣'或'复杂'的行为……只有这样，系统才是'活的'。"①

我们如果这样解读，这段话就变得从专业角度讲可以被经济学家理解了："只有负反馈"，对应的是新古典主义的收益递减假设，隐含着不存在固定成本（FC）的假定，这里说的"快速回到均衡状态"特指的是 P = MC 这样一种特定均衡，而非所有均衡。"只有正反馈"，偏离的是 P = MC 这种特定均衡（同质完全竞争均衡），存在 P = AC 与 P > AC 两种情况，这里说的"爆炸性行为"当指 P > AC 的情况，它是非均衡的，但这里并没有排除 P = AC 这种均衡；而"同时包含正反馈和负反馈"，所达到的均衡正是 P = AC 这一均衡（垄断竞争均衡）。在均衡价格的形成中，负反馈的作用是边际成本定价；而正反馈起作用的范围，在报酬递增与报酬递减的差之中，即 AC - MC。这种作用等价于在整个系统（复杂性系统）中分享了固定成本。按 D - S 模型的说法（规模经济的说法），规模经济在固定成本上造成的节省，正好与差异化从需求方面所提的价，相互等同，相互抵消，作用力与反作用力平衡。

复杂经济学存在两方面的问题：第一，复杂经济学关于均衡的问题是存在固定成本条件下的报酬递增经济（包括规模经济与范围经济）的均衡问题，而不是存不存在均衡的问题。他们把报酬递增理解为非均衡是不专业的，准确地表述应是报酬递增偏离了新古典（同质完全竞争）均衡，而不是偏离均衡。报酬递增达成的均衡一定是垄断竞争均衡，严格的非均衡只是价格高于平均成本这种特殊情况（属于短期现象，例如由技术创新节奏决定的现象）。

---

① 布莱恩·阿瑟. 复杂经济学：经济思想的新框架 [J]. 比较，2014，74（5）.

第二，复杂经济学在报酬递增中，只谈规模经济，忽略了范围经济。范围经济是更为重要的报酬递增现象，即范围报酬递增。

对于正反馈与负反馈，我们需要把它们从技术对象充分转化为经济对象后，按经济学框架加以理解、整理和把握。

如果从哲学高度把握均衡理论背后的启蒙理性假定，启蒙理性无非表现为同质完全竞争这样一种特殊的均衡，它是均衡特殊，而非均衡一般。所谓静态，实际是在指同质。而所谓动态，从时间到行为，隐喻的则是异质，包括时间异质性（对于人来说就是自由选择与自由意志），空间异质性（个体的分布式、发散性的存在，对应风险与不确定性）。

如果均衡是指同质完全竞争均衡，我们的观点与各种批评均衡的观点没有实质区别。所不同仅在于，我们把所有非均衡（我们认为背后都有一个共同的因素即自由意志或客观异质性作为其本质）中的行为均衡（内生差异化的均衡），打一个包，作为均衡的镜像，以便显示出它们在结构上的对称性——从自然规律与行为规律的对称，到科学理性与自由意志的对称，再到物化现象与社会现象的对称，等等，看它们在平衡状态（道的状态）具有何种相反特征，以便进而看出相反如何向相成转化，而不必把均衡（道的相反相成平衡本身）当作替罪羊，不必认为同质性有道，而自由选择是无道。毕竟均衡不过是供给与需求相等而已，这是经济行为的初心。

3. 时间问题

理解复杂性，必须超越理性（建构性理性）来设问。哈耶克提出问题直指的核心，是自启蒙运动以来，以笛卡尔为代表的启蒙理性的内核。用米塞斯的概念来说，就是把理性与行为[①]二元对立后，把人加以物化的总的倾向。新古典主义经济学解释的工业化运动，只不过是启蒙理性在经济领域的细枝末节上的展开。新古典理论只不过是经济学中的牛顿力学，同属以启蒙理性为范式内核的机械论的大类。如何让经济学从这个大类中跳出来，扩展到与人类各学科思维同步进步的水平，才是提出网络问题的本意。提出网络问题，不是要否定启蒙理性，而是要扬弃启蒙理性——扬其相对农民意识的先进性（例如在专业化效率、大生产方面的优点），弃其相对网络思维的落后性（例

[①] 米塞斯的"行为"概念，代表人的自主的自由选择，在社会科学更广泛的背景下，更多被称为自由意志，有时也被称为主观能动性。相比启蒙理性，更多具有非决定论、不确定性、有机联系等方面的特征；与心理、体验具有更多经验上的联系，与行为上的个性化、创新等相联系。

如在多样性效率、个性化方面的不开窍）——建立一种适应信息革命现实的新范式。

罗姆巴赫《结构存在论———门自由的现象学》[①]中关于结构的本体论分析，可以帮助人们理解网络经济学所要引入的结构的视角。罗姆巴赫把结构作为本体存在。这一视角与任何方法论个人主义存在实质上不同。按照罗姆巴赫的解释："结构是这样一类创造，它们的构成由其自身发展出来，并且它们的意义在其自身中持有"[②]。自由秩序正是这样一种结构，但并不像奥地利学派认为的那样，是以市场否定计划来实现的，市场与计划都只不过是一种罗姆巴赫语义中的"体系"（区别仅在一个自下而上，一个自上而下）。

体系（宏大叙事），正是奥地利学派想批判、摆脱，但又没有彻底摆脱掉的东西。它只不过是从一个理性体系（计划）挣扎出来，又一脚踏空跌入另一个理性体系（市场）。罗姆巴赫的批评正中奥地利学派要害："单纯的否定就如同单纯的肯定，是缺少成果的。对于结构形式的显现而言，执迷不悟的自我误解造成的内在危险要比固执于现存之物的外在危险要大。如果要祛除这种内在危险，就需要一种尺度"，即结构的尺度[③]。真正的自由，既不是计划，也不是市场，而是从体系向结构的转变，从工业化向信息化的转变，从第一次现代化向第二次现代化的转变，从启蒙理性向人的自由而全面发展的转变。

处于理性盲区内的现象，需要投入结构这把明矾才能看清。一事物是简单性还是复杂性的（不自由还是自由），主要依靠它的结构不同来辨别。理性不足以辨别事物的不同结构。对经济学来说，同质性假定就是在取消事物之间质的不同及人的自由选择，也就是结构、功能的不同，对于全局性（如均衡）的"扰动"，以专心致志于工业化事业（反个性化的同质生产）。要超越这种看待经济世界的根本视角，就需要引入结构的方法（实质是引入高于启蒙理性的更高现代化范式），实证地呈现出经济的复杂性结构（进而呈现同质

---

① 海因里希·罗姆巴赫. 结构存在论———门自由的现象学[M]. 王俊，译. 杭州：浙江大学出版社，2015.
② 海因里希·罗姆巴赫. 结构存在论———门自由的现象学[M]. 王俊，译. 杭州：浙江大学出版社，2015.
③ 海因里希·罗姆巴赫. 结构存在论———门自由的现象学[M]. 王俊，译. 杭州：浙江大学出版社，2015.

化零利润结构之上的高附加值所在的结构）。从某种意义上说，秩序问题是一个结构问题。"只有在存在结构之处，才有秩序，结构只有在秩序中才有可能"[①]。自由秩序这个问题提的是对的，但对于透视自由秩序背后的复杂性来说，结构的观点来得更加彻底。一方面，它具有奥地利学派观点的特质，同样认为"在结构中个别之物处于优先地位。'整体'的发展也取决于个别之物及其发展"[②]；另一方面，结构方法不会陷入方法论个人主义。根本上的分别在于，方法论个人主义的出发点，从网络观点看，仅相当于结构中的要素，结构中发生的一切必须还原到要素，才能得到根本的方法上的解释。但结构的观点的出发点不是要素（相当于节点），而是关联性（相当于边），至少要把个体视为环节来看待问题。在结构中发生的一切，必须能够从边的结构（分布）得到最后的解释，而不需要以要素为先决条件。不认为把事物从边的角度解释一遍后，再往前推进到要素，能更接近事物的本质。简单地说，结构方法与奥地利学派的关系是，对象相同，方法相反。道（复杂性之道、自由之道）相同，而路（通往自由之路）相反。

经济人理性如果推论到哲学上，只相当于要素理性。要素理性的哲学缺陷在于外生了存在的关联性（比如，主体间性是指"要素与要素之间"中的"之间"的客观存在）。奥地利学派虽然否定了经济人理性，但仍存在方法论上的要素理性。在这种不自觉的理性看来，事物最终不是通过它的关联性得到解释，而是要通过要素才能得到最后的解释，关系作为协调力量而存在，但它是从要素上派生出的第二位的存在。对罗姆巴赫结构论来说，"关联性意味着那种奠基性的过程"。不存在孤立的要素，与要素对应的节点称为环节。"依据这个过程的内在环节（Moment）只有在相互关联中才能被规定。一个'环节'不会外在于那种关联的规定性。""这与要素（Element）不同，'要素'在一种嵌入确定关系的规定性的基础之上，也是某种'自在'的东西。环节并不具有其规定性之外的'存在'。"[③]

---

① 海因里希·罗姆巴赫. 结构存在论——一门自由的现象学[M]. 王俊, 译. 杭州：浙江大学出版社, 2015.
② 海因里希·罗姆巴赫. 结构存在论——一门自由的现象学[M]. 王俊, 译. 杭州：浙江大学出版社, 2015.
③ 海因里希·罗姆巴赫. 结构存在论——一门自由的现象学[M]. 王俊, 译. 杭州：浙江大学出版社, 2015.

计划与市场为代表的体系的观点与网络为代表的结构的观点之间，有一个共同认可的普通概念①，这就是功能。结构的理论从功能的观点看世界。"一个环节与另一个环节的关联性可被称为功能。功能就是一个环节与另一个环节发生关联的内容。"② 经济学"体系"的生产观点，也是功能性的。在什么是生产性，什么是非生产性的观点上，与重农学派的"实体"的观念相左，而与"结构"化的信息经济（虚拟经济）的观点相近。这种功能性的观念，是（前现代的）东方思维不同于（现代的）西方思维的一种特质，王阳明把"物"看作为"事"，广松涉为脱欧入亚奠定思想基础的关系主义的"事的世界观"，也是功能性的观点。

4. 方法论个人主义问题

方法论个人主义是奥地利学派的核心特征之一。它与新古典主义（如芝加哥学派）的整体体系方法、复杂性经济学的结构方法都有明显不同。

其中最容易引起困惑的是对有机论的态度。有机性是复杂性的重要特征，也是结构观点不同于体系观点的一个重要方面。奥地利学派经济学把有机论作为区别于芝加哥学派（机械论）的标志之一。从这个意义上说，奥地利学派经济学与复杂性经济学应是相通的。但事实却没有这样简单。复杂性经济学并不必然具有方法论个人主义的特点，这与复杂性结构论（或建设性后现代主义的观点）又格格不入。但不是所有的复杂性理论都是如此，解构的后现代主义的方法（福柯、德勒兹、德里达等）在形式上很像方法论个人主义，与奥地利学派的方法就极为类似。也许应该认为，奥地利学派的方法论个人主义，介于理性的经验主义与解构的后现代主义之间。

门格尔的《经济学方法论探究》是解开有机论与方法论个人主义关系之锁的一把钥匙。门格尔关于有机论的思想与多数人不同。人们一般会把有机联系与整体论联系在一起，如社会有机体论。但门格尔反其道而行之，认为有机论只能是个体论的。

门格尔对有机论的这种看法（不如说是印象），主要来自对德国历史主义经济学的成见。在《经济学方法论探究》中，门格尔激烈地批判德国历史主

---

① 这有别于实体的观点。罗姆巴赫将世界划分为实体、体系和结构三种存在方式。要分别对应自然经济、工业经济（计划与市场）和信息经济（网络）。

② 海因里希·罗姆巴赫. 结构存在论——门自由的现象学[M]. 王俊, 译. 杭州：浙江大学出版社, 2015.

义经济学，反对历史学派经济学搬出有机论为国家干预建立理论根据。反过来，把所有有机论，都当作国家干预论。为此，提出相反的主张，把有机性仅仅当作个体的特征。

社会有机论，亦称国家有机论，代表人物是英国的斯宾塞（1820—1903年）和德国的谢夫莱（1831—1903年），他们主要用生物学的进化论来解释人类社会和国家，认为国家与社会就像动物的机体一样。在当代，国家创新论也有国家有机论的影子，把创新从一种只有个体才具有的行为特征，扩展为群体特征，认为像国家这种的社会体也像个体一样可以成为创新的主体。但国家创新是否等于政府干预，是一个有争议的话题。经济学中的历史学派，"将经济视为一个有机的整体性单位"，将整体当作第一性的，是具有统一目的的行为主体；认为个人是整体（国家、社会）派生出来的、不完全的行为主体。

门格尔已经注意到对经济学个人主义的"原子论"指控："将人的经济之国民经济现象还原为单个现象的抱负，就被称为'原子论'"[①]。但他坚持认为，人的经济（把行为而非理性作为人的基本假定的经济）是建立在"单个现象"基础之上的。相反，"国民之类的东西，并不是一个具有需求、能够活动、可以进行经济事务、可以消费的庞大主体"[②]。与新古典主义经济学不同，奥地利学派可能认为机械论的个人主义才是真正原子论的，而自己已经强调个体之间的协调，因此是有机论的。

具体到有机性现象，门格尔认为，有机是活体特征，而只有个体是活的、有机的。国家只是个体的集合，这个集合不具有生命体的特征，不是有机的。门格尔把两种不同的经济学倾向归结为侧重"国民经济"与"个别的经济"的区别，认为不能在社会现象与自然的有机体之间进行无限类比[③]。门格尔不想让整体有机性成为人为设计的借口，先是用来反对德国的领袖意志，发展到后来演化为对计划经济的否定，并成为奥地利学派的标志性理念。

客观地说，德国历史学派确有门格尔指出的这些方面的问题。德国历史所走的弯路，在某种程度上也印证了其中的问题。第一，德国历史学派利用有机论，与有机论本身属于整体论还是个体论，没有内在必然联系。特别是

[①] 卡尔·门格尔. 经济学方法论探究[M]. 姚中秋，译. 北京：新星出版社，2007：77.
[②] 卡尔·门格尔. 经济学方法论探究[M]. 姚中秋，译. 北京：新星出版社，2007：77.
[③] 卡尔·门格尔. 经济学方法论探究[M]. 姚中秋，译. 北京：新星出版社，2007：115.

对复杂性结构论来说，有机论具有个体和关系两方面的特征。比如图论，有机性既不是单纯节点的特征，又非单纯的边的特征，而是由节点与边共同构成的结构的特征。第二，把有机论与人为设计联系在一起，尤显奇怪。这只是一段特殊历史，没有普世性。网络是有机联系的，但网络经济与人为设计，却很难挂上钩。反倒是网络中的极端观点可能认为结构也不是有机的，认为有机论都太理性化，混沌才是一切。但我们不赞同这样的观点，认为社会现象中的涌现生成是随机性与规则性的一种统一。混沌存在，但不是一切。有机性是网络的结构性特征，这种结构不是人为设计，但也不是混沌无序，而是介于二者之间的社会有机性和自然有机性的结合。

反观门格尔的方法，具有明显的唯名论的倾向，认为个体是实在，而关系不是实在。引申出，认为个体是第一性的，整体是个体的集合，是第二性的，是派生出来的。这个倾向，是前置于有机性判断的先决条件。也就是说，门格尔说的有机性，只是个体有机性，这是第一性的；个体之间的有机联系，是第二性的。与结构论相比，区别在于关系的性质不同。结构论中的关系是第一性的，因此是内在的关系；而奥地利学派的关系是第二性的（虽然比起基本否定关系的新古典经济学来说有所不同），因此是外在的关系。而门格尔把人为设计与有机论联系在一起，作为普遍结论是基本不成立的，只对德国历史学派经济学所在的具体问题适用，对网络完全不适用。

1.1.1.3 复杂性经济学对奥地利学派理论的发展

1. 以"实体—体系—结构"的框架评估奥地利学派经济学

我们在这里不厌其烦地讨论奥地利学派经济学，实际是在不断校正学科基本问题。由于奥地利学派是经济学内部最接近复杂性经济学的学科内部资源，把它作为参照系，有助于从经济学自身传承发展中校正提出的问题。希望使所提出的问题，成为真正的复杂性经济学框架问题（我们怀疑奥地利学派作为复杂性经济学含有不纯的杂质，需要过滤后再考虑借鉴的问题）。

以"实体—体系—结构"的框架评估奥地利学派经济学，得出的初步判断是，奥地利学派在提出问题上，达到了"结构"的水平，观点仍有一半停留在"体系"之内，而方法具有"实体"的明显特征。

结构方法的本质，就是将西方的原子论与东方的关系论，以结构为共同体，建立一个新综合的统一场。这种新综合，在普世价值水平上，引入了在东方落后挨打时期难以引入的主流价值观，而在互联网背景下忽然兴起的新范式，即关系的范式。其中为西方缺少，可以使现有"普世价值"变成更为全面、更为普世的观念，包括以下几方面①：

第一，关系的存在是"在他者中的存在"。罗姆巴赫总结得很好："功能之物的存在是位于'他者'之中，而实体之物的存在是位于'自身'之中。""实体之物首先是自在的，然后才关系到他者。"②

第二，关系的存在具有"相互制约性"。对网络来说就是互动。用罗姆巴赫的话说就是："功能是如此存在于相互制约中的，即每个功能都对应于一个反功能。"③

第三，关系的存在具有规则。"一个功能系统的整体必须服从于某一条规则"④。自发自由秩序也是一种规则和秩序，与之相对的是自然经济的随机网络。仅仅是规则本身，还不构成网络结构的全部，还需要有自由选择的另一方面的特性，即自发性，如涌现、生成与演化。在这里，结构的观点与奥地利学派的观点是一致的。

第四，关系存在于结构的构成之中。"功能性首先是在体系的构成中被掌握的"⑤。一加一大于二，并不完全取决于两个要素，而取决于两个"一"（环节）之间构成的关系。机器是体系，却不是结构，艺术品则具有结构。结构是活的。"在固定的要素点之间的功能性之网，我们称之为体系（System）。当功能的原发性相对于环节被极端地考虑时，即认为只存在相关之物之间的关系，这样我们才能谈及一种结构（Structure）。"⑥ 在后面的研究中，我们会相当实证地验证这一点。我们之所以说奥地利学派的自由秩序在自由性上不

---

① 西方不是在个别学者观点水平缺少这种认识，而是在要求取得社会普遍共识的范式水平，在把关系范式解释为第一性时，遇到来自启蒙理性天花板的局限。
② 海因里希·罗姆巴赫.结构存在论——一门自由的现象学[M].王俊，译.杭州：浙江大学出版社，2015.
③ 海因里希·罗姆巴赫.结构存在论——一门自由的现象学[M].王俊，译.杭州：浙江大学出版社，2015.
④ 海因里希·罗姆巴赫.结构存在论——一门自由的现象学[M].王俊，译.杭州：浙江大学出版社，2015.
⑤ 海因里希·罗姆巴赫.结构存在论——一门自由的现象学[M].王俊，译.杭州：浙江大学出版社，2015.
⑥ 海因里希·罗姆巴赫.结构存在论——一门自由的现象学[M].王俊，译.杭州：浙江大学出版社，2015.

彻底，是因为它存在把体系中的另一种（市场体系）放在了罗姆巴赫所说的结构的位置上。而从图论可以轻易地分析出，市场的"体系"特征——它只不过是边度数相等条件下的均质网络（所谓"固定的要素点之间的功能性之网"），它具有第三个条件（规则），但不具有第四个条件中结构的原发性（异质性），对图来说，就是不具备边的无标度分布。

从结构视角，总的来看，奥地利学派理论与复杂性理论的关系是复杂的。奥地利学派学说隐含的哲学范式本身是混杂的，同时兼具罗姆巴赫内核分类中实体、体系和结构三种不同内核的特点，就其范式混合来说，具有理论过渡性质，在哲学上与现象学的总体立场最为接近[①]，总体上可判定为一种不完全的复杂性学说。但这已经同其他理论相比，进步得太多了。因为其他理论大多还只是简单性学说。

奥地利学派逻辑的"实体"内核成分，主要表现在方法论个人主义上，带有继承自然经济余脉的味道。方法论个人主义的前身，是自然经济中的小农意识，英国经验主义就是其后来的果实。我们不是在贬义上使用小农意识这个概念，对于复杂性结构论来说，这种意识兼具局限性和优点。局限性和优点都体现在方法论个人主义之中。

从局限性方面说，也是网络经济学基本不准备采纳奥地利学派的方面，就是方法论个人主义的"实体"性质，它演化为后来方法论上的实证主义。

对于考察经济现象的标准，门格尔经济方法论主张具有"实体"内核的明显痕迹。主张在前提假设上，要具有两个要点，一是实在的类型（Real Types），二是经验性规律（Empirical Laws）。这里的实在的概念，具有"实体"的典型特征[②]。

门格尔有时用自然规律与经验性规律区分体系方法与实体方法。以洛克为代表，把自然这个词用成了与口语中相反的意思，认为理性是自然的，自然反而是有违理性的。在这一背景下，自然规律就成了理性规律的代指，成为"体系"追求的目标。把它用在社会现象上，就成了唯科学主义，将社会规律当作物理规律来研究，以求得机械钟表般的精确。而门格尔主张的是经验性规律。他说："社会科学的方法既可以是经验的，也可以是精确的，但永

[①] 参见麦迪逊的《现象学与经济学》与门格尔的《经济学方法论探究》，唯一例外是奥地利学派方法与现象学反主观性、反心理学这一点上基本相反。

[②] 门格尔的实在观，与东方的关系实在观相反，还具有西方原子论的某种特征。

远不可能是'自然科学'的。"（意思是以自然规律那种钟表般的精确为追求的）[1]。并主张经验加实证（以个案证实证伪）。精确到了这里变成是指用个体（个案）的方法实证地获得的结果具有的特征，其逻辑是："哪怕只是在一个个案中观察到了某种东西，在与此完全相同的实际条件下，该东西必然总会一再重复出现"，反之亦然[2]。

"实体"的思想方法的缺陷在于，虽然实在，但过于依赖经验，观察问题在整体性上有所欠缺。小农经济的生产方式（小农经济）的局限，是形成这种思想方法的历史根源。奥地利学派是一种工业化（现代性）学说，总体上是偏理性的（他对理性的认识具有一定辩证性，不是完全否定大陆理性，只是认为不能在理性上走极端，变成唯科学主义），因此不能将方法论个人主义直接归入小农意识。只能说，作为奥地利学派方法来源的英国经验主义包括休谟的学说，在理性化的过程中，比德法理性主义包含更多继承自农业社会的经验成分（同时由于隶属西方中心，其经验论具有与东方思想不同的原子论底色，其有机论是从外面贴上去的，而非本色）。

从优点方面说，小农意识具有对个性化、定制相对应的优点，是复杂性结构论应在否定之否定高度加以肯定的。个性化、定制是中性的，自然经济（小农经济）要求个性化定制，信息经济（复杂性经济）也要求个性化定制。所不同仅在于是否接纳理性（对应实践中的大规模制造），农业社会没有大规模制造，否定理性"体系"[3]，在方法上就表现为小农特有的注重眼前、当下的实体观。但如果汲取了理性的合理成分（如规模经济在成本上的效率和效能），将个性化定制升级为大规模定制，这时的个性化和定制，就会从前现代的落后，变成后现代的先进（当然是建设性后现代，而非解构的后现代），从反对专业化效率的主张，变成包容专业化效率的主张。

从生产方式映射的思维方式包括经济学方法论上来说也是这样。奥地利学派的碎片化知识论与现象学中的具体知识（梅洛·庞蒂）、个人知识与默会知识（波兰尼）高度吻合，都是复杂性结构方法的题中应有之义（当然不是

---

[1] 卡尔·门格尔. 经济学方法论探究[M]. 姚中秋, 译. 北京：新星出版社, 2007：41.
[2] 卡尔·门格尔. 经济学方法论探究[M]. 姚中秋, 译. 北京：新星出版社, 2007：41.
[3] 朱熹的理性是与笛卡尔理性相反的理念。区别见姜奇平《新文明论概略》（商务印书馆, 2012年）。

只有这些，还有相反的方面）。我们一定程度上赞同这个说法："奥地利学派的'主观价值理论'本身并不是主观主义的"[①]。如果把它当作小农意识，可以说是主观的（而且奥地利学派自己就认为自己是主观主义，主观也是学界对奥地利学派的定评）；但如果上升到互联网思维，这个"主观"实际的意思是"具体"，对应的是结构中分布式存在的节点。不能认为节点是"小农"的，相反节点是高度社会化的（只能比工业化的社会化程度更高而非更低）。不能认为节点上的体验是纯主观的，因为意义本身是客观的。"恰恰因为意义是主体间性的，因而是客观的，意义不存在于个人的'心理'中，而是存在于心理之外，存在于各个主体之间，具体表现为社会性和制度化的惯例。"[②]网络经济是一种体验经济，强调的是意义的客观性，这种客观性表现在信息与体验的心物一元之上。从这个角度再看个性化，就不能说是主观的了（我们不认为体验经济是主观经济，也不认为尊重顾客体验是主观化）。也就是说，我们虽然在整体上否定方法论个人主义，基于上述原因，并不否定，相反还要吸收奥地利学派中个人知识的积极成分（不仅如此，还要吸纳其对面的客观孪生思想，如奈特的风险和不确定性的成分），并用它来反对计划的理性自负与市场的理性自负。

奥地利学派逻辑的"体系"内核成分，主要表现在苏格兰理性主义（奥地利学派自称是演进论理性主义）的立场上。经验主义与理性主义不同于农业社会思维，都是启蒙理性"体系"内的构成成分，只是二者在认识论上相互排斥，一个强调绝对理念（相对于知性的理性）的第一阶段（经验认识），一个强调绝对理念的第二阶段（知性认识，现译为理性认识）。奥地利学派由于前述思想历史渊源，更接近经验的一端。

工业化在形成自己的意识（启蒙理性意识，即工业化思维，包括戴着这一有色眼镜重新"发现"的古希腊思想）时，把农业社会的"实体"意识包容、消化于自身"体系"之内，经验主义与理性主义可以被视为农业化理念与工业化理念两个矛盾方面，统一于工业化理性的产物。奥地利学派在其中，处于工业化思维中偏农业思维的一端，强调工业化的历史继承而多于强调工业化的革命方面。

---

① 卡尔·门格尔. 经济学方法论探究[M]. 姚中秋，译. 北京：新星出版社，2007：290.
② 卡尔·门格尔. 经济学方法论探究[M]. 姚中秋，译. 北京：新星出版社，2007：289.

奥地利学派思想不同于我们的复杂性结构论的地方，突出表现在对市场的迷恋上。按复杂性结构论，市场是标准的"体系"（在后面的结构分析中，我们可以在数学上清晰指出均质网络的"体系"性质），应当受到与计划同等的批判（当然还有对其优点的继承）。奇怪的是，奥地利学派持一种貌似复杂性结构的范式，批判计划，却不批判市场，似乎经验的理性是好的，理性（知性）的理性却是坏的。对于网络来说，大规模定制是不同于农业生产方式与工业生产方式的划分标准，因此有无定制的理论要素，是我们判断结构与体系，真自由选择与假自由选择的底线。奥地利学派在方法论上强调了那么多"主观"、个人、具体、不确定的东西，但在实质内容上却几乎丝毫没有涉及经济的个性化。这是我们对奥地利学派思想的某些方面非常不满，并且对它是不是真正的复杂性思想有所怀疑的原因。

我们的基本判断是，奥地利学派的复杂性思想，属于在体系内部揪着自己的头发离开体系，在市场的理性自负中，借着经验（"实体"）之力，想把自己拔高到非唯理性主义的境界中去。

具体来说，奥地利学派思想的"体系"性质表现在以下方面：

第一，奥地利学派具有节点复杂性的充分意识，也具有关系（边）的意识。但与我们的网络复杂性理论比较，奥地利学派所指的关系，最终只是作为结构特例的体系规则，用图论语言描述就是，它所强调的边，在市场中是指均质的边。自发在此的确切含义是指节点的自发，结合边来分析，自发自由秩序首先是指由节点的随机运动形成的均质关系作为规则（秩序）。

第二，与斯密的"无形的手"又有区别，奥地利学派强调规则可变，但不是如无标度网络所指的非均质规则演变，而是一种均质规则向另一种均质规则的演变，这是奥地利学派思想中苏格兰启蒙理性的印记。其中包括了企业，相当于达到了对分形（规则以分数维为尺度演进）的认识，企业家在此就相当于星形网络的中心。

第三，奥地利学派缺乏从均质网络规则向非均质网络规则演进的明确意识。因此不足以解释为什么反对政府干预，却不反对企业（与政府同为中心化的科层结构）干预。网络复杂性理论则明确主张非均质规则网络（无标度网络）中，节点与中心在涌现和生成中的平等地位。

奥地利学派逻辑的"结构"内核成分，表现在对经济复杂性现象的全面认识（或直觉）之中，特别是表现在对唯科学主义、建构论理性主义的激烈批判中。

说奥地利学派是复杂的，是因为其中掺杂着本来不能掺杂在一起的"体系"和"结构"的双重成分。说奥地利学派是"体系"的，但又不像"体系"，是因为它包含着对"体系"思想的激烈的批判。这种批判显然已不是单纯基于小农式的直觉，或理性主义的经验，而与现象学处于同一层级，也就是说已实质性地进入了复杂性结构论的论域区间，至少，奥地利学派提出的问题，完全属于复杂性结构问题。

其结构因素，分别表现在奥地利学派的关于人性的行为假定、自发自由秩序（包括规则涌现与演化、信息不完全性的观念、碎片化的知识论、对同质完全竞争均衡的批判、对数学形式主义的批判、对异质资本、企业家作用的强调等方方面面）。

特别是在经济学哲学理念上，提出与理性对立的行为概念，"试图系统地论述人的能动力量（Human Agency）之基本特征"[1]，是对以心物二元为特征的笛卡尔理性的彻底拨乱反正。如门格尔所说："自然现象遵循那种只是机械地活动的力量，而在人的现象中，意志的因素却发挥着决定性的作用"[2]。在反心物二元这一根本问题上，与复杂性结构理论是完全一致的。

在这里，以现象学中的"意义"为术语标准，复杂性结构论与奥地利学派，在内核上有一个重要交集。奥地利学派对应的意义，是行为。麦迪逊说，"哈耶克一向坚持认为，'经济的'意义只能被理解为人们行动的结果"[3]。意思是，人为设计才是"主观的"，而"主观"的行为却因为代表意义，才是客观的。在这一点上，用现象学来解释笨嘴笨舌的奥地利学派，倒比奥地利学派更能画龙点睛："诚如梅洛·庞蒂所指出的，人的实践（Human Praxis）的这种秩序是意义具形化的秩序，这种意义乃是自发的意义，它们并不是'普遍的建构意识'（Universal Constituting Consciousness）的产物。"[4]

复杂性结构论一般不用行为来概括理性的反义词，而采用意义这个说法。在这一点上与现象学是完全一样的。罗姆巴赫的结构存在论也把意义作为"结构"内核的元概念。意义对于人来说，就是目的。行为不是人的目的，而

---

[1] 卡尔·门格尔. 经济学方法论探究[M]. 姚中秋, 译. 北京：新星出版社, 2007：287.
[2] 卡尔·门格尔. 经济学方法论探究[M]. 姚中秋, 译. 北京：新星出版社, 2007：207.
[3] 卡尔·门格尔. 经济学方法论探究[M]. 姚中秋, 译. 北京：新星出版社, 2007：291.
[4] 卡尔·门格尔. 经济学方法论探究[M]. 姚中秋, 译. 北京：新星出版社, 2007：290–291.

意义才是人的目的。用意义这个词，可以相当鲜明地得出"体系"背后的关键词工具（手段）。从而明确出"体系"与"结构"的关系，是人类水平的手段与目的的关系。而用行为与理性相对，体现不出以人为手段的学说同以人为目的的学说的这种实质差异。

奥地利学派存在观点与方法不完全统一的问题，集中表现在所谓主观与心理倾向上。从观点上说，奥地利学派反唯理性主义、唯科学主义，与胡塞尔现象学反形而上的立场（针对的是黑格尔"绝对理念"版的启蒙理性）是完全一致的。其方法论个人主义，与现象学"回到事物本身"的主张，也是同方向的。但现象学反对一切形态的主观主义，胡塞尔批评心理主义，反对英国经验主义用"心智"① 的心理运作来解释意义问题，要求去心理化（Desubjectivized），去心理学化（Depsychologized），在这方面与奥地利学派是完全对立的。复杂性结构论的立场更接近现象学这种客观立场，结构论倒是不像胡塞尔那样反对引入心理学进行经济分析，但认为这应是应用学科的事，而理论经济学应在心理经验层面之上把握对象。同是推崇体验，但结构论认为体验及体验指涉的意义是客观的。从这个意义上说，结构论才是真正的行为经济学，而占着行为经济学这个名字的心理经济学，应被视为行为应用经济学。对网络理论中的神经网络经济学，也持类似的态度，认为经济学不能搞成生物学医学，而应从具体神经网络中，抽象出普适的网络原型以便在理论经济学深度加以研究。但这不意味着反对为了搞清网络是如何在人体中实际医学地、生物学地运作，而深入到生理卫生层面，像医生大夫甚至护士那样，去穷究别的行当的细节。那是专门学的任务，而不是通论的任务。

与我们即将展示的结构论相比，奥地利学派结构的局限在于"道可道，非常道"，它没有用合适的方法表达自己，表达复杂性那种捉摸不定的性质。因此，奥地利学派尽管在哲学上达到了对复杂性的直觉，但在方法上仍没有从具有特定历史血缘关系的经验方法中升华出来，发展出一套成熟的可以形式化直觉的方法。我们采用的结构方法，才是真正在认识上与直觉对应的形式化方法，它将采用的解析边分布的分析方法，把质性分析转化为形式化的量化分析，显然从内容到形式都是奥地利学派彻底的盲区。方法论个人主义

---

① 在结构论看来，心智只是镜子（所谓 Mirror of Nature），镜子中映射的内容才是问题实质。研究镜子应由专门的应用学来做。知识论有助于从人的角度理解本体，但不宜当本体论本身来使用。

在方法上，将自己限制在节点分析上，而忽略了关系分析。奥地利学派除了抽象的有机协调概念外，拿不出实证的工具来显示类似经络的关系的存在。它的"实体"观，限制了它把关系当作实在来观察，因此关系成了要素在集合中无结构的外在连接。奥地利学派声称认识到关系的存在（在这点上强于芝加哥学派），却没有方法显示关系的结构。奥地利学派用复杂性方法，做到了对要素复杂性的把握，但没有做到对关系复杂性的真正把握。经验方法（包括经验化的体系方法）与结构方法的区别，就在于对复杂性中关系实在的把握。这就是问题所在。

2. **对奥地利学派的理论修正**

网络现象的本质在于复杂性，内生了人的复杂性（作为行为的本质），也就是内生了自由选择，因此网络经济学必然是复杂性经济学，复杂性"翻译"成人文概念就是自由选择。复杂性作为一种原范式，本来是跨越自然科学和社会科学的。但目前的复杂性理论，更多是将自然科学的复杂性理论简单照搬运用于社会科学，把社会复杂现象当作物理复杂现象、生物复杂现象来研究。对经济学来说，以桑塔菲研究所为代表，正在形成由复杂性理论（如复杂适应系统理论）与经济学的结合，形成复杂经济学。但网络经济学研究的角度与之重大的不同在于，不是外移自然科学的复杂性理论来研究经济学，而要挖掘经济学自身的复杂性思想资源，从经济学内部涌现与生成复杂性范式。从这个角度来说，奥地利学派具有特别的借鉴价值，因为它是源自经济学内部的复杂性范式传统，它不是像桑塔菲研究所那样，把经济学当作自然科学来研究而忽略社会科学研究的特殊性（把自然复杂性当作一般，把社会复杂性当作特殊或应用），而是从自发自由秩序这个纯正的经济问题本身切入主题。网络经济学对奥地利学派复杂性经济理论的主要修正，是将它从主观理论，修正为客观理论，把它从特殊立场上导向狭窄的不科学的结论，推广到一般科学的结论[①]。

网络经济学在一般意义上是复杂性经济学。也就说，如果不是把网络经济学当作是与互联网技术、商业这些特殊现象关联的理论，而是当作一般经济理论来看的话，它的实际研究对象其实是经济复杂性本身，只不过互联网

---

① 在网络经济学看来，社会主义理性与资本主义的理性，共享启蒙理性这一相同范式（只是所代表的利益与立场相反）。迄今为止的社会主义的实践与资本主义的实践，都同属工业化实践这一大的范围。而网络经济代表的则是信息化的实践，而这一实践超越了启蒙理性的范式。

技术和商业正好内在地与复杂性相联系，堪为典型代表，因此借它们的形与名来研究背后的通用现象①。

网络经济学是复杂性经济学，但与复杂经济学却有本质区别。复杂经济学本质上用自然科学的方法来研究社会现象，因此系统地忽略了人的自由选择，是方法论建构理性主义。

奥地利学派经济学是主观形式的复杂性经济学。网络经济学作为客观形式的复杂性经济学，有必要批判性地重估奥地利学派经济学。以多元性这个概念为例，复杂性系统必然以节点的多元化、分布式的存在为思考前提，同是面对以复杂性为本质的自由，同是反对笛卡尔理性（建构论理性主义），奥地利学派更多从方法论个人主义出发，把多元性当作个体的主观选择，当作一个主要是认识论意义上的知识问题；而客观理论却通过（同时包含节点与关系的）网络结构这个更为整体化的视角，扬弃了奥地利学派在自由选择问题上的主观性，虽然在实证上与奥地利学派的区别微乎其微。

奥地利学派说的理性与行为的区别，相当于新综合说的同质性与异质性的区别。米塞斯认为理性和行为是同一事物的两个方面。新综合认为是同质性与异质性（简单性与复杂性）两个方面。行为对理性的各种偏离，对应空间概念和逻辑概念，就是异质性（通过行为的差异性）对同质性的偏离。人们称奥地利学派价值论"主观"，我一直怀疑这是不是缺点，我认为多样化在空间和逻辑上是客观的，不是主观的，"主观"的个性化显示的是需求的客观复杂性与多样性。这一点被新古典理论系统地无视了。

米塞斯认为价格不能衡量任何事情，市场效率并非依赖传统效率的价格均衡而达到，而取决于自由。新综合表达同样的意思，是找出传统逻辑的反概念，提出多样性（品种），作为数量的反概念；提出多样性效率，作为专业化效率的反概念，从而在价格中，内生进多样性，实证化为 P = AC（我在《分享经济：垄断竞争政治经济学》一书中专门谈了与霍布森的区别：认为差异化构成价格，而不是不构成价格）。新综合相当于把价格概念相对化了，从不能表达自由，变为可以表达自由，以达到奥地利学派同样的效果。

奥地利学派说的均衡，相当于新综合说的同质完全竞争均衡（P = MC），主张对这种均衡的各种偏离；新综合把各种偏离，高度概括为偏离本身，即

---

① 信息技术不光是通用技术，而且带来通用的哲学。

异质完全竞争均衡（P = AC）。AC – MC 相当于奥地利学派说的对均衡的各种偏离本身。

奥地利学派说的静态，是指同质完全竞争形成的结果。奥地利学派说的过程，在空间和逻辑上，对应的是新综合的异质完全竞争。因为异质完全竞争具有奥地利学派说的过程的所有特征，都是在系统地偏离同质完全竞争形成的同质的理性。市场过程的标志是不间断的、由人的内在力量驱动的偏离同质性（物理特性）的变化。

把过程从时间"翻译"成空间，就是异质性。从空间角度倒着理解时间，钟表的时间是机械时间（等长时间），奥地利学派的时间是有机的时间（不等长的时间，如达利的流淌钟表，利息是不均匀"分泌"出来的）。如果把新综合的语言"换算"成时间语言，相当于在主张有两种时间，物理时间（牛顿时间）与自由意志时间，要把物理时间推广为自由意志时间，在自由意志内部，还要内生利益互动，形成基于自由的合约（"自由契约"）。

奥地利学派反对新古典经济的目标函数和约束条件，是因为目标函数中没有内生利益相关方的互利，约束条件则没有把利益互动、异质性的影响（如知识）内生进来。而新综合已在逻辑上解决了这个问题。因此相对于新古典主义的原体系，新综合就具有奥地利学派那种对新古典目标漂移不定的实质效果（只是认为这种随机漂移也受规则约束，不能漂移到 AC 之外；只不过规则是可演进的）。

奥地利学派反对运用数学，米塞斯认为在逻辑与数学体系内，时间概念是没有意义的。这是把传统逻辑和传统数学理解为逻辑和数学的全部。实际上，现在的逻辑和数学完全可以容纳时间。例如，数学直觉主义区分了连续（相当于物理规则）与连续统（相当于自由意志）。在计量上，只要把多样性这一奥地利学派元概念引入数轴，用图论可以轻松表达奥地利学派想表达的一切东西，如个体不同的知识、发现、不同预期、协调互动以自发地涌现生成秩序等。奥地利学派强调动态理论，不在于技术性地加入时间变量，与熊彼特学派一样，都是要打破经济的物理的循环流转（"均匀轮转经济"，Evenly Rotating Economy），体现出人的自由意志（创新、自主选择），这与传统数学中的时间参数，只有外在的联系。

网络经济学的新综合从某种意义上说是"东方的"，表现在它通过网络（也就是图）把关系范式置于优先地位。而相形之下，奥地利学派仍然是"西方的",尽管它强调社会关系协调,但这种协调是以个体(哪怕只是方法论个人主义)范式的优先性为先决条件的。从这个意义上说,哈耶克对笛卡尔的批判,仍是不彻底的,至少在文化上是不中立的。与网络经济学结论相比,这突出表现在一个实质性的问题上,什么是理性的自负?从方法论个人主义出发,会预定只有计划才是理性的自负,但如果取消这个先验设定就会发现推广的结论:市场同样是理性的自负。在资源配置上,网络既不是计划,也不是市场,而是真正的复杂性机制。只有网络,才真正符合哈耶克在表面声称的那种自由,即向未知领域演进而自发地涌现生成的秩序。真正的自由选择不是市场定价,而是 App 式的双创。

简单性范式经济学(新古典经济学)与复杂性范式(网络经济学)经济学,在方法论上具有西方中心论与东方中心论的差异。如果说经济学的"脱亚入欧",当以原子论为切入点,经济学的"脱欧入亚"(包括建立中国学派自身观点或如林毅夫的与西方传统"平行"的观点),就需要把关系论作为切入点。经济学的结构理论,面对的历史背景,就是启蒙运动以来伴随西方工业化运动从兴到衰的经济学帝国主义化历史,转向面对东方信息化运动(经络普世化运动,俗称互联网革命)的复兴,寻找理论自我的问题。当然,全面地理解,结构论并非东方中心论,只能说结构中的关系是"东方"的(并且因为是东方的而成为世界的),结构论是节点与边的结合,原子与关系的结合,因此是东西方融合的。我们说"脱欧入亚",只是就改变方向来说,从不具备东方关系的因素,变到把关系包容进来,因此不同于西方中心论。

把关联性(边)置于要素(节点)之上,使之成为具有第一性的解释效力的变量,这是结构论的特色所在,它在自然经济条件下的东方思维与信息经济条件下的互联网思维之间,建立了否定之否定(隔代遗传)的连接纽带,找到它们之间的同类项。在这种观点看来,经络这种存在与互联互通这种存在,考虑它们同属于奠基于关联性基础上的事实,具有同样的现实性。结构论对于奥地利学派观点的修正,在于把奥地利学派当作第二性的关系,变为第一性的存在。奥地利学派虽然与芝加哥学派完全排斥关系的原子论是对立的,但它并不因此成为真正的关系论,它只是一种温和的原子论(可能自己并不这样认为),把关系外在地整合进了学说内部。我们与之区别在于不仅把关系当作现象,而且当作基本范式。

如果以图论为参照系比较网络经济学与奥地利学派经济学的差异,可以认为，奥地利学派经济学虽然力图把握经济复杂性这一森林，但切入点却只是节点（基于节点的度分布）这一树木，虽然不同于机械论，已认识到森林是一个生态，但以树木推知森林，陷入方法论个人主义，观点受到牵连而表现为对个体主观偏好的依附。关系是内在与外在，有一个客观标准，就是看对有机性的理解。奥地利学派（以门格尔为代表）认为只有个体是有机的（活的），整体（被他们理解为是个体的集合，如国家）不可能是有机的。换算为图论语言，相当于说，只有节点是有机的，而结构（主要是结构中的群体、整体）不是有机的。而结构论则认为不仅个体（称为环节而不是称为要素）是有机的，而且结构的整体（包括国家）也可以是有机的。

由于观察视角的排他性，反映边的关系（结构，如边的度分布）就成为奥地利学派经济学的思维盲区。连带着，所有客观方法（如用于定性、质性分析的结构方法、数学方法）都仅仅因为观点上的狭隘原因而被排斥。奥地利学派的（个体论）方法与（复杂性）观点之间存有内在矛盾，对自身观点（如自由秩序）的表述不充分和不彻底，因为相当于在用（文化上的）原子论思维解析复杂性系统，这是在"拔着自己的头发离开地球"。

按照网络经济学的修正观点，并不认为奥地利学派"主观"（或者说认为奥地利学派只是在动机上是主观），这种主观背后有客观性（节点是客观存在的），是复杂性在节点上的映射的表象，抛开奥地利学派在意识形态上的小肚鸡肠，通过在图论中引入边的分析，使复杂性结构得以完整呈现——不仅从点的度分布来把握，而且从边的度分布来把握，从而使以图（网络）分析为基础的经济学复杂性分析得以完成。这也不涉及我们的观点是主观还是客观，我们追求的是效果上的客观性。也可以说，网络经济学是中性化的奥地利学派经济学，即它是超越奥地利学派意识形态局限的客观理论。这种超越的一个突出表现是，对计划与市场持中性看法，认为问题的关键不在于计划与市场，而在于网络。计划与市场都是"简单的"（属于简单性范式的），是属于前一个时代的；而只有网络才是真正"复杂的"（属于复杂性范式的，如具有不确定性、涌现、生成、演化、自由选择等特征），是属于下一个时代的。

1.1.2 结构范式演进的逻辑与历史线索

一般见解把标准经济学当作一般，网络经济学当作特殊。与之相反，我们把网络经济学当作一般，而把标准经济学当作特殊。网络经济学成为标准经济学一些关键假定放松后的推广。最关键的推广是把同质性假定，当作简单性范式这一特例，推广到复杂性这一更普适的情况之下。这样，简单性只是复杂性的一个特例，即新的复杂性维度（图值）上刻度为1这样一种特殊情况。这好比把一维的线当作二维的面的特例，即当二维其中的一轴的刻度为1时，面就还原为线这一"特例"。

造成这种见解的不同，在于看待世界的不同视角。

标准经济学（新古典主义经济学）从原子论的视角看待世界，把经济现象视为一种"原子"现象（好比只看到量子力学波粒二象性中的"粒"，而对"波"视而不见）。对应的社会观是个人主义。

而我们把经济现象视为网络现象（社会关系现象），而不仅是"原子"现象。不同在于，把经济现象作为原子（网络中的节点）与关系（网络中的边）的结合体（好比同时考虑量子力学波粒二象性中的"粒"与"波"），对应社会网络的社会观。

我们把经济现象视为一种网络现象，这个"网络"在方法上对应的是数学图论中的图。图被定义为点与边的结合体。我们把它作为自由选择的"单位"。以图为单位量化自由的程度。图又被称为网络。例如，互联网就是这样的由节点与边共同构成的网络。

我们认为不仅互联网是网络，一切经济现象都是网络现象，因为都具有"波粒二象性"。例如，既有个体的一面，又有关系的一面；既有竞争的一面，又有合作的一面；既有自利的一面，又有互利的一面；既有节点的独立性的一面，又有连接的相互作用的一面。因此网络经济学就是一切经济现象学，也是原子论经济现象学与关系论经济现象学的合体。

标准经济学讨论的对象，在我们看来，只是网络中的一种特殊情况。即把均质化网络（又称市场）这种特殊情况的网络当作一般对象，把一切不同的网络都还原为其中一种网络（正则网络）；而网络经济学把市场只是当作网络这种通则的特殊，推广到具有点（个体）与关系（社会关系）结合这种更为普遍特征的所有经济现象的一般情况。

从实证上看，二者观察与解释的现象也有区别。从原子论出发，往往只能观察到还原论的事实，认为事物的整体只是所有原子的总和，一加一等于二，由此形成以自利为核心的学说体系；从社会有机论出发，在还原论之外，还可以观察出关系的实证的存在，如一加一大于二，大于的部分就可以归为关系（边、"波"）的作用，例如梅特卡夫法则观察到的现象。由此得出的结论不是利他，而是互利以及由互利形成的结构。它可以比原有结构容纳更大自由度（还能相对稳定）的自由。

信息经济与工业经济之间的"革命"关系（所谓"信息革命"），其实不是对立，而是一种扬弃，体现在范式维度转换中既肯定又否定的关系上。从特例到通则的推广就是扬弃。

工业经济、信息经济与网络经济，从维度范式上看，是点、线与面的关系。网络经济存在于节点与边的二维质量（具体的质的量）空间中；信息经济将这二维压缩为一维，即品种维度（表示抽象的质，这个标准化的质只有量的变化，不再显现图中边这样的质的变化）；工业经济进而把品种维度从一条线（品种轴）压缩为一个点（即 $N=1$，抽象的质压缩为点后，即为同质性假定）。

因此，工业经济只是信息经济的一个特例，是信息经济当品种为 1（即同质化）的特例，是信息经济这条线上的一个点；信息经济只是工业经济当 N 值设定放松到大于 1 时，沿着代表质的维度的品种轴这条线的推广。信息经济又只是网络经济当 N 轴从边数（度数）为 1（均质网络，此时市场与网络彼此还不相区分）时的特例；而网络经济只是信息经济放松到非均质的边数大于 1 时的推广，由于这种推广，品种轴这条线呈现为（由节点与边二维构成的）图平面。

换句话说，标准经济只是网络经济的一个特例，它是同时具备 $N=1$（抽象的质不变）和度 $=1$ 两个条件的网络经济。当网络中的边具有均质性时，度 $=1$ 与 $N=1$ 是等同的，这样的网络是正则网络（市场）。标准经济是均质网络经济（其中，企业经济又是固化了中心节点的市场经济）。而向心化与离散化的标志，就是资本使用上的分享程度，越专用越向心，越分享越离散。而外部性和网络效应，从网络角度看，只不过是结构从向心向离散的转化现象，不能仅从节点本身来认识。

经济学通过内生结构，建立起一个可以替代外部性和网络效应的整体框架，以解释企业与产业边界日益模糊条件下的经济现象，特别是网络特殊的均衡规律。

1.1.2.1 解析经济现象的维度

网络经济学改变着人们看待经济世界的维度。

在标准经济学中，人们为什么观察不到网络现象，或者说有意无意对网络现象视而不见？这是因为缺乏观察网络的必要维度，而把一切现象视为原子现象。

可以把维数比喻为焦距："不同的维数体系，类似于不同分辨等级的显微镜，它们可以分辨出不同细节的结构。而在同一种分辨等级下的显微镜，当调到不同的焦距中，便可看到对象不同的层次。反过来说，当我们调不准焦距时，便看不到事物的具体的形象"①。

标准经济学的维度只有数量和价格。如果一种现象，既不属于数量，也不属于价格，那它对标准经济学来说，即使存在，就和不存在一个样，意思是在"理论"上不存在。

从数学角度看，维数是集合空间的复杂程度的一种量度。观察简单性现象所需要的维度少，而观察复杂性现象所需要的维度多。网络经济学将经济学从简单性因而低维的经济学，推广到复杂性因而高维的经济学，认为复杂性是一般，而简单性则是复杂性处于低维的一种特例。由此说，标准经济学是低维经济学，而网络经济学是高维经济学。

经济学如何从方法上解决内生复杂性的问题，也就是说，让复杂性（从主体方面说是自由选择）从不可显现、不可量化状态，转变为可显现、可量化状态？办法就是升维，即在由数量和价格这个两维空间基础上，加入新的表达自由选择的维度，并找到在低维空间与高维空间之间的维度转化规律。好比在一维的线上看不到的现象，在二维的平面上呈现出来。

数学家康托发现，任何维数的空间可以唯一地映射到实数一维直线上。也就是说，不同维数的空间可以相互映射。这意味着："简单性和复杂性之间是可以相互映射的，换言之，简单性和复杂性之间是可以一一对应的或相通的"②。

举例来说，"一条直线经过变换可以转化成一条皮亚诺曲线，而之所以能够转化，是因为直线中具备成为皮亚诺曲线的可能性。然而直线就是直线，曲线就是曲线，它们的维数分别是 1 和 2，也就是说它们的复杂程度有很大不同，那么是什么造成这种不同呢？显然是由于线的结构有所改变，所以可以说维数是集合的一种结构性参数"③。

---

① 孙博文，等. 维数的性质及其哲学意义 [J]. 自然辩证法研究，1994.
② 孙博文，等. 维数的性质及其哲学意义 [J]. 自然辩证法研究，1994.
③ 孙博文，等. 维数的性质及其哲学意义 [J]. 自然辩证法研究，1994.

标准经济学相对于网络经济学，是二维与四维的关系。二维是指由价格轴与数量轴构成的平面，它是一个典型的简单性系统，也是一个非常复杂的简单性系统。价格这个维度是经济学的学科有别于其他学科的量纲标志，它隐喻的是得失（即经济这个词的本意：料理清得失）。数值的高在收入上表示得，在成本上表示失；数值的低在成本上表示得，在收入上表示失。

数量轴在广义上代表的只是量值，但在新古典经济学中，被窄化为同质的量值。质在这里收缩为一个点，即零维，表示有质的差异，与没有质的差异，在数量上不显现。可以显现的，只是零维的质的数量规定性，即将这个点变化一条线，就是同质之量（Q）。它代表广义经济学中量的一个特例，即把一切量都还原为同质化生产的量。工业化经济学从概括同质化大规模生产这一实践中获得初始范式，表现为同质化假定，它实际是工业化同质化大规模生产的对应设定。信息化经济学将广义的数量，由一维展开为二维（加上价格轴，从整体一共成为三维，即品种、数量、价格三维），分别为同质的数量轴与异质的品种轴。数量本身，由此从一条线，展开为平面。代表第三次浪潮的长尾曲线（单一品种大规模生产向小批量多品种生产转换的等均衡线），由（在线上）不可见，第一次变为（在平面上）可见。

平面的意思，在这里是指产品数量（表量的差异，或同质的量的差异）与产品品种数量（表质的差异，或关于质的"量的差异"，实质是选择的自由度）。经济学的量化，从定量分析，拓展为定性分析。实际是从对同质量的分析，深化为对异质量的分析。从认识必然，深化为认识自由。

这时广义网络中点的含义有所不同。在数量轴上的点集是线性分布的（均质化的），在品种轴上的点集是离散式分布的（用技术语言说，是分布式地存在的，去中心化的）。其哲学含义，线性的点集，是可还原的原子论意义上的点（从而吻合理性这一假设定义）；而分布式的点集，隐含着（作为第一性的）关系的概念，是不可还原的，因此不是原子论的而是某种有机论的点。在经济学中，有机论表现为关系论时，分别有政治经济学和制度经济学的社会关系论；表现为个体论时，有替代理性假定的行为假定，如米塞斯的行为论。

一维（直线）的量，与二维（平面）的量，在数值上是同一种量。明确这一点非常重要。这意味，以平面形式进行量化的经济学，同以直线形式进行量化的经济学，不是两个经济学，而是同一个经济学。最典型的就是垄断竞争理论，作为表征以差异化为特殊对象的经济学，它既可以用"数量—价格"二维的方式描述其均衡点，也可以用"品种—数量—价格"三维的方式描述其均衡点，这"两个"均衡点在数值上是同一个点。区别只是在于，二维描述的点坚持同质性假定，将异质性变通称为同质性条件下的差异性；而三维描述，径直将差异化称为异质性。同样是双需求曲线，在二维系统中，代表差异性的需求曲线与代表无差异的需求曲线，是同一平面（数量—价格平面）中上与下的位置关系；而在三维系统中，二者却分别处于不同平面上，无差异需求曲线位于同质平面（数量—价格二维平面）上，而差异化需求曲线位于异质平面（品种—价格二维平面）上。但垄断竞争的均衡点不变，都位于 $P = AC$ 处。

网络经济学，对"品种—数量—价格"三维框架进一步升维，将品种轴（第一次推广的"数量"），进行第二次推广，由一条直线（非线性点集），推广为平面（由点与边二维构成的图平面）。由此，同一件事（异质性的量的规定性）从在直线上不可见，变为在平面上可见。这就是非线性（异质）点集中的点（数量）为什么是非线性的、异质的，可以通过点与边的关系，直接"看"到。这意味着在经济学中，异质性是由什么决定的这一谜题，第一次有了规范的答案：异质性的具体特征，在数学上，是由图论意义上的边决定的，边代表的就是事物的性质。这样，我们就在将定性分析（质性分析）量化（品种化）基础上，即将质抽象化为 N、对 N 加以标准化之后进行品种—数量—价格三维量化基础上，进一步将其结构化，即将质具体化为质的功能（由边代表），从在品种、数量、价格三维中一维化的品种上不可呈现，变为在四维中由图平面定义的品种上可呈现。应用到经济分析，区分企业与网络，就从仅仅在提供个性化产品和服务这个水平辨识，变为可以通过透视它们的结构，特别是它们的关系的结构不同来加以辨识。体验从不可见，变为可见，从而与服务区别开。

三维的数值与四维的数值，在量化计算上，是同一个数，而不是不同的数。它们之间存在升维与降维的计算转化关系。我们用了一整章（第三章），来讨论保持这种数值统一性的数学可行性问题。尤其是在 3.2 节中，将图的结构，从较为复杂的二维值（几何值），转化为相对简单的一维实数（代数值），就属于这类工作。借助的工具是代数图论。利用维数变化来内生结构，这是本研究（"内生结构"的异质经济学分析）的独特创新。它依据的就是关于维数的基本道理。

"当我们观察所使用的尺度的维数与被观察的对象的维数相同时,我们便看到此对象是有限的;而当我们观察所使用的尺度的维数小于被观察对象的维数时,我们所看到的便是一个无限的对象。可以说维数是事物有限与无限的转折点或临界点";"维数是可以互相映射的,所以我们可以通过能观察的事物的特点推断出不能观察的事物的性质"①。

对经济学来说,观察经济的尺度如果只有数量与价格二维,看到的只有市场,而"看不到"网络(表现为把网络现象视为与市场同样的现象,而看不出它的特性)。当我们增加度量一般复杂性的维度——品种之后,信息化现象从不可见(如索洛悖论)变为可见,但网络仍然是不可见的。也就是说,人们还区分不开信息化与网络经济之间的区别。网络从本质上说是四维的,当我们把一般复杂性(抽象复杂性)从一个维度(第三个维度)升级到图这个维度后,结构就从不可见,变为可见。如果没有图论提供的这个维度,我们看到的网络是一个"无限的对象",通过内生反映结构的图(点与边的集合)这一维度,我们可以推断出的一个以往经济学观察不出的事实,就是结构对于均衡的显著作用和影响。网络经济学不是只能解释互联网经济,所有经济都存在结构,如发展中国家的结构与发达国家的结构,只不过西方中心论往往以自我为中心,把自身的发达结构当作所有国家经济的结构而要求所在国生搬硬套。网络经济学作为微观结构经济学,有助于让结构问题——小至组织结构,大至产业结构、分工结构等的经济作用充分显现出来。

通过维度变化,使经济学发生一场从牛顿力学向相对论的转型升级。从而建立起原来不相关联的市场、企业和网络的现象解释的统一场理论。

从泛网络的角度看世界,标准经济学看到的对象是线,信息化经济学看到的对象是面,网络经济学看到的对象是体。线、面、体都是网络的不同形式,三者之间的关系,不是对错关系,而是特例与推广的关系。一维的线是二维的面中一个维度(在这里是品种)为1时的特例;二维的面是三维的体,当其中一个维(在这里是结构,即图的能量或密度)为1时的特例。而高维统统都是比它低一维空间的推广。例如,由品种与数量两个维度构成的平面,是将品种为1的假设(同质性假定)放松,使之内生为可变量后的推广形式

---

① 孙博文,等. 维数的性质及其哲学意义[J]. 自然辩证法研究,1994.

（推广后小批量多品种现象，就从不可见，变为可见）；由二维的图值构成的品种，将波粒二象性内生于结构，使波（即图中的边，或社会关系中的邻接）由不可见变为可见。在现实中，发展中国家与发达国家之间的结构上的不同（也就是国情性质的不同），就是从不可见变为可见。

1.1.2.2 将同质世界推广到异质世界

首先，需要给同质性一个新定义，把它当作异质性的一个特例来定义。

用有结构与无结构来定义异质性，定义的是具体异质性。异质性是有结构的（意指结构是内在起作用的），同质性是无结构的（意指结构存在但对计量变化不起作用）。在这里，结构存在具体化的"边"，不仅是图论上的边，而且是经济学里的边，即需求曲线或供给曲线及其对应的真实世界。一条曲线（及其所在的图）代表一种质，当质不同时，表现为多条供求曲线同时并存（同时有多个图）；当质相同时，表现为所有供求曲线变成一条供求曲线，它的边就塌陷为一个不动点（即 Q 轴）。

抽象的异质，是对边不再加以区分的质，如代表性消费者模型专门用于代表不同质（多条曲线）的单一曲线。如垄断竞争中代表差异化需求的第二需求曲线。这条曲线与同质的一条曲线的区别仅在于，一条是同质曲线，其中不存在——或如果存在判为无意义的——质的区别（即质的区别不具经济分析意义）；另一条代表异质曲线，虽然曲线本身在形式上是同质的（只有一条），但它不是它自己，它代表的是各条不同质的曲线的平均值并用量值的形式存在（如曲线的条数，或质的不同的数量程度。如 $N=3$，代表这条曲线来源于三条不同质的具体曲线，是对这三条不同质的曲线的综合，在抽取了它们不同的具体的质之后，仅用数量表现它代表有三种质的不同，而不是两种质或四种质的不同）。

具体的质，只存在和显示于结构，只存在和显示于结构中的关系。原子论与关系论的本质区别在于，原子论不讲具体的质的差异，而关系论一切从具体的质的差异出发。它是指 N 值对应的原来的未加代表性消费者模型抽象的具体的质。例如 $N=3$，这是抽象的质的表示法。将 $N=3$，还原为原来那三条不同的曲线。每条曲线，占据一个由价值与质量两维空间表现的不同的质（具体曲线）。图论中的边，就是指这个空间中与节点相结合而展开为图（即网络）的那个新增维度。因此，相对于"品种—数量—价格"三维均衡来说，它是第四维。内生图论中的边而显现出质的结构的均衡，就成为四维均衡。这第四维不是指时间，而是指具体的质。在艺术中，通常把具体的质，比喻为流淌的时间，而把同质性，比喻为等长的钟表时间。

1.1.2.3　同质性、异质性与具体的质：从一维到三维

同质性是一种均质性。表现在边的特性上，每个节点几乎具有相同数量的连接而被称为均质网络（典型如正则网络）。在这里，同质性不是指一个没有边的点，而是所有边的数量相同，也就是由于边等长而不参与计算，有边与没有边计算结果一个样。这与同质性等同于 N = 1 一样，不是没有品种，而是品种为 1，因此乘上 Q 轴上任意数量，结果都没有变化。

异质性是什么？

我们的直觉和初始认识是，异质性在形式上是结构，这种结构是图（网络）。相对于图的特例（无边的图），它内生了边的特性。

异质性在实质上是一种分享关系，分享是指边（波）的利用，或资源以关系实在的方式利用。比如物质利益以边（关系）的形式存在，而不是以节点（原子）的形式存在。从这个意义上说，关系实在论所说的关系（如"仁"）是对人性中爱与自由意志的融合，是在基于同情心、同理心基础上，通过邻近关系的扩展而获得自然与社会有机联系中的自由。这种自由的基础是对资源的分享使用。或者说，分享使用比独占使用的效率和效能更高。

无边是什么意思呢？不是真的不存在边，而是说所有的边都是相同的，即均质的网络、均质的图。对人性来说，无边就是把社会关系外生于人的原子论，以及外在的社会契约。对波粒二象性中波的否定，在权利上对应的是独自拥有高于分享使用。而没有分享及其回报，就不存在报酬递增[①]。以此而论，报酬递增本质上是一种合作现象。

这里出现了歧义。小世界网络是均质的网络，指数网络是均质的网络，但它们同时却是复杂性网络。这如何解释？在这里，均质是指边，而非结构。结构不同的网络，边可能是均质的。这是从节点角度来观察的结构。但结构本身，不正是从整体来观察的吗？要真正做到从结构角度观察异质性，就需

---

① 不能用基于原子论的功利主义思维理解礼品经济中的馈赠与回报关系，馈赠不是一对一的关系，而是一种网络式的分享，是结构化的分享。东方所谓因果报应，也不是一对一的原子论关系，而是就全网而言的。

要有一种方法，可以将边加以具体化。图论就是这样一种方法。

从结构的角度定义质，有一维、二维和三维之分。

一维的质，就是只有数量（Q）这一个维度的质，是同质性。新古典主义经济学是价格之学。同质性经济学，即同质性价格之学，就是将价格（P）与同质性（Q）绑定之学。新古典经济学因此是在数量和价格这个平面上用一些线条涂鸦出的速写画（有的画叫供给曲线图，有的画叫供求均衡图）构成的图画学。

二维的质，是把质区分为数量（Q）和品种（N）二维的质。前者是同质之质，后者是异质之质。在D-S模型中，通过效用函数中的同质组与异质组来表现。但这里的异质性，还是抽象异质性，是"代表性"的异质性。代表性是指，将多条不同质的需求曲线或成本曲线，用一条代表异质性本身的异质曲线表示。例如，垄断竞争均衡典型中的第二条需求曲线，就是这样一条代表异质性（差异化）的"代表性"曲线。由此形成的模型叫代表性消费者模型。

三维的质，是把品种（N）进一步表现为节点与边两个维度的质。这样的质，在数学上称为图，是指具体的质，对应不经"代表"化，而存在于真实世界的一条一条不同质的需求曲线或成本曲线。图在现实中，称为网络，在口语中，称为互联网。换句话说，互联网实际的意思是指网络，网络实际的意思是指图，图的实际意思是指具体的质，即三维的质。

网络经济学，研究的就是从三维观点看待一切质，画在经济学中那些图代表的是什么意思。

1.1.2.4 结构经济学的可能性

现代经济学是西方人对启蒙运动的迟到的反思。牛顿在物理学中将理性置于世界中心以认识和改造世界，现代经济学也如此。在整个由启蒙运动精神笼罩的现代化（即工业化）过程中，中国、东方乃至整个发展中世界，并没有在同一水平上形成对应的自我意识及相应解释。近来，随着中国经济与中国互联网居于与西方几乎并驾齐驱的位置，这种情况正在发生改变。结构经济学代表着中国人（从某种意义上说也是整个非西方世界）对经济学的不同于西方的文化自觉。

这预示着代表两种相反范式的经济解释，在经济学话语上第一次开始竞争。启蒙理性与网络理性（无以名之，姑且称之，也可以叫结构理性、关系理性、社会理性、行为理性等）之间显著的不同在于，启蒙理性是原子论式的，而网络理性是关系式的。它们好比量子力学中的波粒二象性，代表着认识世界与改造世界的不同角度。

结构经济学与其说是一个学派，不如说是一种经济学立场与取向，是一种在经济学专业领域正在汇集中的与西方中心论平行的、非西化的学术倾向。

从早期的结构主义经济学（包括中心—外围理论），到杨小凯的新兴古典主义经济学，到林毅夫的新结构经济学，再到我们下面将讨论的以内生结构为核心的网络经济学（它产生于中国信息经济学派的另一种结构论思考：以陈禹为代表的复杂性结构观点[①]），它们虽然外表上看来相差巨大，但有一个共同的问题意识，这个问题是从"发展"这个主题中自然、历史地产生，这就是对结构进而对结构代表的质性（"特色"、特性）的敏感。

"发展"是一种结构变化现象，结构正好是原子论的认识盲区。原子论在现实中会导致一种只讲普遍真理，不讲具体国情的偏向。多年历史经验，使人们对经济学的帝国主义话语（启蒙理性的原子论话语）产生了一个总的怀疑：为什么美欧的成功经验（主要是工业化水平的现代化经验，及其理论总结——新古典主义经济学）不能很好解释和指导非西方国家（东方国家、中东国家、非洲国家等发展中国家）真实世界经济的发展？对网络经济学来说，这种反思是：人们总说美国是中国互联网的老师，但为什么在中国市场结构下，"学生"总是无一例外地战胜"老师"，而且是在经济理由上（诸如阿里巴巴战胜 eBay、微信战胜 MSN），甚至是在经济学理由上（如中国信息经济学派的解释）战胜"老师"。结构话语在此背景下，就有了"越是地方的，越是全球的"这样的含义。中国特色是由中国的结构决定的，对经济学来说，特色是不是中国的不重要（特色也可能是印度的、俄罗斯的、巴西的、南非的，等等），但特色不特色是重要的。

各种与原子论针锋相对的结构方向的理论，对典型西方经济学的反思，在结论上有一点高度相似：认为非西方国家与西方国家的不同，是一种结构上的不同。结构的不同代表性质的不同。因为结构代表功能，功能决定性质。经济结构的不同，决定了经济性质的不同。也就是说，发达国家与发展中国

[①] 陈禹，方美琪. 复杂性研究视角中的经济系统[M]. 北京：商务印书馆，2015.

家的经济，具有不同的性质（具有质的区别）。由于存在质的不同，不能拿解释、指导一种质（发达国家的性质或某一发展中国家的国情）的理论，去照搬解释、指导另一种质（如不同发展中国家的性质）的经济。林毅夫在《战胜命运：跨越贫困陷阱，创造经济奇迹》中，就体现了这样一种与西方"平行"的经济学观，对经济学的西方中心论，在进行有意识的校正。

建立与西方中心平行的系统，这是西方标准经济学从根本上反对的。他们认为西方代表普遍，非西方代表特殊。将普遍真理照搬于特殊，是天经地义的。非西方不可能有自己的经济学，他们只需要跟着西方的理论走，就会变得与西方一样发达。他们始终不可能意识到，西方经济学只是一种区域性（如地中海或大西洋）的经验之谈，是一种适合某个局部（如西方结构）的理论，是一种只适合某个时代（如工业化时代）的短期理论。因此，当中国这样的国家，几乎打破了西方经济学的一切主要禁忌，仍能发展，而且不按照西方经济学的理论规定崩溃时，西方经济学的危机就到来了。危机在于人们开始意识到，原来的"普遍"可能只是特例。从古希腊（很可能是经后人重新阐释过的古希腊）到启蒙运动的一段可以用理性二字概括的地方经验（"西方经验"），以工业化这种功利形式（实践）取得了理论的中心话语地位。随着工业化这种地方经验的实践，在新的现代化运动中，受到以信息化这种更高的功利形式的冲击，全球化从西方化运动，逐渐变成了东方化运动，全球化本身在实践和理论上也越来越具有东西方融合的时代特征和内涵。

经济学帝国主义对非西方的独立经济学思考的反对不仅出于经验，而且出于经济学的体系（这种体系被启蒙理性在核心层而不只是学术保护带被渗透），进而出于启蒙运动的理性本身（启蒙理性排斥结构的观念，而固执于原子论观念）。

发展到网络时代，这种西方中心论（原子论中心论），开始排斥网络（例如排斥开放分享），固执原子论式的资本专有、专用的假论，并把这种理性发展到网络时代的小生产上，最终与体验（从而赚钱）完全站到对立面上去。欧洲网络经济竞争失利（互联网25强，均为中美企业，欧洲为0）背后的老欧洲经济观认为：现代性代表普遍，而比现代性更高一个现代化水平的后现代（如强调分布式结构的互联网经济）反而代表特殊。中国应按欧式思维发展互联网（如英国人在中国高等法院直接要求中国按英国导致互联网衰落的反垄断政策打击互联网平台）。持这种古代观点的欧洲各国，如果不改变观念，就不可能与中国进行网络经济竞争，往往在互联网上一触即溃。

原子论的危机，就是结构论的机遇。正如牛顿力学的危机，带来量子力学和相对论的兴起一样。在结构论者看来，发展是一种结构变化现象。例如，对杨小凯来说，发展意味着一国从低水平分工结构，攀升到高水平分工结构。对林毅夫来说，发展中国家与发达国家处于不同结构水平之上，不能把针对不同结构设计的政策进行无条件的平移。这些看法都是有益的。但迄今为止的各类结构经济学有两个突出的弱点，一是缺乏本质上不同于新古典主义的微观经济学，作为各类宏观经济理论的基础；二是在改进的微观经济学（如新兴古典经济学）中，只是改变了原子论的方法，但没有改变原子论的范式。

网络经济学从更广泛的背景反思现有各种结构经济学的不足，将问题提升为：仅仅在现代性的基础上，不可能超越启蒙理性。从原子论出发，也不可能产生真正的结构论的理论。现有各种结构经济理论的现代化基础，都是工业化理论，在工业化基础上不可能产生超越工业化的思维。网络化思维（如互联网思维）不可能从原子论思维中产生，它必须产生于对启蒙理性范式的批判性扬弃之中。解决的办法是，提高一个现代化层次，在更高的现代化（信息化水平的现代化，第三次浪潮）水平上透视低一级的现代化（工业化水平的现代化，第二次浪潮）存在的根本范式上的局限。在新的现代化水平上，以体变而非仅用变的视角，提炼出继承于启蒙理性而又高于启蒙理性的核心范式作为结构论的立脚点，由此出发将工业化时代解释用变的结构经济学，升级为信息化时代解释体变的经济学。从数学角度来看，这是一个从一维代数向图论升级的过程。现有结构经济学只有结构的观点，但没有结构的数学。这是它没有发生经济学体变（从牛顿式经济学升级为爱因斯坦式经济学）的数学上的问题所在。

图论是网络经济学"批判的武器"。图就是网络的意思，图论就是网络的数学。网络经济学就其一般方法论意义来说，意在用网络结构的数学，批判工业结构的数学。

对复杂性经济问题在范式高度的理论自觉，在陈禹之前是杨小凯。二人的区别在于，陈禹明确提出了复杂性范式，而杨小凯没有提出复杂性范式本身，但对复杂性对应的经济学元问题，有非常好的直觉。这表现在杨小凯对斯密分工理论的"修正主义"式的再阐释中。

杨小凯曾说："多样化和专业化的发展是分工发展的两个方面"[①]。将多样化和专业化并列起来，并不是斯密的原话（但也不违背斯密的语义），而是杨小凯自己的理解。陈平也持类似看法，认为"资源种类不断增加，使劳动分工的范围经济（多样性和复杂性）不断增加"是分工的特征[②]。

分工带来结构的复杂化，但复杂与复杂性是两个完全不同的概念。复杂可以分为同质复杂（点的分布变复杂，但结构不复杂仍是同质的，点与点可以相互还原）与异质复杂（边的分布变复杂，点与点之间不能相互还原）。分工专业化是同质复杂，而分工多样化是异质复杂。复杂性是特指后一种复杂，即异质复杂。以往人们理解斯密分工，主要是分工专业化，而把多样化当作从属特征。但杨小凯把多样化提到与专业化同等重要而且对等关系的高度，说明他对复杂性问题有了实质上的自觉。专业化与多样化的实质区别在于同质与异质。如果是同质性结构变得复杂（以数量轴刻画原子论意义上的要素的量的变化），则属于专业化；如果是异质性结构变得复杂（以品种或品种轴刻画结构论意义上的环节与关联结构的量的变化），则属于多样化。

整个复杂性经济学的不同，就在于以多样性（品种）为核心来建立计量体系。在杨小凯之前，在模型顶层框架和基本数学方法上有此意识的，首推1977年的斯蒂格里茨与迪克西特建立的D-S模型。他们用的数学不是超边际分析，而是代表性消费者模型（在经济数学大类上属于平均值方法）。杨小凯则创造性地以超边际分析方法，将分工多样性带来的结构变化（发展经济学所谓"发展"），与专业化同时内生进入经济分析。杨小凯曾说："多样化和专业化的发展是分工发展的两个方面"。其中，多样性可以用 n 来计量："当分工随交易效率上升而发展时，不同专业的种类数 n 上升……不同专家之间的差异性越来越大，这也从另一方面增进了经济结构的多样化程度。另外，n 也是买卖 n 种贸易品的市场个数，它的增加也会增加市场结构的多样化程度。"[③]

超边际分析是一种量化多样性的方法，陈平评论杨小凯的方法特征是，

[①] 杨小凯. 经济学原理[M]. 北京：中国社会科学出版社，1998：237.
[②] 陈平. 劳动分工和宪政问题——和杨小凯关于方法论的对话[EB/OL]. [2014-07-08]. http://www.guancha.cn/chen-ping/2014_07_08_244638.shtml.
[③] 杨小凯. 经济学原理[M]. 北京：中国社会科学出版社，1998：237.

"设计一个特殊的生产函数，使他的优化解是两个角点解，以'二'代表'多'"①。同样量化多样性（复杂性的值），我们不反对超边际分析，但也不采用超边际分析。因为我们认为超边际分析方法与奥地利学派方法一样，更适合个案分析，运用不当容易只见树木不见森林。这就好比博弈论与双层规划同样处理个体之间的利益互动，但博弈论过于微观一样。相反，采用平均量的方法进行图论分析，不仅有利于从个量上解析多样化，而且有利于解析总量上的多样化。

有别于杨小凯使用的结构化的数学（所谓超边际分析）。超边际分析与边际分析在数学范式上是一样的，只是在应用层面各有不同。边际分析方法在范式上共享同一套逻辑，仍然是一种谓词逻辑（"S 是 P"这样的逻辑）。

超边际分析并没有修改经济学的同质性假定，因此虽然杨小凯发展了斯密的理论，将分工区分为专业化分工与多样化分工，但仍不能从数学上实质性地区分专业化效率（关于 Q 的效率）与多样化效率（关于 N 的效率），从而不能从结构上区分出同质结构与异质结构，简单性结构与复杂性结构，进而在经济学本体中不能区分出规模经济与多品种范围经济。与超边际分析具有同样缺点的，是美国范围经济（多产品范围经济）的超平面分析。只承认多样化是差异化，但不能迈出多样化是异质性（实质是复杂性）这最后一步（张伯伦曾在与罗宾逊夫人的争论中，最后迈出了这一步）。杨小凯同样没有捅破多样性实质是复杂性范式这层窗户纸。捅破这层窗户纸，是陈禹的贡献。

从这样的数学引申出的结论，会对实质性问题造成影响。例如，杨小凯仍然把发展问题，理解为发展中国家与发达国家在结构上趋同（发展中国家提高专业化分工水平以达到发达国家专业化分工水平），以达到同质的过程。在 D-S 模型上，仍然沿袭了以规模经济补差异化成本的传统工业化结论。因此杨小凯没有把他本人创设的多样化分工主题深化到对下一代现代化（网络时代个性化、差异化）经济的分析上去。

网络经济学沿着 D-S 模型，走向了相反的方向。它根据实践，不再认为差异化只是需求经济（可提高价格）而成本不经济（非需要规模经济来"补贴"）。这就沿着杨小凯创设的分工多样化主题，走向了相反的方向（差异化

---

① 陈平. 劳动分工和宪政问题——和杨小凯关于方法论的对话 [EB/OL]. [2014-07-08]. http://www.guancha.cn/chen-ping/2014_07_08_244638.shtml.

在信息技术和网络条件下，从成本不经济，转变为成本经济)，即多品种范围经济（甚至因小而美）的结论。

图论在这个时候正式出场了。图论引入了原子论之外的关系（即图中的边），是针对 D-S 模型内生在均衡中的新变量——品种 N（而不是数量 Q）而言的。这就同杨小凯、潘泽等人走向了不同的经济学现代化方向——从追问工业化的经济原问题，转向追问信息化的经济原问题（分工多样化的效率与效能问题[①]）。

从图论角度再看与西方标准经济学对应的被解释对象——以同质化（即数学意义上以 Q 标准化一切对象的简单性系统）为根本特征的工业化，就会发现，原子论与结构论的实质分歧，在数学上呈现为由边（关系）性质决定的均质结构与非均质结构的区别。工业化经济是一种均质结构的经济（规则网络经济），解释它的原子论相当于结构论的一个特例，即只考虑节点（自利），而不考虑边（互利）的图。用图论的语言准确表述，原子论的经济学相当于只把图中的节点当作内生变量，而把边当作外生变量。因为在均质网络中，所有边的值都是一样的，因此只是一个 1，无论乘除，都不改变节点（自利）的得失之量。这就是马歇尔经济学的市场无摩擦假定，也是边际要素分配论的立论基础。用图论看科斯经济学，会立刻发现一个以前没发现的规律，企业实际是分数维现象，交易费用是介于整数维之间的数学现象。图论中加入了边——毋宁说把边（互利关系）从不变量，设定为变量之后，经济学的数学结构就完全改变了。一加一大于二这种结构化现象（报酬递增现象），以及一加一小于二这种结构化现象（交易费用现象）就会从原子论的非显示状态，像遇到明矾一样，变为显示状态。因为从图论一望而知，其中的不同在于边的结构不同、数学特征不同，因此存在与新古典数学中的均衡与最优点不同的非常有规律的数量之差（AC - MC）。网络经济中那些在原子论数学中显示不出来的投入产出关系，就会在更高维度的数学中显现出来。

这是经济学整体（而不是一个叫网络经济学的分支）演进的质的飞跃。这个过程反映到经济学的数学基础上，将表现为专门刻画简单性系统的初级数学（又称"高等数学"），将被长于刻画复杂性系统的图论等新的工具所扬

[①] 分工多样化的效率与效能问题属于分工专业化的效率与效能问题的反问题，与美国经济学会会长鲍莫尔提出的音乐四重奏的效率问题（不能以"越拉越快"形容只看同质的量变，视为效率高）是同方向的问题。

弃。引发信息革命的网络的实践，将转化出网络的数学（即图论）。从武器的批判中，产生批判的武器。

这对传统的结构经济学也是一个颠覆。原有的结构论有结构的观点，没有结构的方法（数学）。新的结构论把结构经济学，从无结构（无图论）方法论，升级为有结构（图论）的方法论，真正实现了内容与方法的统一。

对新结构经济学的发展经济学来说，颠覆可能表现为，利用图论通过对不同结构邻接矩阵的分析，会实证地呈现出一种知识发现，即发展中经济结构中，可以孕育出发达后的结构（工业化之后的网络结构）。这在人类现代化历史上，具有显著的新知的意义和社会意义。它可以用来解释硅谷、班加罗尔、中关村等农业区（非工业化中心，或传统中心的外围），为什么会在工业化结束后，反而成为经济前沿和新的发达中心。如果这预示的是新兴国家反超西方的未来前景，西方经济学（原子论经济学）连同其初级数学工具，将从占据教科书的全部，变为只是其中对应地中海和大西洋的角落经验的一章。

1.1.3 网络经济学自身的特殊基本问题

1.1.3.1 网络何以可能：斯密与科斯的合题

经济学配置论的元问题，是追问资源配置方式的最终根据，它正从市场何以可能、企业何以可能，演进为网络何以可能。在经济学学理上，这是斯密命题与科斯命题的悖论性命题。

市场何以可能，是斯密经济学以及新古典经济学的元问题。它针对的是物物交换的自然经济，小农经济的集市的局限而进行的资源配置方式的推广，强调社会化的统一的市场何以会成为独立的资源配置方式，回答市场因什么而独立于此前的小农资源配置方式并且更为有效。默认的结论是，社会化的、充分的完全竞争形成同质化、无摩擦的经济。

企业何以可能，则是针对无摩擦市场的局限性而提出的。由于以市场方式配置资源存在着某种不经济的、无效的现象，表现为交易费用的存在，需要以企业内部协调替代外部协调[①]，为此以分层的委托—代理机制配置资源有其合理性。作为配置资源方式的一种推广，实际默认了垄断竞争的存在。而

[①] 当企业部门间协调成本低于企业之间协调成本时，企业替代市场；而当企业部门间协调成本高于企业间协调成本时，市场替代企业。

垄断竞争背后，又隐藏着系统的异质性（表现为差异化、"垄断"）。所以企业成为以某种特殊方式（如科层制）配置异质性资源的一种相对有效的方式。

网络何以可能，针对的是企业这种特殊配置方式的局限性而提出的。如果网络确实是可能的（可行的），则网络替代企业①，就会成为一种普适的配置资源的新方式。就像在海尔发生的事情一样，扁平化、自组织的方式正在系统地替代科层制、他组织的方式。

就像科斯所提企业何以可能（针对斯密所提市场何以可能）是为了节约交易费用一样，网络何以可能同样是为了解决异质性成本问题。网络与企业的根本区别在于，企业是简单性组织，网络则是复杂性组织。它们虽然同是对市场（配置资源方式）的替代，但简单性方式（他律方式）替代，还是以复杂性方式（自组织方式）替代，具有本质不同。以缔约交易费用来说，他律的成本高，而自律的成本低，基于复杂性网络的信任机制降低了相对摩擦（信用成本）。这改变了合作的定义，原子论合作与结构论合作，具有相反的指数（效率曲线的斜率）。

为什么复杂网络②降低交易费用成为可能？为什么复杂网络比企业化解交易费用的效率更高？它化解的是什么样的效率？最后一个问题（多样化效率问题），甚至是企业都还没有来得及提出的问题。

比较市场何以可能、企业何以可能以及网络何以可能，可以发现，网络何以可能这个问题，是前两个问题的综合（合题），它实际是问：一种扁平化而又零摩擦的配置方式何以可能。这个问题的前半段是对斯密问题的回应，市场是扁平的，但具有较高交易费用（但斯密没有认识到交易费用问题）；问题的后半段是对科斯问题的回应，企业是分层的，具有较低的交易费用（因此提出和解决了斯密没有充分意识到的问题）。网络一方面是扁平的，另一方面却是接近零摩擦的；为什么它可以不通过科层制，却又可以获得比企业更低的交易费用。这是前人从未提出过的问题。

对这个问题如果用传统术语描述，其解答相当于说，网络是在用一个连续的零摩擦的短期契约集合，替代一个叫市场或企业的长期契约。其中的颠

---

① 在海尔，表现为转型过程不再是企业转型（从一种企业转向另一种企业），而是转型企业（把企业转型为不是企业的结构，即转型为网络）。

② 我们在本书中用复杂网络指代窄义的网络（互联网），而不包括市场、企业这类网络。

覆性在于对所谓熟人关系的认识。熟人关系（朋友信任朋友，再介绍朋友的朋友相互信任），过去一直被当作低效率的模式，但如果仔细观察互联网发动机（路由器）的原理，就会发现，最短路径优先（邻居优先）的超链接，不仅不是低效率的，而且比市场和企业的效率要高得多。这是建立在市场、企业思路上的传统经济受到互联网经济剧烈冲突的真相。经济学家当然可以无视这里边的玄机，因为这不影响发工资，但经济却承受不了，因为新的圈地运动把钱都圈走了。如果要认真对待这件事情，在网络何以成立这一问背后，接着要问的是：为什么邻接这种短期契约在工业化之前是低效率的，但在工业化之后却变成高效率的？

　　站在网络角度看，这对合题又是一种补充，也提供了一种新知。这就是与专业化效率并列的多样性效率这一反向视角①。市场和企业都是现代性的产物②，主要强调专业化效率；而前现代的市场（市集）与后现代的市场（网络）都以多样化效率（从小农效率到个性化定制的效率）见长。沿着科斯之问追问的企业，具有报酬递增的可能（这是新经济增长理论的观点），但只是规模报酬递增。对网络来说，将发展为范围报酬递增。网络何以可能这样的问题，相对于市场何以可能、企业何以可能来说，要多出一问，即为什么小农经济的个性化定制不经济，而网络经济的个性化定制可以是经济的（包括多样性效率与范围经济）。这对斯密所说分工取决于市场范围的说法也是一种间接回应。这一问对现实市场的惨烈洗牌来说，是碾压性的一问。决定出局的经济体为什么而死，而活下来的因什么而活。

　　接下来，为破解元问题需要提出一个体系性的框架，即均衡框架③。框架性的问题本身是：内生网络结构（即内生复杂性结构，指把不同于企业的结构如自组织结构本身作为内生变量），对均衡有何系统的影响。比如，从现有均衡出发，微观主体一旦实现自组织、自协调，均衡点会不会变化？会朝哪个方向移动？其量变规律可否模型化？目标是形成独立的、有别于市场（完

---

　　① 多样化问题起于斯密，经杨小凯重新发现。杨小凯曾说："多样化和专业化的发展是分工发展的两个方面"。（杨小凯. 经济学原理[M]. 北京：中国社会科学出版社，1998：237.）

　　② 这里的市场是同质完全竞争市场的特指，自然经济中也有市场，但这只是口语意义上的市场，而不是新古典语义中的市场。例如它不能实现要素的充分流动，不能形成社会化的统一大市场（存在众多本地价格），等等。

　　③ 如果不用均衡框架对问题进行规范，则讨论的得与失都不能认为是全局性的，局部的得可能是全局的失，局部的失可能是全局的得。

全竞争)、企业(垄断竞争)的,但又属于前者推广形式(通过不断放松假定[①])的更普适的均衡理论。其中包括垄断竞争本身的机制有何变化(如向范围经济、新垄断竞争结构的拓展)。涉及的实质问题是,网络优化(如信任)如何从方式、机制和逻辑上替代其他结构。最终回答,信息革命之后的结构,与信息革命之前的结构有什么变化。如果不做这项研究,现有经济学家给出的默认结论,一定是:没有变化。正如解释地主实践的经济学家,不会认为工业革命之后,结构会有任何变化一样,认为工业革命的本质,就是农业4.0。概括起来有以下几个问题:

第一个问题:网络通过何种优化,比企业的效率和效能更高,因此可以替代企业。

第二个问题:网络如何在复杂性维度实现一对一的均衡。

"网络何以可能"这样一个问题,是指网络在经济上何以可能,它不同于网络科学从技术和自然科学角度提出的同样问题。它不是指网络在技术上何以可能,不是由于技术上那些细枝末节而使它变得在经济上可能,而是由于它参与均衡、影响均衡的(不同于新古典完全竞争的)特殊方式,使它成为一种与市场同样的基本经济逻辑,而对于成为经济学的基本范式来说变得可能。

正因如此,我们必须以元网络的方式来思考网络,把它理解为复杂性这一个总的现象,围绕这个总的现象建立独立的计量维度与均衡发生关系。这是我们的研究与现有网络经济学的最大不同之处。

我们把结构复杂性以及结构化的N值这一单一维度,作为将现象界的网络与经济学均衡逻辑联系起来的总的契入点。网络所有枝节现象,必须通过这个契入点,才能转化为理论经济学的问题。与之形成对照的是,现有网络经济学不是这样,它习惯于将所有技术性、枝节性的网络现象和现有经济逻辑直接建立经验性的关联,而缺乏对网络的元网络思维,即把网络当作体而不是用的思维。

网络是一种高维现象,"网络何以可能"的问题在现有二维空间是无法理解的,必须在相当于相对论的高维空间才可以理解。现在二维空间,本质上

---

① 具体是指,放松同质性假定(品种 $N=1$),内生异质性(品种 $N>1$);放松异质性的结构单一性假定(简单性结构,如企业,网络结构相同),内生结构(即复杂性,设图值——复杂性量度可变,指向网络结构不同)。

是一个以简单性范式为拉卡托斯意义上的学科硬核的数量呈现空间。加入的一维，就是用来显示多样化效率的维度。从而把再发现后的斯密问题（即"多样化和专业化的发展是分工发展的两个方面"）落在数学计量上。由二维升级为三维空间后，经济学就从头脑一根筋（只有专业化这一个方面）的经济学，演化为有多样化和专业化两个方面构成的完整分工空间。

如此一来，"网络何以可能"的问题，就成为跳出工业化（即现代性）的学科局限，成为具有更广泛历史背景的普遍经济学的关键一问。这样一个新的学科硬核框架，将成功地把前现代与后现代的历史纳入逻辑之中，使经济及经济学演变史的全貌完整地呈现出来。也就是说，从自然经济中最初的低效的复杂性（自然多样化），到工业经济中多样化与专业化以简单性为硬核的结合（对自然经济的扬弃），进而发展到网络经济中的再复杂化（扬弃工业化，将其中的多样化从学科辅助保护带，上升为硬核）。

1.1.3.2 网络经济学的优先议题

网络经济学的独立问题来自两个层次：第一，信息化经济学是标准经济学的推广（从 $N=1$，推广到 $N>1$）；第二，网络经济学是信息化经济学的推广（从 $N>1$ 但结构不变，推广到图论的结构值内生）。由此构成信息化与网络经济的合成理论。

最难的问题是未内生结构值的（品种—数量—价格）三维系统到（把品种值内生为节点与边的结构值）四维系统的逻辑转换。现在内生品种的均衡对于经济学是明白的（迪克西特，斯蒂格里茨，1977；姜奇平，2015），网络（图）对于（作为自然科学的）网络科学也是明白的，但将内生品种的均衡与图联系起来的逻辑还不清楚，或者说还没有形成经济学的表述体系。

首先，图有没有均衡（因为节点与边并非均衡框架，而只是一种数量结构框架，如何在图与价格之间建立一个框架，例如价格是建立在结构内如权重，还是独立价格包括价格要不要考虑多元结构），还众说纷纭。

先明确一个思路，那就是第三维问题与第四维问题之间的关系，应是抽象的质与具体的质之间的转化关系。具体的质应从超平面问题中，抽象出两个不同维度（如节点与边）来概括原来的 N 轴（度分布轴）。

节点与边的二维分析法，如何与均衡问题对接？社会网络分析（SNA）中哪些问题属于经济学问题？哪些不是？如何从中区分出经济学基础理论问题与应用经济学问题？为此，SNA 中的众多维度，哪些可以作为节点与边二元的派生子维度，由这些子维度构成的问题归入应用学科问题，建立起一个"抽象的具体—具体的具体"的分层次逻辑自洽的体系。

其次，网络在图的层面上如何均衡，其均衡所指，问题本身提得就不清楚。像桑吉夫·戈伊尔《社会关系——网络经济学导论》这样把均衡的问题真正从网络（图）的角度提出来的就很少。更多的还是传统二维均衡的问题，没有把质的特殊性从范式、框架层面解析出来。

网络（图）作为经济学问题（而不仅仅是自然科学或社会学问题）从哪个角度提出来，是"图—价格"二元结构，还是图本身内生价格（如把信息价格理解为边量的权重），甚至在价格中内生图（将价格本身结构化）。现在存在多条路径，哪一条最适合第四维框架体系。

这些都是我们下面研究将面临的问题。

1.1.3.3 网络经济学的问题意识

"网络何以可能"本身是一个技术问题，其针对的经济所指，可视为一个这样的资源利用问题：网络的图谱值越低（如分工不充分，导致大量结构漏洞存在，合作[①]难以建立），资源利用越不充分；图谱值越高，经济地分享使得资源闲置越少。市场流动的除了竞争，更包含合作，都旨在全网充分利用资源，并避免闲置。但恰恰由于它们的图谱值较低，导致资源利用（而非价值拥有）效率过低。"网络何以可能"是说，为什么以及如何使得资源在全网完全流动（或从图的视角充分分享使用），使得资源得以更加充分合理地得到利用。

桑吉夫·戈伊尔的《社会关系——网络经济学导论》是一本认真的网络经济学。这里的"认真"说的不是态度，不是说别的网络经济学"不认真"，而是说学术姿势，即正确地提出问题的角度。这里的"认真"是指议题设置的角度正不正。现有的网络经济学教材，普遍存在没有把网络经济的问题当真正的问题的现象，即没有提出网络经济学的真问题。

---

① 合作地使用资源本质上是分享使用；竞争地使用资源则是排他使用。非竞争性使用即非排他性使用，即合作的本意。而由竞争派生的合作，则是外在的契约，是交换。从这个意义上说，合作先于交换。这里的合作不是从竞争中派生出的，而是在先的，至少是与竞争并列的。这种合作，与协同共用资源是一个意思。

没有认真地把真正的问题提出来，对现有网络经济学教材来说，表现形式是多样的。表现得较普遍的是，没有真正提炼出属于网络经济学本身，而不是一般经济学的基础理论的问题，包括范式问题、概念框架问题等。例如，一般经济学的均衡框架是什么，网络经济学教材的均衡框架就是什么；一般经济学的均衡点在哪里，网络经济学教材的均衡点就在哪里。在所有基础理论问题上，网络经济学都不持异议，也没有自身的特殊立场。这样的网络经济学已不是基础理论，而是提不出基础理论独特问题的理论，它只是基础理论的应用。通过罗列新的现象，论证说明这些现象如何符合与实现经济学在非网络条件下形成的基本理论所总结的规律。某些网络经济学教材也提出了一些不同于传统经济规律的新的规律，但只是作为局部性的规律来总结，没有从微观经济学整体框架上使之贯穿网络经济诸问题的全局。更多的网络经济学教材，只是罗列现象，进行网络经济中经验特征的归纳，如对增长、就业这样那样的影响，而没有透视出结构性变化的机理。

桑吉夫·戈伊尔的《社会关系——网络经济学导论》与这些网络经济学教材的不同在于，从微观经济学整体框架的框架性影响入手，提炼出与标准经济学不同的框架性问题与不同的均衡框架；并且是从整体均衡框架出发，讨论网络经济每一个局部、每一个细节，使局部问题沿着均衡框架的线索，第一次明确彼此的相互位置关系，而不是像现有网络经济学教材那样，散乱地成为专题或论文集式的叠合、堆积，并进而形成一个有机整体。

同样是以节点与它们之间的关系来定义网络，戈伊尔不像别人那样，仅仅把关系当作一种外在于经济学的现象，他"第一个任务就是发现一个概念性的架构"①，把节点与连接的组合，从概念上升为概念的框架。把关系（连接）内生于经济学，从而在整体上改变了经济学的原子论框架。原有的微观经济学框架，相形之下，就成为只有节点而没有连接（关系）的特例性的框架。

与框架改变相对应的，是经济学基本问题的改变和经济学议题设置的改变。原来的基本问题，相形之下，提出的只是原子论式的、唯名论式的问题，从个人利益外推整个经济逻辑。在这种逻辑中，个别是实在的，普遍则是虚

---

① 桑吉夫·戈伊尔. 社会关系——网络经济学导论[M]. 吴谦立，译. 北京：北京大学出版社，2010：2.

而不实的。社会关系外在于个人，整体只是局部之和（报酬不变），甚至整体还小于局部之和（报酬递减）。关系的存在并不提供更多的东西。网络经济学的提出问题的理论姿势，变成与之相对的关系论式的、唯实论式的视角。把节点（个人）放进他的社会关系中去讨论，社会关系不再外在于作为理性经济人的个人，而是成为整个网络的一个内生变量，成为一个结构值（如"图能量"，即对结构的复杂性排大小的量）。由于这个内生变量的存在，原来的个人节点加在一起，还要加上社会关系，才能等于整体。相当于一加一大于二，个体之和大于整体。在这样的框架中，自利、利他这样的原子论概念没有了，只有关系论的互利。内生边，与外生边，都涉及个人，但个人的定义有了本质性的变化。外生边，相当于从图中抽掉了边，节点与节点之间就只具有外在的关系。例如，区分不出邻边与非邻边的影响；又如陌生人的关系，相当于原子论契约关系，需要高成本的交易费用来维持与协调，这样的节点是理性经济人；内生边，相当于在图中恢复了边，这时的人不再是理性经济人，而变成社会关系人（即以社会关系总和定义的人①），这不代表作为节点的人不再进行理性计算，而是在这种理性计算中，个人利益不能脱离他所在的整个网络而孤立计算。从计算结果看，有一个明显的实证上的不同，从一加一等于二变成一加一大于二。把网络效应从隐藏状态变成显现状态。索洛悖论等也将由此得到新解。

由此，戈伊尔提出了两个不属于标准经济学而专属网络经济的基本问题：

第一个问题，在一个社会里面，人际联系模式的经济效应是什么？

第二个问题，当每一个个体在考虑了自身的成本、收益和利益后互相建立纽带时，会出现什么结构的社会关系？②

表面上看，这回到了经济学的古典传统（李嘉图传统），包括政治经济学与制度经济学（注重社会关系的）传统，但戈伊尔这里讨论的仅仅是资源配置问题，顶多是合约中的博弈问题，而不是真正的政治经济学或制度经济学问题。

因为，这里所说的"结构"有所特指，就是通过图论这一原型方法所展开的网络，即节点与边（关系、连接）所构成的"图"。简而言之，是图的

---

① 此处不同于政治经济学，是从资源配置角度，而非利益相互作用角度定义的社会关系。
② 桑吉夫·戈伊尔. 社会关系——网络经济学导论[M]. 吴谦立, 译. 北京：北京大学出版社，2010：2.

均衡的问题。这就不是政治经济学或制度经济学提出问题的姿势了。

图有什么样的有别于标准经济学的均衡问题呢？这就是还没有被现有的标准经济学和（属于）"标准"的网络经济学提出的议题，是网络经济学资源配置理论的真正具有合法性的议题。

只有把图作为框架，而不是把网络只当作原有（与图无关的）标准框架下的现象，网络经济学属于自身的问题才第一次从中产生，才第一次被提出来。图的市场与标准的市场（相当于从图中抽掉了边，只剩下作为节点的个人）相比，多了特定含义的边。这个边专指邻边，这是与市场经济最不相同之处。标准的市场经济中，边也是实际存在的，但它们都被标准化为均质的、等长的边（关系）。每个节点在这种等长的、均质的边的连接下，与市场的中心，也就是价格的距离，完全是相等的。但是，网络经济将彻底否定这种千年大梦，让天下成为一物一价的世界。

在一物一价的世界（见《情境定价》一书）中，均衡问题的问题本身是什么呢？这才是网络经济学的真问题。其实，我们所有人已身在其中了。在微信中，我们已切身体会到了几百年后的人类新秩序，正如戈伊尔说的："在这种情形下，朋友、同事、熟人等通称为邻居（Neighbors），他们的经验是有用的，因为这些经验提供了关于各种行动的有价信息"[1]。

有价值的信息，代替了价格信息。我称为"信息替代"，即具体价值替代抽象价值，非一般等价物（信息）替代一般等价物（货币）。总之，信息替代货币，第三次浪潮替代第二次浪潮。

对经济学来说，体验人将替代理性人。理性人的最高级的人类问题是：有钱，还是没钱？体验人（又译经验人，二者在英文中是一个词）的最高级的人类问题是：幸福，还是不幸福[2]？

图（包括图论）的基本经济框架（也就是网络经济学不同于标准经济学的特殊问题，是标准经济学框架的推广）在于："这些邻居的行为又受到他们的'邻居'的选择和经验的影响。这一章推导出一个理论架构"。我说戈伊尔认真，就是指他提出了这个水平上的均衡问题，而别的网络经济学家都没有正经把这个问题提出来，更不用说解决了。

---

[1] 桑吉夫·戈伊尔. 社会关系——网络经济学导论[M]. 吴谦立, 译. 北京：北京大学出版社, 2010：3.

[2] 也可理解为生活美好，还是不美好。

《社会关系——网络经济学导论》由此提出了一系列有趣的基本问题，诸如：度分布与成本、收益之间的均衡关系，以度分布为基础的网络博弈模型，由一对一的"两两均衡"分布式地聚成的"完全均衡"，等等。书中提出："关联的形成对于参与者个体，既有成本也有利益，也会对其他人产生界外效应。这两个想法和个体的最优化问题一起组成了网络形成的经济学理论的关键概念要素。"①

1.1.3.4 网络经济学的难点

将网络经济学构建为基础理论（而非应用理论）存在三个主要难点。它们决定着内生结构从体系高度上看成立与否，或者说网络问题是否是独立的顶层问题（而非从属问题）。

一是可否具备进行资源配置均衡分析的量化前提。具体说就是，结构（图）可否通过标准化，被转化为 N 值，即以图值表现 N 值。如果不能，网络经济学终将沦为应用理论，而不是基础理论；网络作为范式将不能成立，在体系层面上内生结构的任务也将无从完成；网络就只能被当作一种任由原有范式和体系解释的枝节性、细节性的"现象"。我将在本书中解决这个问题。本研究的突出贡献在于，提炼出图值，从客体方面代表复杂性，从主体方面代表自由选择。对传统经济数学进行了升维。

二是可否建立资源配置方式的统一场理论。具体说就是，可否将市场、企业和网络解释为统一的网络的不同结构形式，且可仅按照图的尺度（即具体复杂性的高低这个单一尺度）进行区分、转化与排序。

以往的理论把经济现象割裂为市场现象、企业现象，现在又出现网络现象，统一场理论要求把它们"看山不是山，看水不是水"地理解为同一个现象，具有相同的本质，而把不同归于现象。网络经济学提出的基本问题是"网络何以可能"，它不仅在说网络相对于市场、企业的独立性，更在于说明市场、企业和网络拥有相同的本质，都是图这一本质（统一场）的分殊，区别只在图值的高低。我们的基本猜测是，图值最低的结构即市场，图值次低的结构为企业，网络则是图值最高的结构。由此说明，以往的市场、企业，

---

① 桑吉夫·戈伊尔. 社会关系——网络经济学导论[M]. 吴谦立, 译. 北京：北京大学出版社，2010：160.

只不过是网络的一种特例形式;而网络不过是市场、企业的推广形式。进而,以往的经济学,只是网络经济学的特例解释;而网络经济学是以往经济学的推广与通解。我将在第四章中解决这个问题。

三是可否进行结构化的均衡分析。具体说就是,可否把结构本身作为均衡分析的独立维度,而不仅仅是分析对象。并且,这一尺度与原有尺度只是简单的顺序升维和降维的关系。我将在第六章中解决这个问题。

这三个难题,都是现有网络经济学中既没有解决,也没有提出的问题。

1.1.3.5 网络经济学的核心突破:分工多样化效率

斯密曾表达过一个模模糊糊的观点,认为分工取决于市场范围。按照杨小凯挑明了的观点认为,分工具有专业化(效率)与多样化(效率)两个相对的方面,它们的效能状态分别是规模与范围。斯密完整的观点应表述为:分工在效能上,取决于市场范围(如有支付能力的需求多样化水平,以及有需求的多样化供给能力)和市场规模(许多人把斯密说的市场范围理解为是市场规模,包括有支付能力的效用需求水平与有需求的专业化供给能力)。

市场一般被认为是同质化的,但这只是理论经济学(尤其是新古典经济学)的抽象。真实世界中的市场,既可以是实现专业化效率的配置机制,也可以是实现多样化效率的配置机制。真实世界的价格本身,是不区分 $P = MC$ 与 $P = AC$ 的。新古典理论把市场当作同质化机制时,暗含了 $P = MC$ 是常态的假定(认为对 $P = MC$ 的各种偏离,都只能是短期有效,而在长期是无效的)。但对于体验经济和个性化定制的经济,市场也充当着异质化机制的作用,服务化本质上使 $P = AC$ 成为稳定的常态。这改变了市场经济的数学本质,使市场经济实际变成了网络经济。政策需要调整为,以发挥市场配置资源的决定性作用为基础,发挥网络配置资源的主导性作用。

这时(网络经济时代)的市场,结构已在发生变化。现有市场分析框架,已不足以描述新的结构,具体表现为它的框架中,没有内生显现多样化效率的维度。对于可以个性化地配置资源,提高分工多样化效率的这种特殊市场,我们可以用网络来名之。它是市场概念的推广。我们在这个意义上,把网络当作市场概念的推广。网络以情境定价方式,打破了传统市场以列表价格定价配置资源的方式,实现资源的一对一精准配置。经济学要想对这种不同于工业化的资源配置方法产生解释力,需要引入结构化工具和结构化方法。具体来说，要给出效率的第四维空间解（图论解）。

多样化效率是什么，过去我们只有文字描述，没有数学描述，现在就来补这一课。

首先要增加一个新概念，这就是最短路径概念。因为互联网不同于市场与网络的全部精髓，就在"最短路径优先"原则之中。最短路径是边的关键属性。在没有提出最短路径之前，传统经济学默认设置为边是均质的、等长的，因此在所有数值计算上，相当于乘以1或除以1，结果没有任何变化。结构理论内生了边，意味着边不等长。对经济来说，得与失就与边的长和短有内在联系。网络优化从网络科学移植到网络经济学，就变成寻求成本意义上的最短路径（最低交易费用）的最优化问题。最优化中，收入最大，利润最高与成本最低，原理是相同的。本书只以成本为代表来研究。

如果不能把最短路径内生化，就无从建立对网络的特殊性有针对性的分析框架。最短路径在数学上，称为测地线。"测地线定义为两个节点 (i, j) 之间边数最少的一条道路"[1]。孔子曾把测地线定义为仁，即人与人之间"笃于亲"的那条线（"亲"即最短路径，阿里巴巴的术语"亲"翻译成数学语言就是测地线）。

如果考虑边权，进一步描述，可以把最短路径的性质，归结为相异权，与相似权（相异权的倒数）[2]。意思对人与人之间的关系越"亲"，是越给予较高评价，还是较低评价。如果以正则网络为理想网络，当然是越亲越不好，越亲网络价值越低。用启蒙运动的术语来说，就是要祛魅（世界应是干巴巴的）。祛魅后的人际关系，就只剩下人与人之间的物质关系（用边际生产要素贡献测度），而排除了一切"社会"关系（从剩余价值到交易费用）。

对相异权来说，测地线的长度为：

$$d_{ij}^w = \sum_{l \in L} w_i$$

即两个节点之间各边权的和。d_{ij} 为测地线的边数，即 ij 之间的距离。l 表示 L 上的一条边。w_i 表示其边权。表示两点之间亲密程度越小，边权越大。也就是，越讲熟人关系，交易的效率越低。越讲公共关系，交易的效率越高。例如，信息越不对称，打广告（建立陌生关系）效率越高。

---

[1] 何大韧，刘宗华，汪秉宏. 复杂系统与复杂网络[M]. 北京：高等教育出版社，2012：126.
[2] 何大韧，刘宗华，汪秉宏. 复杂系统与复杂网络[M]. 北京：高等教育出版社，2012：126.

而对相似权来说，测地线长度应为：

$$d_{ij}^w = 1/(\sum_{l \in L} 1/w_i)$$

将测地线长度定义为两个节点之间各边权倒数之和的倒数。表示两点之间亲密程度越大，边权越大。意思是说，交易中人的行为越像微信那样，通过朋友传播口碑，交易的效率就越高。它与相异权的逻辑是反的，认为广告使需求趋同，会磨平人的个性化，而要让个性化达到有效率，需要信息对称化（透明化），因此就多样化效率而言，口碑比广告的效率高，它的价值取向是返魅（世界是湿的）。

前一种测地线是规则网络（简单网络）的测地线，后一种测地线是复杂网络的测地线。前者对应的效率是专业化效率（越同质化，越单一化，成本越低），后者对应的效率是多样化效率（越异质化，越多样化，即越复杂化成本越低）。我们两种相反的效率，统一在一个推广后的效率定义中：

$$E = \frac{1}{N(N-1)} \sum_{i \neq j} \frac{1}{d_{ij}}$$

意思是："两个节点之间测地线长倒数之和的平均值"[①]。表示网络交易的平均容易程度。容易指代的是成本低，即付出的代价低；困难是指代成本高，即付出的代价高。

这个公式有两个完全相反的解释，取决于对 d_{ij} 的定义，是代入以上哪个测地线定义。如果代入相异权定义，得出的是科斯的企业效率结论；如果代入相似权定义，得出的是网络效率结构。

按传统企业理论，企业之所以能降低市场的交易费用，直接原因是科斯说的企业可以降低"发现市场价格的成本"。实质上的原因，是企业将同质化规则，从一种交换规则升级为支配规则。因此，只要在商品关系基础上，将要素关系进一步同质化（方法是用原子论的方式明晰产权，将其中的支配权绝对化，即进一步将劳资关系同质化[②]），就可以降低同质化资源自由配置的摩擦系数。

---

① 何大韧，刘宗华，汪秉宏. 复杂系统与复杂网络[M]. 北京：高等教育出版社，2012：127.
② 对比异质网络，劳动者的同质化是不同之处。在异质网络（质量网络、创新网络、个性化网络）中，劳动者的创造性潜力可以在分享使用非排他性使用资产基础上得以发挥。例如，在苹果商店模式中，作为 App 开发者的劳动者，是异质个人资本的拥有者，他的个人资本不像在雇佣制中那样被扼杀，而是可以通过独立的轻资产运作方式自由发挥。但在传统企业中，没有关于员工异质个人资本发挥的制度安排，因此底层创造性发挥不具备制度条件。

而网络效率是指多样化效率，即与专业化效率相反的效率，也指关于质量、创新和个性化的异质性效率。多样化效率同样会存在交易费用问题，但很难用科斯的方法加以化解。代入相似权定义的测地线，代表一种与同质化相反的最短路线优先的效率原则，通过最短路径之间存在的信任关系，同样节省了缔约交易费用，与传统企业不同，它协调的是分工多样化带来的交易成本上升。同时，在治理过程中，比企业多出一个效率功能，就是可以通过激发代表多样化产出的增值应用，从而创造出差异租。由差异租带来的正利润，同信任降低分工多样化成本结合起来，进一步带来多样化效率的全面提升，从而使质量、创新与个性化从不经济，变为经济。由于网络有这样一些传统企业所没有的结构性功能，这为它最终替代企业，提供了效率基础。

按照前一种效率观，会得出质量不经济、创新不经济和个性化不经济的通用结论；按后一种效率观，会得出质量经济、创新经济和个性化经济的通用结论。举例来说，一般认为质量越高，付出的成本代价越高。但戴明的看法却相反，认为质量越高，成本会越低。戴明的质量管理理论，对应的就是以相似权定义的效率观。

分工多样化效率的文字含义，在经验上指系统应对变易的容易程度。与分工专业化效率相反之处在于，一般对专业化效率来说，系统越具复杂性（越多样化），成本只能越高，处理这样的事务只能更难。而多样化效率是指，系统越具复杂性（越多样化），成本相对越低，处理这样的事务更容易。例如，智慧就具有多样化效率的特征。多样化效率对应的英文是 Simplexty（工业4.0的核心理念），是指让复杂性变得容易。即处理复杂性事务的成本，只有原来以专业化效率方式处理简单性事务的成本那样低，因此显得容易。也就是"好像"很简单，但实际并不是化繁为简（化复杂性为简单性），而是降低了"繁"本身的成本。

变易在这里泛指一切向复杂性、多样化方向变化的事物。例如创新、质量、个性化，都是简单性的反义词，是复杂性、多样化的同义词。

这样一来，将带来显著的政策提法的变化。例如，提高经济质量，不再简单等同于提高专业化效率，也不再等于提高经济运行质量，而是指提高经济本身的多样化效率，使质量从不经济，变为经济。在微观上就相当于戴明说的意思，是指提高质量本身，就让成本下降。提高经济质量，改指让国民经济提供更多高质量、高附加的产品和服务，变得更加容易，达到 Simplexty

的程度。进而言之，将Simplexty翻译回古代汉语，就是易，指不易、变易和容易的三位一体，如企业核心价值观"不易"，企业一切围绕市场变易而"变易"，而使这一切变得"容易"。也就是容易地实现基业常青①。这就是多样化效率的现实针对性。

网络经济不是要用多样化效率排斥专业化效率，而是以专业化效率为基础，提高多样化效率，即以工业化为基础，提高信息化效率，最终要达到更发达状态，即比分工专业化的发达水平更高的分工专业化与分工多样化同时发达的经济，也就是比英美创造的发达状态更加发达的状态。这种发达状态的极限值，就是达到亚里士多德称为"美好生活"的满意度的幸福值，意思是人的自由而全面发展②。

1.2 结构问题的技术与社会背景

网络经济学必须是"技术"的经济学。它不是此前的铁路网、电力网意义上的传统网络的经济学，而必须是内在反映互联网技术和信息生产力特征的经济学。

网络经济学必须是"社会"的经济学。它必须将社会网络分析纳入经济学的分析视野，是技术经济学中的社会技术经济学或技术社会经济学；其中还要内生利益相互作用（博弈）分析。

经济学在微观层面至今还没有把网络结构问题当作一个内在问题提出来，更不用说加以解决。在这一点上，已经落后于许多技术学和社会学的学科。我们需要了解网络结构问题在技术和社会领域及其研究领域已找到并踩实的基石。

1.2.1 网络结构的技术含义：概念与议题由来

1.2.1.1 网络的基本概念：图论定义

数学对网络的描述，分别从几何、代数等不同角度入手，形成图论。

---

① 基业常青是个西方概念，指上述不易与变易的统一。中国文化增加了一个"容易"，因此是说容易地实现基业常青。《易》是指让民族基业常青，对经济来说，就是让经济基业常青（高质量可持续地发展）。

② 按这一标准，所有工业化国家，都将降格为发展中国家。工业化国家只有实现美好生活，才能成为这个标准的发达国家。

图论的概念群，分别由集合论、矩阵代数、图的类型、拓扑结构几方面来定义。从集合论角度定义的图的概念，包括节点、边、节点度、路径、直径、介数、中心性等；从矩阵代数角度定义的概念，包括邻接矩阵、连接矩阵、拉普拉斯矩阵等；从图的类型角度定义的概念，包括随机图、规则图（正则图、结构化图）等；从拓扑结构定义的概念包括度分布、熵、小世界网络、无标度网络等。

图论是系统论的高度抽象，是对应描述复杂系统论的数学。当应用于经济学时，我们将过滤掉许多技术性的细节，把图当作一个超图，即只留图的最低限度特征的图。例如，我们把有向图留给应用研究，而只研究无向图。

1. 节点、边与度

一个图 $G = (V, E)$，是由节点 V 和边 E 构成的二元组。V 代表节点集，E 代表边集。$|V|$ 代表节点的总数，$|E|$ 代表边的总数。

图可以用代数的方式来表示。二元组的代数表示方式是邻接矩阵。它用两个数组分别存储节点的信息和边的信息。

度定义为和图（G）中的顶点 v 关联着的边的数目。一个节点的度指该节点拥有相邻（Adjacent）节点数；或与该节点相关联边的数。节点 v 的度数记为 $d(v)$。

度分布（Degree Distribution，节点的边的密度，或边在节点中的分布）是指，图结构中与某节点相连接的边的数目为该节点的度，而图中各个的节点度的散布情况就为度分布，它是表示网络中节点度分布状况的函数，一般用 $P(k)$ 表示。

度分布作为网络中节点度值的分布特征，反映的网络几何性质，可以通过泊松分布、幂律分布表现。也就是说，度分布说的"分布"，在几何上就是指泊松分布、幂律分布这样的表现概率的图形。

在具有分形性质的物体上任选一局部区域，由于其自身具有自相似性，对它进行放大后，得到的放大图形会显示出原图的形态特性，即它的形态、内在的复杂程度、不规则性等各种特性，与原图相比均不会发生变化，这种特性称为无标度性，又称为伸缩对称性。

无标度对于分形来说，就是无法判断"放大镜"的倍数，即度分布具有幂律形式，即节点与边的积是定值。

2. 图的结构特征

第一个概念是幂律。

幂律的几何含义：节点具有的连线数和这样的节点数目乘积是一个定值，也就是几何平均是定值，比如有10000个连线的大节点有10个，有1000个连线的中节点有100个，100个连线的小节点有1000个……在对数坐标上画出来会得到一条向下斜的直线。

如果用放大镜来观察一个分形，不管放大倍数如何变化，看到的情形都是一样的，从观察到的图像，无法判断所用放大镜的倍数具有分辨特征的物体，它没有特征尺度，它含有一切尺度的要素，在每个层次上都有复杂的细节，正是分形几何具有的无标度性及自相似性，才给出了大自然中复杂集合形态的精确描述。

第二个概念是平均路径长度表示最短路径的尺度。

网络中节点和节点之间最短路径上的边数定义为该节点对的最短距离。平均路径长度定义为任意两个节点之间的最短距离的平均值，也被称为网络的特征路径长度。

通过对真实网络平均路径长度的研究，人们揭示了复杂网络的小世界特性，即平均路径长度随着网络规模的增大以对数尺度增长。

第三个概念是密度。

网络的密度定义为网络的边数 M 与总共可能的边数 $N(N-1)/2$ 的比值。现实中大多数的复杂网络都是稀疏的，密度很小。

3. 最短路径优先（OSPF）

第一个知识点是 OSI 与 TCP/IP。

OSI 是指开放式系统互连，由国际标准化组织（IOS）开发。为了保障软硬件之间的互操作而提出 OSI 参考模型。"必须保证使用不同标准的系统都能够被很好地控制"。[①]

在社会学中，仁学相当于一套保证不同价值标准的系统互操作的社会关系元模型。

OSI 中路由协议跨越整个七层结构：应用层、表示层、会话层、传输层、

---

① Thomas M. Thomas Ⅱ. OSPF 网络设计解决方案[M]. 罗洋, 译. 第2版. 北京：人民邮电出版社, 2013: 4.

网络层、数据链路层、物理层。TCP/IP 四层结构包括主机到网络层（对应物理层、数据链路层）、网络互连层（对应网络层）、传输层、应用层（对应会话层、表示层、应用层）。

（1）主机到网络层

社会的物理层相当于互联互通的道路、基础设施，如车同轨、一带一路等，都加强了互联互通。

链路层通过与物理层的映射，控制物理层的数据流，井田制相当于这种规定公私、邻里关系的物理定位系统，是网络的 O2O 系统。

（2）网络互连层

网络层相当于礼，网络层开始主要由软件决定，互联网协议（IP）在网络层通过路由协议进行网络编址，为数据包提供路由服务，形成由定位网络号（相当于天下与国）、子网号（相当于家和单位）和主机号（相当于个人）构成的网络秩序。《论语》就相当于社会软件。

（3）传输层

传输层则是 OSPF 起作用的唯一机制，通过 TCP（传输控制协议）使用路由协议，提供节点到目的、P2P 连接。《论语》的应用主要通过邻接实现社会网络。

（4）应用层

TCP/IP 的应用层是数据（语形）向语义转化的地方。语义网的不同在于它以人的意义为中心，是对附着于网络"胎体"上的数据的主体化"编译"。TCP/IP 的应用层对应 OSI 的以下三层：

会话层负责把应用层信息传导到数据传输部分。语义网为 TCP/IP 补课，增强了它的会话能力。《大学》处于社会网络的会话层协议。它要求修齐治平的不同层级之间，共享同一个仁。

表示层负责在应用程序之间达到统一的格式转换。语义网增加了它的表示的能力。《中庸》处于社会网络的表示层。无论语用之变，可坚持语义之情境均衡不变。

OSI 的应用层是通向终端用户的接口，用于在系统与应用之间通过接口来连接。例如网络文件系统（NFS）通过操作系统 NT 来映射到驱动器，在应用层与用户实现交互。阳明学说，强调人人皆可为圣贤，必须通过仁学接口，接入仁之本体。

第二个知识点是路由协议。

1967年，哈佛大学的社会心理学家Stanley·Milgram通过一个传递信件的小世界（Small World）实验对现实社会网络进行了实证研究，得到著名的"六度分离"推断：世界上任何两个人，都可通过熟人找熟人的方式建立联系，而两人之间的平均最少"中介"数是6。1998年，康奈尔大学的Duncan Watts和Steven Strogatz在《自然》上撰文《小世界网络的集体动力学》，进一步揭示出现实中的复杂网络具有高聚类性和相对短的平均路径长度，并建立了一个小世界网络模型（胡海波，2010）。仁就是"世界上任何两个人，都可通过熟人找熟人的方式建立联系"，对行为来说，"熟人"比喻的，第一是不证自明的行为（零交易费用的行为，如将心比心），相当于因为重复博弈而获得共同知识的行为；第二是最近于自身的行为（己之所欲），是基于邻近的日常生活不证可知的行为，具有经验般的直观性，是一种本质直观。

OSPF是一种动态路由协议。"当路由器运行OSPF时，它能够动态地产生并学习到去往网络内所有目的地的路由。你可以通过查看路由器的路由表来查看这些路由。"①

《论语》作为社会路由表，与启蒙思想的最大不同在于，它内生了波的思维（互联网思维）。在原子论的粒式思维中，网络被简化为均质边的特例。在均质中过滤所有可分享的内容，如爱、信任、忠诚等。路由器不仅是连接，而且是分享。

均质化的边成为线性因果。这种原子论思维的逻辑元模型就是形式逻辑，特点在于排斥矛盾。而图论式的波式思维中，其逻辑是容纳矛盾的辩证思维，矛盾以非均质的边的形式存在，在社会关系上就表现为自然的邻接关系。《论语》主张社会的路由化，而非一团散沙式的孤立节点。仁应被理解为社会的普遍路由化。这是在工业化之前的社会化主张。所不同在于，工业化的社会化，强调的网络是远距网络、均质网络。而《论语》主张的社会化，君子越多，社会越无为而治，因为君子作为高效的社会转发器，可以使社会关系的信任值（信义）达到较高程度，从这个意义上说，君子是社会关系的润滑剂，他的作用与律师（交易费用的人格化代表）的作用正好相反。

---

① Thomas M. Thomas Ⅱ. OSPF网络设计解决方案［M］. 罗洋，译. 第2版. 北京：人民邮电出版社，2013：44.

连接只是波的形式，其实质是分享。

在如何"由源到达目的地"（比喻人生的手段与目的、局部与整体）上，《论语》与路由协议具有内在一致性。"为了获知数据包转发的方向，需要一条路由或一张地图来指示从源到目的地的路径"①。这个路由在三维中是边（波），在四维中就是图（网络）。

对《论语》来说，边就是仁，边、关系的实质内容是分享，仁的内容展开就是图（对人际关系网络的理解）。其中，与因果为代表的逻辑关系的最大不同在于，源到目的地的路径不只一条（比喻边不是均质的，波必须内生以显示出结构的不同来，以结构的不同区分质的不同）；而且因果具有缘的特性（邻接且链接），这些都是路由器和图论处理擅长处理的问题。原子论则只有唯一一条普遍真理的同质化最优道路。

波在连接中获得存在形式，这就是路由信息。路由信息只是关于连接本身的信息。在动态路由中，路由表必须及时计算新的最佳路径（在计算期间条目不可用），所有路由器的路由表需要拥有一致的路由信息。仁相当于网络合约中关于一致的路由信息的协议。

路由协议分链路状态路由协议（OSPF 是一个链路状态协议）与距离矢量路由协议，它属于 AS 的内部网关协议（IGP）。

链路状态基于分布式的地图概念，每一台路由器拥有一份定期（每 30 分钟）更新的网络地图拷贝。通过拼图的方式从碎片中形成完整的和正确的拼图，并通过链路状态通告（LSA）使每个路由器拥有并获知网络的完整拓扑信息。网络拓扑信息存于链路数据库中。它包括三个内容，一是接口 ID，二是链路数量，三是关于链路状态的质量信息。

对于仁学来说，天下就是那张最完整的地图。国、家、身只是其中的不同范围的拼图。无论这个图如何复杂，它的基础都是仁，也就是最近两点之间的连接。

路由本身也需要分层，主要分为骨干区域与其他区域（与骨干区域相连）两个层次。通过分层，"有利于路由汇总和降低 SPF 运算"，有点相当于节省交易费用的意思。路由在区域内只交换变更的链路状态信息，而在区域间交

---

① Thomas M. Thomas Ⅱ. OSPF 网络设计解决方案[M]. 罗洋，译. 第 2 版. 北京：人民邮电出版社，2013：44.

换变更的路由信息。

这很像《大学》中的修齐治平机制。每个层次、局部都要拥有一个关于仁的完整结构信息。其间以链路状态方式通告、同步，并且按层级汇总、运算。修齐治平之间需要根据具体社会关系的变化随时对表，使之与仁相符，避免礼崩乐坏。曾子说的"每日三省吾身"，就相当于路由器每三十分钟校正自己一次，都是与整个图相对表，对上表的路由器，就叫君子。君子是符合结构均衡（邻接均衡）的节点。

路由协议的元规则，近于"看情况而定规则"[①]，是一种相机权变而又不失原则的规则体系。与静态路由不同，每个路由器的链路状态不是事先确定的，而是需在变化后随时更新、汇总、重新计算。好比普遍真理不是本本，不能放之四海皆准，必须与每时每地的实际相互结合，形成一个反映最新链路状态的完整拓扑信息图。

1.2.1.2 技术网络问题：网络的结构优化

对技术经济学来说，结构首先是一种技术因素，结构不同，技术的性质（质性）就不同，这导致专业化效率与多样化效率两种不同性质的效率的分别，而直接影响投入产出分析中，多样化效率的产出"循形"的问题（索洛悖论），因此它对技术经济学中的技术是重要的。其次，结构是一种社会因素，技术作用于社会关系，带来同质性生产关系与异质性生产关系的不同，直接影响到要素分配论与制度分配论的不同，因此它对技术经济学中的经济是重要的。最后，结构又是一种经济学因素，涉及市场、企业与网络性质的不同，决定完全竞争与垄断竞争市场结构的不同，进而决定二者的均衡点的位置以及帕累托最优的位置不同，因此它对经济学本身是重要的。

1. 内生结构：典型的网络最优化问题

网络最优化主要是对质的优化。对经济学来说，主要是对质进行有约束的最优规划，或者说是对质的量与价格之间关系的规划。

对质的优化，与对量的优化，侧重点不同，一个在 $P = AC$，一个在 $P = MC$。原因在于，对质的优化（提高质量），是对多样性效率的提高。

[①] Thomas M. Thomas II. OSPF 网络设计解决方案[M]. 罗洋，译. 第2版. 北京：人民邮电出版社，2013：50.

在标准经济学包括新制度经济学语境下，需要一个交易费用，而且处理同样问题，会有规模经济但范围不经济的问题。

第一类最优化问题是最小树问题。

权最小的支撑树称为最小树。

以造价（"收入—支出"中的支出）为边的权，最小树求的是造价最小的子网。

与传统问题的区别在于，通过为代表结构的边赋予"价格水平"（权），使数量（边数）转化为收入。从而使非结构化的量度变为结构化的量度。

在新古典经济学中，节点相同的网络，由于边相同（均质），因此经济量值相等。但按结构经济学的观点则可能完全不同。与杨小凯超边际分析方法相比，图论中的边的组合更加灵活，更易量化。

第二类最优化问题是最短路径问题。

全网中最短路径（Shortest Chain）为最短路。

以时间为权，求权最小的链。可求时间最短的路径。

复杂网络具有最短路径优先（OSPF）原则，这是与市场（简单网络）不同之处。最短路径问题，把另一类结构问题内生到经济学中来，当两个量具有无标度的结构性区别时，求交易费用最小的结构。而为什么路径最短（如信任），可从结构中求解。

第三类最优化问题是最大流问题。

有向图（由顶点与弧 A 构成的二元组）中，由起点向终点的流产生的值为流值。

求公路汇合处为顶点，公路为弧，单位时间内通过的车为弧的容量。相当于给边赋权后的流量（收入），求最大化流量。

与传统收入分析的区别在于，新古典经济学相当于，第一，认定弧为定值，流量仅由顶点决定。第二，价格亦为统一价格（列表价格），而非情境定价。因此顶点对应一个统一的价格。而在最大流问题中，弧（有向的边），及弧对应的权（价格）都有可能是异质的，因此边和价格都是结构化的。

第四类最优化问题是最小费用流问题。

最小费用流是有向图中最大流问题的对偶问题。

例如以耗油量作为对应弧的单位费用，求总耗油量最小的最小费用循环流。

最优化问题还包括匹配问题。

两个顶点共一条边，称为匹配。匹配问题是求全图中最大（边数最多的）匹配问题。

匹配问题可以用于分析合作，在全局中达成合约进行合作的比例。

2. 网络最优化在经济学中是什么问题

网络最优化（Network Optimization）是质量最优的意思，它是一种存量分析，即质量的量的最值分析。但质量达到最值，经济不经济则必须结合供求两方面的价格分析才能决定。

质优的问题，同时就是复杂性问题，网络最优经济不经济，是复杂性经济不经济的问题。从几何角度看，网络最优化问题，是 N 轴上超平面（范围经济）上的目标函数或约束问题。它的分析对象从三维看是边集（N 值），从四维看是图的最值与价格的关系，其中包含节点与边的最值问题。网络最优经济是在假设量不变条件下，质的量变与均衡价格相互作用关系。

在全网中找一个相当于极值（最大或最小）网络的子网络。这被称为网络最优化。网络最优化是关于图和网络的组合最优化；组合最优化是指在组合中挑选"最好"，即在所有的合约（安排或选择——资源配置或利益选择）中挑选"最好"；组合是指离散对象的安排与选择，组合数学研究组合的存在性与计数。

本质是在两个方案之间进行选择：比较一个高交易费用的网络（如市场）与一个低交易费用的网络（如互联网、关系网络），从中选择最优。

网络何以可能对网络优化问题来说，技术层面是多样化效率与效能如何可能的问题，经济上是 App 的溢价如何可能的问题。

经济学最优不仅要求目标达到极值，而且包括约束，必须是数学规划问题；而网络最优化主要是极值问题，网络最优化的数学规划兼有两者特征。网络经济学说的网络优化，主要是数学规划问题。这相当于，对儒学来说，中庸值是有约束下的目标最值。而极值是走极端。结构论有别之处在于，最值问题包含着结构，而数学规划不一定包含结构（多目标双层规划可能是个例外）。

网络最优能否解决复杂性条件下一对一均衡问题。涉及是否可以为价格赋予本地权重。在垄断竞争均衡定价中，必然存在边际定价之上的、分布在四维的诸边之中的租值价格。超平面范围经济分析，应有助于测出平台分享对溢价的贡献。

3. 网络优化的技术经济含义

网络在降低交易费用方面的技术优势在于，相对于企业（越具复杂性，平均成本越高），网络应是越具复杂性，平均成本越低。

"企业何以可能"说的是，越分工，越专业化，交易费用越高，通过分层越能降低交易费用（同质协调费用）。越分工，同时越多样化，会越具复杂性，在此条件下，原有经济学隐含假定是平均成本只能越高（范围报酬递减）。

对网络来说，先不考虑规模报酬问题，先考虑复杂性，第一个问题是要不要区分多样性效率与效能。隐含问题是，网络是否不存在固定成本（效率不涉及固定成本）。如果是的话，还要单独设立多样性效率议题。第二个问题才是以社会资本为固定成本时的多样性效能问题。

可考虑的议题之一是：证明网络比企业更有利于降低多样化的交易费用，方法是通过信任（社会资本）——信任的作用是降低缔约交易费用。

进一步的机制需要看复杂网络与这种机制之间的关系。为什么比企业更有效（例如分析化解个性化风险的新产权机制）。

可考虑的议题之二是：证明网络在技术上的分形特点，具有自组织、自协调的特性，从而有利于降低协调分工多样化的成本。也就是说，复杂结构内隐含简单的规则，可以用于化解结构性的成本（包括关系成本）。

1.2.2 网络结构的社会含义：思想与理论

网络结构论不仅可以从网络科学中汲取营养，而且可以从社会实践和社会学理论中吸收营养。我们可以从中国文化与中国儒学中，看到一种并行的关系实在论思想。

1.2.2.1 社会邻里文化中的关系范式

利用社会学中的社会网络分析（Social Network Analysis）[1]，研究复杂社会网络中的特殊关系，需要突出关系与信任的社会网络分析。其中，信任是一种分享关系。其资源配置基础是共同使用。

社会网络分析基本上坚持如下重要观点：世界是由网络而不是由群体或

---

[1] 刘军. 社会网络模型研究论析［J］. 社会学研究，2004（1）.

个体组成的；网络结构环境影响或制约个体行动，社会结构决定一元关系的运作；行动者及其行动不是独立自主的实体；行动者之间的关系是资源流动的渠道；用网络模型把各种（社会的、经济的、政治的）结构进行操作化，以便研究行动者之间的持续性的关系模式。

我们注意到历史上的关系论在文化传统中有很深的渊源。

中国传统文化十分注重邻里关系。邻居是社会生活中的最短路径网络关系。邻居关系就遵循上述 SNA 的规范。

邻居因为具有与其他人不同的边，因此具有质的不同。邻居间自己产生的规则对应于哈耶克所言的自生自发自由秩序，两者共享了如下基本特征：第一，它们都是长期形成的；第二，相对于外部秩序而言，这种自生自发自由秩序具有更复杂的性质；第三，没有特定的目的，不过它对成功追求各种目的又是极为重要的[①]。

邻里是人们以地缘关系为基础形成的一种初级社会群体。邻里本非一词。《周礼·地官·遂人》曰："五家为邻，五邻为里"。邻和里因其小而合并成为对社会最小社群的称呼。古人看重邻里关系，许多古诗都以邻为主题。如唐朝的于鹄有一首诗《题邻居》："僻巷邻家少，茅檐喜并居。蒸梨常共灶，浇薤亦同渠。传屐朝寻药，分灯夜读书。虽然在城市，还得似樵渔。"说的是自己和邻居一起读书的安详生活。杜甫有诗曰："盘飧市远无兼味，樽酒家贫只旧醅。肯与邻翁相对饮，隔篱呼取尽馀杯。"说的也是和邻居一起喝酒的闲适。

真德秀，字希元，号西山，所作《长沙劝耕》云"千金难买是乡邻，思意相欢即至亲。年若少时宜敬老，家才足后合怜贫。"石成金编著的《传家宝》中这样用诗的语言描写邻里关系："生来同单共乡邻，不是交游是所亲。礼尚往来躬自厚，情关体戚我先恩。莫因小忿伤和气，遂结成仇起斗心。报复相戕还自累，始知和睦是安身。"

关系的实质内容在于互补，即一加一大于二。邻里只是关系中的一种。中国关系文化强调的是最短路径，具有最短路径的关系，都具有 SNA 的意义。《水浒传》赛珍珠（Pearl S. Buck）版本的外文翻译为《All Men Are Brothers》，即"四海之内皆兄弟"，深得中国文化妙味。"四海之内皆兄弟"与微

---

① 王波. 邻居的意义［D］. 苏州：苏州大学，2006.

信共享的是同一种文化。但互联网意义上的"兄弟",已没有血缘邻里的自然含义,而是陌生的熟人。对网络经济学来说,关系实在既是一种观点,也是一种方法论。作为方法论,它将点与关系(边)之间的联系,作为一种实在对象(在此是"图")来看待。认为这种对象,是一种背后的标度,力求在不变的标度(点与边的关系)中把握具体的变换。

1.2.2.2 儒家社会网络中的最短路径优先法则

仁学从图论角度解读,实际是关系本体论,是"波"本体论、"边"本体论、分享本体论。这从社会科学角度,提供了一种思考网络的思想资源。

世界的本体具有波粒二象性,启蒙运动以来,以原子论为代表的粒本体论,成为西方中心的本体论;仁学,需要提高到本体论的高度,来加以重新认识。

四海之内皆兄弟,有朋自远方来不亦乐乎,是仁达到互联网的最高境界,即连接一切,同时是分享一切。

对"网络何以可能",儒家给出的答案,在于仁(边、邻)的内生,相当于图论中将边内生于利益分析(相当于量子力学中的波论)[①],而对边有特殊要求(例如,不求其中节点最大化,而要以君子的准则加以约束)。

仁学可以视为是如何相邻的学说,是社会图论。相邻是启蒙运动缺失的尺度[②]。古典经济学由于缺乏刻画边的方法,而难以展开对利益相互作用的研究;而新古典经济学主要适合粒式的思维[③],趋向把利益按物,即节点的原则加以标准化。

《论语》的核心理念"仁"与网络"最短路径优先"是吻合的。

孔子有一句话,长期被人们忽略。即"德不孤,必有邻。"(《论语·里仁》)。意思是,德之所以能让人在社会关系中不陷入原子孤岛状态,是因为它有一个这样的邻接矩阵,在这个叫网络(或"图")的矩阵中,路由协议(孔子称为"礼")将被每个节点从其切身相邻的上下文中得到理解。这与康德在《实践理性批判》中给至善的定义是相反的。康德认为德是"纯粹实践理性客体的无条件的总体"。邻恰恰是条件(情境,上下文)。"德不孤,必

---

① 与哈贝马斯的区别在于主体间性具有邻接性与复杂性结构。
② 启蒙思想相当于将图论塌陷为一个点。由此可见主体间性概念提出的重要性。
③ 古典经济学与新古典经济学在方法上区别,本应是波与粒的区别,但前者缺乏"相邻"。

有邻"是说，至善是有条件连接（"仁"）的邻接矩阵。

孔子还有一句名言："君子笃于亲，则民兴于仁"（泰伯第八）。西方工业化思维以形而上的体系为特质，谈博爱时，不仅不会"笃于亲"，而且强调"背离亲"。上帝比爹妈重要。究其实质，理是一种"体系"；而从《论语》或路由器原理角度看，理是情理，情通于亲。情理相当于是理在毛细血管水平的结构化。"亲"在代数图论中，就是结构中的邻接矩阵。

由此可见，儒学实际是关于社会资本（社会网络）的学说，这是与西方原子论相反的。

作为对比的是索洛对社会资本的评论，他认为社会资本不是资本，因为资本的教科书定义中有一条，资本是可交换的。但社会资本不可交换，不符合定义，因此不是资本。相当于认为，交通问题只需要讨论行人，不需要讨论公路，因为公路不能移动和交换。社会学的利益分析长于定性，缺乏定量，对复杂性网络研究不足。经济学则根本没有深入网络的结构化分析（空间经济学忽视社会关系和利益关系分析）。儒学虽然具有图论特征，但在科学化方面有所不足，需要进一步系统化。社会资本理论在某种意义上提供了一种类似儒学的理论规范。

从以上综述中我们可以看出，经济学的范式演进，与相邻的自然科学与社会学相比，在人与自然关系，人与人关系两方面的结构化，特别是关系实在论方面，都有缺失。建立网络经济学，不光需要从网络科学中汲取营养，而且可以更广泛地从网络文化中汲取灵感。

1.3 从质性到复杂性量化

1.3.1 经济学中的复杂性量化渊源

1.3.1.1 在个量水平量化复杂性

1. 理性与行为：价值的量与质

复杂性范式的价值论前提，是质性概念（在经济学中称为"价值"），它是复杂性背后的行为基础。同质性的复杂性只是复杂（要素复杂性），而不是完全意义上的复杂性（结构复杂性）。要研究结构复杂性，第一步就是要在质性的确定和计量上，从同质性可计量，推广为异质性可计量。因此，量化异质性，是复杂性计量的第一个台阶。在经济学中，这个问题由价值论来完成。

价值论是社会科学特有的理论，自然科学没有价值论，复杂性科学也没有价值论。复杂性经济学不同于复杂经济学之处在于，复杂性科学出身的复杂经济学，只讨论复杂性，但不讨论复杂性相对于人的得失及其价值根据，或者在涉及后者时表现出某种非专业性。

复杂经济学讨论的重心在复杂性与简单性的区别，主要议题是经济现象的复杂性与简单性的区别，目的是用复杂性科学的观点看待经济现象，避免经济学的简单化。这种视角虽然重要，但它还不是社会科学特别是人文科学的视角。把作为复杂系统的人文科学理解为"人科"（Science Matters）[1] 也不是我们需要的定位。人科的研究对象是"现代人的物质系统"，诸如"信任的神经化学"等，而真正的人文科学研究的是人的价值判断，是人的社会属性中的复杂性，而不是人体的化学属性、物理属性中的复杂性。

对社会科学特别是人文科学来说，与简单性（以理性为代表）相对的，是行为，行为构成了复杂性的人这一方面的本质（包括自由意志、自由选择、情感等），这是一般从物理学出身的复杂性科学不具有的内在视角。理性与行为，说的都是价值判断，不是人体体液之类的特征。

换句话来说，复杂性经济学，要在复杂性科学版的经济学（即复杂经济学）上加上一个专属视角，就是从人不同于自然的方向上（也就是人性方向上），追问复杂性相对于人的得失（复杂性好还是不好），这就是价值论的视角。要在复杂经济学问完"是与不是"（是不是复杂性）之后，再问一个"好与不好"（复杂性好不好，包括复杂到什么程度为好——相对于均衡，从成本与收益来看）。对经济学来说，"好与不好"问题不同于伦理学的价值判断，而是对效率的价值判断。复杂性有效率为好，无效率为不好。复杂经济学在这方面的缺陷是，没有提炼出效率的元问题（多样化效率问题），只是列举了一些效率现象。而复杂性经济学把复杂性经济不经济的问题，高度概括在多样性有效率还是无效率这一焦点上[2]。

在经济学的完整价值理论中，价值与效用是一对相对概念。价值具有异

---

[1] 玛丽亚·博古特. 人科：作为复杂性系统的人文科学[M]. 北京：中国人民大学出版社，2013.

[2] 至于复杂性公平不公平的问题，见本项目第一阶段成果《分享经济：垄断竞争政治经济学》。

质的内含，代表诸如快乐与痛苦，或某种社会关系，在量上往往因人而异；而效用则具有同质的内含，指涉像货币的币值这样对所有人量值不变的量。我们现在用品种来量化价值（异质的量），用数量来量化效用（同质的量）。

在经济学内部，新古典经济学倾向于取消价值论。不是要取消价值论本身，而是用一种从今天的观点看来只是特例的价值论，即价值等于效用这样的建构性理性主义价值论，来替代所有价值论（包括各种认为价值与效用不同的价值论，典型如行为经济学的价值论）。从复杂性经济学角度看，新古典经济学这种做法，实质在于以简单性范式的价值（同质价值），排斥、取消复杂性范式的价值（异质价值）。体验经济正在实践上证伪马歇尔倡导起来的这种简单性范式价值论（同质价值论）。

由于经济学具有社会科学的属性，它在面对复杂性现象时，不光要研究不确定性、随机性这类属于自然的问题（包括社会现象中的不确定性、随机性等客观、自然属性），还要研究自由意志、自由选择（在现实中表现为创新、体验等现象）这样的只有人类社会中存在，而在物理复杂性、生物复杂性中不存在的问题。否则的话，复杂性经济学研究很容易局限于复杂性适应系统（Complex Adaptive Systems，CAS）的议题，而忽略复杂性创造（包括创新、创造等能动地创设多样化）的行为。

中国古代说的"生生不息"，就具有复杂性适应（前一个"生"）与复杂性创造（后一个"生"）两个相反过程结合的意味，而没有陷入单纯的复杂性适应的片面性。在现实中，乔布斯不是用复杂性适应的方式对待顾客，以顾客为上帝，百依百顺，而是用复杂性创造的方式引领顾客，创造需求，以自我追求极致，带动顾客追随，说明这方面的研究具有现实意义。

我们用米塞斯的分类术语，把经济学的范式内核分成理性—行为两大类，重新梳理经济学中与复杂性有关的价值论传统[①]。前者代表简单性[②]，后者代表复杂性。理性的质性是同质的（快乐与痛苦不影响价值），行为的质性是异质的（快乐与痛苦影响价值）。我们把价值论上的质性当作复杂性的前问题来研究。

[①] 现有经济学说史，有点像历史学界由胜利者写历史的习惯一样，只有"胜利者"理性的观念传承史，而把"失败者"行为的观念传承，系统地涂抹、修改掉了。

[②] 理性很复杂，但不是复杂性，本质上是非常复杂的简单性。

2. 自我：行为的参照点

以理性为范式内核的系统，同以行为为范式内核的系统相比，单从量化角度看，区别在有无对质性（异质性①）的量化意识与方法。直到相当晚近的时候（2002年卡尼曼获诺奖），问题的症结才被发现。理性与行为对价值进行定量的区别，在于参照点的有无。参照点在哲学上叫自我。对自我的认同，就是意义，它是结构的内容（光源）②。

复杂经济学说的经济复杂性，之所以没有价值判断，是因为没有把自我摆进去。而复杂性经济学说的经济复杂性，则是自我的复杂性，自由选择是自我的能动性的表现。以理性确定价值，是参照点无关的，快乐与痛苦（相对于参照点的得失），不影响效用值；而以行为确定价值，一定是参照点相关的，效用（交换价值）不等于价值（快乐与痛苦）。由得失（快乐与痛苦）定义的价值，就是行为意义上的质。理性背后的人没有自我，因此是物化的人③；行为背后的人有自我，因此是人本之人。在社会科学内部，也存在对人的不同理解。理性实际是工具理性，行为实际是人的目的性。

作为社会科学的新古典经济学，实际是把工具理性这一手段当作了目的，把人变得物化了。理性只不过是运用来达到真正目的的功利性价值。康德说："理性本性作为它自身的目的而存在"④。这意味着，当康德说人是目的时，从行为范式角度理解，实际的意思正好相反，是在说人只能把理性这种手段当作目的。正如泰勒指出的："与笛卡尔一样，康德道德观的核心是人类尊严的概念。理性存在物有独一无二的尊严。他们站出来对抗自然背景，因为只

---

① 在此特指异质性，质性当然也包含同质性，但同质的质性只是广泛的质性的一个特例，即有质的区别与没有质的区别在量上完全相等的假定（如经济学加诸数的本质上的同质性假定）。

② 如果把结构当作屏幕，意义就是投射其上的内容。质的最高形态就是意义（对人来说就是目的）。自我，不等于个人，也可以代表社会关系，人类在此被视为以个人为环节，在社会关系中形成的共同体。自我也不等于主体，而代表主体间（关系），是主体与主体间两个方面共同构成的结构。

③ 复杂性科学由于出身于物理学、生物学，自然也没有成熟的关于自我的理论。将物理、生物规律直接套在人类行为上，非常容易陷入心理学行为主义（如巴甫洛夫学说）的陷阱。心理学行为主义所说的行为，与卡尼曼所说的行为，刚好相反，是指动物的条件反射。将巴甫洛夫研究狗的条件反射的学说直接套用于社会分析，就容易导致只强调企业被动适应顾客，而忽略企业家精神和创新的片面观点（社会复杂性适应理论），失去对苹果模式的解释力。

④ 查尔斯·泰勒. 自我的根源：现代认同的形式[M]. 南京：译林出版社，2001：562.

有这样他们才是自由的和自我决定的。'自然中的一切都按规律运行,只有理性存在物有能力按照对规律的把握,即按照原则行事'"①。

以行为作为经济学范式,则意味着把人本身作为目的,一个标志,就是把自由作为人的目的的内在属性,把复杂性理解为人的自由选择,以自由看待发展,以自由看待工具理性。如此一来,价值的定义,就不再是同质性假定,而把价值定义为效用相对于参照点的得失。

3. 模型化:作为参照系的价值

根据"价值是效用相对于参照点的得失"的定义方法,参照点成为价值决定的关键因素。这是现代性的价值定义中从来没有过的。

参照点,不是泛指一般参照物,它有其特定含义,它是指具体的个性化的人。主要特殊之处在于它是不可通约的价值参照物。可以说,参照点的存在,是价值不同于效用的主要之点。

参照点是具体的。与之相比,效用是一种抽象。从效用回到参照点,是从抽象回到具体,参照点是相对的。与之相比,效用是绝对的。相对的价值是多元的价值,而绝对的价值是一元的价值。参照点是个性化的。与之相比,效用是共相的。在效用这种共相价值中,差异和个性没有任何立足之处。然而,殊相的价值并不必然低于共相的价值。在个性化的经济中,甚至殊相可以成为价值的标准。

现代性的价值观,建立在可通约价值(效用)概念的基础之上。价值可通约,是同普遍主义的要求联系在一起的。而参照点的提出,本身就起到把价值相对化的作用。因为只有每个参照点不同,且不可通约,效用相对于参照点的得失才有意义。如果参照点相同且可能相互通约,效用与价值就没有区别了。

因此,从参照点出发确定价值,就为解决个性化的价值确定问题,指明了出路。马歇尔在用效用概念替代价值概念时,以价值的可通约化,取消价值本身的种种不确定之处。但这样一来,经济学意义上的价值,就成了与个性化无关的东西。由于历史的局限,现代性经济学家从来没有认识到,可通约的效用,可以通过与参照点连接,从而逼近真实世界的价值。普遍主义只是真实世界的一种抽象,它要想回到真实世界本身,就必须与具体的实际相

---

① 查尔斯·泰勒. 自我的根源:现代认同的形式[M]. 南京:译林出版社,2001:562.

结合，首先是与个性化的参照点结合。

鲍德里亚在指出现代性经济的局限时，特别地把它同参照点的脱节作为一个重要之点。指出现代性经济的局限在于"生产与一切社会参照或目的性分离"。

既然价值是效用相对于参照点的得失，而参照点又不是唯一的一个，因而是一个集，这决定了价值并不像人们想象的那样是一个值，而是一个集。现代性经济学把价值描述成一个点（这个点上的值），实际只是真实世界经济学中的一个特例。价值实际上是价值集。这个集是由一个相对稳定的理性价值（效用）分别与一系列（甚至无穷的）个别价值相组合形成的数集。在这个集合中，从理性化（最优化）的效用到离散化的价值参照点，是一个量值渐变的价值谱系，好比收音机从高音到低音的一个渐变谱系。现代性经济学会认为某个特殊的音（比如最高音）是最"好"的；从后现代观点看，不认为高音与低音谁好谁坏，谁好谁坏要看相对谁来说。

价值集与效用值，具有很大的区别。价值集内的价值数值，是效用值与一个不确定值、待定值的合成。不确定性和待定性，是价值集本身的特性要求。

偏好是价值的另一种说法。萨缪·鲍尔斯在《微观经济学：行为、制度和演化》中，提出了基于卡尼曼和特韦尔斯基的行为经济学思想的价值模型——情境依存的偏好模型。

"基本的形式化表述是：如果效用函数是用来解释实际行为的，那么它的自变量就应该是状态或事件的变化而非状态本身。因此，个人给状态赋予的价值取决于该状态与现状（或其他可能的参照状态，比如某一渴望水平或同等人所享有的状态）之间的关系。"这与我们说的"价值是效用相对于参照点的得失"是一个意思。

假设 ω_i 是一个表示状态 i 的向量，它是可能状态集合 Ω 的一个元素，$U_i(\omega_j)$ 是状态 $\omega_j \in \Omega$ 对于一个目前正经历状态 ω_j 的个人而言的效用。令 $U_i(\omega)$ 表示当一个人处于状态 i 时对于所有可能状态的偏好排序。于是，如果存在一定的 i 和 k，对于相同的个人而言，他在另一个不同状态下的排序 $U_k(\omega)$ 和由给出的排序 $U_i(\omega)$ 不同，那么这个人的偏好就是情境依存的。

情境依存强调了假设条件的变化，而不是主体自身的变化。虽然不如异质性的方法更加彻底，但它体现了后现代方法的一个重要特点，这就是把条件当作变量，内生于模型本身。这与现代性经济学中，让前提假设不变的方法，正好相反。从这个意义上说，后现代经济学是"前提假设"学，而非"逻各斯中心"学；是条件论（存在论），而非本质论。

但是，参照点的提出，并不意味着经济学的价值观从普遍主义转向相对主义。当我们说"价值是效用相对于参照点的得失"时，正好是要把效用这样一个普遍主义的理性价值，同参照点这样一个具体、相对的价值条件，结合在一起，形成一种更为符合真实世界实际情况的价值。这样的价值是复杂性价值。

以参照点对价值进行量化，是复杂性定量迈出的重要一步。

但我们不认为情境依存的偏好模型在量化上是成功的。虽然在这里，价值已是一个质性（异质性）的概念，但与品种概念比，它是个量的、多值的，在数学上表现为一个集合，而不是一个数。这与数量 Q，在形式上是不对称的，仍难以直接内生进均衡系统进行分析。因为我们不能拿一个统一的数量 Q，与价值数集中的一大堆情境个量，进行均衡分析。这与求助于多条需求与成本曲线一样不可行。

1.3.1.2 以差异化总水平量化复杂性

比行为经济学抽象程度更高的，是张伯伦传统中用差异相关特征值来概括质量（质的变化量，即多样性程度）的方法。方法不同的区别实质在于，行为经济学的质性量化，偏重于质（具体的异质），因此还残留质的具体现象（如情感）的外在特征；而垄断竞争理论定量的聚焦点在差异本身，这就将质性量化的重心转向了量。问的不是变化的"是什么"质，而是无论什么质，它在同质的量与异质的量之间的差值，或者说不是质的量，而是质变的量。

张伯伦虽然也把质的不同，与具体现象联系起来，在《垄断竞争理论》中，差异主要与销售成本相联系。但张伯伦没有停留在对导致销售成本差异的具体现象的经验特征归纳上（那是后来产业经济学、空间经济学、销售经济学等具体学科所做的），而是直接给出了所有这些局部现象在均衡全局中的本质特征，这就是第二条需求曲线。它代表把所有差异的具体性质过滤掉，而标准化为一个量。然后指出由于这个代表质的差异的量的存在，导致均衡值从 $P = MC$，移向 $P = AC$。也就是说，差异本身，导致均衡从无差异状态的边际成本定价，移向有差异状态的平均成本定价。这是一个非凡的高度概括。

对我们的启发是，要想把质性加以量化，不能对一个一个具体的质求值（那样求出的只能是经验量值），而要提炼出一个元变量。这个元变量表达的意思是：第一，表达的是质有差别（不是同质），但不表达有差异的质是什么具体的质，例如笑这种快乐在情感上是哪种类型的快乐，大笑、偷笑、冷笑、傻笑等；第二，只把质变的相对程度加以量化，以比较各个质变的系统在质变幅度上的大小。这样的量，只反映多样化的量值，而不涉及多样化的各个个别现象的量。例如，将觉醒程度提炼为从发狂到昏睡之间的程度的无量纲的量值，而不再在意它是觉醒这种情感反应，还是非情感的创新程度、利益冲突程度等异质属性。

这样做的好处是，无论是情感的质的差异性、产品质量的质的差异性、道德情操的质的差异性（如利他偏好）、社会关系的质的差异性、谈判力的质的差异性等，它们有一个可合并的同类项：质的差异化程度。通过对精神、心理、社会现象等具体现象进行去纲量化处理，得到一个指数性的数。这样一个以质性为实质内容，又在量的标准化程度上可以同数量 Q 对称的数，可以用来代表异质性。

垄断竞争理论内部存在两种量化传统，一种是水平模型，就是用品种代表差异性的代表性消费者模型，提炼出品种这个抽象的质的纲量；另一种是垂直模型，以寻址模型为代表，将品种具体化为品类、交付、区位具体的质的不同（这有点像复杂性科学将结构解析为不同的具体结构加以量化）。我们采用水平模型的方法，而不采用垂直模型的方法，是因为后者更适合个案、个量分析，但难以在全局、总值上得出标准化的量值。

垄断竞争均衡理论总结出的 AC－MC 这个差值，是对质性的量的特征的高度概括，它与 D－S 模型进一步总结出的品种这个量纲，具有对应关系。品种是质的量度的内涵，AC－MC 是它的均衡水平的外延。

垄断竞争理论中的品种概念，与行为经济学、实验经济学以个量为特征的质的量值相比较，一个突出优点是可以形成差异化总量的概念，从中可计算出系统复杂性的总水平，因此可以直接用来进行均衡点的量化分析。这是因为品种是抽象的质，通过代表（合并不同曲线为一个"代表"曲线）诸多不同的质（一个一个具体的曲线），而与数量 Q 取得了对称的形式。

数量 Q 其实也是一个代表性的量，它代表了长度、宽度、高度、硬度、强度、湿度等无穷的具体量纲，将它们以无量纲的形式"代表"起来，变得只有标准化的 1，2，3，4，…，q 的区别，而不必再担心 3 代表一种质，4 又代表另一种质，构成它们的 1，都是同一个 1。3 无非代表三个相同的 1，4 代表四个相同的 1。

1.3.1.3 在结构水平量化复杂性

以品种量化复杂性，是复杂性量化史上的一大进步。但用品种量化复杂性也有局限，这就是品种只在要素（节点）水平量化多样性，但无法在关系水平量化多样性。例如，它不能显示企业与网络的实质性不同在哪里（如不能区分出海尔的结构是企业组织，还是网络组织）。垄断竞争理论即使复原到张伯伦异质完全竞争的原貌，仍无法内在区分规模经济与范围经济。根源同样在于，规模经济只是简单性经济，它以要素的量（数量 Q）为计量基础；而范围经济本质上是复杂性经济，它需要以关系的量为计量基础，需要把品种值，从要素定义（节点多样性），转变为要素与关系结合（节点与边结合的多样性）的结构定义。

为此，复杂性经济学要进化到结构量化高度，实现质性分析的结构化呈现。

1. 范围经济与超平面方法

结构化的第一个尝试，来自美国西北大学的范围经济理论，它在经济学史上是指基于垄断竞争的可竞争市场理论。

我们说范围经济"本质上"是复杂性经济学，但西北大学的范围经济理论"实际上"却仍是简单性经济学。原因是，它在表面上仍坚持同质性假定，没有直接在价值论上采用异质性这一说法，迈出跨入复杂性经济学的"本质上"的那一步；理论中取代异质性概念的，是新古典理论常用的"差异性"这一概念。也就是说，不直接说产品之间存在种类这种质的差异，而说同质化的诸多产品之间存在着差异性。为有别于我们的多品种范围经济理论，我们称之为多产品范围经济理论。这个多产品中的产品，就是张伯伦《垄断竞争理论》中那个打上引号（以区别于不打引号）的"产品"[①]。

可竞争市场理论在解析范围经济时，曾用超平面表现"多产品"。我们也

[①] 张伯伦在产品一词上加引号与不加引号，初衷是区分产品与品种两个不同概念。D-S 模型（张伯伦模型数学版）直接用品种一词，指代打引号的"产品"，把这一层意思挑明了。在均衡水平内生品种，与其说是从 D-S 模型（1977 年）开始，还不如说是从张伯伦的原著（1932 年）开始的。

可以把具体的质理解为质的超平面。只不过它不是潘泽由量（同质产品）展开的超平面（多个同质产品，多产品），而是由质（"代表性"的异质产品，代表多品种）展开的超平面（多品种本身的升维展开）。

由此可以定位图分析转化为社会科学特别是经济学后，它与经济学原有体系的相对几何关系——它是标准经济学升级为三维分析后，再通过将品种轴展开为超平面形成的四维分析。所要问的问题是，从四维空间看三维空间，均衡与最优如何可能。

这个第四维，其实与时间（不是钟表时间、机械时间，而是内在时间意识，即时间体验[①]）是内在一致的。

如达利的流淌的钟表，代表着潜意识中的质，即由代表性的质（相当于意识）还原回有图论"边"的结构的具体的质。

钟表时间是时间的特例，即无时间，意思是时间的单位节奏是相等的、无变化的，时间与时间之间是无区别的、同质的，因此不再是具有内在尺度的时间。

如果把二维均衡的标准经济学比成牛顿力学，三维均衡相当于狭义相对论，四维均衡相当于广义相对论。

每一次升维或降维，都是通过维度的展开与叠合完成的。从二维升维到三维，在于把数量轴展开为数量轴与品种轴（由 $N=1$ 推广为 $N>1$）；降维相当于把品种轴合并为数量轴（由 $N>1$ 变回 $N=1$，同质性假定）。这一过程中，抽象复杂性在不可显现状态与可显现状态中切换。从三维升到四维，相当于将品种轴展开为超平面，也可理解为是形成了抽象品种轴与具体品种轴，升维出一个新维度即具体品种轴。具体品种轴代表的就是图论的空间，也是结构主义曾力图进入的空间。它使结构（即具体的质）在升维中处于显现状态，在降维中处于不可显现状态。

对经济学来说，每一次显现或升维不是目的，而是对显现出来的新空间发生的一切，做出经济不经济的供求判断。例如，当复杂性显现出来后，自然科学问的只是复杂性的多与少，质的差异多一点与少一点；而经济学还存在一条价格轴，要问复杂性的多与少的变化，经济还是不经济。也就是说，它要对需求曲线与成本曲线设问，以新的均衡为基准判断好坏（经济不经

[①] 埃德蒙德·胡塞尔. 胡塞尔文集（上卷）[M]. 上海：上海三联书店，1997：540.

济)。进而回答如何才能够由不经济在均衡水平上变得经济。

2. 运筹学、博弈论与网络结构优化的结合

桑吉夫·戈伊尔的《社会关系——网络经济学导论》(北京：北京大学出版社，2010)提供了一个博弈论与网络结构分析相结合的均衡分析的范本，试图以个量为主还原网络结构。其方法的核心是将关系模型嵌入现有基于个体计量的经济学博弈论传统。并且，关系既是双边的，又是双边基础上扩展到多边分析（图分析）的。缺点是没有考虑租金回报，因而把界外效应（外部性）、网络效应当作一种福利损失。这一理论，在某种程度上是关于（或不矛盾于）运筹学中的优化规划的。戈伊尔的方法已经比夏皮罗、瓦里安（《信息规则》）的方法在整体感上强多了，不再是一种经验归纳式的罗列，而是一种整体分析。但由于所用方法过于偏重个量，显得像是在用战斗的方法解决属于战役、战争的问题。

我们的研究不采用博弈论的方法研究结构，因为博弈论的方法虽然适合分析关系的结构，但其对关系的描述过于偏向个量、微观，容易只见树木，不见森林。我们用来替代博弈论的方法是双层规则，它属于运筹学，相当于总量水平的博弈论，详见《分享经济：垄断竞争政治经济学》第四章的模型。

1.3.2 作为结构化方法论的图论

1.3.2.1 图论的方法论特征

1. 从还原论到复杂系统

图论是对原子论、还原论的数学矫正。还原论相当于把图还原成顶点（原子），而舍弃掉关于边的信息，致使任何关于质的结构分析变得难以入手。

图（Graph）是指顶点（Vertex）与边（Edge）[①] 的二元组。图即网络。

利用图论重建经济学为结构经济学，将传统经济学视为对图的特例（节点即顶点，均质网络）的描述，增加了边（度）这一重要维度。将抽象质（N）转化为具体化的质（顶点与边构成的图）。

结构方法是一种从哲学顶层一直到数学实证层全面替代原子论的解决方

---

① 向量的边称为弧。

案。经济学长期以来对作为西方中心论基础的原子论的局限，多有认识，但一直找不到替代原子论的方法。在很大程度上，与没有在数学上引入图论有关。

经济学的结构化（以数学上引入图论为标志）分两个层次：一是节点的推广，二是由节点推广到边。

标准的"数量—价格"二维经济学，仅相当于节点的经济学。节点是个抽象概念，不是指经验上的个体。抽象的节点代表的是事物只有一种质。无论是个体还是群体，当只存在一种质（即同质）时，群体的性质就一定可以还原为个体的性质（而结构论中的整体特征是不能简单还原为个体的，因为还有一加一大于二的"大于"部分实在地存在①）。

节点的计量属性只有数量。也就是说，同质的节点无论有多少，它在图论意义上，仍然只是一个点。这是由原子论的数学性质决定的。新古典经济学研究的，是这个同质点的多少与价格的相互关系。

由 D-S 模型开启的"品种—数量—价格"三维经济学，将节点进行了推广，引进 N 值的概念（抽象的质）。当 N 值大于 1 时，无关乎原来的同质点的多少（Q），而关乎这些节点在图中的含义，即这些节点潜在地（先暂时用代表性消费者模型加以抽象因而外生的）是具有不同的边的（边对应具体的供求曲线）。虽然抽象化为 N，在分析中不显现这些边，但与二维经济学不同，认为边是存在的。N 从这个意义上，也可以说表示的是节点的边数。

这样就形成两个量，一是二维的节点数，表示的是节点的边完全均质的同质的节点的数量；二是三维的节点，表示的是节点的边不同质，非均质的节点的数量（也可以认为是把节点的边数当作节点数，即有不同边的节点数量，或节点的不同的边的总数），研究这种 N 值一旦变化（意味着质变，无论是由创新引起，还是情感引起，或社会关系引起），与价格的相互关系。我们在这里的贡献，是把第三维的变化，在价格上表示为 P = AC。三维分析在图论看来，相当于节点内生化，而边外生化（被"代表"在节点上）。

四维经济学（"数量—价格"二维，加上"节点—边"二维）进一步把边（具体化的质）内生了。把 N 轴展开为可区分显示边空间的超平面时，每

---

① 罗姆巴赫把可还原的节点称为要素，而把不可还原的节点称为环节（意为脱离了它的关系，性质就会发生变化）。由此可见，同是谈个体（节点），原子论是要素论，而结构论是环节论。

个具体的不同的质,表现为构成超平面的每一个第四维平面上的具体不同的供求曲线。无论超平面如何展开,在二维上,仍然对应 P = AC。这表示的是,具体的质,抽象为 N,进一步抽象为 Q 后,代表的是价格轴上的租值的变化。我们把质的变化,理解为垄断竞争。而通过边的内生化,将节点和边同时变为内生变量,它们使二维意义上的价格水平成为可变的(商品价格水平与货币流通速度都成为内在可变的)。

需要注意,在我们的分析中,效率的基本含义发生了变化(工业商务与电子商务中"商务"的含义由此跟着发生了变化)。边的效率,本质上是多样性效率。而点的效率在质的一维状态,本质上是专业化效率。分工分别提高专业化和多样化水平,二者是两个不同维度(分别由数量轴和品种轴表现),是相互独立而不能相互还原。这是美国范围经济理论(多产品范围经济)与中国范围经济理论(多品种范围经济)的实质区别。复杂性经济学,首先应聚焦于多样性效率与效能的提高。我们称多样性效能的经济性问题,为范围经济问题。从这个意义上说,复杂性经济学就是范围经济学,是关于多样化效率与效能(而非专业化效率与效能)的经济学。专业化效率与效能的经济学是工业化经济学。

2. 关系的代数性质与数量经济性质

从元方法上比较原子论与结构论(图论),一个显而易见的新增变量是"关系"。

如果以量子力学的波粒二象性作譬,原子相当于粒,关系就相当于波,图相当于是波粒的集合(节点与边的集合)。要想透彻地理解图论的方法,就需要突破原子论的思维极限,从数学到经济学理解关系的存在。

以往在社会科学领域谈关系,更多把它庸俗化(实用化)为熟人关系,如"拉关系,走后门"。关系是什么,似乎非常通俗,但熟人关系是个应用层概念,不是范式层概念。在上升到一定高度(例如从学术的保护层进入核心带)后,对其内涵又往往不得要领。

定义不清关系,就会在以下问题上产生困惑:例如,为什么自启蒙运动以来,西方的个人主义、自利学说明明知道个体之间存在相互关系,个体存在于社会关系中,但在方法上却只有原子论,而体现不出关系的特质,以致认为关系是一种非效率的因素?说不清楚关系的实在,就像讲不清楚人体经络一样,讲不清楚它具体的实存方式。

用图论方法解析网络，要从实证上说清楚关系是什么。

首先，需要明确关系的数学定义的逻辑。

在最一般的数学意义上，关系是一种函数。具体到代数图论，关系是指行动者之间的有序对。

数学中关系的概念，以关系实在论为哲学前提[①]。关系实在论是与传统的实体本体论相对的。实体本体论认为，物质实体是实在的，而关系不是实在的。关系不实在，不是说关系不存在，而是说关系是实在派生出的第二性的存在。实在是第一性的，关系是第二性的。源于西方思维的现代性理念，本质上是一种实体本体论的理念，认为个体是实在的，而个体之间的关系是不实在的，是由个体的存在派生的第二位的属性。而前现代与后现代的理念都倾向于关系实在论，认为关系也是实在的。例如中医认为经络（即一种人体复杂网络现象）是实在的，但西医却认为经络是看不见、摸不着的，是不实在的。物理学中的牛顿力学、经济学中自利的概念，都是建立在实体本体论基础上，从根本上排斥关系实在论。把世界理解为原子性的、粒式的存在。认为关系性的、波式的存在，如契约，只不过是自利的派生物，是外在于实体的。

胡塞尔曾分析西方这种不同于中国、印度等东方关系实在论理念的特有理念，它最终导致了工业化的思维逻辑结构，认为自亚里士多德以来，西方人看世界，概括一切存在，概括到终点和尽头的表述，都可以归结为"是"（谓词结构）这种结构，如 To be or not to be（实体存在不存在）。西方人把关系（活动）也表述成一种"是"，如胡塞尔举例说，把人走，表述成人是走着的。抽象出来，这相当一个主词与谓词的判断（"S 是 P"）。在数学上，它对应的是一元函数 $y=f(x)$。"$f(x)$ 正是典型的谓词判断表达式 S 是 P 的另一种写法。这里的 x 是个体、实体、主体 S，f 是属性 P"[②]。

关系仅仅是个体的属性吗？中国人与印度人从一开始就不这样思维。他们基于前现代性的实践，持一种相反的关系实在论的思维方式，认为关系也是实在的，它不是个体的派生物，而是第一性的存在。相当于先有鸡与蛋之间的关系，才分别有鸡和蛋的独立存在。自利的反面不是利他（另一种 S 是

[①] 罗嘉昌. 从物质实体到关系实在[M]. 北京：中国人民大学出版社，2012.
[②] 罗嘉昌. 从物质实体到关系实在[M]. 北京：中国人民大学出版社，2012：195.

P 的逻辑），而是关系（互利）。

关系实在论相当于"以 XRY 这个关系判断公式替换 S 是 P 的公式作为出发点"①。这相当于在逻辑上，把牛顿式的思维，升级为相对论和量子物理学的思维。

罗嘉昌从数学角度很好地总结了关系的实证的性质：

"XRY 判断公式也可以写成 $R(x,y)$，是一种典型的函数思想方法，它是同关系实在论的存有模式 $f(x,r)$ 相呼应的。关系实在论和实体本体论的重要区别就在于它引进了关系参量 r"。从这个角度再看原子论以及以自利为出发点的牛顿式经济学，区别在于，"任何个体都是关系者，都是函数的值的意思。与此相反，传统的实体本体论却认为实体、个体是第一性的、预先给定的。现象、实在仅由 x 决定，而是 r 即其他参量无关"②。

罗嘉昌在这里说清楚了关系是怎么回事，它与原子论（包括原子论的经济学版即新古典主义经济学）的逻辑上的区别在什么地方。

经济学作为社会科学中发展水平较低的学科，在逻辑层次上，仅相当于牛顿力学的水平。它的数学应用发达，但元数学基础却相对薄弱，还停留在主谓判断（"S 是 P"）水平，纠缠于以自利为原点的初级数学思考方式。高级微观经济学虽然用到了比一元函数复杂得多的函数，但其理论经济学元思维只有一元函数水平。

引进图论，相当于把经济学的元逻辑思维，从一元函数升级为二元函数。从直线式思维，升级为平面式思维。从而把社会关系分析，从资源配置角度，内生在经济学分析之中③。对经济学来说，最大的改变，就是把分享关系这种经济学从来不研究的网络关系纳入了资源配置理论的核心。这也是创新工程"分享经济研究"第二阶段的研究目标（第一阶段研究的是利益相互作用理论）。

明确了数学思维，接下来需要从数学符号角度界定关系的性质。看看数学上是怎么用标准符号来表示数学意义上的关系的④。明确了关系的定义后，

---

① 罗嘉昌.从物质实体到关系实在[M].北京：中国人民大学出版社，2012：194.
② 罗嘉昌.从物质实体到关系实在[M].北京：中国人民大学出版社，2012：195.
③ 姜奇平.分享经济：垄断竞争政治经济学[M].北京：清华大学出版社，2016.
④ 斯坦利·沃瑟曼，凯瑟琳·福斯特.社会网络分析：方法与应用[M].陈禹，译.北京：中国人民大学出版社，2012：108.

更重要的是理解关系的特性。包括关系的数学特性、关系的数量经济性质。

关系的数学特性，从代数角度看，主要有三个，一是自反性，二是对称性，三是传递性。

反身性的概念是，如果 R 中所有可能的 $<n_i, n_i>$ 联系都存在，那么这个关系就是反身性的（Reflexive）[①]。

经济学将要加以内生研究的关系，是数学研究的关系一般，在人与人经济关系上的具体化。

人的关系上的反身性，把人理解为是一个环。在"他在"中定义自我的存在。通过他在定义自我的存在，这是关系的特质。它与原子论的观念是相反的，原子论把节点理解为要素，而结构论把节点理解为环节。区别在于，要素离开关系可独立存在，而环节离开关系无法独立存在。

反身性类似东方思维中"报"这一观念。$<n_i, n_i>$ 就是一个人的行为，报在自己身上。俗话说，出来混，总是要还的。人们常说，善有善报，恶有恶报，不是不报，时候未到。黑格尔在分析悲剧时曾说过，真正意义上的悲剧是自己犯错误造成的悲剧。例如，俄狄浦斯杀父娶母，错误是自己造成的，怨不得别人。这种悲剧，冤有头，债有主，找来找去，找到自己头上，只能自己惩罚自己。

由反身性，导出关系上的一个体现最短路径优先原则的规律，就是，己所不欲，勿施于人。因为强施于人，就会通过 $<n_i, n_i>$ 这样的环，报在自己身上。

对称性的概念是，对于关系中所有的 i 和 j，当且仅当 jRi 时有 iRj。即当且仅当 $<n_j, n_i> \in R$ 时，$<n_i, n_j> \in R$。

人的关系上的对称性，相当于一报还一报。即报在一对一水平是对称的。它是最短路径优先原则起作用的第二个方面的根据。相当于设定关系在整体上具有重复博弈的性质，具有关于报的共同知识。如果是一次性博弈，没有报的机会，关系就是不对称的。复式桥牌就体现了对称关系。每一副牌由不同的牌手在每手牌情况、发牌人和有局情况完全相同的条件下至少打两次。比如，抓好牌在开室与持坏牌的对手打一次，队友还要用对方的坏牌与持好

[①] 斯坦利·沃瑟曼，凯瑟琳·福斯特. 社会网络分析：方法与应用[M]. 陈禹，译. 北京：中国人民大学出版社，2012：109.

牌的对手伙伴在闭室再打一次。使好牌与坏牌的叫牌得分机会完全对称。再如，强权用合法手段压迫弱者，弱者用非法手段（恐怖行为）反抗强者，压迫越深，反抗越烈，其中就有某种对称性。

经济的互利性，建立在关系的对称性上，经常称作平等互利。在网络经济学中，我们用双层规划来从方法论上高度概括关系的对称性，替代现有经济学教材中流行的单层数学规则，以体现合约关系的平等与对称。

传递性的概念是，如果对于所有的 i, j, k，只要有 iRj 和 jRk，就有 iRk，这种关系就是对称的（Transitive）。朋友的朋友也是朋友，就是传递性关系。传递性是最短路径优先的实现方式。在互联网中，通过超链接，建立起关系的传递性。

传递性在经济上，会造成企业组织方式与网络组织方式的差异。以口碑为例，A、B、C 三人不是一个单位的同事，而是朋友。A 向朋友 B 推荐某产品，B 再向她的朋友 C 推荐该产品。这个过程已脱离了企业组织形式的控制。在企业中，如果 A 是 B 上下级关系，A 可以命令 B 推荐产品，但却没有权力要求 B 的不在同一个企业的朋友 C 也接受和服从同样的命令。C 愿意推荐就推荐，不愿意推荐就不推荐。而 C 的口碑对下家具有的信任度，是企业不具有，也无法内部控制的。

3. 用结构表现质

将图论方法引入经济学，还有一个如何看待质性分析的问题。

自由意志、自发自由秩序这些以往属于哲学的研究对象，在本质上属于网络经济要分析的实质性的对象，其问题带有强烈的质的特性。图论试图用结构化这种方式破解其中的量化难题。

对自发自由秩序的描述，哲学家认为只能用语言定性地描述，而不能用数学加以量化，这低估了数学的潜力。通过对无标度网络的实证量化，利用数学图论可以从结构上刻画哲学家想表达的那些复杂性特征。这些哲学家忽略了，原来由语言来承担的质性分析是可以用图论来描述的。质的量化，可以通过结构化分析来实现。

就拿自发自由秩序来说，其特殊无非在于涉及人的自由选择、多样化这些本质上属于复杂性的特质。但图值（结构化的多样性量值）恰恰可以表明一个系统的复杂性程度，结合经济学理论，可以表明在均衡条件下一个系统可以承受的生态化的多样性的程度，也就是自由选择不引发混乱的那个秩序的限度，即系统既自发，而又具有秩序的量的规定性。

从数学角度看，规则网络并不是复杂性网络的真正代表，理性具有普遍性意义上的复杂性，但它却往往排斥随机性背后体现的具有感性、体验特征的人的自由意志和自然、社会的不确定性，因此理性化过头走到极端，会导致机械性和迟钝这种因成本不适引起的系统反应，难以同具体情境相结合，甚至导致异化。互联网作为农业生产方式与工业生产方式在更高发展阶段上的扬弃，体现出无标度网络的特点。无标度可以理解为在规则（标度）与非规则（标度）之间保持"摇摇欲坠的平衡"（KK语）。无标度网络体现了理性的普遍性与随机的当下、此在性结合的特点。

值得注意的是，无标度网络不仅矫治计划的理性自负，也同样矫治市场的理性自负。从结构角度讲，市场的理性自负表现在列表价格上。它用一种统一的、全局最优的价格，抹杀了供求在每一具体节点上的"自由"匹配。表现在结构上，就是令所有边具有均质性，这使自由选择在个性化、多样性选择上，受到限制。无标度网络打破了市场这种网络的均质性，以同均质相反的爆发（极度不均质）使中心节点（企业家）和离散节点（创客）的创新精神得以自由发挥。在这种情况下，列表价格被情境定价所逐步替代，自由被从只有全局中心的最大自由，解放为每个节点上的自由。

从数学角度看，理性的自负，表现为数量的自负与价格的自负。计划经济的理性自负表现在数量的自负，以为有一个中心化的计算，可以算清供求数量关系，达到均衡，而不必借助价格；而市场经济的理性自负表现为价格的自负，以为有一个中心化的价格，可以算清供求关系，达到均衡，而不必顾及使用价值数量的具体性。矫治两种数学上的理性自负，需要引入第三个变量，这就是品种，品种是多样性的计量维度。系统地引入多样性之后，就从计量维度上显示了自由选择从中心化选择到多元化选择这一演进过程。避免了理性的自负最大的缺点，就是只追求中心化的、抽象的普遍性而排斥多元节点上、具体的多样化选择。从而从启蒙运动的核心范式——理性中走出来。

（1）质与边

图论在结构决定功能上，与结构主义有相通之处[1]。当把质表示为功能

---

[1] 马丁·奇达夫. 社会网络与组织[M]. 王凤彬，蔡文彬，译. 北京：中国人民大学出版社，2007：75、128.

时，它就可以通过结构表现。任何质，都具有由结构决定的功能，结构既是对象，又是方法。

微观网络经济将图同时作为对象与方法。作为对象的图是网络，其结构具有空间可视性；作为方法的图是结构化方法，它以结构化方式分析非结构性现象，如质量、大数据。

在对象与方法统一意义上，质与图论中的边是同义的。质量通过内生边的图表现，它相对于外生边的图，即均质的网络。质代表可变的质（不可变的质已归结为量，即零维的质），即异质，异质是复杂之质。质的差异性，在图上表现为边的非均质性。一种不同的边（及图），表示事物的一种不同的质。边的集合表示质的集合。当用边代表质时，边不代表人与人的连接，只代表一幅表达质的差异的不同的图。这个图在经济学意义上，位于构成供求曲线的二维空间。图论中的和网络中的边不直接代表供求曲线本身，但间接——在降维后——指代供求曲线。因为经济学上的曲线是指价格与一个量轴维度构成的二维空间的现象。图则只是这个量轴本身，相当于把二维的图压缩成一维的线条。如果把这条线展开，对应的应是节点与边构成的二维矩阵。当把这个二维矩阵压缩成一条线（轴）时，它可以在超平面上，表现出与其他图（超平面上的轴边）不同的价格反应。质的内容就表现在节点与边的关系（图）中。

我们可以换个角度理解对质的量化。质性分析中，归纳质具有语义相关（上下文相关）、具体、好坏（肯定否定、得失）等属性，实际都是对复杂性的文字描述。与之相比，（当同质时）量与上下文不相关，抽象，只有多少没有好坏（肯定否定、得失）。图论则把质表达为结构，用一个明显区别同质之量的维度——边来独立表达质的特性。

从网络角度倒着看质，第一，网络现象也是一种质的现象，它是质的差异现象（信息化更多用多样性来表现这种差异，从某种意义上说，信息即差异或表现差异的中间媒介）。无差异时，信息即没入能量、质量之中。信息也可以视为能量、质量的结构差异本身。信息经济以信息流动方式配置资源，实质是在配置秩序本身。将对秩序——由供求信息面向均衡的匹配为内容——的感知，以负熵的形式进行要素流动，最终达到有序化这一目的，再用目的（信息流动），支配作为手段的价值流动（如资金流动）与实体流动（如物流配送）。第二，网络现象是复杂性现象，复杂性现象是事物之间具有质的差异性、多样性而在整体上表现出来的现象,这种质的差异不可还原为无差异的质(整体非局部之和),原因就在于边具有独立于节点的特性,边本身包含着质的规定性。图是节点的情境,节点作为系统环节,不能脱离他的上下文而变化。第三,网络经济必是分享经济,边以分享的方式存在于图中,分享(共用)就是边存在的方式。从这个意义上说,边本身不能在两点间交换。正如社会资本不能交换一样。比如,A 与 B 买卖"彼此相互信任"这一商品,是有违常理的。它的异质性内在于网络。这使它不能片面地从节点一个方面得到解释,即使是度分析。第四,质是由边("波",事物的联系)决定的,因此网络现象必然是质的现象。

质量分析一直是标准经济学顶层分析框架的盲区。质量分析不同于质量检验,也不同于经济运行质量分析,是对质量经济性的分析,即求解质量本身经济还是不经济。质优价廉只是经验,而非理论。质优在结构化分析中,要分解出决定质的独立计量维度,通过网络优化分析来把握。

网络分析中的网络优化,可视同质量优化,是从结构角度透视质的变化的实现过程。与价格分析联系起来,则成为质量经济性分析。

(2)对质与量的效率区分

我们把量(Q)定义为特殊的质的数量,即零维的质(无质变的、同质化的质)的量;则品种(N)为一维的质的量,即质可变,但只有标准的量变,如 1,2,3,…,n,其中 1 与 2 是代表性的质(代表异质的质)。

质的效率是多样化效率,是关于使用价值(以一维的质为质性)的效率。相比之下,以量(Q)为计量单位的效率,是专业化效率,本质上是同质化效率,是关于价值的效率。杨小凯曾说:"多样化和专业化的发展是分工发展的两个方面"[1]。

在传统经济学的特殊语境中,量其实也有质的含义,特指没有质的区别的对象在量上的数的属性(幅度和重复次数的属性),因此可以认为是作为可变量的一个特例,即 N=1 时的质。专业化效率,特指这种质不变,单计算量的投入产出关系;但分工还有另一个对称的方面,即质的变化,假定质变化而量不变,即假定 Q=1 的世界是否可能呢?

3D 打印就是一个例子,它的成本只与质(内容)有关,而数量 1 还是

---

[1] 杨小凯. 经济学原理[M]. 北京:中国社会科学出版社,1998:237.

100，成本是一样的，不会因为打印批量大，成本就可以减少。我们把后一种效率问题，称为多样化效率。多样化效率特指一维及一维以上的质的效率。著名的问题如鲍莫尔所提音乐四重奏的效率问题，都可以归结在质的效率名下。范围经济表现的就是质的效率，确切地说是质的效能。仅仅从GDP本身，并不能反映经济质量的提高，必须结合反映结构的量值来观察。质的效率提高，表现在价格结构上，体现为 P = AC 成为稳定均衡条件；表现在宏观结构上，隐藏在服务业比重上升，而GDP增速下降这类现象中。可以用一二产与三产之比来表现。

专业化效率具有消除禀赋差异的效果，通过标准化降低成本，可以提高专业化能力。这种效率越高，同样成本下产出的数量越高。如果存在固定成本，就会产生规模经济效能。

多样化效率与禀赋具有内在联系，各要素具体禀赋不同，构成多样化能力不同、多样化效率不同。多样化效率越高，同样成本下，产出的质量更高。如果存在固定成本，就会产生范围经济效能。多样化效率与产出的数量没有必然联系。我们在现象上看到范围经济的效率与效能提高，也伴有规模经济现象，这是因为范围经济且规模经济，典型如因内容独特而票房火爆的电影。而不是范围经济本身提高了专业化效率。

专业化效率与多样化效率的表现是不同的。例如，中国芯片业专业化效率低，表现在制造的微米尺度上不如美国精细；但相对而言，多样化效率稍高，表现在设计能力上百花齐放，创新能力正在不断提高。

禀赋常常是自然形成的，如音乐天赋、美貌、自然资源等，但也是可以后天激发的，如创新禀赋。小农生产方式与信息生产方式，都具有多样化效率，小农的特点是存在多样化效率而专业化无效率；信息化的特点是多样化效率且专业化效率，包括多样化有效能且专业化有效能，如规模经济且范围经济。

提高多样化效率的技术通常被称为技艺（Art），未必是"先进"生产力。例如，匠人工艺、工艺品制造中的手工艺能力、艺术家的创作能力等。提高多样化效能的技术，也不一定是"先进"生产力，如导致熟能生巧这种范围经济效果的人力资本，往往是波兰尼所说的个人知识，往往无法用知识产权加以形式上的固化。经常如师傅带徒弟，可意会不可言传。难以高效学习传承。

多样化效率的一个实例是小农效率，它未必是专业化有效率的，因此它并不能高于工业化生产力。与此相关的还包括工匠的效率、创意的效率、个人知识的效率、"文科的"效率等。但这种效率可以有效提高质量，产生溢价的效果。例如手工制作水饺，比机器制作的水饺，价值更高。

多样化效率的本质特征是灵活（Smart），即多样化的产出相对高而投入相对低。多样化无效率的特征因此就是灵活的反义词即迟钝。也就是人们常说的"工业病"。如做大做强后做成僵化的恐龙。

多样化效率也可以是工具、技术相关的。手艺人有自己的工具，只不过不是通用工具。师傅有自己的知识资本，但不一定是成文的知识。在创意活动中，设计软件和工具也是效率工具，它既支持多样化效能，也支持多样化效率。多样化效率可以产生溢价吗？按说不存在固定成本，就不应存在利润。但从经验上看，利润是存在的。我们可以称这种利润为租，它来自质的级差。这时的质量，表现为别人无法取代的与众不同的优点。换个角度想，差异化是比固定成本更本原的溢价原因。从均衡角度看，品种经济已先验假定了均衡数量的存在（P = MC），任何多样化效率带来的收益，应自然归于超过边际成本的溢价。或许可以认为，小农经济是在不存在数量均衡假定的条件下的上述结论，才会有生产能力不足问题。

多样化效能与之相比，多出了固定成本，包括知识、数据、信息技术等，转化为范围经济的效益。产生 AC - MC 的溢价。具有智慧的特征。

多样化效率与多样化效能（范围经济）一般来说，只有与信息生产力结合，才成为先进生产力。

需要研究的是多样化效率产生的溢价与多样化效能产生的溢价的区别。前者是小生产意义上的个性化与定制，只有在非社会化水平是成本经济的，如果在社会化水平（规模化水平上）上可能是成本不经济的，具有规模不经济的特点。后者的范围经济可以同时支持规模经济。同样，专业化效率可能是范围不经济的（打动态靶效能低），专业化效能可以是范围经济的。

内生结构的复杂性经济学分析，主要研究多样化效率和多样化效能的规律，为研究简便起见，往往假定专业化效率或专业化效能不变，虽然在现实中，两者是可以并行不悖的。同时研究专业化效率与多样化效率的，比较适合工业化与信息化融合问题。

4. 对图论方法的选择与过滤

目前，已有不少人将图论运用于经济分析，但往往不是把它作为一种经济学方法，而是当作自然科学方法、一般社会科学方法（如社会网络分析方法），在经济学中将自然科学方法直接照搬，而没有变成真正的经济学方法。网络经济学需要完成以下工作：

一是在纷杂的图论方法中，提炼出作为理论经济学方法的图论方法。这主要是指，把图论方法提炼出元方法，即把图值转化为品种值，再沿 D-S 模型方向，将问题内生为均衡问题。

二是辨识出图论和社会网络分析方法中，哪些方法属于应用经济学或经济学应用的研究方法。

三是辨识出图论和社会网络分析方法中，哪些方法属于自然科学方法，适合在对经济现象进行自然科学分析时加以使用。

简单地说，我们可以把能否对均衡进行经济学供求平衡定量分析，作为所采用的图论方法到底是不是理论经济学方法的分界线。不能进行均衡量化分析的，我们仅称为图论的经济学应用。

1.3.2.2 网络经济：关于社会网络的结构经济学

经济学从全局出发讨论每个局部得失的理论就是均衡理论。在整个经济学的全局和局部内生结构后，将会导致问题的变化。

原来经济学讨论供求，隐含的前提是市场，交换是市场交换。均衡理论主要研究的是产品供求均衡，实质上附加了以市场为网络主要形式的条件。企业的资本，只是当作市场交换中的要素，被加以讨论。产业组织经济学和新制度主义经济学将隐含的前提，从市场拓展到企业和产业，因此内生了交易费用和门槛，企业和产业组织问题因此被内生进经济分析。现在，将网络内生进来后，市场变为网络的特例形式，企业与产业的边界发生了结构性变化（如出现了新垄断竞争结构下的平台、生态、虚拟企业、分享租赁等，税与租的界限也不再明显）。

内生网络结构的经济学，因此需要筑建新的框架来把握问题，以解释均衡的新的实现方式。原有经济学不需要专门讨论数量本身，但网络经济学却需要从图论角度来定义量纲（结构化的品种）；原有经济学不需要讨论市场本身（只是把它当作一个先验的存在），网络经济学却需要为市场、企业和网建立一个统一场解释；原有经济学讨论资本，脱离网络与最终消费（体验）背景，单纯讨论货币尺度上的企业投入产出，网络经济学需要结合异质性、结构化背景，讨论资本的结构化功能，讨论结构资本（社会资本，即关系与信任）的决定作用；讨论资本与创造性劳动（同质资本与异质资本）对资源配置的影响；原有经济学讨论的市场结构，需要在边界变化条件下，拓展为新的组织结构（平台和生态）、市场结构（新垄断竞争）和产业结构（服务化）等。与更为成熟的研究相比，本研究只是提出问题，即重点研究怎么正确地提出问题。

最主要的是一个结构问题是均衡结构。传统经济学在市场这一结构中讨论均衡，而我们改在网络这一个结构中进行重新讨论。二者最大的分别不在计算结果上，而在计算结果在全局中定位评估上。第一个改变是，修正完全竞争与垄断竞争在均衡全局中的相对定位。我们把完全竞争均衡，从一种全局通则"贬低"为一种特例。把它改称为同质化完全竞争。而把垄断竞争，从一种局部上升为全局的通则，改称异质完全竞争。第二个改变是，修正完全竞争与垄断竞争在最优中的全局定位。传统理论认可拉姆齐定价，但认为它不符合帕累托最优，在长期（即要素充分流动）条件下，会"热寂"为边际成本均衡定价。我们认为不会，在为创新就是新常态的本质，创新不会"热寂"。反倒是帕累托最优，要把创新，进而把人的自由意志、自由选择，容纳进来，推广为广义帕累托最优。第三个改变是，传统理论在数量—价格结构框架下讨论垄断竞争均衡与最优，我们改在"品种—数量—价格"三维结构框架下讨论同一问题。计算结果不变，但含义完全变了。第四个改变是，引入图论，将品种这个代表复杂性和自由选择的维度，进一步展开为节点与边两个维度，以图值表示品种值。这使均衡与最优分析，进入四维空间。与传统方法比，突出优点是第一次显现了传统低维结构中不显现的结构规律，如，发现科斯定义的企业，是一种介于市场与网络整数维之间的半维现象；又如，发现企业与网络的实质不同，在于边结构的不同（关系结构的不同）。与现有没有结构化的网络经济理论相比，最大区别在于结构化理论从头到尾可以对网络进行均衡水平的连贯分析，而现有网络经济理论只讨论局部问题，当把局部放入全局时，形不成统一的、属于网络自身的均衡逻辑。

2

网络经济学的结构框架

网络经济学提出的核心问题是"网络何以可能"。这是继"市场如何可能"（斯密问题）、"企业如何可能"（科斯问题）之后，经济学的第三问。

　　从社会图论角度倒过来思考，"市场如何可能"这一命题将图论塌陷为点论，通过将顶点原子化（契约化），以交换的形式将所有的边归结为均质化的同一条。"企业如何可能"这一命题，把同质化的边，修正为异质性的边（社会关系，利益相互作用），但囿于原子论，没有展开边的具体结构，把各种顶点的度，标准为统一的度（交易费用①）。

　　网络经济学在一般经济学意义上内生网络（作为结构的网络），意在将质具体化，将具体的质加以量化②。

　　与社会网络分析强调网络是什么不同，网络优化（包括儒学）强调网络应如何不同，网络经济学研究资源配置与利益作用的联合均衡意义上的"网络何以可能"问题。包括在全网中什么样的网络结构（邻边集合）在收益目标与成本约束下是最优的；全网中什么样的网络结构（产权制度与规则）在利益博弈的双层规划中是均衡合约。

2.1　在现有网络经济学框架中内生复杂性

　　按照我们的观点，网络经济学本质上应是复杂性经济学。但现有网络经济学正好相反，仍是简单性经济学体系中的一部分。虽然在表象层零散地涉及一些复杂性现象，但对复杂性的理解，还没有贯通到整个系统结构中。为此，我们需要做框架调整工作。

　　本研究与现有网络经济学最大的区别，在于它着力于对构成网络经济

---

① 交易费用有别于租值，没有把均衡内生量化。
② 这种量化本身是一种抽象，把具体的度留给应用科学，只研究度的分布与量化均衡关系。

学的各个局部，给予一个内在有机联系的整体框架，在这个框架中贯穿着一条主线索，即把表征复杂性的结构当作网络的本体，贯穿网络经济学始终。它修正的主要对象，就是以原子论方法看待与解释同样一堆现象的框架。

现有的网络经济学，存在范式不独立、框架不独立的问题，只是现有工业化范式和框架下的应用层次的理论。为了适应现代化从用变到体变的深化发展趋势，网络经济学有必要进行"体"变。

现有网络经济学研究的缺陷包括：第一，范式缺失，忽视异质性、复杂性分析范式；第二，方法形而上，缺乏对结构问题的实证分析方法；第三，框架不全，照搬资源配置理论，忽视利益分析。

需要突破一般网络经济学的几点：一是引入广义均衡，突破均衡点不变的成见；二是引入图论，建立社会网络分析框架，突破结构不变，使质的分析由抽象到具体。

结构经济学针对的现实理论问题是，第一，新古典主义暗含了结构不变假设（分工结构不变），脱离了新兴古典逻辑与发展经济学历史观点可观察（如发展中国家经济结构不断演进）的实际。第二，新制度经济学的交易费用学说是一种总量观点（宏观与微观的差值），缺乏具体的结构分析；博弈论是一种缺乏结构模型的归纳，难以对具体局部进行全局提炼；政治经济学用矛盾分析法对社会关系进行的结构分析，难以适应复杂社会网络分析对创新与个性化进行结构化处理的要求。

通过研究，要求对这些问题提出基于结构的重新梳理思路，把现有网络经济学的常见主题收纳在统一的框架之中。

2.2 在数量、价格外内生第三维：品种

我国经济新常态，将在工业化基本实现、信息经济全面发展的背景下展开。这一背景决定着，市场均衡从工业化常态向信息化常态的演化，将成为新常态中一个需要特别考虑的新问题。由信息革命催生的多样性（Variety）的常态化——创新、个性化等只不过是其行为反应是产生这一新动向的原动力。将多样性上升到均衡范式高度加以总结，观察信息化对工业经济均衡与最优的影响，对理论研究和政策制定具有重要价值。

信息化与工业化一样，都是生产方式转变的过程。工业化生产方式的特点是单一品种大规模生产，而信息化生产方式的特点则在于小批量多品种。采用这两种不同生产方式的经济，均衡点是否会有所不同？这还是一个从没有被提出过的问题。

本研究假定单一品种经济对应完全竞争均衡；差异化多品种经济对应垄断竞争均衡。通过设定品种为独立均衡维度，建立"品种—数量—价格"三维均衡模型。根据其中包含的"同质（非多样性）—异质（多样性）"两市场均衡模型得出结论，工业化均衡与信息化均衡价格之差，正好等于完全竞争均衡与垄断竞争均衡价格之差。

发现信息化的市场均衡点不同于工业化，并存在内在转换关系，具有现实针对意义。"新常态"下出现以差异化为特征的服务化的趋势性变化，要求创新驱动、质量导向方向上有针对性的对策变化，对应的理论经济学前沿问题，决定了本研究创新的方向，即把垄断竞争理论发展为内生品种的范围经济理论，使隐形于新古典范式经济学分析的多样性因素，在均衡水平变得可显现、可量度、可分析。

2.2.1 斯蒂格里茨对经济学基本问题的重新设定

多样性（Variety）反映了信息化的内在特性。信息化代表着一种新的技术经济范式（Tech-Economic Paradigm）（C. Perez，1983），是信息技术内生为经济模式的过程。信息技术不同于工业技术的特殊性表现在处理复杂多样性的效能提高（智能化）上，其对应的经济特性在供求两方面皆有显著表现。例如在需求上表现出个性化形式的多样性效用，在供给上表现出范围经济形式的低成本多样性。

信息化的这种新技术经济范式，反映到理论经济学基本问题上，会带来什么改变？信息经济学家斯蒂格里茨对经济学基本问题的重新设定——一个市场机制能否导致社会最优的产品种类和产品数量（Dixit & Stiglitz，1977），给了人们一个重要思考方向。这一提法针对的是作为参照的新古典范式经济学的基本问题，也可以说是工业化的基本问题，"一个市场机制能否导致社会最优的产品数量"。区别在于品种（Variety，即产品种类，以 N 表示）是否内生于均衡（最优）框架。

比较这两种说法可以发现，如果以"品种—数量—价格"为均衡的一般框架。作为单一品种经济的工业化均衡（最优），相当于 N=1 时的数量—价格均衡（最优）；而作为多品种经济的信息化均衡（最优），不过是推广为 N>1 时的数量—价格均衡（最优）。由此，我们发现了以标准均衡（最优）理论解释信息化时被忽略的差异点所在——工业化与信息化在均衡（最优）水平上，二者之间相差一个品种变量的影响。在经验上对应的事实是，单一品种大规模工业化，与小批量多品种的信息化，主要相差在品种单一和品种多样上。如果不能结合品种和数量（规模）综合考虑，工业化与信息化的本质区别，在均衡和最优水平就显示不出来。

这意味着，需要把多样性上升为均衡范式加以总结。本研究将多样性标准化为"品种"（N）这一新的均衡计量单位，从工业化中自然而然地推导出信息化的结论。

新古典范式（同质化完全竞争理论）源于对制造业同质化大规模生产经验的理论总结。其同质化假设，相当于暗含了 N=1（单一品种）的设定，对同质化生产（如传统"中国制造"）是有解释力的。但信息化从供求两个方面，使多样性（N 大于1）这一关键性特征成为新常态。一方面，是信息技术产业的发展，极大降低了多样性的成本；另一方面，以多样性为特征的服务化在各产业中的兴起，说明人们越来越肯为多样化的需求支付更高价格。在这一现实面前，仅以数量—价格维度刻画市场经济，就不如以"品种—数量—价格"维度刻画市场经济更加全面。

本研究构建了新的均衡理论，将标准的"数量—价格"二维均衡，推广为"品种—数量—价格"三维均衡，以明确显示工业化作为特例与信息化作为通则时的均衡与最优转换关系。

在均衡理论中内生品种，并非今天才想到，斯蒂格里茨早就解释这样做的动机在于："市场经济的一个关键性特征就是能够创造出许多多样化的产品，标准的新古典范式忽略了市场经济这个重要特征。"[1] 将多样性（Variety）以品种形式内生嵌入新古典范式的"数量—价格"均衡，可以有效解释市场经济从工业化发展为信息化，从多样性变量角度观察到的均衡点的变化。

多样化——信息化、服务化、创新驱动和质量提升所共同聚焦的核心，

---

[1] 约瑟夫·斯蒂格里茨. 微观经济学：不确定性与研发[M]. 纪沫，宛圆渊，李鹏飞，译. 北京：中国金融出版社，2009：5.

对均衡主要产生什么样的影响呢？D－S 模型（Dixit & Stiglitz，1977）得出的结论是，在数量不变条件下，品种变量对均衡价格的影响，正好等于一个相当于平均成本与边际成本之差的"补贴"。换句话说，不考虑多样性（N＝1）时的市场竞争均衡（即完全竞争均衡）的价格，正好等于多样化（N＞1）的市场竞争均衡（即垄断竞争均衡）的价格减去这个相当于固定成本的补贴。当我们把多样性作为信息化的本质特征时，这意味着，完全竞争均衡与垄断竞争均衡价格之差，正好等于工业化均衡与信息化均衡价格之差。

基础理论上这一认识突破，将导致对信息化的重新定义。以往定义的信息化，主要是信息产业经济，甚至是信息产业主管部门分管的信息技术产业经济（因而与北美产业分类体系的分类有相当大的差异），相当于只考虑了供给多样化赋能部门（即把降低多样化成本的就绪能力，如生产的电脑和网络设备作为产品和服务的部门）的产出。而从均衡角度定义则完全不同，需要全面考虑信息化对整个国民经济需求多样化带来的价格激励和供给多样化带来的成本约束改进，以及两者之间的平衡关系。这样观察到的信息化，才可能是全面发展的信息化。

由于均衡框架的调整，本研究定义的均衡，从需求曲线与供给曲线交点形成的平面均衡，改变为需求曲面与供给曲面交汇形成的三维均衡（曲面均衡）。为简化计算，供求曲面均由"同质—异质"两商品市场构成，同质商品市场代表工业化市场，异质商品市场代表信息化市场，用"数量—品种"二元函数表示。在三维空间中，术语底平面特指"品种—数量"平面，这是广义的（包含工业化在内的）信息化的均衡平面；侧立面特指"价格—数量"平面（这是新古典范式标准理论的二维均衡平面），这是工业化均衡平面；正立面特指"价格—品种"平面，这是狭义的信息化的均衡平面。标准理论指新古典范式的完全竞争均衡理论。

设定品种（N）为多样性的抽象计量单位。与数量（Q）一样是带有 1、2、3 等差刻度的数轴，数轴上的每一取值是同质的，仅代表产品差异化程度在量上的区别，而忽略这些差异化的产品之间在质上的区别（即假设它们具有相同的需求曲线和成本曲线）。品种虽然在内容上反映的是异质性价值，但数学形式上遵守的是同质性的要求。作出这种非现实假设是为了理论上的抽象，实现方法同 D－S 模型中的代表性消费者模型一样，通过二元函数中的 CES（不变替代弹性）设定来实现。抽象品种的实质，在于部分修改了经济学的同质性假定，一方面，将价值论意义上的异质性，以差异化的实证形式容纳进经济数学；另一方面，又假定这些反映异质性的品种彼此之间是"同质"的（即占有相同市场份额）。

2.2.2　信息化经济学是异质经济学

本研究假定单一品种的工业经济对应同质性的完全竞争均衡[①]；差异化多品种的信息经济对应多样性的垄断竞争均衡，即异质的完全竞争均衡；在D-S模型（Dixit & Stiglitz, 1977）基础上，以品种（Variety，计为N）代表多样性，作为均衡的内生维度，嵌入传统的"数量—价格"均衡架构中，构成"品种—数量—价格"三维均衡范式。其中，以"数量—价格"二维构成的同质性市场代表工业化部门，以"品种—价格"二维构成的多样性市场代表信息化部门，二者共同构成以"数量—品种"二维均衡为基础的"工业化—信息化"两部门模型。

在"工业化—信息化"两部门经济中，工业化常态下的均衡价格与信息化常态下的均衡价格，存在一个由多样性的常态化形成的、等于平均成本与边际成本之差的落差。这个价差的量值等于对创新的"补贴"（罗默，1990），对应支撑创新驱动的固定成本（或"沉淀成本"）。经济转型升级的微观实质，应被视为通过创新驱动，使多样性（如质量提高、个性化、增加附加值等）从成本不经济变为成本经济。

发现信息化的市场均衡点不同于工业化，并存在围绕多样性的收益成本关系的内在转换规律，对工业经济将带来范式转换一级的影响。以德国工业4.0为代表的从工业经济向信息经济的演化，其服务化（高收益多样性）、智能化（低成本多样性）趋向，需要归结到这种市场经济微观新常态对应的新范式上；中国"新常态"下同样出现以多样性为范式特征的服务化的趋势性变化，同样要求在政策和理论上重新认识信息技术支持创新驱动、质量提高带来的范式转换的内在机理。

[①] 本文的"完全竞争"采用的是张伯伦的"完全竞争"概念，它的需求曲线DD'是向下的。而水平需求曲线意义上的完全竞争，张伯伦称之为"纯粹竞争"，以区别于"完全竞争"。在本文中，纯粹竞争与同质的完全竞争的关系，相当于极限值与数列的关系，DD'无限逼近水平值，永远达不到极限值，但可视为等于极限值。同质完全竞争与异质完全竞争的关系，是D-S模型中同质组与异质组之间的关系。

本研究在理论经济学前沿上，将垄断竞争理论发展为内生品种的范围经济理论，使隐形于新古典范式经济学分析的多样性因素，在均衡水平变得可显现、可量度、可分析，为"新常态"提供新的分析工具。本研究为中国社科院创新工程"信息化测评体系创新研究与应用"阶段性成果。

提出以"品种—数量—价格"三维均衡模型为主的信息化均衡框架，主要解决了以下问题：

第一，在理论经济学高度重新界定信息化。以多样性为标志，归纳信息化的基本理论特征，提出信息化的基本经济学问题。沿着D-S模型开辟的方向，将经济学的均衡问题，从"数量—价格"问题，转化为"品种—数量—价格"问题。将新古典范式作为N=1时的特例，纳入到容纳多样性的广义均衡中，形成垄断竞争与完全竞争的"统一场"理论，显示出工业化与信息化均衡之间的内在差异与联系，使工业化与信息化得到统一解释。

第二，第一次系统提出基于品种的范围经济模型。综合了垄断竞争条件下规模经济的D-S模型与可竞争市场理论的范围经济理论，构建了针对信息化特殊性的均衡模型，特别是其中的成本模型。维持了差异化产品均衡（垄断竞争均衡）与无差异产品均衡（完全竞争均衡）之间存在一个等于固定成本或"补贴"的平均成本与边际成本之差的结论，但解除了固定成本与规模经济之间的绑定，而推广到范围经济。第一次指出了差异化在成本上经济（而非仅在需求上经济）的可能，突破了现有内生增长理论的主要结论。

第三，信息化均衡框架的提出，从理论经济学前沿，加强了针对"新常态"下出现的服务化趋势所要求的创新驱动、质量导向对策的解释力。服务化需求以差异化为特征，创新驱动和质量导向本质上要求差异化能力的提高，比现有理论更全面地总结差异化的均衡规律，突破其关于差异化成本不经济的现有结论，有助于说明信息化这一新技术经济范式在降低差异化成本，提升经济质量方面（包括提高质量水平、增值性等方面）的关键作用，有利于解释工业革命转向信息革命的实质。

2.3 在第三维品种基础上内生第四维：网络

从超图角度解析网络，将网络视为第四维的异质经济学，而视没有内生结构的异质经济学为四维经济学的三维特例。具体是指，将网络视为由点与边二元构成的图，将图视为 N 的二维展开，因此将 N 构成的第三维，升级为由图（点与边）构成的四维。二元的图比一元的 N 高一维，所以在 N 构成的第三维基础上，展开为第四维。内生结构，就是指通过内生图，而使异质经济学升维。而异质经济学是同质经济学的升维，是在"数量—价格"二维基础上，向品种这第三维的升维。

超图是指元网络。它将网络区分为"网络的网络"与"具体的网络"，从具体网络中抽象出元概念，使基础理论与应用理论问题区分开。搞网络的人可能会疑惑说，你们这里说的网络，怎么这么简单，除了节点和边以外，图的其他特征都不见了。这正是经济学研究网络，与网络科学包括网络应用分析的不同之处：经济学要高度抽象，内核要极简。不能在研究数量的时候，把湿度、高度甚至肥胖程度等具体数量特征都纳入基础研究。图也一样，我们用超图作为图的元概念，过滤掉图的其他特征，就是为了与经济学的数量、价格概念，取得一种形式上的对称，从而绕过网络中的细枝末节，聚焦于经济学的"体"变来讨论问题。

基本概念网络的研究，要着眼于范式与范式系统的构建。包括哪些概念可用于建立基本维度（如经济学的第四维空间），哪些概念是上述基本维度的派生，哪些概念既是派生的，又是仅限于经济学应用层面的。

经济学研究网络结构的意义，在于把握质与均衡在具体维度（第四维即图论维度）中的关系。从而解决网络有效性问题。因此，它不光要把握结构，还必须有经济学针对性、有经济意义地把握结构。这是有别于网络科学、SNA 之处。

2.3.1 元结构：从超图角度看待图

本研究所采用的图或网络的概念，有别于一般图论和一般网络科学，重点讨论的是元图或元网络。

元网络将自身与网络（图）的应用区分开来。将抽象网络与具体网络区分开。通过特征值描述具体网络，以便同经济学分析衔接。最终，把作为其他学科（如网络科学、社会网络分析）对象和经济学子学科（如商业网络、组织网络、管理网络、供应链网络等）对象的具体网络，同作为经济学基础学科对象的网络（异质均衡网络）区分开来。

获得结构化的 N 值，是从超图角度看待网络的必由之路。经济学是高度抽象的科学,以往,它把经济现象抽象为数量、价格这样的基本概念;今天,需要把网络现象抽象为品种值(结构复杂度)这样的基本概念。经过这种抽象、散乱的网络现象,就变成事物的结构复杂度的一种外在表象,通过结构复杂度这条内在线索,串联成一个完整的逻辑。

2.3.1.1 超图:元图

1. 作为二元关系的超图

超图的定义为[①]:

称二元关系 $H = (E, V)$ 为一个超图。V 为顶点集合,E 为边的集合。

超图的特征值具有这样的性质:"基本而言,特征向量是当作用在矩阵 T 上时,重新还原出它们自身的某种比例","所以它们充当变换 T 的一种不动点"[②]。

当我们用一元的特征值去刻画超图这种二元集合时,特征值本质上是"关系"的表征(它是二元之间的"某种比例"),充当着标度不变性(不动点)的功能,是关系的某种"同类项",是过滤具体"错综"的复杂。我们可以从几何上把它想象成无差异曲线。

2. 二元关系的矩阵和图表示

两个事物之间的关系称为二元关系[③]。在数学上,二元关系指的是这样的一个集合 S,它的所有元素都为二元有序对。它反映的是有序对中第一个元素组成的集合与第二个元素组成的集合之间的关系。

二元关系可以用集合表示,还可以用矩阵和图来描述。

矩阵的基本元素是数字及其所处的位置。直觉上,我们很自然地想到用它的下标来体现两个集合中的元素,用数字体现它们是否具有关系。这便得出了以下定义:

设集合 $A = \{x_1, x_2, \cdots, x_m\}$,$B = \{y_1, y_2, \cdots, y_n\}$,$R$ 为 A,B 之间的二元关系。称矩阵 $M(R) = (r_{ij})_{m \times n}$ 为 R 的关系矩阵,其中

$$r_{ij} = \begin{cases} 1 & \langle x_1, y_1 \rangle \in R \\ 0 & \langle x_1, y_1 \rangle \notin R \end{cases}$$

[①] 王志平,王众托. 超网络理论及其应用[M]. 北京:科学出版社,2008:20.
[②] 马修·杰克逊. 社会与经济网络[M]. 柳茂森,译. 北京:中国人民大学出版社,2011:45.
[③] 关于矩阵与二元关系参见"二元关系的矩阵和图表示"。(耿素云:《集合论与图论》)

这样我们定义了一个映射,把集合 R 映射为一个矩阵 M。如此定义,第一,保证了 R 的集合表达式和 R 的关系矩阵是一一对应的。第二,这样的定义会带来很多好的性质。我们可以应用矩阵的语言把整个二元关系的理论重新叙述一遍:求关系的逆就转化为了求一个矩阵的转置矩阵,关系的合成这一运算就转化为了矩阵的相乘,等等。

2.3.1.2 超网络:网络的网络

超网络"摆脱了还原论的局限性",重在研究"网络的网络"(网络的边)问题,"即研究不同性质网络间的相互作用问题",以理解"复杂系统之所以复杂"[1]。

超网络"高于而又超于现存网络"。现存网络是"节点对应于空间的位置、边对应于物理(如道路、线缆)的网络";而超网络则是"一些带有虚拟特点的节点、边和流"的网络,如知识节点、社会关系、价格流等。流在经济学中可以理解为流量(Y),它主要涉及与价格相关的存量,而把社会关系等转化为经济行为。当然,价格本身也是可以情境化的。

最重要的虚拟,应是把质比喻为边。将复杂性以异质性的质来表现,把不可见的质表现为几何的图。这是质性分析的一个重大突破。在这里,用边比喻的,第一是质的情境性,质性高度依赖于上下文,在图中,上下文表现为度的分布;第二是质的语用性,把质理解为意义时,边就是语用,由它来锁定语义;第三是质的"波"性,由此"摆脱了还原论的局限性"。这三点,从数学角度看,都是可能的。因为都符合图论对边的定义。

对超网络来说,系统复杂性被重新理解,"理解为与系统模型顶点之间关系相关联的数"[2]。这意味着,在三维均衡中,系统复杂性只是被理解为顶点的数(N 值),但是在四维系统中,系统复杂性被理解为边的数,以表现度分布。

对超图来说,甚至边都不能代表复杂性。"关系本身不可能决定一个系统",必须把边与顶点结合起来看待复杂性。并且形成一个统一的量度尺度。

第一,要超越边的成对性,关系之和仍不是系统("不能归结到两两关系的复合关系")。第二,系统的性质不仅取决于节点的质、关系的质,而且决

---

[1] 王志平,王众托. 超网络理论及其应用[M]. 北京:科学出版社,2008:11.
[2] 王志平,王众托. 超网络理论及其应用[M]. 北京:科学出版社,2008:26.

定于"它们在系统内部的分配或排列（次序）"，取决于动力关系（即流，如信息流）。在此，节点相当于存储，关系相当于传输与交换，它们构成转化质量、能量和信息的能力。第三，关系需包含两两关系与非两两关系。第四，要超过顶点集和关系集之和来考虑系统。第五，在度分布之外，还要考虑地位值（格），"系统构成部分的地位值表明本身是一有序集"①，可由此分析进一步的关系（如层级）。

2.3.1.3 图的元特征值

1. 对质性定量：社会网络分析与系统分析

结构决定功能是系统科学的基本观点。

结构决定质意味着，质通过功能表现，不同的质有不同功能。通常把不依赖于节点的具体位置和边的具体形态所表现出来的网络结构叫作网络拓扑。复杂网络本质上的非同质拓扑结构，决定了网络中每个节点的重要程度是不同的。在各种复杂网络中，用定量分析的方法寻找超大规模网络中哪个节点（边）最重要，或者某个节点相对于其他一个或多个节点的重要程度，是复杂网络研究中的一个基本问题。

"节点的重要性不仅取决于其自身的连接度，而且与周围邻居节点的重要性有关"，这是关系论不同于原子论的重要思想方法。根据这一思想，将质加以量化，可以转变为对节点周围的关系所表现出量化特征加以分析。对应的是对节点和边的加权，权与情境（上下文）高度相关。沿着这个方向，SNA与系统科学开发出许多替代语言质性分析的量化方法。

对网络科学来说，把质加以量化，首先从节点的量化开始，从观察每个节点的度（边度）不同开始，从节点相对于其他节点的边来估值。这是将质加以量化的基本途径之一。举例来说，小世界网络既有与规则网络类似的聚集特性，又具有与随机网络类似的较小的平均路径长度。通过平均路径长度上的不同，可知小世界模型反映了朋友关系网络的一种特性，而不同于市场，即大部分人的朋友都是他们日常生活中经常接触的，而市场则是生人集聚的地方。

社会网络分析（SNA）的研究在20世纪40年代末就开始了，其中各种

---

① 王志平，王众托. 超网络理论及其应用[M]. 北京：科学出版社，2008：26.

主流的方法都有这样一个假设，即节点的重要性等价于该节点与其他节点的连接而使其具有的显著性。这些方法的一个重要的基本思想是，网络中不同节点之间的重要性差异是通过分析网络中某种可量化的信息得到的，例如节点的度、最短路径、节点和边上的权值等。通过对这些基本属性的统计、计算，能相对定量地反映出节点在网络中的功能特性。

系统科学的研究方法是利用网络的连通性来反映系统某种功能的完整性，通过度量节点删除对网络连通的破坏程度来反映网络节点（集）的重要性，即"破坏性等价于重要性"。

总的来说，社会网络分析方法的核心思想是"重要性等价于显著性"，对网络中重要节点的发掘不以破坏网络的整体性为基础。系统科学的分析方法则主要基于节点（集）的删除，核心思想是"重要性等价于该节点（集）被删除后对网络的破坏性"，对网络中重要节点的发掘，是通过节点（集）删除前后网络连通性、性能的变化来反映的。

2. 图论定量质性的结构等价尺度

提炼网络经济学内生结构的计量尺度，要区分元计量与具体统计描述的不同。

图论与网络科学、社会网络分析在方法上既有联系，又有区别。图论对网络更敏感的地方是对图值的强调。图值研究就是一种元计量研究。

图论计量尺度共同的特点都在于用特征值标准化图的某类计量特性。

元计量的特点在于仅通过超图（元图）的基本二元关系描述图的特征值；而具体统计描述，则在于建立图的边（度）与所有其他有意义的统计特征之间的联系。其中有一些如层次，其在资本分析中具有经济意义，但它们可以从基本二元关系派生；还有一些则是并列杂陈的经验特征，更加适合应用分析。

度分布可以是元网络可考虑的一种基本经济学维度。在戈伊尔看来，以次数分布来描述网络，可以使用一种精致的方法来研究连接的增加和重新分布[①]。这一视角侧重于对边的展开，包括边的数量与边的组合。

网络（图）可以通过边的数量（度数）和边的结构（度的重新分布，质变）两个基本维度来把握。通过图论，可以从不同角度对结构加以量化。不

---

① 桑吉夫·戈伊尔. 社会关系——网络经济学导论[M]. 吴谦立，译. 北京：北京大学出版社，2010：15.

管用何种方法，图论相较于网络科学，更偏重于将几何值转化为代数值。因此图论代数是一种基本的工具。而网络科学更感兴趣的是结构的几何特征。经济学直接照搬网络科学（包括 SNA）方法带来的一个苦恼是，仅仅描绘出结构的几何形状，并不能代替均衡分析。因为均衡分析的几何，与图论的几何，不在相同的维度中。本项研究第一次提出这个问题，并且探索一种在高等数学的几何空间与图论的几何空间进行转换的方法。基本的发现与结论是，无论均衡发生在二维空间、三维空间还是四维空间，这些不同维度的空间之间，都具有结构等价性。这是一种类似不动点的性质。具体来说，不同空间的均衡，其中的质，无论是一维（Q）的代数均衡、二维（N-Q）的解析几何均衡，还是三维（图空间）的拓扑几何均衡，它们与价格这个维度结合，确定的均衡点是不变的。这是本研究发现的一条重要性质。

2.3.2 量化第四维：以图为对象的超平面分析法

简单地理解第四维问题，可以先把价格维抽出来，考虑其他三维，即数量、品种和网络。它们在哲学上，分别对应量、质与度。网络（图）在本质上研究的是度的分布（即结构）。

标准经济学与价格（代表、显示经济利益得与失的维度）结合的，只有第一个维度，即数量。它假定第二个维度（质）"不存在"（在得失上的意义不彰显），实证表现即同质性假定，即假定品种为 1（所有产品在质上都是一样的），适合解释工业化的同质化大批量生产。这相当于把质与量构成的二维平面，理解为量这一条直线，这条直线只是平面的一个特例（即 N=1 时的特例）。信息化经济学将直线展开为平面，变为二维的（加上价格称为三维）。在其中，与质的变化有关的现象，如质量、信息等，从不显现（如索洛悖论）到显现出来。准确说显示的是利益的抽象的可变的质[①]。

网络经济学是对信息化经济学（三维经济学）的又一次推广，它是对事物的度的把握。度在哲学上是质与量的结合，网络经济学的核心概念是度分布，也就是质与量结合的结构尺度，它使利益的具体性质从实证上不可见，变为可见。这相当于在质与量构成的二维平面上，加上了度这个第三维，与

[①] 信息化经济学显示，利益的质，每当从零摩擦的同质状态，向显示利益多元化的方向前进一步，整体的均衡价格，就会从 MC 向 AC 靠近一步。

价格一起，构成经济的四维空间。

黎曼认为：几何学定理无法从一般的量纲概念导出，而必须借助那些可以区分空间和其他实体的性质（邱成桐，2016-10-23）。

同样，网络的几何也无法从一般经济数学的量纲概念导出，而必须借助那些可以区分图空间和质的实体的性质。

对第四维均衡的经济学数学方法，本研究建议采取的方法，即以图为对象的超平面分析方法。可以考虑借鉴西北大学分析范围经济的超平面法，将N轴展开为以图为内容的超平面，不是以图论为方法，而是以自然科学意义上的图为分析对象，进行各个图的成本与收益分析。这种方法的特点在于，不是直接分析具体的质本身，而是对具体的质的集合，进行抽象分析。

要解决的经济学的问题，不是求解均衡要不要在 AC 达成，而是要内生结构，以从度上把握形成 $P=AC$ 的每个具体的边际量和平均量的变化。这样研究问题最明显的一个现实意义，就是要区分市场与网络在配置资源方面的不同的结构作用。总结出批量生产适合采用什么样的配置结构，服务化、质量、体验、创新、个性化、精准化等又适合采用什么的配置结构。在宏观上，就是要把不同国家，按其结构（主要是分工协作结构），区分为发展中状态与发达状态，不能将发达状态的结论，和不发达状态和发展中状态进行休克式的照搬，而必须讲求结合国情（国家这一层级的结构）把握度。

2.4 高维经济学的理论意图与框架基础

之所以将"数量—价格"二维的标准经济学，升级为三维、四维的经济学，不是为方法而方法，一个非常现实的考虑，是为了与均衡理论在数学范式基础上对接，以从理论经济学的根部内生复杂性（而不仅仅是对复杂性进行经验解释，或自然科学式的解释）。

非这样做不可的基本原因主要有两个，一是经济学内容"体"变的需要。不从二维框架向三维框架升级，经济学的体就不可能发生变化。一个历史教训是，张伯伦已实质性地提出了在均衡框架中，将完全竞争与垄断竞争当作两种并列的完全竞争（把完全竞争改名为纯粹竞争）的思想，这也就是我们这里的广义均衡设想，但由于没有在数学上解决升维问题，最终导致垄断竞争理论被新古典学派吸收为不完全竞争理论。一场体变就此沦为用变。历史经验也说明了这一点，斯蒂格里茨与克鲁格曼理论上的成功，都在于将张伯伦理论加以数学化，特别是提出品种这一新的范畴，推动了体变的发生。而我们希望在新经济增长理论基础上再进一步，提出范围经济思想，把品种这个第三维提出来作为体变的中心，就势在必行了。二是经济学方法"体"变的需要。长期以来，经济学的数学方法，一直是一种原子论方法，用原子论数学论证个人主义，是天作之合。但网络经济、网络科学的方法论对象从根上就不属于原子论现象，而更接近关系论的解释域。引入图论，用网络的数学解释网络的经济，也是天作之合。但具有"原子论—关系论"复合特征的图论，与现在作为经济数学基础的高等数学，在计算框架上差异太大，为了与现有高等数学对接，以便于进行均衡分析，不得已提出了第四维的问题。目的是利用不动点原理，将图论中的"点—边"二维几何值，降维为一维代数值，用图值定义品种值，表达系统复杂度和自由选择度，好与1977年以来内生品种进行均衡分析的经济学传统正面对接。

经济学研究复杂性，在方法上与自然科学、包括其他社会科学迥然有异，以均衡为主要线索，在体系上内在地实现量化，这种量化处于与数学在维度（计量数轴）一级对接的水平。同质性假定——本质上是简单性系统假定，或"非"复杂性系统假定——从数学角度已固化为数量Q这个数轴。因此任何涉及质的不同的研究，都会带来出现多条需求曲线或成本曲线这种属于数学处理本身的问题。

从历史上看，经济学第一次突破这种数学天花板，缘于1977年的D-S模型（张伯伦差异化均衡理论的数学版），它以品种的名义——从今天的观点看，品种（即质的差异性计量单位）是代表复杂性、异质性的数轴——内生于均衡的数学体系，以代表性消费者模型的数学技巧（把多条需求曲线合并为一条代表复杂性、差异性的需求曲线），为经济学在计量数轴这一最深根部突破同质性假定这种简单性框架，从而在范式上走向复杂性，奠定了数量经济基础。这一突破的本质，相当于在标准经济学（简单性系统经济学）的"数量—价格"二维之上，增加了第三个计量维度——品种，使均衡从平面均衡，变为三维均衡。由此形成的三维的经济学，我们称为信息化经济学，也就是系统地内生了异质性的经济学。从二维升级到三级，在抽象数学背后的具体现象，就是从工业化向信息化的转变。信息化包括在世界舞台上演出得轰轰烈烈的互联网革命，只不过是事物内生了复杂性之后的一种外部表现形式。信息化是表面现象，它给这个世界带来的背后的新的东西，实质是将旧有的平衡（"数量—价格"二维均衡）扩展为新的平衡（实质性地内生复杂性后的平衡）。由此，在"信息时代"这个幻象下隐藏的真实存在——如以黑天鹅事件为象征的不确定性、以分布式网络为幻象的复杂性的度分布、以体验的感性形式出现的个性化价值等，开始系地由不可解释，变得可以解释。

网络经济学要完成的是这项工程的最后一步，即将品种这个代表复杂性的幻象（抽象形象、数轴），由理解为一条直线，变为理解为一个平面——平面因其二维结构而不同于一维的直线。从而在第四维高度透视三维。这个工作是 D-S 模型的延续与完工。从此之后，人们将带着一种更立体的哲学想像，来重新思考这个世界。均衡还是同样的均衡，但不同的是视角发生了变化。人类的经济理解力与想象力，将从不能理解（同质性假定之外的）复杂性现象，解放为能够理解复杂性现象的水平。

现有的经济学，从图论角度看，只是低维经济学，即二维的经济学。即使其中的所谓高级经济学，其代数和几何基础，仍然是只有二维的（数量 Q 和价格 P 二维）。而信息化和网络经济学，必须引入比高级经济学更高维度的数学工具。其中信息化经济学需要引入三维（加上品种 N 维），而网络经济学更需要引入四维（即用图，就是网络来表示 N），为此要引入图论，包括代数图论和几何图论（潜在的也许还有泛函和群论）等高维工具。

如果只是单纯地引入图论，网络倒是容易在结构上被解析清楚，但经济学却坍塌了。因为与三维分析曾遇到的困境相同，如果不采用类似代表性消费者模型那样的分析技术，就会出现多条需求曲线与多条成本曲线同时存在的计量难题。纯粹为了照顾经济学分析，我们第一步需要把图论简化为代数图论，用代数值来表达几何值，以同价格进行关联分析。

第四维以超平面的形式出现，相较于三维空间，它多出了点与边两个维度。第一，当还原回第三维时，由点与边构成的组合商品——形如 $G(v, e)$——应合成一个数值，即 N 值。其合成过程可以参考潘泽的方法。第二，从理论上说，同一结构只有一个 N 值。不同结构对应的 N 是一个 N 值的序列，均衡问题是将这个序列上的 N，转化为 N 值变化与价格的关系问题。第三，四维上不同的结构，对应三维系统内 NP 平面上成本或需求曲线上的一个点。但同样的结构，只能占据同一个点。研究均衡问题的时候，不是按照结构实际排列的顺序，而是按由小到大的序列来排列。

设想一条第三维上的成本曲线,第四维的图结构越简单,则越在左侧,结构越复杂,越在右侧,结构越简单。

设第四维的图是指由节点(n'_1, n'_2, n'_3, …, N')与边(e'_1, e'_2, e'_3, …, E')两个维度刻画的具有网络结构的图。图的度分度由N'、E'的组合(n', e')共同构成,代表第三维的N值。在这里,能否把不同的结构标准化为可比的复杂性度量值,仍然是一个问题。

如图所示,n_1代表均质网络(市场组织),n_2代表星状网络(企业组织),n_3代表拓扑网络(网络组织)。

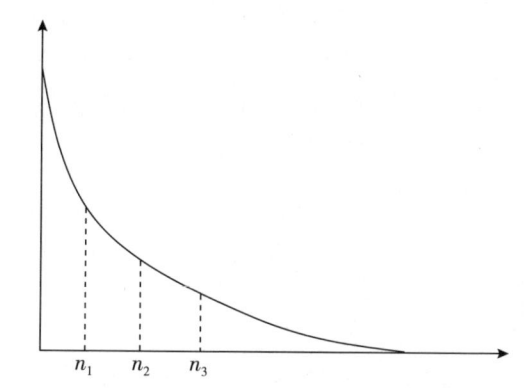

图2-4-1 第四维的"图"在三维成本曲线上的映射

如果网络结构是一个内生变量(组织可转型),网络的结构越简单(即N值越小,越像市场),面对复杂性时的相对成本越高;网络的结构越复杂(即N值越大,越像网络),面对复杂性时的相对成本越低。图2-4-1"第四维的'图'在三维成本曲线上的映射"本质上是转型的成本曲线。在第七章我们会深入展开对这一截面的经济数学分析。

在技术既定条件下,如果结构是不可变的,对市场来说,(市场的)复杂度越高(N值越大),成本(如交易费用)越大;对企业来说,(市场的)复杂度越高(N值越大),成本(如交易费用)越大,化解成本的代价(如所需要的层级,或降低信息不对称的制度费用)越大;对网络来说正相反,(网络的)复杂度越高(N值越大),平均成本(如分享中的知识的平均成本)越低(越智慧)。

3

概念与定义：
量化异质效用

网络经济学并不太接受效用这个概念，这里提到效用，只是借用标准经济学术语，只是为了与效用函数进行概念对接。我们更倾向于用自由选择这个术语，来表述对应效用的那个概念，相当于是异质效用。它是效用的反概念。需要指出，我们说的异质效用是广义的，泛指使用价值，因此不光应用于效用函数，在供给理论中，也采用同一概念。

网络经济学的效用函数是二元效用函数，是由同质效用与异质效用构成的二元函数（Dixit & Stiglitz, 1977）。其中，同质效用的量化，通过基数效用法与序数效用法，在 Q 轴上定义；而异质效用的量化，在 N 轴上定义。在信息化经济学（"品种—数量—价格"三维均衡框架）部分，我们把它定义为品种值，在网络经济学（将一维的品种升为二维的图，构成品种—数量—价格四维均衡框架）部分，我们需要有一种类似基数效用或序数效用的方法，将图值标准化为无量纲的数列 1, 2, 3, …, n。本章就来处理这个问题。

网络经济学方法与社会网络分析（SNA）不同。自 20 世纪末以来，以陈禹为代表的中国人民大学研究团队，系统引进 SNA 于经济分析，出版了一系列以社会网络分析方法讨论复杂性经济的译著。同经济学比较，社会网络分析更多引入自然科学方法分析社会现象。运用网络分析来分析网络经济现象，SNA 本身是系统的，而网络本身却是支离破碎的，从术语到概念，都更侧重将经济现象比附自然科学（如数学、物理甚至化学等）现象，但理不清经济本身的总线索。直接原因是 SNA 没有把自身概念体系融入、内生进经济学框架，存在两个框架、两套术语，形成两张皮。

解决社会网络分析与网络经济学分析两张皮现象，可以先从数学角度把语言统一起来。经济学只有数量、价格这些最基本的维度，图论中的点、边等都只是技术语言，不是经济语言。与应用经济分析不同，网络经济学作为理论经济学，要做一个与 SNA、应用理论不同的工作，这就是把 SNA 几个、十几个、几十个、上百个的技术性术语，概括出一个像数量、价格这样简单的量值，把这个唯一量值内生到经济学体系中，借由它的中介，将 SNA 林林总总、奇奇怪怪的概念，"翻译"成双方听得懂的语言。这个作为枢纽的核，就是复杂性的值。图的所有细节，无非在解释复杂性系统，提炼出复杂性的统一量值。这一量值就是 1977 年 D – S 模型已解决的品种这个量值单位。经济学在均衡水平接纳品种概念已有 40 年悠久历史，内生品种，只要在实证上放松现有经济学的同质假定（假定品种 N = 1），就可以做到。因此 SNA 只需要把图值与品种值联系在一起，就可以把整个系统的研究，源源不绝地转化为标准经济学的主干和分支上的新鲜血液。

经济学是关于财富问题的科学。财富用收入来定量。收入（流量）= 数量（存量）×价格（速率）。内生结构的经济学，将货币国民收入转化为信息国民收入，Y = MV = BH。其中，同质的 M（以货币为符号表示的同质之量，对应实体经济的 Q），转化为异质的 B（信息价值量，即以信息为符号表示的"质"量），结构化为图的特征值；同质的 V 转化为异质的 H（信息流通速率①，即信任度），结构化为边权重（情境定价）。最终我们看到由它们合成的信息国民收入，引出不同的资源配置方式。

3.1 异质效用的排序问题

量化复杂性，在经济数学上，首先是指量化复杂性效用（等同于量化复杂性选择，即自由选择）。如果从标准经济学来看，这个效用相当于是异质效用。效用与异质效用的关系，在经济史中，对应结果与过程。效用是指结果（选择的结果），异质效用是指过程（选择的过程）。对于需求来说，效用对应非个性化需求，异质效用对应个性化需求。

例如，奥地利学派就是典型的区分结果与过程，强调过程分析的学派。其实，采用过程来形容异质性，这种语言是笨拙的。好的方面是回避了同质性与异质性之争。那些不赞成同质性假定，而实际主张异质性的经济学家，在同质性假定的"政治正确"高压下，往往曲折地把同质性研究说成是结果导向，把异质性研究说成是过程导向。

---

① 信息流通速率，也可以认为是一种透明度、润滑度（在技术上对应 OSPF 的优化水平）；它的反面，就是交易费用造成的摩擦力带来的"降速"的速率。

现代经济学的量化，是对同质性现象的量化，也就是对简单性体系的量化。这给人似乎定量分析只能用来分析同质性，不能用来分析异质性的印象。人们甚至广泛认为数的本质，甚至数学的本质就是理性，分析精神现象、心理现象和社会现象这些以质的差异性为本质的现象，根本就与数及数学的本质相矛盾。

这涉及对数的本质的理解。上述观念是哪里来的呢？其实这不是专业数学家（尤其是那些不是从连续而是从连续统角度理解数的专业数学家）的理解，而只是哲学家的理解（误解）。这种来自数学界之外的理解，恐怕可以追溯到古希腊的毕达哥拉斯学派。毕达哥拉斯最早把数与理性等同起来。希尔伯特的形式主义数学，进一步强化了人们的这种印象。事实上，在数学中还存在着其他传统，如数学直觉主义与连续统的传统，它们与质性分析并不矛盾。

数本身是中立的，它既可以用来表示同质性，也可以用来表示异质性。至少，质的差异化程度是可以量化的。数量和品种，都是数，只不过一个代表产品数量，一个代表产品种类，产品种类无非是品种的数量。对图论来说，度量质的差异化程度，无非是对边的分布结构进行量化比较并加以排序，这是完全可能的。

回到经济学的数学原点上，经济学数学逻辑的起点，是效用函数的确立。效用是一个基本概念，但比效用更基本的概念是选择（Choices）。需求函数和供给函数，都来自选择（企业和消费者的选择）。但有一个问题，一下追问到标准经济学的边上：选择什么？一般默认的答案是：数量；但是信息化与网络经济学提出另一个答案：品种。选择品种，意味着选择"选择本身"。测度品种这种"效用"，从主体角度理解，是对个性化需求的满足程度进行测度，相当于满意度、体验水平。如"美好生活"的实现度，换成问题，就相当于问：你幸福了吗？你有多幸福？

最先发现这个问题的，是阿玛蒂亚·森。他认为，标准理论过于强调结果而对过程关注不足。假设 $x = \in c(A)$，直接给结果 x，还是让人在 A 集合中选择，前者是结果选择，后者是过程选择，后者的价值在于选择的过程，过程的意义等同于认为"选择机会是有价值的"[1]。选择机会，就是我们说的

---

[1] 戴维·克雷普斯. 高级微观经济学：选择与竞争性市场[M]. 北京：中国人民大学出版社，2017：20.

自由选择或异质效用。异质效用，实际是自由选择的客体对象；自由选择是采纳异质效用的主体行为。例如，人的体验的满足，要求在产品、服务中进行自由选择（比如选择质的不同，要求高质量产品，或选择质的多样性，要求个性化服务），在均衡条件下，选择越多，选择能力越强，选择的自由程度越高。

选择数量与选择品种，都符合消费者选择模型（Model of Consumer Choice）的定义[①]：存在备选物集 X；X 的非空子集组成的集族 A；选择函数 c，该函数的定义域为 A，值域为 X 的子集组成的集族，对此函数的唯一限制是 $C(A) \leq A$。

标准经济学从这个模型往右，标准化的是效用中的"结果"，即选择的结果，得出基数效用和序数效用两种测度方法；我们从这个模型往左，标准化的是效用中的"过程"，即自由选择本身，得出图排序的测度方法。

在数量与品种背后，藏着的东西是同质效用与异质效用。品种与效用一样，是一种理论抽象。它代表的是人的选择（选择从主观角度也叫偏好）。人们或选择趋同，或选择求异。当选择求异时，我们把这种选择称为自由选择，意指人们选择以多样性的方式从事经济。这时的效用就变为体验。但自由选择是质性的，可以量化的，只是自由选择的程度。正如人们选择同质效用的时候，效用只是一种偏好，经济学只能用效用满足的程度来测度效用，而不是直接描绘效用本身。人们过滤掉同质效用在长度、宽度、高度、湿度、温度等具体计量尺度上的区别，从中概括出数量（Q）这个统一尺度，用来把握同质效用（经常被不恰当地表述为物质欲望）。同样，在量化异质效用时，我们也需要过滤掉多样化程度、复杂度、熵值、不确定性程度、风险程度、个性化程度、快乐程度、创新程度、质量水平、关系度等具体计量尺度上的区别，从中概括出品种（N）这个统一尺度，用来把握对象的异质性程度。从这个意义上说，复杂性经济学的量化基准理论，首先是异质效用论。所有量化问题，最终都归结为对异质效用的计量。异质效用转换为主体描述，就是自由选择。

在对效用的理解与计算原理上，我们的方法与阿玛蒂亚·森的"能力模型"完全同方向。而且都是用集合论来测度效用。区别在于，在阿玛蒂

[①] 戴维·克雷普斯. 高级微观经济学：选择与竞争性市场[M]. 北京：中国人民大学出版社，2017：2.

亚·森的方法中，结果 x 的量化表现为一个值，而过程的量化表现是 A 集合中的所有点。二者不对称，无法统一进行均衡计算。我们的方法则是把 A 集合作为一个图集合，从中概括出一个与 x 对称的异质值（图值），作为与效用值对等的概念。它们的形式完全相同，都是1，2，3……数列，本质是对偶的，一个是 Q 轴上的数列，一个是 N 轴上的数列。在效用函数上，表现为两个并列的效用子函数。D－S 模型是第一个内生品种的二维均衡模型，我们的方法是 D－S 模型在三维、四维空间的扩展。

在复杂性经济学中，量化分析是奥地利学派的一个弱项，但不表明他们不重视量化（只不过他们没找到合适方法）。相反，哈耶克曾系统讨论过如何将复杂性进行量化，主要体现在《复杂现象论》这篇文献中。

哈耶克在《复杂现象论》中谈及一个重要问题，但没有引起人们重视。这就是选择一个变量，对复杂性程度进行量化，以便"把简单和复杂的区分应用于各种命题"[①]。与桑塔菲学派复杂经济学包括社会网络分析用各种各样自然科学的标准从细节上不断对复杂性的各个枝节方面进行经验性描述不同，哈耶克提出了与我们的思路十分近似的主张，他认为，"衡量不同类型的抽象模式的复杂程度，似乎有着十分简单的办法。一种模式为了呈现出这类模式的全部特征而必须具备的要素数量最小，似乎提供了一个毫不含糊的标准"。而主要的难度在于必须从"最小变量这个角度考虑问题"[②]。通过品种这个计量单位，高度概括地量化以多样性为内涵的复杂性，就符合"十分简单"、"要素数量最小"的计量特征。

3.1.1 新效用量纲的内涵："全面反映多样性"

与复杂性科学对复杂性的支离破碎的量化相反，有没有一个相对统一的量纲——简单到只剩下一个像数量或价格这样的量纲那样来概括各种各样的复杂性分支？这首先涉及复杂性"是什么"这一最难的问题，这个问题从"是什么"，正被研究成"是些什么"，通过一条一条经验性的罗列和归纳，复杂性变成一个集合，或者说一个筐，把各种各样的表象往里装，而复杂性

[①] 弗里德里希·哈耶克. 哈耶克文选[M]. 冯克利, 译. 第二版. 南京: 江苏人民出版社, 2007: 438.
[②] 对新古典经济学理论来说，抽象概括出数量这个计量维度，就是一个突出的成就。数量在新古典主义框架中，成为描述一切同质性现象采取的"最小变量"，以此成功地回避了计算多条需求曲线或成本曲线的难题。

在整体上是什么反而模糊了。

哈耶克在这方面比复杂性科学家强，只抓住一个中心，这就是多样性。我们用品种这一量纲来指代多样性，抓纲带目，将复杂性的各种细枝末节，归总到这一简单概念上来，与哈耶克的想法完全相同。

多样性是行为的核心特征（而非末节的特征）。对于作为经济学基本假定的理性与行为来说，数量更适合对应理性，品种更适合对应行为。因为品种从本质上说，除了多样性，不表达任何特定意思（产品种类这一特定意思反而只是多样性的一种技术性的指代）；多样性的人文科学含义，则是自由选择。品种不过是自由选择的选项。由选项的多少，可以直接反映自由的程度与全面性。

关于行为（人）与多样性的关系，哈耶克指出："人类的独特成就，即导致他的其他许多突出特性的成就，就在于他的差异和多样性。"[①] 富有讽刺意味的是，按这个标准衡量，真正体现出"人类的独特成就"（人本）的经济学，将是张伯伦的理论。因为张伯伦的经济学，是唯一把差异当作全局得失（所谓"均衡"）的中心来加以讨论的经济学，而马歇尔的经济学由于物化，仅相当于一门把"人类的独特成就"排除在所研究的中心问题之外的经济学。

以差异和多样性（人的独特性）为内涵的品种这个量纲，不仅可以体现在对产品种类的测量中，而且可以贯穿经济学的始终。有多样性存在的地方，就有这种复杂性量纲可以取数的地方。对此，哈耶克说，"人类的多样性无与伦比"，"在不断增加的人口密度提供着新机会的多样性，从本质上说，是劳动、技能、信息、知识、财产和收入的多样性"[②]。在我们这些专业的网络研究者看来，网络不是什么技术，技术只是人的行为的一种外在隐喻（只有外行才把技术本身当作全部），网络就是在上述经济现象的方方面面，将多样性本质化的过程。也就是把经济行为从物化行为，转化为体现"人的独特性"的行为的过程。这才是网络商务与传统商务的根本不同之处。

3.1.2 量化复杂性：哈耶克数学思路与图论的暗合

奥地利学派口头上排斥数学，与排斥均衡一样，都有特定所指。排斥的实际只是反映同质性的完全竞争均衡与形式主义的数学。哈耶克并没有一般

---

① 弗里德里希·哈耶克. 致命的自负[M]. 冯克利，等，译. 北京：中国社会科学出版社，2015.
② 弗里德里希·哈耶克. 致命的自负[M]. 冯克利，等，译. 北京：中国社会科学出版社，2015.

地拒绝数学，他只是认为现有数学方法难以量化复杂性。正如他并不一般地反对均衡，只是反对从根本上排斥了复杂性的均衡（新古典经济学均衡）一样，他也不一般地反对数学。一旦用数学方法足以量化复杂性，他是会加以考虑的，这从《复杂现象论》中的经济数学思想就可以看出来。

哈耶克在《复杂现象论》中详细讨论了对复杂性的量化问题，也可以说，这篇文献主体部分就是在从计量角度（"从明确的变量之数量这个角度"①）谈对复杂性进行量化的方法论问题。

首先，哈耶克非常精辟地指出了内生复杂性的研究体系与外生复杂性的研究体系在量化思路上的根本区别。他说："人们有时怀疑，生命现象、精神现象和社会现象是否真的比自然现象更为复杂。看来这主要是因为混淆了某个特殊种类的现象所具有的复杂程度和任何要素组合、任何现象所能形成的复杂程度。"② 指出问题出在量化要素与量化要素组合之间的区别，认为复杂性与"要素组合"更加内在相关。因为生命、精神和社会这类现象"有机性更高"，背后的复杂性不同于要素复杂性，独特之处在于要素组合上的复杂性。

哈耶克作为正确方法的对比，指出了统计学方法存在的问题。"统计学是通过消除复杂性来处理大量数据的。" "它的工作假设是，只要掌握了一个集（Collective）中不同要素的出现率，就足以解释这种现象，因此有关这些要素相互联系的方式的信息是没有必要的。因此，只有当我们故意忽略，或者并不知道有着不同属性的每个要素之间的关系时，也就是说，当不考虑或不了解它们所形成的任何结构时，统计学方法才是有用的。"③ 在其他地方，哈耶克还曾指出："这里所谓复杂的有机现象，是指结构的性质不仅取决于其中个别的特性以及它们出现的相对频率，而且取决于各因素之间相互联系的方式。"④

这极大地接近了图论以关联性（要素组合）而非节点（要素）为首要基础的结构论的观点。这已在一定程度上摆脱了原子论思想，如果哈耶克将这

---

① 弗里德里希·哈耶克. 哈耶克文选[M]. 冯克利, 译. 第二版. 南京：江苏人民出版社, 2007：439.
② 弗里德里希·哈耶克. 哈耶克文选[M]. 冯克利, 译. 第二版. 南京：江苏人民出版社, 2007：439.
③ 弗里德里希·哈耶克. 哈耶克文选[M]. 冯克利, 译. 第二版. 南京：江苏人民出版社, 2007：443.
④ 弗里德里希·哈耶克. 经济、科学与政治——哈耶克思想精粹[M]. 冯克利, 译. 南京：江苏人民出版社, 2000：463.

一观点贯彻彻底，会摆脱方法论个人主义，而历史上的事实却不是。奥地利学派方法论的这种内部矛盾是一个让人产生困惑的地方。

然后，哈耶克正确指出了结构对于复杂性的极端重要性。这是令人惊异的。因为我们在奥地利学派的整体方法上，难以看到的恰恰是结构方法的痕迹。而哈耶克在这里却表明他本人实际意识到这样的问题："我们主要关心的整合结构，是那些某个复杂模式使它产生了某些属性的结构，表现出这些属性的结构可以自我维持。"① 哈耶克在《复杂现象论》中，已具有了罗姆巴赫区分体系与结构的问题意识的影子。认为"有机性更高的"系统与"机械的"系统结构不同。"反馈系统"会"产生一个具有特殊属性的完整结构"，随着存在关系的要素之数量的增加，会"引起'新'模式的'浮现'"②。与之相反，机械的结构中，模式是固定的，规则具有普遍性，不随条件变化而变化。结构不同于体系的特征，就是把规则与规则起作用的条件，视为同等重要。而不是像体系，总把条件不同引起的变化当作"例外"。

哈耶克既然已经意识到结构问题，为什么在方法上却从没有体现出来呢？我们认为原因出在他对有机论的理解与真正的结构论不同。在这一点上，哈耶克与门格尔的理解几乎一模一样。都认为只有个体是有机的（活的），而群体（整体）不可能是有机的。这更像是与德国历史学派经济学家抬杠的偏激之论。

最后，哈耶克表现出将系统与条件结合的情境论的"代数性质的"思想。通过图论量化复杂性，一个重要思路是将点集系统与它的条件即边的组合结合起来。边构成了点的上下文情境，用哈耶克的话说，就是"环境与条件"。与体系的思想排斥条件不同，结构的思想将系统与条件一体化打包当作同一个对象来思考（例如不光要定量产品而且要定量提供产品的组织）。哈耶克说："有关使某种类型的模式得以出现的条件的知识，以及有关它的维持取决于什么的知识，在实践中有可能十分重要。使理论所描述的模式得以出现的环境和条件，是由一定范围的、可以被代入方程式中的变量所规定的。"③ 可

---

① 弗里德里希·哈耶克. 哈耶克文选[M]. 冯克利, 译. 第二版. 南京：江苏人民出版社, 2007：441.
② 弗里德里希·哈耶克. 哈耶克文选[M]. 冯克利, 译. 第二版. 南京：江苏人民出版社, 2007：439-440.
③ 弗里德里希·哈耶克. 哈耶克文选[M]. 冯克利, 译. 第二版. 南京：江苏人民出版社, 2007：442.

以认为，运用图论可以做到哈耶克上面说的这一切。

与复杂性科学出身的学者不同，哈耶克具有出色的经济学专家的直觉，他在此已明确意识到，复杂性经济学的问题不同于复杂性科学的问题，不是要深究作为现象（尤其是作为技术现象）的复杂性，而是要探究作为规则的复杂性。比如，最感兴趣的不是市场有多复杂、企业有多复杂、网络有多复杂，而是市场作为一种规则、企业作为一种规则、网络作为一种规则，与复杂性有什么内在的联系。这样一看，真正的问题就浮现出来，规则是体系的（普遍的）还是结构的（生成的），就成为穿透市场、企业和网络这些表象的实质问题。

3.1.3 图值：自由选择的量化单位

寻找可概括多变量的元变量，图值是最佳选择。图值本质上是自由选择的数学化工具，甚至可以径直把它作为自由选择的量化单位。这是因为，从自然科学角度讲的复杂性，从社会科学角度看，就是人的选择的多样性。人越自由，就意味着他可以进行选择的选项越多。因此可以径直将选项的多少，当作自由度来看待。

同样是把量化多样性当作经济学计量问题，不同经济学家的看法存在差异。哈耶克主张以多来表现多——用多变量来表现多样性；杨小凯主张用二来表现多样性（如陈平说的"设计一个特殊的生产函数，使他的优化解是两个角点解，以'二'代表'多'"[①]）；我们则主张以一代表多——找一个元变量来概括多样性的值。

哈耶克悲观地认为，能体现规则演进的复杂性是无法量化的（"我们无法把具体数据代入变量"）。但对图论来说，把结构数据转换为品种这一变量，却就是它的本职工作，是可以实现的。

尽管哈耶克不了解如何通过数学量化解开复杂性这个"黑箱"，但他已在某种程度上指出黑箱里有什么，即一旦实现通过这种定量使人们"拥有关于许多相同类型的复杂结构的信息"，这样的定量工具能够向我们展示哪一类的性质："它可以提供给我们复杂结构——例如一种有机体的成员的特定属性—

---

① 陈平. 劳动分工和宪政问题——和杨小凯关于方法论的对话［EB/OL］.［2014－07－08］. http://www.guancha.cn/chen－ping/2014_07_08_244638.shtml.

起出现的相对频率"[①]。这已经天才地接近了图论的定量思路。

利用图定义的品种，不再是具体的一个一个的质，而是系统拥有多大程度的质的差异的"相对频率"。比如，在品种轴上的刻度 1, 2, 3, …, n, 不是在表现要素复杂性，如复杂性科学家表现的那样，而是表现由边（上下文情境）的分布（所谓"要素组合"）决定的结构复杂性（即系统结构到了什么样的复杂性程度）。对梅特卡夫法则来说，"相对频率"不是指网络的节点数，而是节点的平方数（关系数，不是表现这些关系具体"是什么"，而是一系统内关系的组合"有多少"，表现一系统与另一系统的关系分布值的相对序数关系或比例关系）。

我们的研究，把图作为识别复杂性结构的独立标准。图值（或者说由图定义的品种值）就充当了哈耶克所说的"识别这种结构的独立标准"[②]。

但在具体数学方法上，我们与哈耶克完全不同。哈耶克认为要量化复杂性，必须引入多变量，深入到复杂性的每个细节中去，对经济学来说，这是难以做到的。我们认为，用多变量深入细节，是复杂性科学、自然科学（尤其是生物学生物多样性研究）和复杂性经济学应用要做的事，对于理论经济学来说，采用的核心变量要像哈耶克自己说的"十分简单""要素数量最小"。

图论表现质性的关键，是边这一概念。边是指两个节点之间的联系，在社会科学中，对应的是人与人之间的关系。更一般地说，我们认为关系代表着事物的质。可以用边来量化质性。这不是图论数学的本意，而是我们利用图论的设定。在网络经济学中，边不仅直接用来指代人与人的关系，而且在隐喻的意义上，代表质的具体性。其中逻辑推理是，事物的质由它的功能决定，功能取决于结构，而结构由点与边二维——在方法论上由原子论与关系论构成。我们可以把传统经济数学，从初级经济学、中级经济学到高级经济学的所有数学都视为原子论的数学（即默认质不变的数学，如 1 与 2 是同质的），它们相当于在量化质的时候，只测度节点，而不测度边，而图论无非就相当于在原子论基础上加入了关系论，从而得以从功能上把握质。从这个意义上说，结构论是原子论方法的推广形式，图论是一维的经济数学的二维化，

[①] 弗里德里希·哈耶克. 哈耶克文选[M]. 冯克利, 译. 第二版. 南京：江苏人民出版社, 2007：444.

[②] 弗里德里希·哈耶克. 哈耶克文选[M]. 冯克利, 译. 第二版. 南京：江苏人民出版社, 2007：444.

如此而已。在经济哲学上,这意味着对自由的定义的升级,原来说的自由选择,只是没有质的差异的自由选择,也就是说,可以有选择,但必须同质,一个人与另一个必须在质上相同;而二维的自由是说,人不仅可以有社会选择的自由(即同质化的个人的选择),而且可以有个性选择的自由(也就是仅仅根据自身体验,即对什么是美好生活的不同认同来进行选择的自由)。这种转变,是从理性自由(合理不合理的自由)转向意义自由(满意不满意的自由)。

现有经济学量化的成功,就在于量纲的简化。简化到除了表示得失的价格 P 外,只剩数量 Q "这一个"这样的程度,用它来概括了重量、长度、距离、速度、高度、强度、硬度、温度、湿度等无穷物理纲量。所有这些子量纲,用数量这样一个元纲量,就全部概括完毕了。可惜,当前的复杂性科学,还处在辨别不清复杂性的物理纲量与元纲量的初始阶段,用一大堆现象纲量来构建学科框架,如点度数、度分布、距离、最短路径、聚类系数、介数、核数、半径、弧、中心度、连通度、点权、特征谱、声望、块、角色、地位等,这是一个学科处于史前发展阶段常有的特征。其实,所有这些现象,都不过是多样性这一共同本质的具体的分殊外观。复杂性再复杂,"它们复杂到什么程度"这样一个极简的量化问题,都是客观存在的,这是一个可以概括量化把握的东西。

对理论经济学来说,核心变量应少到在数量、价格之外,只增加一个而不能增加第二个的程度。这个"最小变量"就是以结构定义的品种(即图值化的品种)。用品种一个值,就可以把点度数、度分布、距离、最短路径、聚类系数、介数、核数、半径、弧、中心度、连通度、点权等打包成"复杂性的程度"。否则,再往下的均衡分析就不能在统一量纲下进行下去了,就会把经济学变成动物园了。

对我们即将引进的图论本身来说,这样的问题在数学上仍然存在。这个年轻的学科还处在发展的初期阶段,外在标志就是存在诸多相互独立的变量,而数学家们对元变量(可以统一地表达图的值)仍众说纷纭,不是没有解决方案,而是方案过多,难以统一。为了经济学研究的需要,我们还需要对数学本身进行一些必要的探索,主要集中于一个问题,就是把目前分散的图的特征值(有的侧重计量点,有的侧重计量边),统一为一个(至少在理论上)可赋值对图(点与边共同构成的网络)的复杂性程度进行排序、计量的量纲。

用它来作为品种的数学定义。这不是一件容易的事，我们尽量在现有数学发展水平条件下寻找相对可行的解决方案。

3.2 量化异质效用：以图定义品种

对复杂性加以量化的思路，集中表现在，寻找一个值，来代表质的变化，概括代表所有的物理的、生物的、社会的、心理的细节量纲，为各式各样的质赋一个标准化值。

从方法上这意味着对数的本质的理解上要有所改变。从以数来表现量（准确说是质不变，即同质的量），如同质产品的数量，变为以数来表现质，准确说是质（质变、异质）的数量，如产品种类的数量（产品有多少种不同的质）。

对经济学来说，这涉及三个类型的量，一是存量；二是流量，如收入；三是转换二者的系数，如价格水平变量。它们之间的关系是，流量为存量与系数之积。如 $Y = PQ$，表示国民收入为数量与价格之积。我们首先谈异质化存量，其次谈异质化系数，最后谈异质化流量。

我们首先要标准化的是网络经济的存量（相当于标准经济学中数量 Q 这一概念）。

从现在开始，我们以图来定义品种，也就是说，把 N 值理解为它的结构值，即图值。换句话来说，我们把品种理解为网络本身，或把网络理解为品种本身。意思是，品种不再是狭义的产品种类，而是任何经济现象中的质变现象，这种质变的质通过网络这种普遍的结构来量化表示；同时，网络不再是狭义的技术网络，而是代表任何经济现象的商务本质（网络经济性），这种经济性通过多样性的量化方式呈现。

网络经济学就是品种经济学，是将品种结构化的经济学。它将一切经济现象，从同质的、无结构的经济现象这样一种特例，推广到异质的、内生结构这样一种普遍，由此确定自己作为一种将异质性结构化的一般经济学。

图值，即图的特征值，是网络经济学与信息化经济学维度转换的中枢。图本身至少（例如元图）是二维的，但为了经济学分析需要，必须把它由二维转化为一维（即 N 值），把至少二维的（几何的）图用唯一的一维（代数的）的"图的特征值"表现出来。异质系数即用来表示图的复杂性程度的标量（Scalar，无向量、纯量）。

图的特征值作为经济学变量，与数学的、技术意义上的图的特征值，既有联系，又有区别，它要包含一定的经济上的含义，具体说，就是可以同价格（成本或需求）相联系以反映得失的量。例如，当把图的特征值当作一个 N 值基数数列时，不同的 N 值应对应异质成本曲线或需求曲线上的一个点。因此在一般的图论意义上的特征值基础上，需要内在包含相对于价格的位置的信息。在这样的限制条件下，我们研究将四维上的图（网络）通过特征值，系统地转化为 N 值系列的方法。

3.2.1 经济学角度的图值：与复杂性科学保持距离

那么，什么样的量纲，适合用来把多样性标准化为一个统一的量，作为本体相似度的呈现工具？这个问题目前还没有标准答案。历史上，人们做过各种各样的探索，我们分别介绍。我们首先排除了杨小凯的超边际分析方法，即所谓以二代多的表示法。原因是它本质上是微观个量，难以形成均衡分析所需的总体量值。我们优先从可以对结构进行系统整体赋值的方法中进行选择。

3.2.1.1 存量结构值的标准化：品种的图值

从经济学角度研究图的特征值，需要在数学本身考量之外，附加两个从经济学计量需要角度考虑的问题，一是图的特征值能不能被转化为一个数轴上的数列，如 1，2，3，…，n，这样的经济计量的标准形式。如果我们只能得到一个区间系数，如 0 到 1 的相对值，对数学分析本身就够用了，但要进行均衡分析还需要把它变为绝对的基数的数值。这与把度值排成一个序列不是一个问题。二是当以不同的异质系数代表不同的结构复杂度时，这种数值类型，与经济分析需要研究这个结构的效能时，需要的相关变量是否能够进行关联，比如结构越复杂，平均成本是递增还是递减，由什么决定，如何表现，对此必须加以考虑[1]。

3.2.1.2 熵函数的经济学运用

申农提出的"熵函数"，是对复杂性最早的定量化描述。

---

[1] 胡海波. 在线社会网络的结构、演化及动力学研究 [D]. 上海：上海交通大学，2010.

熵函数把复杂性定量化地表达为不确定性程度。结合概率求解熵函数可以得出具体数值。从理论上说，可以将这些具体数值转化为系统的 N 值。宋华岭曾利用熵函数构建测度复杂性程度的尺度[①]。

谭跃进和吴俊等提出网络结构熵，用来度量复杂性网络的异质性程度。网络结构熵的度量不依赖度分布，对于非幂律分布的网络来说较为适用。根据网络结构熵得出的一个有意思的结论是：星形网络的异质性最强，而规则网络的异质性最弱[②]。这说明企业的复杂性程度比市场高，但这种高是相对的，如果与互联网相比，星形网络的复杂性程度又是低的[③]。

在经济学中，熵代表的有序化程度（熵是有序化的负值，即无序度），映射的是经济有序化程度。建构性理性是对熵的排斥，完全理性化的经济（工业化经济），具有高度有序化的经济秩序。利用熵值，可以明显从结构上区分代表自然经济的随机网络与代表工业经济的规则网络。规则网络几乎是零熵的。

在方法上，均衡分析使用的数学工具主要是数学规则。将熵函数与数学规划结合起来，是将复杂性内生进入均衡分析的方法之一[④]。

3.2.2 结构化 N 的理论根据与数学本质

数量、品种、价格，这些都是经济学用来构建均衡坐标的特征值，由特征值构成的维度就是坐标，如横坐标、纵坐标。网络或者说图的特征值，通过降维（从几何二维降为代数一维），构成经济学的第三维（品种）坐标。

图的特征值，要求在元图的意义上，赋予图一个可进行基数排列的 N 值，以便把具体的复杂性量值，转化为标准化的复杂性量值。这时的 N 值不仅可以用来刻画产品的复杂度，而且可以用来刻画围绕产品的环境和条件（如组织）的复杂度，如企业的图值，是企业组织的"品种"数，这里的品种是指组织结构的复杂度。

---

① 宋华岭. 复杂性测度理论、方法与实证研究——基于格空间熵尺度的企业复杂系统[M]. 北京：经济管理出版社，2010.
② 王林，戴冠中. 复杂网络的 Scale - free 性、Scale - free 现象及其控制[M]. 北京：科学出版社，2009：39.
③ 王林，戴冠中. 复杂网络的 Scale - free 性、Scale - free 现象及其控制[M]. 北京：科学出版社，2009：46.
④ 李兴斯，姜昱汐，潘少华. 熵与最优化方法[M]. 大连：大连理工大学出版社，2016.

3.2.2.1　算子：本体相似度计算

当我们说 N 是品种时，这很直观，容易理解，无非是指产品的种类数。但现在我们要把 N 定义为图，说品种的内涵实质是图，意思是说品种不是品种（看山不是山，看水不是水），透过品种的表象看本质，它实际是数学意义上的图，品种值的本质是图值。这就很抽象了。

然而这种推广是必要的，只有从图的角度，才能理解我们提出的品种值的初心（用它来表现多样性），才不会仅仅局限在产品品种这一具体多样性现象，而认识经济现象中全部的多样性，也才能把多样性这个量纲，推广到经济现象的方方面面。

我们研究的图是二维的（有点和边两个维），而品种值只是一维的（只有 $1, 2, 3, 4, \cdots, n$）这样的代数数列。没有专业学习过数学的读者应该先理解一件事，如果同一值，既可以用一维表现，又可以用二维表现时，我们可以把这个值从二维空间降到一维后形成的值，理解为前者的算子，或不动点。

算子相对容易理解，因为它在代数内部就有对应现象，算子就是方程的根。算子作为根，是方程背后的标度不变性，因为方程中代数所代入的数值可变，但方程的根不变。

对于一个输入和输出函数类型相同的算子 T，满足 $T(f) = kf$ 的 k 称为 T 的特征值，相应地，f 称作 T 关于 k 的特征函数。我们后面会大量使用特征值这个术语。应想到它是指算子，也就是根。

哲学上，算子的一般性表达方式为：$Ha = ka$。它的解释是，客观规律 H 作用于物理实在 a（物质运动的本质表象）等于物理实在 a（本征解）的线性组合 h，其中 h 是客观规律的具体数值特征（本征值）。我们可以把这理解为是黑格尔说的形而上的本质，与胡塞尔说的形而下的现象之间的关系。

$Ha = ka$ 的确切含义是：在与 a（特征矢量）类似的无数矢量中，只不过是有那么一个 a 及系数 k 满足客观规律 H 的要求（解的唯一性），要找的恰恰是它。

换句话说，当我们想用图值（二维的多样性）来定义品种值（一维的多样性）时，首先应想到它相当于把图当作一个方程，求出它的根。这样理解不十分准确，但比较通俗。

3.2.2.2 特征值的本质：图的不动点

那么，特征值的本质又是什么呢？要更准确一些理解，需要引入二维（几何）的观点。

杰克逊在《社会与经济网络》中，有一个精辟的概括，把特征值理解为不动点。他说，"基本而言，特征向量是当作用在矩阵 T 上时，重新还原出它们自身的某种比例"，"所以它们充当变换 T 的一种不动点"①。

不动点正是算子在二维对应的形象。如果说，初级解析几何，看上去更像一维世界的线性图解，拓扑几何则是内生结构的二维空间。如果 N 值只是算子，它还只是"代表性"的（即形式上标准化的、同质的，只是"代表"异质而已）。不动点同样是算子，但它处于与变动不居的结构的更加内在的关系中。结构在不断变化，但不动点是万变不离其宗的宗。

当我们把 N 值理解为图值时，我们获得一个进一步的理解：N 值实际是多样性的不动点。或者说，我们是在用拓扑（网络结构）中的不动点来表示多样性的结构量特征。这是理解上的一个突破。网络经济学说的网络一般，原来是以多样性为万变不离其宗的那个"宗"的。

对应经济分析，把 N 值当作算子理解，可能暗含了结构不变这种特例，这是市场这一特例才具有的情况。我们必须去除这个假定，才能推广到对真正的网络的理解。奥地利学派的观点如果换算成数学，其局限在于他们相当于把不动点当作了算子，仅在线性方程的层面理解市场，而没有深入分析，当市场这种均质网络中各种关系（矩阵 T）均处于变动之中时，真正的解，就不是他们所说的"统一"价格，而更像是"橡皮膜"（拓扑学家总喜欢用这个比喻拓扑结构）上始终处于动荡变化之中的不动点。

图值分析用不动点来定义多样性，不是说质是不变、不动的，恰恰相反，是在说质不断变动本身这一点是不变、不动的。结构不断变化，但任何关系分布不同（因而质不同）的结构，都具有复杂性程度这一共同性可作为计算点。可以把复杂性程度本身，从各不相同的结构（"橡皮膜"）中抽象出来，以不动点的形式加以标准化量化，从而转化为一维的算子。

---

① 马修·杰克逊. 社会与经济网络[M]. 柳茂森，译. 北京：中国人民大学出版社，2011：45.

3.2.2.3 复杂网络的标度不变性

用品种数来概括图值，或用图值来定义品种值，之所以在数学上可能，依据的是数学中的本体相似度计算和标度不变性的逻辑。图的结构作为现象虽然变动不居，但多样性本身构成了它的某种本体相似度和标度不变性，将其作为本质抽象出来，可以进行独立的量化。

3.2.3 面向节点为异质效用进行图排序

3.2.3.1 面向节点中心度与多样性的算法

图排序在网络经济学中的作用，有点类似基数效用法与序数效用法对效用的排序。效用本身取决于各种各样的偏好，只有对它们进行去量纲化的标准化，才能用于效用函数。只不过图排序标准化的，不是同质的效用，而是异质的效用。

重要图排序算法主要包括两大类，面向节点中心度的图排序算法和面向节点集合多样性的图排序算法。

多样性图排序采用排序和聚类两种技术手段。在节点排序过程中考虑节点间的连接情况，使排序靠前的节点尽可能多地覆盖整个网络，因此排序靠前的节点大多对应着网络聚类的类中心节点。

多样性图排序关注如何在节点的重要性和多样性之间做一个折中，使得选出的 Top-K 节点集合更好地覆盖整个网络。一般而言，输出的排序综合考虑节点的中心度和节点间的多样性[1]。

3.2.3.2 用图谱表示结构的代数图论方法

从线性代数图论角度讲，图的特征值，一般可以通过图与矩阵的关系来刻画。一个矩阵的特征值是指特征方程的 n 个复根[2]。如果特征值不是唯一的值，而是多个值，这就会带来统一量纲的麻烦。

一种思路是，用最重要的一个特征值，来代表图的特征值。如图的谱半

---

[1] 程学旗，孙冰杰，沈华伟，等．多样性图排序的研究现状及展望［J］．中国科学院院刊，2015，30（2）．

[2] R. B. Bapat. 图与矩阵［M］．吴少川，译．哈尔滨：哈尔滨工业大学出版社，2014：6.

径或直径。无论是图的邻接矩阵还是拉普拉斯矩阵，其最大特征值，或者说谱半径，是最为重要的一个特征值。图的直径是图的一个不变量，直径的大小是对图的一个量度。比如对于一个通信网路构成的图，其直径代表的是该通信网络的覆盖能力[①]。

谱方法是刻画图的全局结构的方法，利用它可以在一定程度上克服仅测度点过于局部的缺点。

用图谱来表示结构，最初是在化学中发展起来的。人们发现，量子化学中某些不饱和碳氧化合物的结构如果用图表示，图的特征值对应的真实存在就是分子单电子的能量级别。所以有时也把图的谱称为图的能量。

谱图理论主要研究的是图的各种矩阵表示（主要是 Laplace 矩阵和邻接矩阵的代数与组合性质），通过建立矩阵的谱性质（如特征值和特征向量）与图的结构性质（如图的不变量，如直径、色数、度序列、连通度等）之间的联系，期望用矩阵的谱性质来刻画图的结构性质[②]。

邻接矩阵 A（G）的特征值称为图 G 的特征值。图 G 的 n 个特征值 λ_i（$i=1,2,\cdots,n$）序列称作图 G 的谱。对两个同构的图来说，特征值即谱是不变的。也就是说，当我们面对的两个事物具有相同的结构，可以利用谱不变这一点，用特征值来量化它们。

3.2.4 面向边为异质效用进行图排序

面向边的图排序，与面向点的图排序，实际上很难区分，二者你中有我，我中有你，这里主要是从不同侧重角度理解图排序。面向边，对网络经济研究，具有重大方法论意义。这是因为，边在我们的框架中，隐喻的是质。如何从关系论角度把握质，不仅是经济学问题，也是经济学方法论问题。

图排序由于方法并不统一，各种数学专业解法，也往往是只见树木，不见森林。下面介绍的各家方法多有重复，但全面厘清有相当难度。在图排序的数学方法方面，没有我们的贡献，在此只是照直转述（各家说法的来源，都注明了出处），重复之处，只当是加深印象。图排序的方法，总的来说还在摸索之中，转述是为了供大家继续探索。

[①] 叶晓雷. 基于图的谱理论形状表达与识别研究 [D]. 武汉：湖北大学，2012.
[②] 陆纪阳. 图的拉普拉斯特征值的能量和研究 [D]. 成都：电子科技大学，2007.

3.2.4.1 矩阵：代数图论的方法特征

如果说熵函数的自然科学色彩偏浓，要在与经济学现有分析较常用的工具箱中寻找数学工具，第一个容易想到的，是代数中的矩阵分析。通过矩阵求解图值，是一个基础性的选项。这样的研究，大类上可以锁定在代数图论范围内。

代数图论的特点是以代数的方法研究图的性质，即利用图的相应矩阵的特征值和特征向量揭示图的结构的性质。对网络经济学来说，代数图论就是代数"网络"论，它提供了将结构加以量化，也就是把质性转化为量性的数学方法基础。正好符合我们说的把二维平面值（图值）转化为一维代数值（N值）的要求。

代数图论的方法主要包括两种："其一是群等代数结构的方法，其二则是矩阵方法，尤其是特征值方法（也称谱方法）。由于图相关的一些矩阵，如邻接矩阵、Laplace 矩阵、距离矩阵等在图同构意义下都是不变的，因此，这些矩阵和图本身的结构有着密切的联系。"①

作为图论代数基础的矩阵，本身的任务在于进行一维代数与二维代数的转换。在我们的分析中，一维代数是指品种值（N 值），一维相当于直线；而图是二维的，相当于由点与边二维形成的平面。

网络经济学相对于信息化经济学的一个关键的方法论改进，就是把多样性的量纲，从一维深化为二维，从直线展开为平面，通过升维发现在低维看不到的关系分布的规律。

用于表现复杂性量值的品种，本来是一个一维概念，它的现实原型是产品种类，但含义更广泛的 N 值不仅仅用来度量作为具体现象的产品种类数量，它的内涵被推广为二维空间上的图。也就是说，事物的品种值就是它的图值。一个图代表一种不同的性质（由其结构决定功能）。一事物与另一事物在质上相区别，就是看它们之间结构上的差异。如果用语言来描述的话，定性分析（质性分析）说的功能，对应的是量化方法中的边的分析。当质性分析的工具从语言转向数之后，功能分析可以转化为边分析。也就是说，事物的性质，如果转化为量的语言，将呈现为它的图值。图值并不能表达事物的具体性质，

---

① 翟明清. 图的结构参数与特征值 [D]. 上海：华东师范大学，2010.

但可以表达出这一事物的性质复杂到什么程度（功能复杂到什么程度），并且把这一经过标准化的程度，用来与别的事物进行量的排序和比较。这就像数量的标准化过程一样，效用本身难以直接测度，但可以转化为基数效用和序数效用，从而解决在效用之间进行排序和比较的问题。

当把品种值理解为图值时，网络经济学所说网络的意义才彰显出来。任何事物都有它的性质，换成量化语言，就是任何事物都有它的图，也就是网络结构，并且由它的图值也可以称为网络值、品种值等表示性质的结构值来量化地定性。

在这一理论背景下，矩阵的实质作用在于，将事物的可变的性质（不可变的性质称为同质性假定），以表示质的复杂性的图，以及以复杂性相互区别的质，从二维转化为一维，从几何转化为代数，从技术性的计量尺度，转化为经济学习惯使用的尺度，从而为个性化、定制的新的生产方式，在计量维度上奠定基础。

图的结构性质是几何的，将它转化为代数的量，主要是通过矩阵的谱性质（如特征值和特征向量）来刻画。

1. 图的谱理论研究

图的谱理论研究的一个重要课题就是研究如何由矩阵的代数性质反映图的几何结构的性质。其中矩阵的代数性质主要是指其特征值性质，如矩阵的谱半径、谱展（Spread）及能量（Energy）等。Cvetkovic 指出了代数图论的十二个研究方向，其中之一就是用相应矩阵的谱对图分类和排序[1]。

矩阵的所有特征值称为矩阵的谱。

若边 e 的两个端点分别为 v 与 u，则记 $e=vu$，称顶点 v 与 u 相邻接，记作 $v \sim u$。不然，称 v 与 u 不邻接，记作 $v \nsim u$。v 的邻接点的集合，简称邻点集，记作

$$N(v) = \{u \mid u \sim v, u \in V(G), u \neq v\}$$

与点 v 邻接的点的个数称为点 v 的度。

顶点 u，v 的距离（Distance），记作 $d_G(u, v)$ 或 $d(u, v)$，是指 G 中 u，v 两点间的最短路径的长度。

图 G 中任意两点间均有边连接的顶点的集合，称为团。最大团是 G 中顶

---

[1] 张景明. 图的特征值的研究[D]. 成都：电子科技大学，2016.

点数最多的团，G 中最大团的顶点数称为 G 的团数。

完全图是任意两点均邻接的图，记作 K_n。

路 P_n：$V_1V_2\cdots V_n$，点序列 P_n：$V_1V_2\cdots V_n$ 中，V_i 与 V_{i+1}（$i = 1$，2，$\cdots$，$n-1$）邻接的图。

星图是孤立点 V_0 与孤立点 $V_1V_2\cdots V_{n-1}$ 间增加边 V_0V_1（$i = 1$，2，$\cdots$，$n-1$）得到的图，记作 $K_{1,n-1}$。

设图 $G = (X, Y, E)$ 中，$V(G) = X \cup Y$，X 中的顶点度为 r_1，Y 中的顶点度为 r_2，若 $r_1 = r_2 = k$，则称 G 为 k - 正则图；若 $r_1 \neq r_2$，则称 G 为半正则图。

2. 以矩阵表示图

（1）图与矩阵

图的性质与一些矩阵（如邻接矩阵、距离矩阵、拉普拉斯矩阵等）的谱有紧密的联系。

（2）图谱与代数图论、邻接谱

代数图论，是以代数的方法研究图的性质，即利用图的相应矩阵的特征值和特征向量揭示图的结构的性质。矩阵的所有特征值称为矩阵的谱。

图谱理论是代数图论的一个重要分支，它主要涉及图的邻接谱，Laplacian 谱与 Signless Laplacian 谱等的研究，图谱理论的研究起源于量子化学，然而对它的研究主要借助于矩阵论和组合论来研究图的各种谱与图的不变量、结构性质之间的关系，特征值中存在一类特殊的特征值，即主特征值，通过已研究的结果发现，主特征值与图的结构具有紧密的联系[①]。谱在这里与特征值是等价的。图的主特征值不是唯一的。经济分析需要得到唯一的主特征值，或综合性的特征序列值。

（3）邻接矩阵、重数与谱

邻接矩阵 $A(G)$ 的特征值及其重数（即 $A_G(\lambda) = 0$ 的所有根），通常称作为图 G 的谱。因为 A 是一个非负实对称矩阵，所以它的特征值都是实数。我们可以将 G 的谱按不增序写为：$\lambda_1 \geq \lambda_2 \geq \cdots \geq \lambda_n$，其中 $\rho = \lambda_1$ 称作图 G 的谱半径。一般将图 G 的谱记为：

$$Spec_A(G) = \{[\lambda_1]_1^m, [\lambda_2]_2^m, \cdots, [\lambda_{s-1}]_{s-1}^m, [\lambda_s]_s^m\}$$

---

① 杨小辉. 图的主特征值与等价划分 [D]. 乌鲁木齐：新疆大学，2014.

其中 λ_i（$i=1,2,\cdots,s$）为 G 的不同特征值，m_i 为的 λ_i 重数（$i=1,2,\cdots,s$）且 $m_1+m_2+\cdots+m_s=n$。

图 G 只有一个主特征值当且仅当其是正则图[①]。

3. 关联矩阵：点与边的关系

关联矩阵表示图的顶点与边的关系；而邻接矩阵表示图的顶点与顶点的关系。关联矩阵是一个"图"矩阵，而邻接矩阵是图中的"点"矩阵。

（1）图谱方法的特征：以关联矩阵表示图

图的谱方法是一类利用关联矩阵（邻接矩阵或者与其密切相关的拉普拉斯矩阵等）的特征值和特征矢量来刻画图的全局结构的方法。一个图的关联矩阵的谱在很大程度上反映了图本身的结构特征，包括图的尺寸和顶点度的分布等。图的谱方法的目标就是用图的谱特征（或谱分解特征）向量来描述图的结构信息，一旦获得特征向量，那么某维空间一个"图"就被表达为一组数据[②]。

（2）图的关联能量与其他能量

图的能量是由 Gutman 于 1978 年提出的一个重要的拓扑指标。

Gutman 将分子图能量的概念推广到一般简单图 G。令 G 是一个 n 阶简单连通图图 G 的能量定义为图 G 的邻接矩阵特征值绝对值的和。

Nikiforov（2007）将图的能量延伸到任意矩阵的能量。受 Nikiforov 的启发，2009 年，Jooyandeh 等引入了图的关联能量，将其定义为关联矩阵 $I(G)$ 奇异值的和。

令 $G=[V(G),E(G)]$ 是一个顶点集为 $v(G)$、边集为 $E(G)$ 的简单连通图。

记 $I(G)=(x_{ij})$ 为图 G 的关联矩阵，这里 $x_{ij}=1$，当且仅当 v_i 与 e_j 关联，否则 $x_{ij}=0$。

关联矩阵 $I(G)$ 奇异值的和，即 $I(G)I(G)^t$ 的特征值算术平方根的和，其中，$I(G)^t$ 是 $I(G)$ 的转置记 $\sigma_1,\sigma_2,\cdots,\sigma_n$ 为 $I(G)$ 的奇异值，则

$$IE(G)=\sum_{i=1}^{n}\sigma_i$$

[①] 杨小辉. 图的主特征值与等价划分 [D]. 乌鲁木齐：新疆大学，2014.
[②] 叶晓雷. 基于图的谱理论形状表达与识别研究 [D]. 武汉：湖北大学，2012.

概念与定义：量化异质效用

除了图的关联能量和有向图的斜（Skew）能量，人们还将图的能量推广到了图的匹配能量、图的拉普拉斯能量和图的拟拉普拉斯能量等[1]。

图的能量 $E(G)$ 是与图的特征值紧密相关的不变量，那么，一个自然的问题是，对于图的 Laplace 特征值能否构造一个类似于 $E(G)$ 的图的不变量，使其能够保持图的能量的主要属性不变？正是出于这样一个想法，2006 年，Gutman 等提出了 Laplace 能量的概念。进一步的研究表明，虽然图的 Laplace 能量具有许多与能量相似的性质，但同时也失去了能量的两个基本特性[2]。

4. 邻接矩阵：点与点的关系

以邻接矩阵定义图的特征值：

令 A 为一个图 G 的邻接矩阵。通常，我们将 A 的特征值也称为 G 的特征值[3]。而 A 的特征值（Eigenvalue）本质上是对称矩阵特征方程的复根[4]。

邻接矩阵与拉普拉斯矩阵的比较：

除了邻接矩阵，图论研究还常用到 Laplace 矩阵，其优点是将顶点的度内生在矩阵中，但相应地增加了计算复杂度。对理论经济学来说，仅当涉及计算时才用到，把它归入应用方法。

与图的特征值一样，图的 Laplace 特征值也是图的同构不变量。和图的邻接矩阵相比，Laplace 矩阵的定义中揉进了图中所有顶点的度，因此，正如 Mohar 所说，Laplace 特征值更能反映图的组合性质[5]。

3.2.4.2 图的特征值

如果确定以代数图论作为 N 值的量化工具，接下来最容易想到的量纲，是图的特征值。可不可以用图的特征值来直接等同于 N 值呢？

我们首先需要了解什么是图的特征值。图的特征值是代数图论的研究对象。通过它，可以将网络（图）从几何转化为代数，加以简明量化。图的特

---

[1] 郑连江. 图的关联能量 [D]. 上海：上海大学，2015.
[2] 王维忠. 若干图的拟 Laplace 能量、关联能量及 Kirchhoff 指标 [D]. 兰州：兰州大学，2013.
[3] R. B. Bapat. 图与矩阵 [M]. 吴少川，译. 哈尔滨：哈尔滨工业大学出版社，2014：37.
[4] R. B. Bapat. 图与矩阵 [M]. 吴少川，译. 哈尔滨：哈尔滨工业大学出版社，2014：6.
[5] 王维忠. 若干图的拟 Laplace 能量、关联能量及 Kirchhoff 指标 [D]. 兰州：兰州大学，2013.

征值可以从结构角度显示系统的复杂性程度。

1. 图的结构参数

我们先熟悉一下图的重要结构参数。

设 G 是一个图（Graph），G 的顶点集（Node Set）和边集（Edge Set）分别记为 $V(G)$ 和 $E(G)$。设 u,v 是图 G 中的两个顶点，u 和 v 在图 G 中的距离，记做 $d_G(u,v)$，是指在图 G 中 u,v 之间的最短路长度。图 G 的直径（Diameter）记为 $d(G)$，是指图 G 中所有顶点对的最大距离，如果图 G 不连通，则记 $d(G)$ 为无穷大。点 u 在 G 中的邻域记为 $N_G(u)$，即 u 的所有邻居构成的集合，这些邻居的数目称为顶点 u 的度，记做 $dG('u)$。

2. 邻居关系的数学描述

当我们说奥地利学派经济学中的关系是外在关系时，就是指他们谈的关系，没有这里一个最关键的特征，即邻接关系（"邻居"），或最短路径优先的思想。图论如果离开了邻接矩阵，它的研究对象将不再能称其为图，只能称为要素集合。这不是方法和水平问题，涉及对问题的直觉。我们在东方文献（如《论语》）中，处处可以看到关于这种邻接关系的文字描述。虽然那时的数学完全没有达到图论的水平，但对图论试图把握的对象，却具有系统的直观。

杨小凯对分工结构的描述，已有了对关系进行内生处理的想法。只不过超边际分析方法过于微观，聚焦点在个案，容易陷入到细节中去，而在归总时过于繁复。事实上，用图论中邻居的密度，就可以高度概括杨小凯用超边际方法想表达的分工深化（尤其是分工多样化）程度。在图论中，《论语》和杨小凯想描述的那种结构邻接状态，是用这样的数学语言表现的：

图 G 的邻接矩阵记为 $A(G) = (a_{ij n\times n})$，是一个 n 阶的 $(0,1)$ 方阵，其定义如下：

$$a_{ij} = \begin{cases} 1 & v_i \sim v_j \\ 0 & v_i \nsim v_j \end{cases}$$

我们称 $det(\lambda I - A(G))$ 为图 G 的特征多项式，记为 $P(G,\lambda)$ 或简记为 $P(G)$。由于 $A(G)$ 是一个实对称方阵，所以它的特征值均为实数，通常我们将其从大到小记为 $\lambda_1(G) > \lambda_2(G) > \cdots > \lambda_n(G)$。其中 $\lambda_1(G)$ 也

称为图 G 的邻接谱半径,在不致混淆的情况下,简称为图 G 的谱半径,记为 $\rho(G)$。[①]

我们把图 G 等价于一个有序的对 (v, E),可以简记为 $G = (V, E)$。在这里,把集合 v 叫做图 G 的点集合或顶点集合,集合中的元素称为图 G 的顶点,用 $n = |V|$ 代表图 G 的顶点个数。集合 E 叫作图 G 的边集合,集合中的元素称为图 G 的边,用 $m = |E|$ 我们一般用 $d(v)$ 来表示图 G 中与顶点、相关联的边的条数,称作顶点的点度数,如果图 G 的两个顶点 u 和 v 之间存在 (u, v) 路,那么我们把 u 和 v 称为连通的。

更进一步地,如果图 G 的任意两个顶点 u 和 v 都存在 (u, v) 路,那么我们称图 G 为连通图,否则称为非连通图。代表图 G 的边的条数。只有一个顶点而边集合为空集合的图称为平凡图,而其他所有的图都叫作非平凡图。连接两个相同顶点的边的条数称为该边的重数。

3. 邻接矩阵的特征谱:与图特征的函数关系

(1) 全面地了解网络的邻接矩阵才能更好地把握复杂网络的特质

复杂网络的邻接矩阵全面地刻画了网络中节点之间的相互关系,通过它能够很好地描述复杂系统的特质。文中推导了网络邻接矩阵与网络各特质之间的函数关系,找出了网络邻接矩阵与网络结构的一一对应关系,还对各类网络的邻接矩阵特征谱进行了分析与总结,结果表明不同类型的网络其邻接矩阵谱分布也不相同。

目前,对复杂网络的研究主要集中在网络的度分布、聚集系数、最短路径、介数等参数的模拟与分析上,但不能全面反映网络的结构和集体行为,因此全面地了解网络的邻接矩阵才能更好地把握复杂网络的特质[②]。

(2) 复杂网络的邻接矩阵与网络各种特性的函数关系[③]

①网络的邻接矩阵与度及集聚系数的函数关系

由随机矩阵理论可知,网络的邻接矩阵 A 的多次幂 A^n 的矩阵元素 $a_{ij}^{(n)}$ 表示了从一个节点 v_i 到另一个节点 v_j 通过 n 条边连接的路径数量,故其对角元素

[①] 翟明清. 图的结构参数与特征值 [D]. 上海:华东师范大学,2010.
[②] 熊文海,高齐圣,张嗣瀛. 复杂网络的邻接矩阵及其特征谱 [J]. 武汉理工大学学报 (交通科学与工程版),2009.
[③] 熊文海,高齐圣,张嗣瀛. 复杂网络的邻接矩阵及其特征谱 [J]. 武汉理工大学学报 (交通科学与工程版),2009.

$a_{ij}^{(n)}$ 表示从任意一个节点出发通过 n 条边又回到出发点的路径数。当 $n=1$ 时，邻接矩阵 A 的一次幂的对角元素全为零，不用考虑；当 $n=2$ 时，邻接矩阵二次幂的对角元素则等于该点的连边数，也就是度，即：

$$K_i = a_{ij}^2$$

邻接矩阵三次幂的对角元素则表示的是从任意一个节点出发经过两条边又回到出发点的路径数，也就是包含该顶点的三角形的数量的两倍（正向走和反向走）。

②网络的邻接矩阵与最短路径矩阵的函数关系

由于在简单图中，网络不存在重边和环，故邻接矩阵中元素 $a_{ij}=0$，另一方面由随机矩阵理论可知，a_{ij}^2 为节点 i 与节点 j 之间通过两条边连接的路径数，若节点 i 与节点 j 之间无直接连接，则 $a_{ij}=0$，那么 $a_{ij}^2>0$ 则表示节点 i 与节点 j 之间的距离为 2。

网络中任意两点之间的最短路径可表示为：

$$D = \sum_{i=1}^{R} i d^{(i)}$$

其中，R 为网络直径。

③网络的邻接矩阵与介数的函数关系

网络中某一节点的介数指的是网络中所有的最短路径之中经过该节点的数量。若两点 a，b 之间存在 m 条最短路径且其中有 n 条经过另一点 c，则点 a，b 之间的最短路径对 c 点介数的贡献计为 n/m。为推导出网络的邻接矩阵与介数的函数关系，定义某节点的 l 级介数即网络中所有距离为 l 的最短路径之中经过该顶点的数量。

最短路径值，可以理解为信任值。高于最短路径的部分，则是交易费用。信用值当为信任值 + 交易费用。在均质网络（零摩擦网络）中，二者应相等，因交易费用为零。企业则通过分数维机制（分层），利用分形特性，改变了 n/m。将信用（缔约）转化为信任。互联网去中介环节的功能，主要是通过邻接（信任）替代了以简单中介降低交易费用（本身又增加交易费用）的功能。

记节点 i 和节点 j 之间最短路径数集合为 s_{ij}，由定义可知节点 k 的介数为

$$B_k = \sum_{i,j} \frac{\sum_{L \in s_{ij}} \delta_L^k}{|S_{ij}|}$$

则 l 级介数为

$$B_k^{(l)} = \sum_{L_{ij}=l} \frac{\sum_{L \in s_{ij}} \delta_L^k}{|S_{ij}|}$$

其中，L 为路径；δ_L^K 为 delta 函数（表密度分布的函数），当最短路径经过节点 k 时，其取值为 1，否则为 0。设节点 i 和节点 j 之间的最短路径长度为 l，最短路径条数为 m。根据定义，如果只有部分最短路径（n 条，$n<m$）经过节点 k，则去掉节点 k 后节点 i 和节点 j 之间的最短路径长度保持不变，节点 i 和节点 j 之间的最短路径对点 k 的介数贡献为 n/m；如果所有的最短路径都经过该点，则去掉 k 点后节点 i 和节点 j 之间的最短路径长度将大于 l，则节点 i 和节点 j 之间的最短路径对点 k 的介数贡献为 1。

k 可理解为中间环节；最短路径为信任关系，介数贡献是节点数比最短路径条数。

3.2.4.3 图的能量：结构特征值之和

1. 图谱：由矩阵的代数性质反映图的结构性质

首先，让我们来熟悉一下图谱的术语。

在图的谱特征方面①，图的邻接谱特征引入矩阵的一些函数，从不同意义上来表示矩阵"大小"，这些函数统称为矩阵的范数。谱半径是矩阵的函数，而不是矩阵的范数。

图的矩阵可以表示为，图 G 的邻接矩阵定义为 $A(G) = (a_{ij})$，其中

$$a_{ij} = \begin{cases} 1, & \text{当 } ij \in E(G) \\ 0, & \text{其他情形} \end{cases}$$

通过图谱描述图的特征值是又一种方法。图谱理论的一个重要研究方向是图的特征值与其他参数（如着色数、度数、连通度、边数、直径、匹配数、割点数、生成树）之间关系的研究，因为它将图的代数性质与其拓扑性质紧密结合在一起。

薛春艳明确认为，利用拓扑排序算法能得到图中的各活动的线性序列，同时这个序列满足各活动在图中体现的先后关系，即拓扑序列。王晓瑛、魏

---

① 叶晓雷. 基于图的谱理论形状表达与识别研究 [D]. 武汉：湖北大学，2012.

正军在讨论图的拓扑排序时提及，使 AOV 网[①]中的各个顶点排成一个线性序列，该序列保持各个顶点原有的优先关系，而对于原先没有先后关系的顶点则建立起人为的先后关系，这个排序过程称为拓扑排序[②]。

当然，用图谱的方法求复杂性结构值，目前还处在"概念跑车"阶段。图谱理论存在"谱确定性问题"，谱确定是指与一个图同谱的图都是同构的。哪些图是谱确定的，哪些不是，人们还在深入研究之中。一般来说，谱确定的图是一些结构特殊的图，如正则图。Schwenk 在 1973 年发现，几乎所有的树图都不能由它们的邻接谱确定。计算表明，大部分 11 个顶点（或更少）的图是谱确定图[③]。

2. 图的邻接谱及谱的排序

谱图理论主要研究图的谱性质和图的结构性质之间的关系，期望通过谱性质来刻画结构性质。谱图是指邻接矩阵特征值之和[④]。

谱图理论主要研究图的各种矩阵表示（主要是 Laplace 矩阵和邻接矩阵）的代数与组合性质，通过建立矩阵的谱性质（如特征值和特征向量）与图的结构性质（如图的不变量）之间的联系，期望用矩阵的谱性质来刻画图的结构性质。

3. 图能量：特征值绝对值之和

图 G 的能量指的是它特征值绝对值的和。

图的能量也定义为图的邻接矩阵的特征值的绝对值之和。具体地设 G 为一个 n 阶图，$A(G)$ 为它的邻接矩阵。设 $A(G)$ 的特征值为 $\lambda_1(G)$，$\lambda_2(G)$，$\cdots$，$\lambda_n(G)$。图 G 的能量定义为：

$$E(G) = \sum_{i=1}^{n} |\lambda_i(G)|$$

图的能量定义为图的邻接矩阵的特征值绝对值之和。2005 年，Gutman 和 Zhou 把图的 Laplace 矩阵的特征值引入到图的能量定义中。

图是图论的基本研究对象，此概念从出现时开始即与分子图具有密切联系。Cayley 19 世纪的工作是关于树的计数，它源于化学中同分异构物的计数。

[①] 在有向图中若以顶点表示活动，有向边表示活动之间的先后关系，这样的图简称为 AOV 网。
[②] 王晓瑛，魏正军. 关于拓扑排序算法的讨论［J］. 西北大学学报（自然科学版），2002.
[③] 卢鹏丽. 图谱理论与复杂网络相关算法［M］. 北京：国防工业出版社，2013：1.
[④] 洪海燕. 谱在图能量及图排序中的应用［D］. 合肥：安徽大学，2007.

由于化学中分子为构形的多样性，这方面的工作延续到今，在计数问题中群的概念扮演着基本的角色。

4. 能量公式与排序

研究图能量的基本工具源于 Coulson 1940 年所建立的公式，可表述为设 G 是一图，其特征分项式是 $G(G, X)$，则其能量为

$$E(G) = \frac{1}{\pi}\int_{-\infty}^{+\infty} x^{-2}\ln \Psi(G,x)\mathrm{d}x$$

此处

$$\Psi(G,x) = (-ix)^n \varphi\left(G, \frac{i}{x}\right) \quad (i = \sqrt{-1})$$

其中，$\Psi(x)$ 是图 G 的特征多项式。

这项研究只是依能量大小排序问题的一个开始，只知道可能量最大与最小的图，由于计算复杂其证明会相当困难。

3.2.5 异质系数 H：用于计算的复杂性系数

以上所有这些研究针对的结构问题都在于网络的无标度性，实质是网络的结构规则复杂性，即在分布特性的规则上表现的复杂性。相对于均质网络，无标度就是规则异质性，因为边的分布对应的是结构、功能、性质。边的分布的差异性就是异质性。

以上概述了图论中用以计量图值，对于网络经济学研究来说就是品种值（N 值）的各种方案。思路大同小异，难点都在于实际测算。

代数图论中的代数，只是矩阵多项式的集合（如果 B 是一个 $n*n$ 矩阵，那么由 B 产生的代数定义为 I，B，$B^2\cdots$ 的所有线性组合的集合，换句话说，由 B 产生的代数是一个关于矩阵 B 的矩阵多项式集合）[①]，而不是形如 $1, 2, \cdots, n$ 的一个数列，因此它只能作为一个系数，通过生成数列来形成 N 值。

如果从可计算的角度反着想，有一种称为网络的异质系数的方法，可以比较容易地获得 N 值的计算结果。下面加以介绍。

一个网络度分布的基尼系数能够作为网络的一个很好的异质性指标，因

---

① R. B. Bapat. 图与矩阵[M]. 吴少川，译. 哈尔滨：哈尔滨工业大学出版社，2014：93.

而称之为网络的异质系数。一个完全均质网络的异质系数为0，而一个完全异质网络的异质系数则趋近于1。这个系数本身虽然并不是N值，但它可以作为N值的重要转换尺度。

网络的异质系数是根据微观经济学中用以描述收入不均的洛仑兹曲线（Lorenz Curve）和基尼系数定义的。（基尼系数是"衡量概率分布不平均程度的参数"，这里的异质性是指概率分布不平均程度，实指一个节点不具有相同数量的连接的概率。）

洛仑兹曲线由美国经济学家Max O. Lorenz于1905年提出，它是收入不均的一种图形化的表示：横坐标表示按收入升序排列的累积人口百分比$x\%$，而纵坐标则表示这些人口所拥有的收入占总收入的百分比$y\%$，即洛仑兹曲线上的点（$x\%$，$y\%$）表示某人群中最穷的$x\%$的人的总收入占人群中所有人收入之和的百分比为$y\%$。在一个社区中，完全平等的收入分布意味着每个人拥有相同的收入，它的洛仑兹曲线即对角线$y=x$（完全平等线）。一个完全不平等的分布则是一个人拥有所有的财富而其他人身无分文，此时洛仑兹曲线为：当$x<100$，$y=0$；而当$x=100$时，$y=100$（完全不平等线）。洛仑兹曲线可以用来计算基尼系数，这个系数由意大利统计学家Corrado Gini于1912年提出，定义为完全平等线与洛仑兹曲线之间的面积和完全平等线与完全不平等线之间的面积的比值。基尼系数能够定量刻画收入不均，其值越大，收入不均越显著，反之亦然[①]。

我们考虑一个没有自环和多重边的连通的网络，该网络有N个节点，并按照节点度值升序的顺序从1到N编号，$k_1 \leq k_2 \leq \cdots \leq k_N$，其中$k_i$是节点$i$的度值（按即边数）。在图3-2-1中（相当于以节点对应人口，以边对应收入），我们以节点数的累积百分比i/N为横坐标（按即按"粒"的比例，节点度值升序对应收入升序，相当于按收入升序排列的累积人口点的百分比），以对应的总的度值的累积百分比$\sum_{m=1}^{i} K_m \Big/ \sum_{m=1}^{N} K_m$为纵坐标（按即按"波"的比例，对应人口所拥有的收入边占总收入的百分比）作图，这样的曲线称之为异质性曲线。如果一个网络每个节点的度值（按相当于收入）相等，则对应的异质性曲线是对角线$y=x$——完全均质线。完全异质的网络仅可能在

[①] 以下分析来自：王林与戴冠中的《复杂网络的Scale-free性、Scale-free现象及其控制》一书，以及胡海波的《在线社会网络的结构、演化与动力分析》论文。

概念与定义：量化异质效用

网络规模趋近于无穷时得到，它的异质性曲线则是当 $x=0$ 时，$y=0$，当 $0 < x < 100$ 时，$y\to 0$，当 $x=100$ 时，$y=100$。

网络的异质系数 H 定义为完全均质线与异质性曲线之间的面积 S_A 比上完全均质线以下的面积 $S_A + S_B$。

面积的含义是横纵值之积，对财富来说，是人数与收入之积；对网络来说，是节点与边之积。两个面积之比的含义是：S_A 是收入缺失的部分，比上它不缺失时，即补上 A 后，即均质（A 与 B 之和，对应收入平均）时的财富。

异质系数可以度量网络中平均的度值不均程度，大的异质系数意味着更高的异质性。图 3-2-1 表明，异质系数是完全同质曲线与异质曲线的比值，即异质性对同质曲线的偏离度，越偏离，越异质。像序数效用一样，只能比大小和顺序，而不像基数效用，可以直接用数字来衡量。注意：这里的坐标是节点（"人口"）的百分比（横轴）与度（"收入"）的百分比（纵轴）。异质系数相当于节点的边（"收入"）的分化程度。

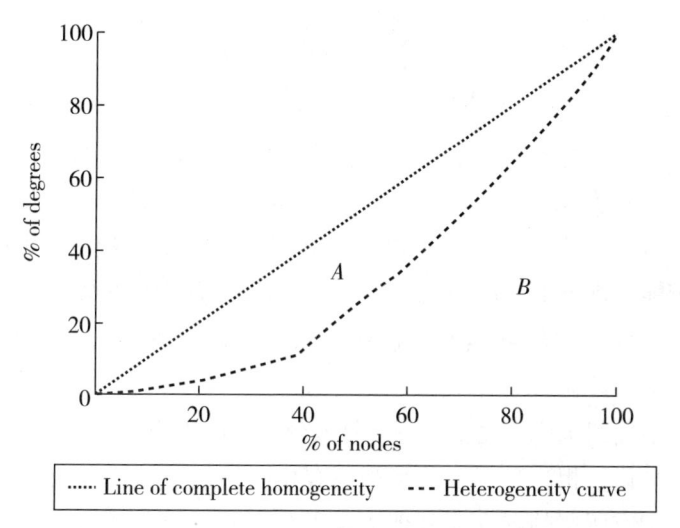

图 3-2-1　网络的异质性曲线（虚线）和完全均质线（点线）

在经济学中，序数效用通过无差异曲线表现，通过设定效用最大化及约束条件之间的数学规划，求得需求曲线。

H 值考虑到了一个度序列中任意两个度值之间的差异，实际上，H 等于相对平均差（Relative Mean Difference）的一半，即度序列中所有可能度值对的绝对差值的算术平均的一半。

(a)　　　　　　　　　　(b)　　　　　　　　　　(c)

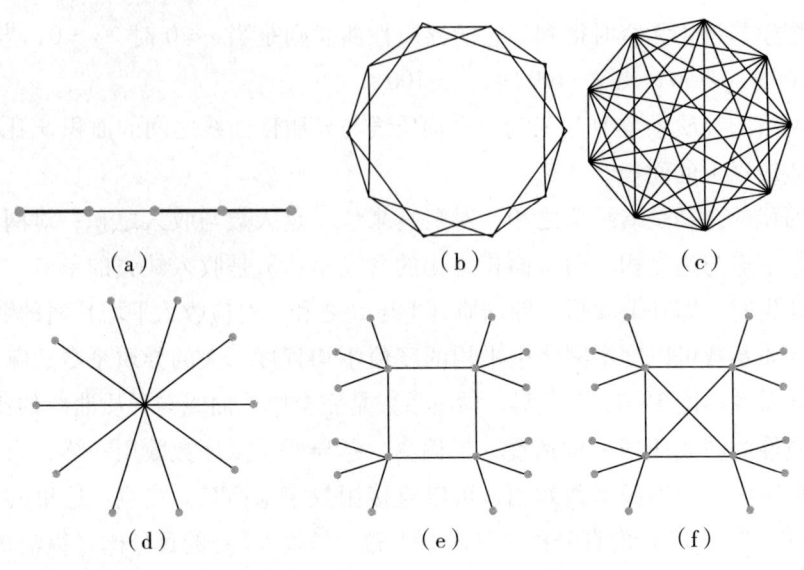

(d)　　　　　　　　　　(e)　　　　　　　　　　(f)

图3-2-2　六个规则网络的拓扑示意图

$$H = \frac{\sum_{i=1}^{N}\sum_{j=1}^{N}|k_i - k_j|}{2N^2\langle k\rangle}$$

异质系数可以度量网络中平均的度值不均程度，大的异质系数意味着更高的异质性。显然，$0 \leqslant H < 1$。对于一个完全均质的网络 $H = 0$，而对于一个异质的网络 $H \to 1$。任何现实中的网络，其 H 均小于1，H 仅在无限网络的情形下才有可能趋近于1。H 值比其他的一些刻画异质性的参数更为优越，如方差和标准差，为了比较异质性，这些参数要求两个网络应具有相同的平均度值。

对洛仑兹曲线来说，完全平等的收入分布意味着每个人拥有相同的收入。对异质系数来说，相当于每个节点都拥有相同的边。一个完全不平等的分布则是一个人拥有所有的财富而其他人身无分文。对异质系数来说，一个完全异质的分布相当于一个节点拥有所有的边，而其他节点没有边。

要注意，这里的纵横轴的刻度，都是节点或边累积值的顺序排列，但不是节点或边本身的大小。不是一个节点（边），两个节点（边）……而是1%节点（边），2%节点（边），直到100%节点（边）。讨论的是累积节点与累积的边之间的关系，因此数值在0%和100%之间。这与N轴可以形如1，2，3，…，101，102，103，…，n 完全不同。它们之间需要转换。

168

3.3 异质财富的"价格"：内生结构的情境价格

现有水平内生结构的复杂性经济学均衡分析的量化基础，只限于存量分析（即对数量概念的推广）上。我们现在对于流量分析结构化的前景进行一种超前的探讨，它主要涉及将价格本身加以结构化问题。是否将价格加以结构化，不影响我们目前进行的均衡分析，因此还不急于将它纳入内生的均衡分析。将来这样做，可能涉及建立一套类似宏观经济学的体系来说明信息的"价格水平"如何浮动货币的价格水平。这里只是显示一种理论创新的可能性与潜力。

价格的原意是价值的水平，在传统时代分别对应货物的价格水平和货币的价格水平。将价格指涉货币，已开始转义，实际把货币流通速度当作货币的"价格"。信息的价格是什么呢？它不是指信息产品的价格，对网络来说，价格这个词映射的实体（"什么什么的水平"）应是信任水平，即信息价格水平，或信息流通速率（透明度）。

要不要进行网络经济的价格分析，这本身就是一个问题。有简繁两种选择，简化的选择是设 P 不变，分析 P 与转化为 N 值的图值之间的经济关系；繁复的选择是，从信息国民收入的视角，解释 $MV=BH$ 中，V 与 H 的转化关系（V 对应的是实体经济中的 P）。这意味着（货币）价格水平 V，要经历一个相对化（为信息价格水平 H），H 又要进一步被结构化的过程。

与原子论基础上的个体主义方法不同，从网络角度看待价格，不光要关注个体行为的影响，更要关注情境的影响。在网络中，没有脱离情境的孤立节点。通过内生情境，使价格从同质性的理性个体行为的变量，变为情境化的个性行为的变量。使价格从理性一般，上升为具体个别。

从互联网金融的实践看，区块链技术是一种存量技术，尽管具有使货币数量运动透明化的优点，但缺乏内生的估值系统（价格水平系统）是其缺陷。通过权重网络和情境定价，可以从估值系统（价格水平系统）方面弥补这种缺陷。

将价格情境化，有两种方法可供选择。一种是把价格轴 P 超平面化，增加类似 P 上的"N 轴"（异质维度），以表现一般等价物自身具体化的过程。另一种是保持价格轴设定不变，将情境化的任务放在 N 轴的第四维上，通过边的分布表现一般等价物在当下的具体情境值。前者涉及的维度比较复杂，为了简化分析，我们采取后一种方法，相当于赋予一般等价物一个反映情境的权重系数，使之出现浮动。

3.3.1 系数结构化：在价格中内生结构的问题意识

这里说的系数，与上述指涉广义数量的异质系数无关，是指财富（流量）的系数，即价格水平维度。财富的系数，与 GDP 之积，构成信息国民收入。它相当于 GDP 的质量水平。这个质量不是指产品质量，而是指国民经济的质量①。质量高与质量低，在 GDP 中是反映不出来的。这相当于假定了 H＝1。

系数的结构化，是指把这一代表质量水平、信任水平的量值，加以结构化，用图的概念来表示。这不意味着复杂性水平高，经济的质量水平就高，它表达的是以可信的复杂性反映经济的质量水平。可信的复杂性表示有信用（或"可信任"）作为担保的复杂性，是"可均衡"的复杂性。意思是经济可以在均衡状态承受何等的复杂性——复杂性经济，而不是不经济。如果经济足够复杂，而仍可以保持实质性的透明（不光是信息透明），这样的经济，它的质量系数是高的；反之，如果经济只在低复杂度下经济，而在高复杂度下不经济（如信息不再对称，不能及时发现泡沫化，监管成本过高等），它的质量系数就是低的。一个高质量的经济，必是一个结构复杂性更高的经济。

对边权重的研究，可以从图论视角将复杂性程度加以结构化，最终将导致 H（信息价格水平，信息流通速率）概念及其子概念——图"利息"、图"准备金比率"的计量化。

边际成本定价（P＝MC）是二维的，它假定作为第三维的差异化在均衡水平是不存在的（即只在短期存在，在长期不存在），假定差异化对趋向完全竞争均衡是不起正面作用的（不决定价格，或不构成价格决定因素）。而平均成本定价（P＝AC），本质上却是三维的，由于异质性通过差异化机制对（垄断竞争）均衡定价，起到了内生变量的作用。

因此，一个真实世界的潜在均衡价格（拉姆齐定价），从三维均衡空间看上去，内部具有复合结构，分为同质完全竞争的定价（P＝MC）和异质完全竞争的定价（AC－MC）两部分。

---

① 姜奇平，高邦仁.3%［M］.北京：企业管理出版社，2014.

概念与定义：量化异质效用

当内生网络结构从而需要从第四维观察价格结构时，问题进一步复杂化。H 价格结构中会多出一个关于图的维度（与度分布对应）。这个维度与 Q、N 维度的抽象相反，是情境的维度。

由图确定的价格，必然是情境定价。每个由情境（上下文网络）锁定的价格，是当下的价格。虽然作为情境定价的总集合，它仍然遵循异质完全竞争定价的规律（以总的 AC 定价为均衡点），但这个集合中的每个节点子集上的定价，都具有不可比性（因上下文不可比）。反过来说，如果均衡在每个离散节点，以两两均衡的形式实现，总的供求关系也应是均衡的。也就是说，每个局部都均衡，整体也应是均衡的。

边权重类似滴米，是一种情境化的，储存于像区块链的本地的分布式"价格"信息系统。与价格相比，它不再是一般等价物，一般等价物只是它的特例与均值。滴米不是一般的信息透明化，它表达出每个情景是否是更加经济、具有更高价值的质。

张宇设计的如下类拟路由、区域链的机制，显示了其中机理[①]。

由于互联网上资源种类繁多、数量巨大，因此很难用一个集中的模式来存储和管理信任数据。针对这种情况，本研究采用分布式的方法进行数据存储。在线社会网络中，每个用户都拥有一个代理（Agent），这些代理负责信任消息的征订、请求和发送，同时还能够记录用户的兴趣偏好并选择合适的信任策略进行个性化的信任计算。

每个节点都有各自的局部数据存储，包括用户信任值表、置信值表和缓存表。我们以节点 E 为例，信任值表存储的是节点 E 对其他实体的信任评价，置信值表存储的是节点 E 对它所有邻居节点里的信值评价，而缓存表用来保存在信任计算过程中的一些中间结果。当信任值进行动态更新时，有些路径上的累积置信值仍然有效而无须重复计算，因此可以利用缓存来加速信任计算的过程。缓存表采用的是最近最少使用（LRU）算法来替换掉较少被重用的数据。

对于 H，要区分商品与资本两个层次。对于网络来说，前者相当于直接的邻居；后者相当于洞深[②]，是衡量邻接关系"增值"的尺度。凝聚力代表

[①] 张宇. 在线社会网络信任计算与挖掘分析中若干模型与算法研究 [D]. 杭州：浙江大学，2009.

[②] 罗纳德·伯特. 结构洞：竞争的社会结构[M]. 上海：格致出版社，2008：42.

洞深[1]，相当于边的价格（H）中的增值性，即信息的"利息"。

信任与邻居、洞深的关系，对应价格水平与 M_1、M_2 的关系。价格水平由高低对应快慢。流动性越快，增值性越弱（M_1）；流动性越慢，增值性越强（M_2）。

连接越直接，邻接越直接，则越信任（信息透明），流动性越快，但增值性越低；连接越间接，邻接越传递（洞越深），信任的网络成本越高，流动性越慢。

当信任信息分布地存在于节点时，就出现了类似滴米的 H 现象。它以分布式的方式，在对 V 进行膨胀或收缩。就每个节点而言，它们彼此竞争着各自的分形力，将局部拼图与整体地图进行全息校正。成功的节点有着较高的社会资本，达到威望级的信任，因此可以使自身的局部本质，通过结构洞不断嵌入周围网络，锁定路径（但也减缓流动性，抑制其他节点的度分布），形成无标度网络中的明星效应。企业相当于恒星、行星，而网络中的节点是流星，只不过有一些特别亮而已（这与其形成体验认同的能力有关）。

在信任的长尾区间，节点虽然有较低的垂直的（层间）流动性（相对于节点扩张范围而言），但有着较高的邻接流动性和增值性（洞浅但租值高）。因此，向长尾方向的度分布，在以分布方式改变信息的"准备金"。人们需要在幂律的两端进行权衡（现在大家只关注短头一端）。

价格的第四个维度，是锁定价格节点情境值的边（上下文情境）。

通过探讨对网络（边）进行加权，可以同 H（信息价格水平）的概念建立内在联系。从而试图对 P 轴进行升维改进，使之成为有"结构"的价格。

3.3.2 边"价格"：对货币的情境估值

权指边的权重。权可以代表边的经济属性（相当于价：加诸于边这种量上的价格水平）。权可以是造价、时间、流量等。

类似于滴米的权：使一般价格情境化地浮动。权本身是情境化的，把点的边当作上下文，或把上下文当作边，是对个别价格的估值浮动。权的集合对应 H，是对价格水平 V 的上下浮动。

对资本价格（利率）的浮动与对流动性价格（准备金比率）的浮动。按

---

[1] 罗纳德·伯特. 结构洞：竞争的社会结构[M]. 上海：格致出版社，2008：43.

货币理论，流动性越强，获利（增值）越低；流动性越弱，获利（增值）越强；相应地，资本价格水平提高，会导致流动性变差，增值变强；资本价格水平降低，会导致流动性增强，增值变弱。

更合意的匹配，权会高一些；不合意的匹配，权会低一些。总的权与原来的总价格水平相比（比如数量不变时，收入的差），高还是低，各是什么含义？透明化的影响表现在哪里？更合意会意味着更高溢价吗？

在超平面分析中，平均值（如 AC 分析）将起核心作用，分别显示固定成本的作用，考核不同的"边"的高低。

总量均衡与出清仍有不同，出清要求一对一均衡。一对一无法匹配虽总量均衡仍需交易费用额外付出。

另外，权对溢价的作用如何体现。因为权不是简单回到 MC，而应收敛于 AC。这种溢价的价值来源，一是来自交易费用的节省（通过权把握更好的机会成本），二是来自由满足个性化偏好而创造的更好机会。

3.3.3 边权重：信任值

张宇提出链式信任模型，将信任值和置信值两个维度融合起来构建出一个边权重的有向图来计算用户彼此之间的信任值[1]。

在链式信任模型中，信任值和置信值的含义是不同的。信任值指代的是一个用户对另一个实体完成一项任务或提供一项服务的能力的评估。

置信值（Reliable Value）：在社会网络中，置信值用来表示一个用户对另一个用户所提供的信息、建议和推荐的信任程度。

置信值的取值范围也是 [0，1]，其中 0 表示完全不可信，而 1 表示完全可信。

如果一个卖家所出售的商品质量很好，发货以及售后服务也不错，那么用户就可以根据上述在线交易的体验给该卖家一个较高的信任值。用户将信任值作为选择商品或交易对象的标准。而置信值则表示的是用户对从朋友处传来的推荐或信息的信任程度。换句话说，朋友并不是出售商品或提供服务的实体，而是进行推荐或传递信息的中间人。用户根据置信值来决定在信任

---

[1] 张宇. 在线社会网络信任计算与挖掘分析中若干模型与算法研究 [D]. 杭州：浙江大学，2009.

传递过程中采纳谁提供的信息。

张宇所研究的边权重的意义在于，找到一种确定 H 的分布式的方法。如果说，货币价格的前提，是把边均质化。H 可视为一种推广，在这种推广中，边不是均质的，而均质的情况只是更普遍情况下的一种特例——不均质的边（由于恰巧处于平均值的位置）正好处在均质这一特殊情况之下。在推广中，必须对边进行异质评估。也就是每条边的权重不同，把它们加以平均，可以得出一个标准的权重，这就是边权重。

3.4 异质财富的收入：信息国民收入

3.4.1 流量结构化：异质收入

异质收入是指幸福、自由这类终极价值。说它是一种"收入"只是一个比喻。我们可以从现实中感到一种另类的"收入"现象，口语称"获得感"。人们在网络中，不仅可以收获实体产品（通过快递），可以收获金钱，还可以直接收获快乐与幸福。但在市场和企业这两种资源配置方式中，人们只能获得产品和金钱。可见，经济现象中存在一种更广义的配置机制。它有助于人们回到"经济"在字面上的原意：获得与失去，而不仅仅是窄义地获得产品与失去产品，获得货币与失去货币。而价格，不过是获得与失去的尺度，即价值评估，只在传统社会这一特殊时期，才特指货币价格。

财富的问题，可以从最终价值角度概括为生活质量问题。经济学的感觉，从片面对财富的量敏感（如对 GDP 敏感），转向对财富的质敏感（开始有质量，不是指产品质量而是生活质量的意识，从而产生转型升级的意愿），进而对财富的尺度（生产生活的意义），即亚里士多德建立的"美好生活"这一尺度标准，产生感觉。美好生活属于体验范畴，它超出了市场的配置能力范围之外，既不能仅仅用货币这种理性尺度衡量，也不限于企业这种中间手段活动的尺度所能把握，而需要把资源配置方式拓展到市场、企业之外的另一个新的场域——网络来加以把握。

我们分别从代数与几何的视角观察资源配置的统一场，前者观察的是国民收入不同数量维（同质数量 Q、异质数量 N 和异质结构数量），以数值形式表现出的统一场的一致性；后者观察的是不同质性维（市场、企业和网络），以结构形式表现出的统一场的一致性。

3.4.2 信息国民收入：数量、品种与质"量"

用图论作为资源配置的统一场理论，人们会赫然发现，财富只是图的从特例到一般的展开。

在同质化市场经济中，财富（收入，又称国民收入）表示为 $Y=PQ$。其中，在市场之前，财富（Y）只是 Q（产品数量）这个特例（$Y=Q$，即物物交换的产品经济）。工业化经济的财富表示为 $Y=MV$，它是 $M=PQ$，内生货币价格 V 后形成的。在异质化市场经济（即信息化经济）中，财富从 Q（同质数量）中，派生出异质数量（N），表示为 $Y=NH$，它是由 $N=MV$ 内生 H（信息价格水平，即信任值）而得。在异质化网络经济中，N 进一步分化为图，由图的特征值定义。

在这一演化过程中，我们可以看出一条前人没有看出的线索，与代表经济现象的价格对应的数量维度，从数量中分化出品种，高了一维；又从品种分化出质"量"（即图的特征值，即质又称结构的量）。如果说，数量 Q 代表一维，数量+品种代表二维，数量+品种+质"量"则代表三维。

我们称一维的经济世界是市场，二维的经济世界是企业，三维的经济世界则是网络。这样，就从内生结构这一视角，建立起对经济被视为结构不同的资源配置组织现象的统一场理论。其中的市场、企业和网络这些在此前看来完全不同的事物，被发现是同一个东西，它们之间的表面不同，只是财富维度的一种数值变换现象，是财富从低维到高维来回变换呈现给经济学家视网膜的不同映象。这就把对应牛顿力学的所谓现代经济学，发展到了更高层面的对应爱因斯坦相对论的广义经济学。

从图论的高维视角看经济学，标准经济学（新古典主义资源配置理论）与网络经济学的关系，就不再是一般与特殊的关系，而是特殊与一般的关系。传统经济（同质化完全竞争）只是网络经济（内生结构的异质完全竞争）的一个低维特例，即人为限定质不变，即所谓工业化这一同质化经济的特例。而网络经济则是其高维推广，即以质的差异化（如个性化、定制）、以质量提高为新常态的经济。

Q（节点数）与 N（边数）的积是定值，即长尾曲线是等均衡线。这个积在宏观上是信息国民收入（GDP 与 H 之积）。

这里需要定义 Q 的准确含义，它有两种含义，一是 N=1 时，当它代入这个公式时，已是均质化的概念（代表当无数节点价值均质时的数量，即假定只存在一条需求曲线或成本曲线时的数量），由 N 从外部展开它的结构。二是 N>1 时，Q 代表拓扑结构中的节点。不适于这里说的长尾曲线，而是指 NQ 平面内部的问题——从质的量（代表性消费者模型），到质的质（即具体质）的结构性问题。

新古典经济学假定的条件是同质化，即市场是网络在具有均质的度分布（各节点的边数相等）条件下的特例。N=1 时，Q 才开始，Q 不是拓扑节点数，而是同一节点（=所有节点）的某种属性（如使用价值）的数量变化。在 NP 平面讨论均衡时，已假定 Q=1（即纯个性化经济，价格为情境定价）。

当 N>1 时，真正的网络经济学才开始。无标度意味着异质性（即边的分布不均），与均质结构比，这种异质结构要想达到均质结构（工业化、社会化的结构）必有交易费用（摩擦力）。二者的均衡点以租值尺度相互转化。我们在《分享经济：垄断竞争政治经济学》中详细介绍过。

新制度经济学希望以企业结构（分层结构）降低交易费用，而网络经济学希望在复杂性结构（尤其是度分布较大的社会网络中），探索通过邻接关系（信任关系）降低交易费用的均衡原理。零摩擦的机理与科斯所说相反，而与分形原理或易的原理类似，都要求有一个极简内核（0、1 或邻接[①]）自组织地相互转化。

[①] 君子与小人代表两种个体的两种结构化关系，君子作为个体与全网全息地自恰、协调，而小人作为个体的结构（社会基因）与全网的结构有所偏离。路由器不是让节点最大化自利，在冲突中寻找全局均衡与最优，而是要求节点自制达到情境优化，以与全局达到自然的均衡与最优。

4

不同方式资源配置的网络结构

4 不同方式资源配置的网络结构

本章讨论网络经济作为一般经济时的结构问题。网络经济"作为一般经济"是指,不是把网络经济当作一般经济的子集,而是把一般经济当作网络经济的子集,将网络经济从特例变为通例后,再看一般经济的结构问题,形成不同的视野。

从这种角度看,网络经济学是更加一般的经济学(普遍经济学),而新古典理论则是特例经济学。市场、企业这类表象,只是网络这种结构发展到全程(前现代—现代—后现代)中间的现代性阶段(还只能范围不经济地进行资源配置和利益分配时)的特殊形式,一般经济中潜在的结构,只有到了互联网时代,在网络中才得到充分的实现。个性化此时第一次以边(网络语境锁定个性化语义)的形式,从结构中涌现出来,边(决定质性的关系)从非变量,变成内生可变量,进入结构分析。

承接前面提出的"网络何以可能"这一网络经济学的特殊基本问题,我们现在要把它具体化为资源配置的结构问题。

"网络何以可能"问的是一种接近零摩擦的扁平(且分布式)结构何以可能。

这个问题的一方面是质问斯密。按张五常的说法,市场经济必有(较高)交易费用。这一说法的成立意味着,"网络何以可能"要问的,不能再是斯密说的原教旨的市场零摩擦何以实现,而只能是一个相反问题,即如何让市场经济演化出一种低交易费用(交易费用比企业还低),但又不同于科层制的结构?

这个问题的另一方面是质问科斯,降低交易费用的制度安排何以不是企业,何以不用依赖科层制和中心控制结构,就可以将交易费用降下来?

我们将所有经济组织都理解为不同形式的网络,通过分析三类网络——前现代的家庭网络,现代的市场和企业网络,以及后现代的网络[①]的结构,回答"网络何以可能"的结构上的原因。

[①] 这里的网络是指窄义的网络,以互联网为代表,重点讨论无标度网络。

背后隐含的基础理论追问是，如果把新古典理论作为以建构论理性为核心的现代性市场理论，那么，当经济学研究对象的现代化背景推广到前现代和后现代不同范式（行为范式）之后，经济学资源配置结构理论将发生何种相应的变化。答案将是：网络正成为与市场、企业并列的资源配置形式。

4.1 资源配置的统一场：从家庭、市场（企业）到网络

市场和企业是资源配置的场所。场则是场所的推广，场所配置的是原子论的对象，而场可以把关系作为配置对象纳入进来。结构是原子与关系的结合体，图论是结构的数学。因此我们用场来泛指资源配置场所。

资源配置的场，是经济行为①的环境或者说"舞台"，按实体、体系、结构这种划分，自然经济中的家庭，工业经济中的市场和企业，信息经济中的网络（窄义网络，如互联网），分别以实体为载体或中介对象、以体系（如货币体系）为载体或中介对象，以及以结构（如网络）为载体或中介对象。它们承载的人本身的存在（"本质力量"）分别是功能（使用价值）、价值和意义。其中，结构是意义的对象化的存在方式②，结构这块对象化屏幕上投影的主体内容是意义。在信息经济成熟之前，意义也以需求的形式潜在地存在于产品和服务之中。

资源配置的统一场，可以从结构这个高维，透视功能与价值这种低维对象，由于维度缺失而未呈现出的潜在意义。例如把市场视为缺失品种 N 这个维度的网络，它可以被视作高维的网络在将异质性过滤为 1（有与没有无所区分）后形成的低维结构，它只是高维的统一场处于同质特例下的情况。由此，我们将把以建构论理性代表的整个现代性（工业化）当作现代化更广光谱中的一个特例，揭示从更高的现代化角度看工业化及其对应的理论（新古典理论），如何能从中推论出高维网络涌现，且具有分享性网络在资源配置作用中所占比重逐渐超过不具分享性的市场与企业的必然性。

4.1.1 与市场并列、从市场推广为通则的网络

网络作为可以同市场、企业并列的资源配置机制，可以配置低一级的资

---

① 在哲学的意义上可以理解为人的本质力量对象化。
② 互联网是一种语义网。意义（所指）"投胎"于符号（能指），网络就是承载语义的载体。

源如产品与货币,而在广义或终极意义上配置的,应是产品与货币实现个性化后的那种东西,这就是体验。

产品是主体物质需要的对象化,货币是主体价值本身的对象化,只有体验才是主体目的本身。对象化的价值只有经过个性化、定制化,才能回到主体(哲学意义上的"最终"用户)。从这个意义上说,网络是以人为本的资源配置方式。以经济地实现个体化为其标志性的资源配置特征。而市场、企业都不具有个性化(或者说经济地实现个性化)的功能,只能个别地、非效率地,但不能整体地满足人类个性化的需求。

而以人为本,要求回到的人本身,是一个一个人,而非抽象的人。一个一个人与抽象的人不同,它体现了具体的质,我们称为结构或网络,这就是我们下面的研究对象。

传统市场和企业可以在企业家个人水平实现一定的个性化,例如作为招数的低成本差异化,但这种资源配置方式,不能在机制上,也就是说,不能在均衡水平实现个性化,一旦把个性化放到全局,就会偏离均衡。而网络是唯一可以在全局水平实现一对一个性化均衡的机制。这就是它不同于市场和企业的资源配置特点。我们把通过网络机制实现的均衡称为广义均衡,把通过网络机制实现的最优称为广义帕累托最优。

在社会学中,关系一般指熟人关系。在经济学的场域分析中,我们把波粒二象性中的"波",也就是关系,推广为更广义的图论中的边。存在三类不同性质的边(或关系),第一种是农业经济中熟人关系,对应图论中随机网络的邻接矩阵;第二种是工业经济中的生人关系(典型如马克思说的"社会关系",对应原子论的契约关系),对应图论中规则网络的邻接矩阵;第三种是信息经济中的既生又熟的自组织网络关系(例如微信中没见过面的"熟人"),对应图论中无标度网络的邻接矩阵。

第三种关系,对应互联网技术中的路由,其结构特点是,少数几个被称为 Hub 的节点具有很多的连接。这是网络在结构上与市场、企业最大的不同。

4.1.2 对市场结构研究的拓展

标准经济学已把市场结构分析,纳入理论经济学的层面。这里说的网络结构这种场域,是比市场结构更宽的概念。前面提及,由新古典主义经济学表述的一般经济,只不过是图现象的一种特例,即把所有经济现象当作用原子论过滤掉边后的点，来加以研究。以原子论方法研究的对象，只是相对于完全的图的有缺失的图。市场结构相对于网络结构，是系统地缺失了边的结构。

网络经济学要通过图论，恢复经济现象中节点与边相结合的网络本体。把所有经济现象都视为既有原子的构成要素又有边的构成要素的结构现象。网络经济学结构理论中，这样做的切入点，是将网络当作与市场并列的另一种资源配置方式（网络可以多点触达，精准配置，而市场不能做到），并以网络结构通释市场结构。

除了市场结构外，还要将产业结构与企业结构纳入同一个统一场来分析。这样的一个场就是我们说的场域。这样就比奥地利学派更好地回答了所谓自发自由秩序的问题。奥地利学派在市场中谈自发自由秩序，是一种场合错配。自发自由秩序依托的结构不应是市场（正则网络），而应是网络（无标度网络）。在没有结构视野时，网络中由边的特性决定的自由选择特征，非常容易被理解为是一种自发随机现象，这就与小农经济中的个体选择难以分开了。而在结构分析中，借助图论和网络科学，我们可以清楚地看到，所谓自发（随机），不是一种小农的低级选择，而是建立在工业化基础上的有规则的、更高的自由选择。

网络经济的结构分析，是一种存量分析。它依照收入分析中的存量维度，建立一个资源配置的统一场，将新古典主义的市场、新制度经济学中的企业与网络，统一在同一个标度下（理解为一种标度不变性现象），把它们之间的差异仅仅理解为图的特征值的不同。看山不是山，看水不是水，把资源配置的不同形式——市场、企业和网络统一在相同的场论之下。

4.1.2.1 结构场域的论域

结构场域分析与标准经济学的市场结构分析的本质区别在于，标准经济学的市场结构分析的理论前提是原子论（对应于图论上将边的得失外生，只考虑节点得失），而结构场域分析的理论前提是网络论（对应于图论同时将节点的得失与边的得失共同考虑）。相形之下，二者的主要差别，相当于量子力学波粒二象性中，是否承认波的存在具有第一性的地位，而不是由粒派生的第二位的存在。社会科学中的波粒二象性，体现在（原子）个人论与（社会）关系论的区别上。因此简要概括二者结构理论的不同，在于是否具有关系范式，即不是把关系当作现象，而是当作范式维度，当作资源配置的范畴本身来认识。

结构场域问题，是经济学内部一系列议题的综合，是资源配置的范畴问题。基础的问题前身是原来的市场结构问题。在市场结构这个范畴下扩展出的问题是产业经济学的市场结构问题，沿科斯方向拓展出的是企业组织结构问题。

第一，在理论经济学中，市场结构背后的原问题是均衡结构问题，主要是竞争与垄断关系问题，以完全竞争为一般，垄断竞争为特殊。我们的分析把二者并列起来，分别作为无差异的均衡与有差异的均衡问题。在此基础上，讨论内生网络结构后的配置结构问题，相当于内生了结构的"市场"结构问题。在其中讨论异质结构变化，使整个结构场（市场、企业加网络这一广义"市场"）的均衡点发生变化的规律。与传统市场结构理论相同处，在于都把均衡点锁定在 MC 与 AC 之间。

第二，针对互联网经济的实践变化，将产业经济学中的一类问题，从应用经济学问题，提高到理论经济学的高度加以研究。也就是，产业经济学中作为垄断竞争特殊形式的新垄断竞争结构的均衡特殊性问题。它是一个介于产业与企业间的问题。其背景是，针对专用性假定的技术经济式的移除，企业就不再是一个合适的场，而要扩大到分享经济分享资本的最大边界作为相关市场，即网络，为此要增加研究平台、生态、虚拟企业（联盟）的结构问题。

第三，从产业与企业边界打破这同一个视角，观察扩展了的"企业"组织问题。管理学天然就不受经济人假定的限制，现在的问题是为它建立一个图论范式（如量子管理那样，兼顾波粒二象性，以平衡西方中心论观点与中国特色观点），把企业组织问题当作结构功能问题理解。从结构角度总结管理均衡、组织均衡。

产业组织与企业组织结构问题我们在下一章中处理。本章主要讨论最基本的家庭、市场和复杂网络三种网络。

4.1.2.2 结构与均衡的关系

市场结构背后的原问题是均衡内部的结构问题。倒过来说却不成立，均衡的结构问题是网络结构问题，市场结构只是网络结构的一个子集。

结构问题作为理论经济学问题，需要一个独特的、属于基础理论的视角，将结构本身作为均衡的内生变量。也就是说，在其他条件不变时，仅仅由于结构的变化使得均衡点产生变化。

要观察和解释的是，随着技术条件的给定，经济的结构性变化，将如何直接导致经济整体的均衡点发生变化。举例来说，当以零利润为特征的同质完全竞争（传统中国制造）通过结构调整，转向具有经济利润的异质完全竞争（中国创造）时，经济质量提高的标志，将以垄断竞争定价的均衡为新常态。而这一新常态下的资源配置结构应是怎样的？由这个问题最终通向说明，为什么网络会取代企业，演进成为新的资源配置结构。在海尔，资源配置的基本单位变化了，不再是以企业为单位配置资源，而是以网络为单位配置资源。配置的方式不再是专有专用，而是分享经济。我们正在海尔身上观察到企业变网络这种趋势性现象。

非决定论的复杂性科学认为均衡不存在。这主要适合随机网络现象。对规则网络来说，情况有所不同。在规则网络内部，考虑到熵的存在，情况也有相当大的差异。复杂性经济学研究的随机网络只是一种低级网络现象，如随机游走的小农经济，这不是复杂性经济学应研究的重心。

结构（场）为基本单位研究的资源配置问题，在制度经济学和政治经济学中，通常涉及制度、环境、规则类别的研究对象。这不是创新工程分享经济课题第二阶段研究的重点，这里只附带提一下。制度问题在什么意义上是一个均衡问题，我们已经在第一阶段研究成果《分享经济：垄断竞争政治经济学》中充分讨论过了。新古典经济学的均衡问题，是原子论式的，因此核心只孤立地讨论产品的均衡（隐含了只有市场一种规则的特例，而不考虑企业和网络）；而复杂性经济学继承了社会关系分析的传统（古典均衡传统，或叫李嘉图传统），将制度（规则）纳入均衡分析，并作为产品均衡的条件（情境因素）。相当于在图论中，将节点视角的均衡，拓展为关系（社会关系）视角的均衡，从而变为结构更完整的均衡论。按照这一方法，均衡的（制度、规则）条件，也是均衡的一部分，被重新纳回到均衡分析中。制度与均衡的关系，相当于条件与原则的关系，没有脱离条件的原则，原则也不能离开条件而存在。这与演化的观点是一致的。在《分享经济：垄断竞争政治经济学》中，我们指出制度分析进入均衡论的数学前提，是解决李嘉图难题和马克思转型问题，把社会关系换算为异质性（AC－MC）纳入均衡分析。

分享经济的第二阶段主要研究资源配置，这里只是提醒，如果把制度分析纳入均衡分析，要把制度因素当作垄断竞争均衡的条件来研究。

4.1.2.3　引入邻接关系以内生结构

结构分析与一般的社会关系分析，既有联系，也有区别。结构分析所说关系，与政治经济学、制度经济学说的社会关系，都是人与人之间的关系。但区别在于，结构所说的异质关系，是邻接关系（信任关系），是个别的人与人之间的关系，是人与人之间不同的关系。

不同结构何以会影响到均衡？这个问题需要引入新的变量，才能变得可理解。

结构论与体系论（政治经济学、制度经济学都是体系论，或者说宏大叙事）在方法上的一个重大不同，在于引入了邻接（如邻接矩阵）这一概念。从复杂性科学角度看，近现代经济学谈论社会关系，都打上了现代性的明显烙印。其特征恰恰在于对邻接关系的排斥。他们说的社会关系是指共同利益（如物质文化需求），而邻接关系指涉及的是个性化利益（以亚里士多德说的"美好生活"为尺度）。前者主要通过物质驱动的投入来满足，后者只能靠创新驱动的投入和广泛参与来满足。建构论理性所理解的关系，都只是一种特例型的关系，即过滤掉关系的邻接特征后的均质化的普遍关系——社会化的关系，表现为生人关系。结构论说的关系与奥地利学派说的关系也不同。奥地利学派说的关系也是社会关系，只是从个人主义出发的社会同质关系。这里的个人是同质化的。

但是引入图论后我们发现，一切结构的基础都是邻接关系，即使是陌生人之间的关系，也有其邻接关系基础——一个邻接矩阵，是以关系的关系（超链接）方式，由非社会化变为社会化的。而家庭、市场、企业、网络等，只不过是邻接矩阵的不同分布状态。

翻开任何一本数学图论教材，它一上来讲的就是邻接矩阵，从来不讲抽象的社会关系。这不意味着图论（包括互联网路由机制）不讲共同利益，而是认为共同利益只是利益的子集，是利益所合并的同类项。用数学语言来说，就是结构中的边均质相等，用经济学语言说就是同质化。

沿着这一重大发现，复杂性经济学处理关系问题，开始取得突破性进展，开始区分外生的关系与内生的关系。外生的关系，诸如奥地利学派所谈的关系，完全旁路了邻接关系；而内生的关系，则完全以邻接分析为基础。内生邻接关系后，涌现问题才从不可解析，变为可以解析。

最直接的一个研究成果是一个超出现代性的发现：为什么互联网中要以信任机制替代信用机制？因为信任不用缔约，通过连续的短链邻接，替代了一个以信用为抵押的叫市场或企业的长期契约。为什么互联网在个性化和定制方面，要向"落后"的小农经济学习某种东西？因为邻接可以使范围变得经济，从而在提高分工的结构化水平时，可以提高分工多样化效率和效能。

中国长期的邻接传统（表现为关于亲戚与邻居的学说）与微信的邻接方式结合，为什么会导致中国互联网比排斥邻接传统的欧洲更加成功？答案在于，前现代与后现代的邻接合力，超越了以科斯为代表的非邻接的现代性，而实现了一种比企业更低交易费用的连续短链的配置方式。这种配置方式拜大数据之福，不仅不是信息不对称的，反而是信息透明且经济的。最主要的网络智慧并不是关于具体判断上的智慧，而是一个个邻接的信任，如何在整体上替代了成本高昂的信用体系。这是一种与华尔街在数学上完全相反的配置形式。它在用结构替代体系，用一个自发、自组织的毛细血管微循环结构，替代了新古典建构论理性支持的那种单一、粗壮的主干渠道体系，因此当面对风险、不确定的经济环境，后者产生以迟钝为特征的工业病时，可以发挥以灵活为特征的信息化响应机制的作用。从身边经验观察，产品上的可追溯标准代码、区块链应用，就是以邻接机制形成的低成本透明化机制，是真实存在的自发、自组织的毛细血管。

4.1.3 配置理论的视角拓展

本章研究的重点是框架整合。网络科学与经济学有各自不同的框架，网络经济学要把这两个完全不同学科的框架整合为一个，是高难度的。这决定了我们的研究，不同于以网络科学的框架研究经济组织，也不同于以经济学框架去解释网络现象，而在于框架的融合本身。例如，正则网络与星形网络在网络科学研究中，是"没有地位"的，但在我们的框架中，由于分别用它来对应市场与企业，因此给予了大篇幅的关注。又如，在经济学中，以家庭为基础的自给自足经济，也是"没有地位"的。但在我们的研究框架中，把它对应随机网络，给予了与规则网络同等重视的待遇，目的是说明现代性之后的配置结构，是从历史的否定之否定中发生的，从网络的逻辑中引出经济学的新知。

4.1.3.1 从分工角度看结构：有别于复杂性科学

网络结构论不是凭空提出的。经济学传统中一直有自己的网络结构论，这就是分工理论。分工是一种历史现象，也是一种逻辑现象。从逻辑上看，分工属于结构现象。分工发展的逻辑含义，可以直接理解为结构演进。

但是，到了新古典理论中，人们不再讨论分工。实际是把分工从结构论退化为原子论，只讲分工专业化，不讲分工多样化。

教科书中提到分工，顶多是当作一个历史背景介绍，让学生理解现有结构的由来。但是在均衡论中，分工消失了。原因是，新古典主义经济学把经济发达对应的排斥了所有邻接关系的原子契约结构，固化为标准结构。分工不再是一个影响结构性质演进变化的变量。

科斯的企业理论，是一种变相的结构论。他发现扁平化的市场结构之外，存在着企业这种科层结构。杨小凯、林毅夫发现，发展中国家与发达国家的分工结构存在差异，需要把分工结构内生进经济学分析。互联网经济实践则提出了一个相反方向的结构问题，认为发达之后的结构问题（互联网的结构），不同于发达结构（比发达更为"发达"），表现为将均质结构打破，变为大量均质结构，通过碎片化，使个性化、创新的潜力得以发挥。网络是一种独立于市场，可以同市场（包括企业）并列的结构。

现代、前现代与后现代三种不同方向的结构化压力，要求把经济学从新古典理论的单一结构论（市场结构论）中解放出来，变为广义资源配置结构论。

而我们把结构内生进入经济学分析，除了纵向解释历史，还有逻辑上横向解释现实的进一步考虑。当我们像奥地利学派那样，将理性（笛卡尔理性、简单性范式）特例化，推广到行为（复杂性范式）后发现，结构不光是从发展中状态转向发达状态的历史变量，而且是不同范式假定下经济性质不同的决定因素。由此可以归纳出新古典理论所不具备的新知：不同的理性与行为配比，对应着网络结构的不同类型（从随机网络到规则网络，再到无标度网络）。

也就是说，发达与不发达（发展中）这种历史上的结构现象，同市场与企业这种逻辑上的结构现象，本质上是同一种结构现象。也就是说，现在分成不同子学科，不同理论的结构论所涉及的现象，诸如发达不发达，企业和市场，从数学角度透视，只不过是图的不同形态，这些形态之间的转化具有特定的数学规律。

我们试图建立一个统一场，解释它们之间的内在转化关系，而不必像现在的各种结构经济学那样，发达国家是一套理论，发展中国家是一套理论；市场是一套理论，企业又是另一套理论。通过数学分析，我们将透视出这些分立现象背后共同的图论本质。有了这种分析，我们可以通过增加一个条件或减少一个条件，使一种结构转变为另一种结构。即把教条的经济学变成一种生态结构学。

我们的网络结构方法，具有鲜明的经济学的学科特点。它不像复杂性科学，包括复杂经济学（复杂性科学版的复杂性经济学）那样，把各种网络结构（随机、正则、小世界网络等）不分先后地平铺在一起，等量齐观，而是结合经济史，探讨各结构间的经济的演进规律。其中的主要发现，就是结构之间存在历史与逻辑上的正反合现象。

正反合规律是复杂性科学中不存在的学术传统，经济学现象中的正反合包括：（自然）复杂性—简单性—（信息）复杂性，自然经济—工业经济—信息经济，前现代—现代性—后现代，行为—理性—"理性+行为"，等等。我们看到，新古典理论只是集中于反题（简单性、工业经济、现代性、理性）。而我们则把它当作历史和逻辑全程中的一个特例，推广到更普遍的情况中。我们发现这些经济范式对应网络现象和数学图论，正好是"随机网络—规则网络—无标度网络（随机+规则网络）"这一结构上的正反合。

经济自由是随机与规则的统一（所谓"带着锁链跳舞"，或"自由秩序"），经济发展是经济自由由低到高的一个自然历史过程，其中作为其本质的正反合的关系在于：随机网络代表自然的自由（非决定性）中因缺乏理性规则而呈现的自发、不确定性的特征；规则网络（包括代表市场的正则网络与代表企业的星形网络）代表以（理性）规则排斥（祛魅）、否定经济随机性（包括自然随机性与人的随机性即随心所欲的"行为"）的特征[①]；无标度网络是随机与规则的混合体，它是对随机网络与规则网络的扬弃，它的随机性表现为经济中的自然性随机（如奈特说的风险、不确定性）与行为的随机

---

① 在数学上表现为图中的边是均质的，因此整体网络可还原为节点。

（与个性化、体验等复杂性适应与创新），这时的自由选择处于比工业化制造更高级的发展阶段。

按照正反合规律研究复杂性结构，我们可以看出在杂乱无章的复杂性科学理论中观察不到的一条清晰的理论线索。通过它可以看出我们从经济学角度分析复杂性现象，同物理学、生物学角度观察经济现象的不同。许多在复杂性科学分析中的显要主题，在经济学看来只是一些琐细问题，应叠放进次一级目录，必要时加以忽略，而有些自然科学家不太关心的现象，却在我们的分析中占据重要地位。

我们用"随机—规则"这一对矛盾，来简化复杂性科学中琐碎化的网络分析，发现代表自然经济的随机网络，其邻接关系中的直径，聚集性是关键性的因素。而对混沌、分形来说，它们都具有随机性与规则性混合的特征，但与随机网络、规则网络或无标度网络的关系，可能是你中有我，我中有你的。例如，随机网络可能表现出混沌的特征，这种混沌显示出更多由自然禀赋决定的路径依赖，而规则网络中资本市场的混沌的情况则比较复杂；分形（局部随机而整体有序）既可能是企业的特征，又可以是网络组织的部分特征。对无标度网络来说，随机性不再主要是自然随机，而更可能与创新联系在一起。自发的自由秩序中的自发，也不表现为一种随心所欲，而是人的能动的自主选择的结果。

其中的知识发现在于，新古典理论认为工业化之前的历史是"前现代"的，只是未发育成熟的现代的雏形。但结构分析却表明，还可以从现代性之外的视角分析随机性，例如个性化、定制，在自然经济的随机网络中表现为小生产，但在超出新古典理论的网络经济中，却可能成为比规则更高级的形态（如创新、体验、自由意志）。例如，在爆款现象中，某种结构随机的邻接，可能比西方社会缔约，更有利于瞬间万变的市场机会的无摩擦实现。因此对契约精神，既要看到它有效率的一面，又要看到它无效率的一面。信任精神有时并不那么落后，而可以是很前卫的。此外，我们发现结构中不同于体系的关系，如邻接关系，对于解释企业组织向网络组织的转变具有重要意义。不同的关系结构缔约交易费用有实质的不同。

当我们把资源配置（包括利益相互作用）理解为一种结构行为时，就自然回到了分工这一历史最悠久的结构主题。经济的微观结构从最初自然经济的随机网络，到工业化时期的规则网络（理性市场与企业），再到信息经济中的复杂网络,都可以通解为结构由简单到复杂的演进过程。我们在此试图穿透市场和企业这种近期(近三五百年)分工表象,从人类历史和逻辑的全局看,当把市场看的不是市场,企业不是企业,仍然是的那个东西,到底是什么,它就是网络结构。

现在流行的网络经济分析,其特点是大量引入作为自然科学的网络科学概念和技术语言分析。区别在于,场域分析着重在提出问题,思考把网络经济的研究对象置于什么样的经济学统一框架,这种框架既不属于经济学传统框架(未结构化),但也不是自然科学化、技术化的框架(没有经过N值过滤、提纯)来思考。市场、企业、网络问题,经过场域视角过滤后,只剩下一个基本的问题,它们是如何因为结构复杂性而在均衡上显示出相互联系与区别的。如果换成旧的经济学语言,相当于在思考原有的(同质化)完全竞争,透过垄断竞争折射(即内生差异化)后,形成的新均衡($P = AC$)何以稳定存在。这有助于说明以同质性为天花板的帕累托最优,在普遍经济学中放宽的条件中,为什么不是真正的最优,而创新、创造可能更优。

4.1.3.2 特征谱方法:关于网络的四维空间想象

1. 分工、结构与图的密度

杨小凯曾用超边际分析方法刻画分工形成的结构。用图论来替代超边际分析,可以更好地刻画分工形成的资源配置结构。在图论中,替代性的量化方法是特征谱方法。

特征谱是指图的特征值,用来刻画图的特征即质的量化特征。特征值一般是从一维说的,谱是从矩阵角度因此是二维说的。经济学研究图值,需要最终把作为集合的谱值,转化为单一的序列值。

下面,我们要在社会网络分析的谱分析与经济学需要的谱分析之间,进行艰难的剥离。经济学方法与目前流行的、通用于社会科学的社会网络分析在这里的主要区别在于,经济学的谱分析,需要紧扣得与失(价格上的成本与收益)建立谱的元概念,而将社会网络分析中与得失无关的状态分析技术,归还给应用理论研究。

网络的特征谱就是网络的邻接矩阵的特征值的集合,是图的所有特征值连同其重数构成的重集,网络的谱密度也叫作状态密度,它是特征值分布特性的表现形式①。

分布特性是指结构化的特性，以同原子论的点的特性（个体性）相对。"图的密度就是图中实际存在的边与可能存在的边的比例"②；"图的密度是图中与节点相关联的边的平均比重"③。密度实际是分工的量化形式。经济发达，分工密度大，而发展中国家分工密度小。

图的密度与节点度的关系是整体与个别的关系。节点度只涉及相关节点本身的边数，因此是个体的量化视角；而图的密度涉及的是所有节点与边的关系比重，因此提供的是整体视角。杨小凯用超边际分析解析的分工，实际是个体的量化视角。图论有更先进的方法解决同样的问题。

图的密度关系到网络分工的发达程度。从图是关于异质性的量化尺度而言，这里的分工发达程度，主要是指分工多样化程度。但分工不仅是多样化相关，而且还有分工专业化的方面，因此我们有理由推测，当关联的边占全部边的比重提高时，如果与量轴结合起来，还可以看到分工专业化的作用。

$$\rho(\lambda) = \frac{1}{N}\sum_{i=1}^{N}\delta(\lambda - \lambda_i)$$

式中：λ 为邻接矩阵的特征值；N 为网络的总节点数，当 $N \to \infty$ 时，$\rho(\lambda)$ 逼近一个连续函数。

在这里，特征谱包括特征值与重数（连接两个相同顶点的边的条数称为该边的重数）。由谱密度 $\rho(\lambda)$ 表现结构特性（分布特性）。分布特性可视为一种结构复杂性特性。结构越呈分布式特征，越复杂。品种值 N 值本质上是结构复杂性（或分布性）的取值。完全图是密度最大的图，但如果它是均质的，仍不能说是复杂度最高的。因此还要考虑进一步的分布特征，如随机性、规则性与自组织特性④。

2. 关于网络的四维空间想象

如果我们具有充分的数学空间想象力的话，网络何以可能的问题，就可

---

① 熊文海，高齐圣，张嗣瀛. 复杂网络的邻接矩阵及其特征谱 [J]. 武汉理工大学学报（交通科学与工程版），2009.

② 斯坦利·沃瑟曼，凯瑟琳·福斯特. 社会网络分析：方法与应用[M]. 北京：中国人民大学出版社，2012：74.

③ 斯坦利·沃瑟曼，凯瑟琳·福斯特. 社会网络分析：方法与应用[M]. 北京：中国人民大学出版社，2012：75.

④ 孙玺菁，司守奎. 复杂网络算法与应用[M]. 北京：国防工业出版社，2015：46.

以简化为一个由四维拓扑空间构成的统一场的问题。其中，家庭、市场、企业、(狭义)网络，都只不过是(广义)网络中不同位置的"相"。这些相，都是表面现象("凡所有相，皆是虚妄")。它们之间看起来显得如此不同，只是因为同一事物在四维空间中位置不同。如果看全局而不是局部，看山不是山，看水不是水，它们共同的本体原来都是网络，好比孙悟空变出的东西都是孙悟空一样。

对非数学专业的读者来说，想象一个四维空间，而且第四维不是时间，是比较困难的。为了帮助大家建立关于四维空间的数学想象，我们可以先略去一维(价格维)，然后用两个二维空间中的幂律曲线，来凑成一个立体(三维)图形。然后再结合价格维，来想象它的四维图形。

第一个二维空间，是由点与边二维构成的图平面。第二个二维空间，是由数量和品种构成的广义均衡平面。其中，第一个二维空间的图值(即把二维值还原成一维值)，等价于第二个二维空间中的品种值。

图平面上的幂律曲线，代表无标度网络，它是一条长尾曲线，但与"数量—品种"二维上的长尾曲线不是一回事。它是由点与边构成的长尾曲线，而不是由"数量—品种"构成的长尾曲线。它代表的直接含义是，少数节点拥有大得不成比例的边，而众多节点只拥有少得可怜的边。与它相反的是规则网络节点与边的均匀分布。背后的含义是，度分布越不均匀，系统的邻接异质性越强。请注意，如果把这种二维关系换算成一维数值，就直接等于 N 值在品种轴上从小到大的排列。

在图平面上，隐含着与同质性假定完全相反的假定：假定数量 Q 不变(或均衡无关)。所有的图值的取值，代表的是均衡仅与品种有关，而在数量上是"天然"均衡的(因此数量变成了外生变量)。表现为图值的 N 值表示的是品种经济性的高低，即较低的数值表示广义均衡只能在较小的异质性水平上的发生，而较高的数值表示广义均衡可以在较高的异质性水平上发生。品种值越小，平均成本与边际成本之差越小(小到 MC = AC 的时候，图就还原、塌陷为点这样一个特例，边不再起作用，如系统不再呈现涌现、创新等特征)。

这里的品种经济，是均衡水平上的。无论它来自需求的经济性(多样化需求带来的溢价效应)，还是成本的经济性(如成本定义的范围经济性)，均假设它们之间已匹配到均衡状态。这个均衡状态包含两个条件，一是企业中依理性假定追求 MC = MR，实现最大化；二是把企业一切偏离理性假定（从行为假定、差异租到利益矛盾）的行为后果均纳入平均成本 AC 加以量化。也就是垄断竞争均衡定价，实际是理性最大化与行为修正之间的结合。只有在进行具体、局部分析时，才把均衡问题展开，分为需求问题、供给问题和供求平衡问题分别讨论。

在图平面上，以点为横轴，以边为竖轴，市场、企业、网络（家庭）分别位于短头、中间和尾部（两轴换过来，结论也相应换过来）。由此可以透视出，这些资源配置方式是以它们之间的"同质—异质"程度来相互区分的。

现在我们放松异质性假定，回到广义均衡平面（数量—品种平面），允许内生数量，即设定数量可变。这时的长尾曲线，表示的不再是复杂性程度，而是数量与品种组合构成的等均衡线。

图值上的长尾曲线表示的异质性程度（"行为"的量度）在此由平面收敛为一条线，只剩下 N 值高度这一个含义。N 值需要与 Q 值结合起来。比如，少数节点拥有大量的边，这里的边并不是数量 Q，而只是质。边多也不代表分工更发达。分工是指有连接的边与总的边数之比。分工既可以带来专业化水平的提高，也可以带来多样化水平的提高。少数节点拥有大量的边，对数量来说，只是一个点，数量的增加相当于把这个点展开为一条线。

反过来看图平面的长尾曲线，较少的节点拥有较多的边，较多的节点拥有较少的边。这里较多的边，是指大规模生产，即较大的数量值吗？根据定义（以图定义品种），就排除了这种可能。较多的边，代表的是较复杂的质，而不是较大的量。单看图平面时，它是数量无关的。什么才代表较大的量呢？转到"数量—品种"平面，放宽量的假定，允许内生数量 Q 时，才会发现，数量 Q 的大小与边的大小，既可以是正相关的，也可以是负相关的。正相关是说，质的复杂性经济时（边较多时），它的量的简单性（量的值）正好也经济，即范围经济且规模经济；负相关是说，边较多时，数量 Q 较少，这是标准经济学讨论的盲区，它代表范围经济且规模不经济（个性化定制）；边较少时，数量较高，是传统的规模经济且范围不经济（单一品种大规模生产）。这时的量，是指"数量—品种"平面长尾曲线上的数量的多少，而不再代表节点或边的多少。这意味着无标度网络中较少的边，可能带来的是较大的量。而较多的边，可能是较少的量，也可能是较大的量，但无论哪种情况，均衡点都在 AC，意思是都是有经济利润的。以爆款为例，如果我们不按四维空间来想象，只在低维想象，它与单一品种大规模生产热门产品就无法区别开。爆款产品并不一定能形成稳定的中心，而且可能瞬间由热变冷，这些都是传统框架解释不了的。有了四维空间想象，我们可以发现，爆款固然是少数节点拥有了较大的边，但这个边只是指较大的异质性（与众不同），它当然可能因触发大众体验而成为数量上也热卖的产品或服务，但我们务必需要想明白的是，这种现象只是范围经济中规模不经济与规模经济中的一个分支。爆款现象，是高异质性产品和服务恰好也符合专业化效率和规模经济的特例。

从均衡角度说，数量上的均衡是 P = MC，品种上的均衡是 P = AC。广义均衡平面（"数量—品种"平面）上的长尾曲线是在描述，当以图值表明的异质均衡，与一定的量相结合形成新的均衡时，这一均衡在多大程度上，由 P = AC 向 P = MC 方向靠拢；或反过来说，当以数量为主表明的同质均衡，在图值作用下，在多大程度上从 P = MC，沿等均衡线向 P = AC 方向移动。这时就看出结构分析呈现的新知，市场、企业、网络等资源配置形式，在沿着"数量—品种"平面上的等均衡线，拉动同质均衡向广义均衡（"同质—异质"混合均衡即工业化、信息化两化融合）方向移动。市场作为图值最低的配置方式，使自身均衡位于广义均衡靠近边际成本一侧，表现为专业化效率，而网络作为图值最高的配置方式，则使自身均衡位于广义均衡靠近平均成本一侧，表现为多样化效率。就效能来说（即加入固定成本后），作为等均衡线的长尾曲线，表示的是规模经济且范围经济的比例关系。而图值越高，拉姆齐定价越可能稳定出现，即使不存在规模经济也是这样[①]。

4.1.3.3 结构的经济学计量：直径、聚类系数与中心度

经济学研究网络结构与复杂系统科学、数学图论、社会网络分析等的角度不同，它有一个只属于自己的核心问题域，这就是资源配置的结构特性问题。

这个问题的总的来源，来自斯密的分工理论。我们要研究随机网络（在此代指一种分工不充分的网络，如农业经济网络）与高度分工的网络（包括规则网络、复杂网络[②]）。这个问题在结构经济学中，是以"发达—发展中"

[①] 详见后面关于拉姆齐定价的新解释。
[②] 以复杂网络区别于一般网络概念，特指以无标度网络为代表的兼具随机网络与规则网络特征的资源配置网络。

这一理论轴出现的。以此区别的结构，存在的是复杂化程度的区别。我们把复杂与复杂性完全区分开，以分工这个概念对应复杂，复杂是简单性系统（专业化系统）与复杂性系统（多样化系统）都存在的特性。而复杂性则是指多样化（随机）现象，简单的经济与复杂性的经济都可能是复杂性的经济。例如，农业经济被理解为一种具有复杂性的简单的经济，即既具有多样性，但分工又不发达的经济。复杂化是指从简单向复杂转变的过程，是复杂程度（即分工程度）的提高过程，以分工程度作为复杂化程度的量化尺度。发达是指高度复杂化的分工结构；发展中是指分工不发达或从不发达向发达转变（即发展[①]）的结构。工业化经济的分工沿着专业化分工与多样化分工两个方向变得复杂化，但前一个方向（即专业化）的复杂化，导致的是系统简单化水平的提高及复杂性水平的下降[②]；而后一个方向（即多样化）的复杂化，导致的是系统简单化水平的下降和复杂性水平的提高。因此，分工水平与分工专业化水平不是同一个概念。信息化经济（数字经济、网络经济）与工业化经济结构特征相比，有重大不同，其差异程度与工业化经济同农业经济之间的差异一样大。正是在这个意义上说，信息革命是工业革命之后的又是一次生产方式革命。信息化经济与工业化经济的相同之处在于，它们都是高度复杂化的经济，即分工水平高度发达，但二者相反之处在于经济复杂性的经济性相反（在数学上表现为效率变化率的切线斜率方向正负相反），具体表现为二者实现多样化效率（如小批量、多品种）的生产方式相反。工业化经济的典型特征是，无论规模经济不经济（一般来说规模经济），但范围不经济（准确说是范围在特殊情况下经济，但在一般情况下不经济，因此范围不经济是通则）；信息化经济的典型"商务"特征（不依赖于"电子"特征的定义）在于，无论规模经济不经济，范围经济包括两种情况，一是规模经济且范围经济（表现在现象上是大规模定制）；二是规模不经济且范围经济（表现在现

[①] 发展与增长的区别在于发展是结构复杂化，而增长只是指同样分工水平下产值量的增加。
[②] 具体来说，简单性水平提高，可以理解为一种由理性带来的"进步"，其标志就是同质化水平的提高（如生产日益标准化、社会化），各种规律被不断发现（并以正式规则形式）用于简化非标准化的形势。这种在经济中去除个性、行为特征的过程，也被称为物化过程（即"以人为本"相反的过程）。复杂性水平的下降，则是指自由选择水平的降低，表现为个性化、定制水平的降低。在同质化的总背景下，个人的选择水平可能提高，但把这些个人还原为社会整体时，却是无选择的。P = MC = Acmin 这是均衡与最优标准决定的，个人再别出心裁，他在完全竞争条件下，也只能与所有人同质化，否则专业化效率就不可能处于最优状态。

象上是个性化定制，如3D打印）。

现有经济学研究的水平，还不能区分农业生产方式、工业生产方式与信息生产方式这三类生产方式形成的三类不同结构，因此无法区分农业经济、工业经济与信息经济的本质区别。表现在经验上，才有了像宗庆后这样的传统企业家甚至经济学家的感慨，认为新经济没有增加什么新东西，但旧的规律完全可以解释。代表经济学发展水平达不到解释网络经济所要求的经济数学力度的标志，就是新经济增长理论最前沿的主流理论，仍不能论证范围经济。诺贝尔经济学奖仅限于颁给论证规模经济且范围不经济的学者，如斯蒂格里茨、克鲁格曼。由于论证不了范围经济的存在，只能主张将范围不经济的部分（内生创新、个性化的研发活动），由政府补贴。如罗默。而这一切，已远远落后于以中国电子商务发展为代表的网络经济发展的实际（内生创新、个性化却不由政府补贴的完全竞争经济）。

网络经济学的研究，把农业经济、工业经济与信息经济，通论成网络的不同结构。现在要解决的方法论的问题是，采用什么样的数学尺度来量化三种不同生产方式的结构区别。大的尺度已明确，是用图论的尺度。本章要研究的是具体用图论中的哪些工具作为主要量化工具，以区别于经济学之外对图论、网络科学的利用（如物理学式的应用、社会学式的应用、一般应用数学式的应用等）。与其他学科方法上的区别就在于经济学要求这些工具与生产方式研究主题具有最密切的关系，而不涉及或关系稍远的方法论工具，下放给应用学科去展开细究。

它涉及其他学科不研究的交易费用、社会化程度和中心治理结构等问题。在图论背景下研究这些问题，主要与直径、聚类系数和中心度有关。不是说其他技术性的网络问题与经济学无关，而是说经济学首先要把网络分析用于这些影响全局的核心上，而将其他分析主题放在具体应用中研究。

经济学关心的结构问题，与自然科学家关心的结构包括经济组织结构的侧重点完全不同。对网络经济学来说，在研究结构问题时兴趣点不同于网络科学，首要关注的是结构的分布特征（即质的结构）变化，如何影响均衡点的变化。这是从经济学全局看结构问题的要点。相当于从统帅部的视点看待战争，要抓牵一发而动全身的战略性要点。相比之下，网络科学、社会网络分析研究网络时，不免兴趣庞杂，许多热点都追逐到战士、战术或战斗的层面去了。

如果紧紧扣在斯密和科斯的问题意识上来看结构,核心问题是网络在结构上何以可能(或者说何以比市场和企业更可能)的问题。而且这个问题必须在均衡水平来解,否则就又解到了战术和战斗层面。结构问题的经济原理,最初源于扁平化与科层制两种结构何以成立的问题。其中的矛盾在于,在传统理论看来,扁平化结构必须具有较高交易费用,而科层制结构可以节省交易费用。我们要从结构上拆除这种有局限性的结论,把它们放在推广后的结构中再来重新审视。

原有看法隐含的现代性假设(以工业化为标准常态)首先需要拆除。如果不是以现代性(工业化)为常态的话,市场和企业为什么可以成立这样的问题,就需要进行更深入的追问。问题就变成,规则网络(市场与企业)何以成立,为何在此之前是随机网络,而在此之后是复杂网络(无标度网络),偏偏在工业化时期,需要以规则网络的形式配置资源。

这时候我们发现,不是所有关于网络结构的计量指标,与均衡这个内核都有紧密的联系。直径与聚类系数,是辨识随机网络(前现代市场)与市场的重要网络分析工具。因为这两个量值与分工的结构特性,具有内在的经济学关联。其他量值,可能与技术分析有关,但与这里的核心问题关系较远。从方法上看,用直径与聚类系数分析结构,比用杨小凯的超边际分析工具分析结构,来得更直接、更富于全局性。

直径问题直接由最短路径长度(Shortest Path)而来。对经济学来说,最短路径长度是一个与交易费用密切相关的概念。

设 G 是一个图,G 的顶点集和边集分别记为 $V(G)$ 和 $E(G)$。设 u, v 是图 G 中的两个顶点,u 和 v 在图 G 中的距离,记做 $d_G(u,v)$,是指在图 G 中 u, v 之间的最短路径长度。图 G 的直径记为 $d(G)$,是指图 G 中所有顶点对的最大距离,如果图 G 不连通,则记 $d(G)$ 为无穷大。点 u 在 G 中的邻域记为 $N_G(u)$,或简记为 $N(u)$,即 u 的所有邻居构成的集合,这些邻居的数目称为顶点 u 的度,记做 $dG('u)$。

从这个定义看,直径是图的所有节点对的最大距离。对市场来说,所有节点对的距离是等距的。关系没有远近生熟之分,或者说关系的度分布特征,在高度发达条件下无关乎经济得失。这代表充分的社会化。因为完全竞争导致人与人的关系高度同质化,不存在最短路径长度与直径的区别,也就是关系的生熟对交易不产生明显的影响。但如果一个网络没有经过充分的社会化,或充分社会化后要想向更高的个性化阶段上升,直径必然与最短路径存在较大的差别。

本来,最短路径关系的交易费用是较低的,因为双方存在的信任关系(信息透明关系)使他们不需要通过缔约来交易,因此节省了缔约交易费用。但是,这不能保证交易是有专业化效率的。如果图 G 是表示当事人交易的最大范围,随着交易范围的扩大,网络直径加大,新的交易费用必然要高于最短路径时近于零摩擦的交易费用。直观理解,随着一个网络中最短路径关系不断被生人关系(较大的直径)取代,并变得均质化,低交易费用同时低交易效率的熟人网络,逐渐被高交易费用同时高专业化交易效率的生人网络(即市场)所取代。

聚类系数(Clustering Coefficient)是一个反映结构的组织关系特征的量值,它直接的意思是反映一个节点中,有些节点之间相互也是邻居。它体现了分工社会化背后复杂化程度的提高。

用聚类系数可以很好地区分家庭经济中的市场(集市)与工业经济中的市场。用聚类系数分析分工结构时,有一个明显规律,即聚类系数随着密度增加而增加。这是因为链路越多,聚类就越多[1]。

随机网络的聚类系数较小,这是在说,比如,自然村落中人们的交往范围十分有限,一个人只有相对较少的邻居。人们过着鸡犬之声相闻,老死不相往来的生活。仅凭这一点,我们就不能说自由市场早在几千年前的中国就有,说明中国一直实行市场经济。因为数学特征摆在那里,随机网络比正则网络的聚类系数低许多,说明中国古代的市场只是口语意义上的,与市场经济意义上的理性市场具有完全不同的特征,在数学上代表社会化水平的聚类系数不同。

用聚类系数,就可以明显区分出一个简单结构(不发达结构)与复杂结构(发达结构)的实质区别。农业网络与信息网络同样具有个性化和定制化这种代表复杂性的关键量化特征,但之所以说信息网络不是倒退回小农经济,就在于它的聚类系数远远高于农业网络(如家庭网络、家族网络)。农业经济表面看上去具有某些"高"于工业经济的特征,如个性化、定制、在家办公等,但它是在系统复杂化程度不高,系统相对简单条件下实现的。如果是在

---

[1] Ted G. Lewis. 网络科学:原理与应用[M]. 北京:机械工业出版社,2011:77.

高度分工条件下，由于非标准化不能有效降低成本，它的个性化与定制化在更大范围的经济中一定是不经济的。而同样是实现个性化与定制，信息网络是在高度发达（即高度复杂化）的条件下，也就是说甚至比工业化的标准化程度更高、社会化程度更高的条件下，使个性化与定制从成本不经济，变为成本经济（即范围经济）。

中心度指标则是另一个结构敏感指标。它有助于区分企业与网络的不同。还要用它来解释网络与家庭的相同之处，即为什么复杂网络有某种"倒退"回（实际是在否定之否定的螺旋式上升中"回"到未来）随机网络的自由选择特征。也就是在"网络何以可能"的问题背后追问工业经济的自由选择水平高，还是信息经济的自由选择水平高。要区分自由在前现代中的随意性，与后现代中的自主性的真正区别。

中心度指标有许多，依问题相关性，我们重点考察度指标、紧密度指标和介数指标。通过这三个指标，想追问的不同于网络科学和社会网络分析的问题是：当结构中的分布特征集中表现在中心化这一点上时，结构呈现何种分布式特征，会将均衡定价引向边际成本定价，何种分布式特征，会将均衡定价引向拉姆齐定价。这样一问，那些只与自然科学相关的结构计量问题就突然变得不重要了。从这种追问中，我们想得到的新知识在于，理解为什么网络在配置资源方面，会比市场和企业更加有效，以及这种效率表现在何处。

通过度指标刻画节点在网络中的中心化程度，要问的是结构有无中心，中心在供方还是需方，中心固定还是不固定，对均衡状态有无利润是何影响；通过紧密度指标刻画节点通过网络到达网络中其他节点的难易程度，要问的是，中心与其他节点之间在资源分享利用上的相互依赖性，对均衡状态有无利润是何影响；通过介数指标刻画节点对于信息流动的影响力，要问的是，中心的邻接关系及其变化对均衡状态有无利润是何影响。之所以挑出均衡状态有无利润来问，是因为系统结构越趋近简单性，边际成本定价，从而零利润的可能更大；而系统结构越趋近复杂性，拉姆齐定价，从而产生租值意义上的利润的可能更大。中心度通过这种传导机制，作用于经济供求均衡的全局。通过分别检验中心度在随机网络、正则网络和无标度网络中的表现，我们可以看出结构变化的内在影响，特别是要从中看出市场和企业到底在资源配置上存在何种结构上的局限，使得网络成为替代的选择。

在此之前，人们虽然知道网络可以节省交易费用，但原因只能从经验上归纳，而得不出数学上的结论。利用图论，我们可以找出得出定量结论的方法。

概括起来说，结构定量方法的运用，要解决的问题，是从点与边的结合角度解析复杂异质性。包括从点与点的关系结构，边与边的关系结构。从结构观点看，中心化问题实际是一个关系结构问题。以往关于市场与企业之间扁平化与科层制的区分，只是形式化的讨论。沿着这种讨论框架，不足以对网络进行发现。当我们把这种关系（包括相互依存关系）当作一个原子论问题时，市场与企业的区分，先决框架是通过一个类似"政治—行政"二分的古德诺框架（"目的—手段"二分框架），将生活与生产进行二分（分工），形成了经济学中的现代性结构理论。突破这种理论，就要明白从原子论的角度看结构与关系论的角度看结构的联系与区别。采用图论方法的意义主要在这里。如果均衡框架把分工与人单合一统一起来思考问题，而不是把目的与手段对立起来考虑问题（例如，不是把"委托—代理"结构视为天然结构），发现最主要的"扁平化"，其实就是人的复归。在复归中，人既是目的，又是手段，且互为目的和手段。由此入手解题，才能使直径、聚类系数和中心度这些概念中的关系论含义显示出来。

我们采用逻辑与历史统一的方法，分析随机网络、正则网络和无标度网络为代表的三类结构。随机网络在逻辑上，同时存在于农业经济、工业信息和信息经济三种历史中，只是农业经济（家庭经济）时代，结构上的随机网络特征表现最为突出。正则网络在逻辑上，也同时存在于农业经济、工业信息和信息经济三种历史中，但在工业时代（市场经济、企业经济）中，结构上的正则网络特征表现最为突出；同样，无标度网络在逻辑上，也同时存在于农业经济、工业信息和信息经济三种历史中，但在信息时代（网络经济）中，结构上的无标度网络特征表现最为突出。之所以存在逻辑与历史统一现象，是因为逻辑本身的形成就是历史演进的产物，历史总是在扬弃前人的基础上发展自己的逻辑。正如所有历史都是当代史一样，所有逻辑也都是历史。

4.2 随机网络：基于家庭的农业经济网络结构

4.2.1 随机网络：以家庭为中心的网络

在自然经济中，经济组织以家庭、家族网络为中心，这样的网络是简单结构下的随机网络。

以家庭经济为代表研究随机网络，当然不是说在工业化的市场经济中就不存在随机网络。随机网络随处可在。但要论随机网络作为经济组织的主要形式，则非小农经济莫属。我们毋宁把市场经济中的随机网络当作一种非主流现象来认识。这与奥地利学派从自发自由秩序角度认识市场经济还不是一回事。我们不认为自发自由秩序在代表市场是一种随机网络。随机网络有自己严格的数学定义和鲜明的量化特征。我们下面就分析这个问题。

讨论随机网络，是复杂性经济学在配置论上摆脱西方中心论的重要一步。现代经济学本身是西方中心论的产物，它不自觉地预设了西方现代化之前的历史都是史前史。受这种观念限制，人类是否存在一种不同于西方现代市场的资源配置结构这一问题，竟成了理论禁忌。这个问题在经济学史上被提出来，是以杨小凯讨论发展中经济体的分工结构问题而开始的。

经济学中的西方中心论是以现代市场为历史起点，并以现代市场为历史终结的。而以随机网络为代表的经济（前现代的个性化定制与后现代的个性化定制），都是出现于历史"开始"之前，或历史"终结"之后，因此是新古典理论的盲区。

有一个令人困惑的问题，农业经济中的市场是市场吗（比如，中国古代搞的是市场经济吗）？以西方中心论（实为现代性中心论）角度看，现代性意义上的市场出现之前的市场，只是前市场，是发育不完善的市场。但跳出市场这个范式来看，自然经济、小农经济中的市集、物物交换等，并不是"不完善"的市场，而是"完善"的另一种范式，比如家庭经济。个性化、定制、在家办公、一物一价，这些特征包含的所谓不完善，只是相对于市场理性而言的。市场经济本身在逻辑上对应着理性的概念，而在历史上对应的是工业化。但对家庭来说，个性化、定制等来自于与理性不同的范式。站在家庭经济立场上（包括行为经济学的后现代立场）看市场经济，反而会觉得市场经济"不完善"，因为它去掉了人情味，总是与人的自然天性隔着一层。同样令人困惑的问题还有，互联网条件下的市场，它与市场是如此不同（例如可以一对一配置资源，可能绕过统一定价而进行情境定价），它还是市场吗？为什么不能把它与市场并列起来直接叫网络？为什么互联网除了在市场中配置资源，还在网络中配置资源？传统企业家囿于近一两百年形成的经验，往往认识不到网络在商业意义上的不同何在，一方面对吸引"90后""00后"一代消费者深感无力，另一方面又说网络对商业什么也没有改变。他们认识不到新一代消费者生活在与市场这种正则网络不同的结构空间中，认识不到网红经济在商业上的不同在于资源配置结构发生了从正则网络向再随机化方向发展，形成无标度网络这一新的资源配置形式这一点。

我们因为是在跨现代性范式（跨理性范式）这个语境下讨论问题，因此先把哪种范式更理想这个问题放下（它实际是由主流生产方式决定的），先看它们对应的现象的实证特征。从网络结构这个角度分析，自然经济与工业经济根本不是同一个结构，以家庭为中心的小农经济、自然经济，实际是一种随机网络；而以市场为中心的工业经济，实际是一种规则网络。我们不能说随机网络是规则网络的一种"不完善"的状态，也不能由于规则网络缺乏随机性，就说它"不完善"。它们是分工演进中所处不同台阶上的不同结构状态。从这个视角再倒着看农业社会长期存在的市场，就可以理解，它只不过是一种随机网络，而"市场"这个词，只不过是工业化发展起来后，人们附加给这个词以某种特殊含义使内涵发生变化后的结果。为区别规则网络意义上的市场，我们把家庭经济中作为随机网络的市场称为集市。当然，随机网络不是只有在家庭经济中存在，也可能在市场、企业主导的时代局部性地存在，或在工业化之后的网络中存在。只不过，我们可以把随机网络在家庭之外的存在，当作其他经济形态中从家庭经济中继承下来的某种结构基因。

通过对随机网络（某种意义上的自发自由秩序）的讨论，我们可以发现一个问题，斯密的零摩擦市场假说其实是一个理论错配，第一，市场不是零摩擦的。随机网络表明，一个规则网络（其邻接矩阵是生人类型——以信用而非信任为基础的网络）是不可能为零交易费用的，在这一点上，张五常是对的；第二，零摩擦的又不会是市场。零交易费用的可能是自然经济意义上的集市，其邻接矩阵显示，由于熟人关系——以信任而非信用为基础的存在，随机网络反而是零交易费用的。但这种无摩擦，是以相应的不做功（非效率）为代价的。集市的摩擦力（缔约交易成本）虽然比市场要低，它输给市场是因为聚焦系数过低而损失大量机会成本，不能使资源按专业化效率合理配置。所以不是摩擦力为零就一定好。

"网络何以可能"的真问题开始从中浮现，网络经济是想追问这样一种可能性：一种既像真正的市场那样可以做功（有效率），而又像随机网络那样不需要交易费用的方式何以可能。复杂网络正是这样的既有效率，又零摩擦的方式。我们在后面讨论无标度网络为代表的复杂性网络时，再回到这个问题上来。看看它与随机网络相同在哪里（以致现代化之间存在隔代遗传），不同在哪里（网络比市场具有更高的现代化特征）。

4.2.2 随机网络的结构特征：泊松分布与谱密度

随机网络的随机，是指网络中节点之间的关系是连接随机，没有固定模式。

经典随机图（Classical Random Graph）是以 P. Erdös 和 A. Rényi 命名的 ER 模型[①]。该模型是节点总数 N 固定，节点之间以连接概率 p 随机连接而成的网络。随机的意思是节点不按确定的规则连接，也就是关系不守理性规则。

随机网络的"随机"，首先是指 ER 模型中节点 i 的度 k_i 是一个随机变量。人们关心的不是这个随机变量大小是多少，而关心它的概率分布，即节点 i 的度分布：

$$P\{k_i = k\}, k = 0, 1, 2, \cdots, N-1$$

随机的另一个含义是：如果 i 和 j 是不同的节点，k_i 和 k_j 是两个不相关的随机变量。

随机网络的度分布服从二项分布：

$$p(k) = C_{N-1}^k p^k (1-p)^{N-1-k}, k = 0, 1, 2, \cdots, N-1$$

尽管两节点之间的连接是随机的，但由此形成的网络却有明显规律，这个规律是，绝大部分节点的连接数会大致相同。

随机网络的度分布具有泊松度分布的技术性质。随机网络的度分布呈现指数网络性质。

讨论随机网络的指数网络性质，缘于二项式模型[②]，通过观察度的概率 p 的性质，而总结出这种网络具有度概率呈指数递减的分布性质。对于充分大 N 和固定的 $<k>$ 值，经典随机网络具有泊松度分布值，

$$P(k) \sim e^{-\langle k \rangle} \langle k \rangle^k / k!$$

[①] 孙玺菁，司守奎．复杂网络算法与应用[M]．北京：国防工业出版社，2015：54.
[②] 孙玺菁，司守奎．复杂网络算法与应用[M]．北京：国防工业出版社，2015：52.

"随机网络中节点的度分布是遵循 Poisson 分布的，连接数目比平均数高很多或低许多的节点都十分罕见。因为一个节点连接 k 个其他节点的概率会随着 k 值的增大而呈指数递减，所以有时随机网络也称为指数网络。"[1] 经典随机网络的谱密度为：

$$\rho(\lambda) = \begin{cases} \dfrac{\sqrt{4Np(1-p)-\lambda^2}}{2\pi Np(1-p)} \\ 0 \end{cases}$$

除非 $|\lambda| < 2\sqrt{Np(1-p)}$。

在 $|\lambda| < 2\sqrt{Np(1-p)}$ 范围内接近半圆形分布（见图 4-2-1）[2]。

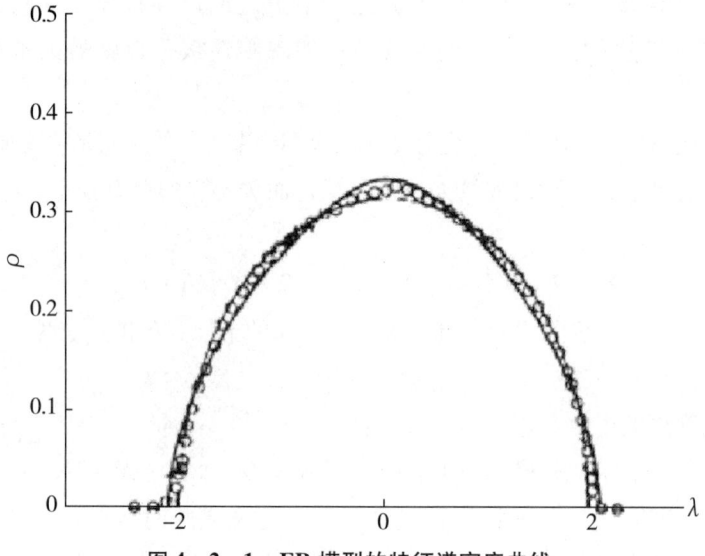

图 4-2-1 ER 模型的特征谱密度曲线

随机图的邻接矩阵和拉普拉斯矩阵将包含随机放置的 0 和 1。图的结构受限其拓扑，映射函数不能一致地，而是要随机地将链路映射到节点。熵可以提供对随机性的测量，随机意味着系统的有序度低。

这与无标度网络形成对比反差。无标度网络虽然也有随机性的特点，但它的节点连接数非常不平衡。对经济来说，这意味着低分工水平、低复杂度

---

[1] 孙玺菁, 司守奎. 复杂网络算法与应用[M]. 北京: 国防工业出版社, 2015: 54.
[2] 熊文海, 高齐圣, 张嗣瀛. 复杂网络的邻接矩阵及其特征谱[J]. 武汉理工大学学报（交通科学与工程版）, 2009.

的网络，其节点处于马铃薯式的小农经济状态，而高分工水平、高复杂度的网络，由创新和个性化带来的自由选择，在结构上非常不同。

4.2.3 随机网络的经济解释

以往，人们评判奥地利学派的自发自由秩序时，用文字说不清楚自发的确切意思。现在面对数学，就有条件用排除法逐渐厘清自发的内涵了。这个自发，首先应排除随机。随机的数学含义须有泊松分布这个边上的确切定义。显然，市场经济不是泊松分布的，小农经济才是。所以，自发对于自由秩序来说，不应是指随机。真实世界的市场中当然也会出现局部的泊松分布现象，但那不符合市场经济的定义，一定是竞争不充分的结果。它可以是经验分析的对象，但不是理论经济学的合适研究对象。奥地利学派的关系，由于缺乏度分布（异质关系）分析技术，因此无法识别小农关系、市场关系与网络关系的区别。而现在，通过网络模型，这个问题至少获得了一个高维解。

通过随机网络机理，给出自给自足的结构化解释，除了分工这种简化外，还要顾及自组织的"给"与自组织的"足"，在邻接矩阵上所受到的局限。泊松分布就是这种局限的体现，说明随机联系的范围效能不足（进一步研究可从供、求两个方面深化）。

随机网络的结构具有三个基本性质，一是泊松度分布；二是平均距离短；三是聚类系数小。这三个性质具有显著的经济意义。

1. **泊松分布的经济含义**

首先讨论泊松分布的经济含义。

如果说正则图具有明显规则性，"随机图中则明显缺乏规则性"[1]。规则是反复博弈形成的共同知识。随机网络往往并不缺少反复博弈。但在随机网络中，反复博弈没有形成共同知识，说明这种网络的结构中缺少同类项可供合并，节点与节点相比的异质性较强，而同质性的共同利益较为缺乏。

"泊松分布有一个明显的峰值，表明大多数节点所拥有的链接数和节点拥有的平均链接数一样。"[2]

---

[1] 艾伯特·巴拉巴西. 链接：商业、科学与生活的新思维[M]. 沈华伟，译. 杭州：浙江人民出版社，2013：32.

[2] 艾伯特·巴拉巴西. 链接：商业、科学与生活的新思维[M]. 沈华伟，译. 杭州：浙江人民出版社，2013：33.

在"平均值主导的随机宇宙"中,"所有人都差不多"。"根据泊松分布,朋友数量偏离平均值的人数随着其偏离程度成指数下降,很难找到朋友数明显多于或少于平均数的人。"① 人们形象地把农业社会自然经济中这种结构特征说成是马铃薯结构,也就是小生产结构,是指节点分散且缺乏社会化的理性的联系(关系的偶然性大)。

这表明:

第一,自然经济的社会化不充分。"一个节点连接 k 个其他节点的概率会随着 k 值的增大而呈指数递减",说明在自然经济中,由于分工不充分,一个人与多人发生协作关系的概率,会随着代表社会化程度的 K 值的增大而递减。意思是,在小生产模式下,与少量的人协作尚可;一旦协作范围扩大,协作关系就锐减。

这也说明自然经济自组织的特点,小范围的关系可以自组织自协调;扩大范围则导致范围经济的协调性递减。也就是多样化效率高,而效能低。这里的 K,应当与范围经济的范围联系在一起。因为范围经济不是专业化协同,而是多样化协同。

第二,自然经济的(同质)资本化程度不高。这表明,以劳动价值(人的主体价值)定义的(与工业生产方式相联系的)同质资本,基本不起作用。除了以自然力量和人的自然力量(暴力,属于一种异质资本)联系在一起的权力外,仅仅凭经济本身形成的中心聚集,力量是有限的。

自然的复杂性与信息的复杂性的不同在于,它是随机联系的。之所以称之为复杂性,仅仅是因为,"如果网络过于复杂,无法用简单的方法来刻画,我们不妨将它描述成随机的"②。这毋宁是在说,人们找不出其中的因果联系——相关,但没有因果。随机与不确定一样,在这里不是由于人的自由意志引起,而是因自然复杂性而生。

自然经济的范围经济(分多样化效率和多样化效能两个层次)之所以范围效能弱,与缺乏资本有关,包括社会化的关系资本,使得大范围时结构洞广泛存在。结构洞深度不够。关系资本的发达,有赖于关系(借服务化)的

---

① 艾伯特·巴拉巴西. 链接:商业、科学与生活的新思维[M]. 沈华伟,译. 杭州:浙江人民出版社,2013:33.
② 艾伯特·巴拉巴西. 链接:商业、科学与生活的新思维[M]. 沈华伟,译. 杭州:浙江人民出版社,2013:34.

业态创新，演化出关系的倍增器和放大器（P，S，D等）。

2. 随机网络短路径的经济特征：小农经济的关系

网络的直径是所有节点对之间的最大距离①。随机网络具有短路径特征。路径代表的是结构中的关系特征。在经济中，是指社会化的边界，代表相关人中交易成本最高、协调最难的最大的距离。随机网络，现实对应的是小农经济。与它相反的是规则网络（正则图），对应工业经济中的市场经济。研究随机网络的结构，必须研究其邻接关系的分布特征。在自然经济中，相邻节点随机建立联系（短的路径），依据的是自然偶然性之缘。对于大多数的连接概率 p 值来说，几乎所有的网络都有同样的直径，连接数高于平均值许多与低于平均值许多的网络极少。对家庭网络或家庭网络来说，这意味着大多数人都是同样的小农。

随机网络的关系分布相对平均，是因为生产力位势不足，难以凭借自然而然的社会力量形成大的商业中心（价值中心或负熵中心）。

正则网络不存在短的路径，但具有高的集聚性；而随机网络拥有短的路径，但缺乏高的集聚性。随机网络具有短的路径，且具有最短路径优先（OSPF）的特性，决定了随机网络的交易费用趋近于零。短的路径就是这种邻接特性的表现。但并不说明这种结构先进，因为对应的结构复杂化程度较低，即社会化不充分，社会分工水平低，分工难以覆盖全网，没有形成统一的大市场。因此它难以形成现代意义的全局均衡。它的均衡是一种随机的、不确定的均衡，表现为主要靠天吃饭，由局部波动引起的全局震荡大。

需要指出，尽管规则网络被冠以规则之名，不代表随机网络是没有规则的。只是它的规则不同于市场与企业。例如在中国，随机网络是以家庭邻接关系为中心的网络。儒家所说的礼，就是自然宗法网络的规则。礼（Order）的核心，就是在规范低分工水平零摩擦农业社会治理的结构。同样是规则，如何加以区分，我们把规则网络的规则，称为理性规则，或确定性规则；把随机网络的规则，称为不确定性规则。这个不确定不是说形式，而是说内容。自组织也是一种建立在不确定性内涵上的规则，但不是说自组织就没有规则。在这之中，有一个介于二者之间的网络类型，这就是规则网络中的最近邻耦合网络（Nearest–Neighbor Coupled Network），它既是规则网络，又是最短路

---

① 孙玺菁，司守奎. 复杂网络算法与应用[M]. 北京：国防工业出版社，2015：55.

径网络。这种网络在现实中很少存在，类似老子说的小国寡民"邻国相望，鸡犬之声相闻，老死不相往来"的内熟外生的网络。

我们说的零摩擦、零交易费用只是在说结构，一个零摩擦、零交易费用的经济，与不同分工水平的结构相比，或在真实世界中，可能摩擦力和交易费用是非常大的。零摩擦、零交易费用是针对一定分工水平下的具体结构而言的。比如，一个老农与村里的"经济"是零摩擦、零交易费用的，不等于将其关系模式推广到社会化大生产也是零摩擦的。再如，企业看起来交易费用比市场低，但与网络相比，它又是高交易费用的。因为网络还有多样化效率的存在，高分工水平上的同等交易费用相当于低一级分工水平下的低交易费用。因此，这里的"零"只是给交易费用提出一个矢量的方向而已，是"趋近于"零的意思，如果从标量上理解，就必须有一个参照系，看跟谁比。

短路径代表系统的复杂性特征（而非复杂化特征）。一个系统越呈现短路径优先特征，它的复杂性越强；一个系统越呈现均质路径特征，它的复杂性越弱。复杂性强的农业化系统个性化强而社会性弱；复杂性弱的工业化系统个性化弱而社会性强。卢梭的《社会契约论》就指出了这一特征。现代工业社会中的个人，将自己的同质的权利委托给社会，是以牺牲个性为代表形成了同质的个人的社会权利（个人主义）。在原子论的社会契约下，个人虽然有个性，但个性被置于私域，不再成为社会行为的准则。而在农业网络中，个性可能成为社会准则，如行为的随意性，不遵守正式法律、人治等，都是以个性在公共领域取代社会性的表现。在低复杂化程度经济中，这些都是"不发达"的特征。但在复杂化程度超过工业化的高度分工社会（如信息社会）中，这些缺点，也可能转化为优点，如以人民调解替代法律的刚性，灵活变通，以具体问题具体分析的权变，克服工业病的僵化；以个性化服务替代标准化服务提高用户体验等。短路径之所以与个性化相联系，因为它是指边与边的不同。在短路径中，一个关系与另一个关系是不同的，这本身就是个性化和异质性。我们一般说的个性化，从图的角度看，是从节点来说的；如果从关系的角度说，个性化是由情境（一个节点的周边连接关系）锁定的。例如，把物联网经济理解为个性化经济是有道理的，因为物联网是锁定个性化需求上下文的情境环境。另外短路径关系构成的复杂性系统，往往具有自组织、自协调的优点。例如在古代中国，在集权触角很难触及的乡村，村民自治是一种常见的现象。在发达状态中，微信的自组织、自协调机能，也是建立在短路径结构基础上的。因此需要跳出西方中心论的成见认识这种规则网络的化外之境。

3. 随机网络的聚类系数

聚类系数代表着系统的分工水平。依据经验我们知道，城市的要素是高度聚集的，农村的要素是高度疏散的。随机网络就相当于网络中的农村。在随机网络中，两个节点之间不管是不是邻居，它们之间的连接概率都是相同的 p。这意味着，在同等分工水平下，节点之间的关系，经济联系不是很紧密，而且范围非常有限。

集聚性可以通过节点的网络集聚系数来加以量化。网络集聚系数是指，节点的相邻节点之间全部实际连边与可能连边数之比。与路径代表关系相比，集聚代表的是节点与边的结合。在经济学中，这是表明生产的社会化程度（分工水平或结构复杂化程度[①]）的指标。存在连边对应分工状态，没有连边代表自给自足。杨小凯用超边际方法分析的分工的程度，与网络集聚系数的原理是相同的，表示已分工的关系占整个关系的比重。

聚集水平高，代表分工发达，结构的复杂化程度高；聚集水平低，代表分工不发达，结构的复杂化程度低。

需要注意的是，随机网络复杂化程度低，但复杂性水平却较高。因此准确地描述这样的结构，属于简单的复杂性系统。表现在效率特征上，小农经济中，多样化效率高，而专业化效率低，在经济性上表现为增值性好，但成本性弱。也就是大规模与定制相互矛盾，可以实现定制生产，但无法实现大规模生产。从工业化的角度看，农业网络的复杂性水平高，是一种缺点，表示标准化、同质化的难度高，不能以理性规则加以治理。工业网络（规则网络）对农业网络的改造，主要表现在通过专业化，将其纳入理性的规则中，使之变得均质化，由此带来大规模生产的成本领先竞争优势。

应指出，聚类系数对系统的复杂性是中性的，聚类系数低可以是高复杂性的，聚类系数高也可以是高复杂性的。前者代表低分工水平下的个性化、定制，后者代表高分工水平下的个性化、定制。特点是不仅多样化效率高，而且专业化效率也不低。

人们经常误认为现代性意义上的市场，早在自然经济中就存在。但观察其

[①] 注意，结构复杂化程度不同于结构复杂性程度。

结构可以发现，这样的"市场"只不过是一些随机网络。作为随机网络的市场，实际是一些简单的社会网络。这样的网络早在工业化时代之前就已广泛存在[1]。

随机网络与规则网络的区别在于，规则网络的规则是工业化的结果，工业化生产方式决定的反复重复博弈，形成了机制化的共同知识，在思想上表现为启蒙理性，在经济上就表现为理性的化身，即规则。正则网络是规则网络最初的标准形式。而随机网络也不是没规则，但这种规则不是现代意义上的理性规则，而是自然规则。比较笛卡尔理性与朱熹的理性，同样叫理性，但范式完全相反，前者是天人对立的，后者是天人合一的。这种天人合一，表现在经济上，就成为人与人的合一，即生产者与消费者合一，即自给自足。自给自足与复杂网络下的 DIY 有所不同，是缺乏社会化效率的。

4.2.4 随机结构对均衡的影响

分析随机网络的均衡状态是困难的，现代意义上的均衡是在充分分工社会化的条件下实现的。从这个意义上说，以随机网络为特征的小农经济是谈不上均衡的。但从广义的均衡来说，供给与需求之间的平衡，即使在以自给自足为主要生产方式的小农经济中，从理论上说也是存在的。从这个意义上说，随机网络的均衡问题也是存在的。

随机网络均衡最大的特点就是均衡的随机性。第一，靠天吃饭，决定了丰年与歉年很难像工业社会那样，靠人为力量加以调节，与其说周期意义上的均衡与非均衡决定经济，不如说是受自然因素影响的丰收与歉收在决定经济。第二，随机网络的均衡具有本地性。自给自足是供求平衡的主要形式。由于没有形成现代市场经济意义上的统一大市场，要素难以通过完全竞争在大市场充分流动，交换中的均衡往往在一个一个相互隔绝的本地，自发地达成或打破。本地性的丰歉一旦产生共振，往往造成社会更大的经济波动。第三，随机网络在均衡的类型上，更接近差异化均衡，而更不可能形成无差异均衡。由于随机网络难以按理性规则提高专业化效率，很难指望其均衡能趋近边际成本定价的同质化优化状态，与工业网络、信息网络相比，都会有巨大的专业化方面的效率损失。同时，随机网络的短路径结构下，经济具有一

---

[1] 马修·杰克逊. 社会与经济网络[M]. 柳茂森，译. 北京：中国人民大学出版社，2011：292.

定多样化效率（如匠人工艺的效率），表现在经济质量、个人知识、文化品位等方面的发展，这一点往往由于农业经济被工业经济战胜而被人们忽视。近年来，随着经济个性化、体验化的发展，有人开始讨论与专业化效率相反的小农效率（多样化效率）和"再小农化"问题[①]。其中隐含着这样的潜在可能，在比工业化更发达的状态下，人们可能会在以 GDP 为导向的专业化发展方向之外，寻找以创新和个性化为导向的多样化的发展方向或者叫自由选择（以自由看待发展）的方向。这时，研究随机与创意是什么关系，就变成有趣的问题。第四，随机网络在结构效率上多有缺失。尽管小农网络强调关系，但其社会资本并不见得比工业网络，尤其是信息网络更为丰富。这主要是因为，由于聚类系数太低，关系与信任虽然作为一种结构现象广泛存在，但它们起作用的空间是非常窄小的。一个村的人可能彼此关系与信任都很丰富，但出了村，或村与村之间，社会资本就十分稀薄。在这种状态下，结构洞广泛存在，社会资本触达结构洞的深度十分有限。这都使得广义增衡中实现差异租的机会被大把大把浪费。

与西方中心论对前现代经济采取全盘否定，认为它只代表落后不同，互联网经济中对前现代经济多有借鉴，例如脸谱模式就受到前现代的礼品经济的启发。网络经济学认为随机网络从历史与逻辑看，既有优点也有缺点。主要是考虑在信息网络（复杂网络）中，会否定之否定，从而在某种意义上肯定随机网络中的长处，如个性化、定制方面的增值性，自组织、自协调方面的低治理成本，包括个人知识与体验的发展具有的高意义含量等，希望这些方面在治理工业病中发挥积极作用。

最后要辨别一个概念，那就是自发与随机的关系。奥地利学派强调自发自由秩序，其中的自发并不是指随机，相反，奥地利学派相当重视规则，并把规则提高到自由秩序的高度。另外，随机与自由在选择性方面，又有相通之处，它们都具有自下而上选择而拒绝自上而下决定的意思。只不过小农网络的随机性，更多代表了人的不自由[②]的自由，只能自由地随遇而安；而在遵守规则基础上的自由，更多体现了人的自由选择的自主性。比奥地利学派的自由更加全面的自由，是指人的自由而全面发展。

[①] 姜奇平. 信息化与网络经济：基于均衡的效率与效能分析[M]. 北京：中国财富出版社, 2015：313.

[②] 不自由在此指被自然决定。

4.3 规则网络：基于市场和企业的工业经济网络结构

4.3.1 规则网络：市场、企业的网络结构

规则网络（Regular Network）是指系统各元素之间的关系可以用规则表示的结构，其特点是网络中任意两个节点之间的关系遵循既定的规则。把市场与企业都视为网络的一种变体，则市场与企业从结构上看，都可以归入规则网络的类型中。二者的不同在于体现规则的方式，企业主要是通过节点来体现规则，具体说是以网络中心节点，在层级控制中代表规则；市场主要通过边来体现规则，具体说通过边的均质性，以及从这种均质性中产生的统一价格为中心来代表规则。

规则网络在逻辑上代表网络结构中体现规则性，从而体现理性的一面。在历史上，则代表工业化的网络结构[①]。这种结构分为两种最常见的形式，一是正则网络，以市场网络最为典型；二是星形网络，以企业网络[②]最为典型。

从历史发展角度看，规则网络，是网络的理性化过程。即通过理性化，把网络从不确定（随机）变得确定（不随机）的过程。启蒙运动提出的以心物分离为核心的理性，是规则背后的规则（即元规则，是规则的形而上形态）。在现实中，表现为以工业化、城市化、职业精英化为代表的社会关系规则化（而排斥经济中的随机性，如靠天吃饭，同时也包括创新与个性化[③]）的过程。从网络角度看，它是社会关系从农业社会马铃薯式的随机联系，转化为以理性为基础的有序联系的过程，但这种结构的不完善与过渡性表现在，它不能充分容纳创新，需要有一种比现代化的网络更现代的网络——复杂网络出现，网络才会变得全面、包容。

我们需要从网络结构上区分这一过程中，市场经济的自发性与自然经济的随机性。事实上，市场经济的自发性，并不是一种随机性，而只是一种个

[①] 当然，不是所有规则网络都是工业化网络，例如最近邻耦合网络虽然是规则网络，但仍属于小农式的网络。

[②] 企业网络不是指企业的网络，而是把企业本身当作网络的特例来理解，是指网络中那个被称为"企业"的企业网络这个子集。

[③] 工业化并不排斥创新行为，只是把它排挤个人行为，而不再当作制度本身的特征。

体性，甚至只是同质化的个体性的表现。在市场主体高度自发性行为的背后，是行为的随机性相较于家庭经济大大下降。正则网络包括市场规则占主导的网络，当然也会有大量的随机网络真实存在，但这不说明工业经济与农业经济没有区别。这些随机网络的存在，必有竞争不完全的具体原因存在。竞争不完全，就不能形成统一的市场价格。价格就会变成一个价格集合，从而使帕累托最优难以实现。而工业化发展的过程，从不发达到发达的过程，正是使这种随机网络变得越来越少，越来越非主流，从而使它们在全局上显得越来越不重要的过程。这进一步说明了规则网络在市场经济中具有的核心地位。

4.3.2 市场的图本质：正则网络

在网络科学研究中有一个奇怪的现象，研究正则网络并把它当作一种重要网络的著作极少。对它的研究还不如对随机网络的研究多，一般文献中甚至很少把它列在主要标题上。也许是认为它太简单了，没有什么技术含金量值得研究。不过，经济学几乎全部都押在了与正则网络对应的现象即市场经济现象上。因此，我们需要把正则网络这个"冷门"单拿出来研究。主要是看一看，如果我们跳出市场经济这个"庐山之外"，从网络角度看，市场到底属于哪类网络，把这类网络拿到"庐山之外"，与别的网络相比，它到底有什么优点和缺点，为什么在成熟的网络经济中，市场这种网络的显赫地位会被别的网络替代。

从泛网络论角度看，市场是图的一个特例，即均质网络的特例。这一特例表现为边与边之间是同质的，没有区别的。这种同质性的网络是正则网络。

4.3.2.1 市场的推广定义：作为网络特例的市场

戈伊尔从正则网络角度，将市场进行了图论的推广，分析了正则网络中一个参与者的均衡收益[①]。

企业是有中心的规则网络，市场是无中心的规则网络[②]。市场表面上也具有分布式的节点，但结构却不是拓扑结构，而是有标度的网络（即结构的

[①] 桑吉夫·戈伊尔. 社会关系——网络经济学导论[M]. 吴谦立，译. 北京：北京大学出版社，2010：45.

[②] 当然，这是仅就现有网络框架而言的。如果把价格也变成二维的，就可以看出，相对于情境定价而言，正则网络的价格，即统一市场价格，也是中心化的价格，因此也具有理性的自负。

"倍数"一放大,结构或质仍然相同。这不同于发达程度不同的网络,具有不同的结构,因此性质不同,就不再相同的网络,如分工改变标度与均质性。所以才有结构经济学、发展经济学进行区别研究)。

同质网络(市场)是均质的网络,每个节点几乎具有相同数量的连接而被称为均质网络。在均值网络中,$N=1$。意思是品种多少,质量高低,对经济的影响只是外在的。

从理论上说,零交易费用往往是度分度均匀的网络(每个节点具有相同数量的边——机会,价格是机会平衡的结果,即社会化、商品化)。在市场经济中,完全竞争使每个节点的边趋于一致,使边包含的信息趋于一致(形成价格信息)。但实际的市场中,交易费用是非常高的,高到这种网络在进一步发展中,要被人称企业的星形网络所替代。这是因为,纯而又纯的正则网络,在现实经济中几乎不存在。

更为常见的是,在一个同质与异质混合型的网络中,它以垄断竞争方式确定均衡价格。其中由均质的部分确定价格构成中的边际成本,而由网络中不同的度分布的均值,确定均衡价格 $P = AC$ 中 $AC - MC$ 的部分,即溢价的部分。

4.3.2.2 正则网络的特征谱密度与邻接矩阵

如果一个网络中所有节点的度数都相同,这样的网络被称为正则网络,其图称为正则图。如果图 G 的每个顶点的度都是 k(Bapat),则称其为 K - 正则图(K - Regular Connected Graph)。

正则连接图是一种最简单的网络形式,其最显著的特点是所有的节点度数相同,节点与周围节点之间的连接关系相同。

全局耦合网络(Globally Coupled Network)是正则图中的一种。这一网络中任意两个点之间都有边直接相连。因此在相同节点情况下,它具有最小的平均路径长度,节点的聚类系数均为 1,整个网络的聚类系数为 1。一个有 N 个节点的全局耦合网络一共有 $N(N-1)/2$ 条边。

从更一般的情况说,k - 正则连接图的谱密度分布是:

$$\rho(\lambda) = \frac{k}{2\pi} \frac{\sqrt{4(k-1) - \lambda^2}}{k^2 - \lambda^2}$$

均质性有两个特点:一是节点的边一样多,二是节点与周围节点之间的连接关系相同。节点的边一样多,说明分工越发达,随着竞争从不完全到完全，要素流动越来越自由，从而导致机会变得均等；连接关系相同，说明完全竞争不是导致关系消失，而是导致关系变得均质。这意味着，讲关系与不讲关系，效果一样。趋向均质，这主要是围绕成本进行竞争的结果。

正则图的邻接矩阵是什么样的呢？

并非只有随机网络和无标度网络才有邻接问题，邻接矩阵是所有网络的结构，只是不同结构的邻接矩阵反映的结构特征不同。

如果 B 是一个 $n \times n$ 矩阵，那么由 B 产生的代数定义为 I，B，B_2，$\cdots$ 的所有线性组合的集合。由 B 产生的代数是一个关于矩阵 B 的矩阵多项式集合。如果图 G 的邻接矩阵为 A，那么由 A 产生的代数被称为 G 的邻接代数。通过邻接代数可以刻画正则图的特性。

设 G 是一个有 n 个顶点的图，那么当且仅当 J 是在 G 的邻接代数中时，G 才是一个连通的正则图[①]。

这个定理在于说明正则图邻居之间的连通性。

我们用通俗的语言解释一下连通性。戈伊尔将关系结构区分为邻居与非邻居，把依靠节点间直接关系的网络效应称为局部效应，把所有不是邻居的参与者称为非邻居，"他们被一视同仁"，他们的行动产生的是整体效应[②]。运用到正则网络上来，它的邻接矩阵反映的正好是非邻居的关系，也就是说，所有节点都被一视同仁。所谓局部效应是指小农经济，而整体效应是指社会化大生产。由此我们看出，小农经济与市场经济的区别，不在于诸节点都在市场里行动，而在于由交易形成的关系是否具有规则特征。两个真实的邻居之间如果按理性进行交易，那么虽然他们是邻居，但他们在这次交易中的关系却是"非邻居"的，因此是规则的。由此获得的整体效应就是交易的社会化。可见，正则网络的连通性不同于一般连接，而是指均质的连接关系。

戈伊尔提出一个量化办法，把网络结构高度抽象化，只用交易次数来区分结构不同。然后用收益函数来区分邻居关系与非邻居关系。他认为对于充分社会化的交易来说，"收益函数仅仅依靠次数，而不是参与者的身份"[③]。

---

① R. B. Bapat. 图与矩阵[M]. 吴少川，译. 哈尔滨：哈尔滨工业大学出版社，2014：93.
② 桑吉夫·戈伊尔. 社会关系——网络经济学导论[M]. 吴谦立，译. 北京：北京大学出版社，2010：29.
③ 桑吉夫·戈伊尔. 社会关系——网络经济学导论[M]. 吴谦立，译. 北京：北京大学出版社，2010：33.

市场网络也是一个分布式的网络,其均衡是分布式均衡。但它的均衡点位于同质化的边际成本定价上。这是简单性系统的均衡定价特征。这说明分布式本身,并不必然具有复杂性,一定是分布加均质,才会出现边际成本均衡定价。

戈伊尔准确地指出,"在正则网络里,分布的均衡会自然出现"[1]。

在任何一个次数为 k 的正则网络里,存在一个对称分布的均衡 S^*,使得 $f'(s^* + ks^*) = c$。换句话说,每个次数为 k 的正则网络都有一个分布的均衡,某个参与者选择:

$$s_l^* = \frac{\hat{s}}{k+1}$$

戈伊尔认为,"分布的均衡不可能在一个星状网络里存在"[2],这比新古典新制度经济学家的判断更有见地。

稍为与众不同的是,戈伊尔把企业也纳入正则网络来分析[3]。这显然有违科斯的初衷。实际上是把企业当作交易主体,而不是化解交易费用的科层制主体。他同样以交易次数来衡量企业间交易的结构化程度,试图得出与市场分析类似的结论。这虽然无助于说明企业不同于市场的特征,倒是可以说明企业与市场在规则网络上面的相通之处。

4.3.2.3 正则网络的经济含义

正则图代表市场结构经济,其中的完全图代表发达的分工状态。所有节点彼此相连代表分工没有任何死角,所有节点都处在分工状态。充分就业就是这样一种状态。

正则网络不存在短的路径,但具有高的集聚性。一个有 N 个节点的全局耦合网络一共有 $N(N-1)/2$ 条边。这就是分工在规则网络条件下的最大限度。杨小凯曾用超边际方法描述分工,与此同理。两点有连接为分工,没有连接为没有分工。分工的意思是说一个人不同时是同一产品的生产者与消费

---

[1] 桑吉夫·戈伊尔. 社会关系——网络经济学导论[M]. 吴谦立,译. 北京:北京大学出版社,2010:42.

[2] 桑吉夫·戈伊尔. 社会关系——网络经济学导论[M]. 吴谦立,译. 北京:北京大学出版社,2010:42.

[3] 桑吉夫·戈伊尔. 社会关系——网络经济学导论[M]. 吴谦立,译. 北京:北京大学出版社,2010:52.

者。当然一个面包工人吃一只自己生产的面包，可以视为在分工中扣除一个自给自足的例外，也可以视为他从工资中购买这个面包，或以成本价购买这个面包，或者将他视为整个面包生产的一个环节，从而仍然存在于分工之中。

与之形成反差的是，随机网络拥有短的路径，但缺乏高的集聚性。前面分析过，集聚性是个复杂化指标，而短路径是个复杂性指标。集聚性描述的是分工，代表分工的复杂化程度（不是复杂性程度）高。而短路径描述的是分工中与专业化相反的另一支即多样化程度（即复杂性程度）。完全图的路径长度平均与短路径不是一个概念，一般短路径网络中各个边是非均质的。这是小农经济与市场经济的主要区别之一。农业经济对于自然禀赋存在较大的依赖。一条河流、一场战争，都可以使人一族群的命运发生极大的改变。这一点不像工业社会，通过反复博弈，逐渐建立起规则。而且，小农经济中的规则也是多有畸变的。这使它表现出相当的不稳定性。

经济学的同质性假定，从网络角度看，是对正则网络完全图的这种情况的理论概括。只有在完全图中，经济才是完全均质的，才完全符合同质化假定。它代表的是完全竞争，且完全竞争导致完全同质。其实，短路径且边异质也可能是完全竞争的，即异质完全竞争。但这种情况被新古典理论排除了。这说明新古典理论具有经验上的局限性。它把正则网络完全图当作各种网络中最普遍、最有代表性的网络。但从图论角度看，正则网络只是各种网络中的一种特殊情况，甚至在规则网络中也只是其中一种。星形网络虽然也是规则网络，但其规则是不是同质性，是可以讨论的。新古典制度经济学可能认同其网络是同质性的，这也没有问题；但熊彼特的企业理论不认为企业的规则是同质性，而是创新，也不能说是错的[①]。与市场结构不同的网络在现实中比比皆是。这是我们从网络角度把市场当作特例的根据。

这里有一个问题，正则网的规则与规则网络的规则是不是一回事。显然，从正则网与星形网的对比中，可以看出二者在共同的规则外，还有各自不同的规则。正则网的特殊规则是市场规则，而星形网的特殊规则是企业规则。我们把二者共同遵循的规则，称为市场经济规则。市场经济规则对规则网络来说是通则，但对所有网络来说只是特例。

---

① 第二代熊彼特理论明确把其均衡基础确定为垄断竞争，更扫清了通向张伯伦异质完全竞争的通路，说明企业理论并不必然是同质性理论。

正则网络代表的经济，是标准的市场经济，即以市场为结构的经济。高集聚性是说正则网络型的经济，分工高度发达；不存在短的路径是指，正则网络型的经济，分工专业化水平高，而分工多样化水平低。也就是说，正则网络在推动经济向复杂化方向发展时，结构却极度地向简单性结构演化。国际上有一个经济复杂度指标（The Atlas of Economic Complexity），中国的复杂度非常高，而英国的复杂度非常低，在著名国家中分别处于世界的两端。这说明经过长期的工业化，英国经济的人际关系非常均质，最接近正则结构。

市场原教旨主义者，经常把市场加以神化。但如果把市场还原到更大的结构化背景看，由西方中心论带给市场的神秘性就会散去，市场的进步性与它的落后性同样明显。

规则网络是理性网络，正则网络作为规则网络的其中一种形式，自然也具有理性的一切优缺点。其结构性优点就在于其标准化、社会化，使分工专业化效率大幅提高，从而使人的本质获得越来越大的普遍性，从而实现人的发展。因此，它相对于小农经济来说，是一种历史性的进步。

但市场的结构性缺点也同样突出，边的均质性既是它的最大优点，又是它的最大缺点。它可能由于理性的自负而构成对网络自由的抑制，使网络不能自由、随机地按创新和个性化的要求发展。市场也有理性自负的问题。这是我们的观点与奥地利学派的原则不同所在。市场的理性自负，与计划的理性自负，形式相反，但理性的实质是相同的。从图论的角度看，计划与市场的数学结构在大类上是一样的，都是规则网络。表现在网络结构上，突出的共同特征在于都要求各边均质化。不允许不同质的边存在。只不过计划在实现同样的均质化过程中，还具有与企业相同的一个特征，也就是有一个控制网络的超级中心节点。网络比市场的自由选择度高，就在于把个性化作为自由的一个重要尺度，不满意奥地利学派的地方，就在于它只片面强调自发，却不提个性化的事情。因此怀疑他所倡导的自由选择是不充分的，只是同质化的个人自由，而不是异质性的个性自由，这与互联网的精神是不符的。

仅仅说市场是自发的，并不足以说明它不是理性的（间接的论据就是，奥地利学派是非常重视规则的），更不能说明由其形成的理性不是自负的。从网络结构看，所谓理性自负只是说，理性要求有一个唯一的中心，排他性地代表规则，而这与网络中的其他节点产生了矛盾。如果从自发的过程中，不能产生一个价格集合（如阿玛蒂亚·森能力模型中的 K 域集合），而只能形成一个规则的价格,即一个唯一的统一市场价格,它与计划价格一样,是唯一的中心,具有排他性,岂不意味着把理性自负的魂又招回来了?自由与独裁在这里就只是五十步与百步的区别。这个价格是人为计算生成,还是自发生成,只有形式区别,没有本质区别。

自发在什么情况下才既符合规则又不是自负的呢?在随机网络中不行,因为它形成的自发价格,纯属本地价格,是未经要素流动平衡过的局部价格;只有在更高级的网络即无标度网络中才有可能,因为网红价格是一种情境价格,它虽然也是本地价格,但它是在要素充分经过全网流动后自发形成的价格。因此,只有情境定价(即一对一定价)才能真正摆脱理性的自负。对情境定价来说,规则不是全部,而只是跳舞时戴着的锁链而已,戴着它只是为了跳得更好而已。它是个性化的,但不反社会化,吸收规则于自身之内,又不像规则网络那样拘泥于规则,不知变通。

在网络的全谱系中,正则网络之所以得到的评价不高(这一点正好与经济学形成反差),在于它的自由度有限。如果换成经济语言来表述,正则网络只是分工水平高,复杂化程度高,但由于这些是以降低复杂性为代价获得的[①],导致这种网络的自由选择水平是低级的。如果把随机与规则的关系,比喻成跳舞与锁链的关系,正则网络对锁链的赋值过高,而对跳舞的赋值过低。因此在专业化效率普遍提高后,其多样化效率低成为自由选择水平不如其他网络(如无标度网络,即互联网)的根本原因,也就是说正则网络的创新与个性化潜力不足。这是在信息革命中,市场结构被网络结构扬弃的深层原因。

自由选择中的自由,如果只是停留在自在的、自由的阶段,那仍然是低水平的;创新和个性化则是在自为基础上的自由,因此是高级发展阶段的自由选择。

4.3.2.4 按照关系网建立起来的市场:前市场与后市场

另外一个问题是,在成熟的市场中,也有关系嵌入现象,形成一种叫市场网络的真正世界的经济现象。这是指关系这种网络嵌入了市场这种网络,即社会关系嵌入互联网,形成正则网络的一种变体。杰克逊重点分析过这类

[①] 专业化水平的提高往往以多样化水平的降低为代价。例如,整体产品标准化降低了产品的多样化程度。

现象，提出"什么样的市场是关系网式的"，研究"按照关系网建立起来的市场"不同于正则网络意义上的市场的特征[①]。其中涉及强关系与弱关系的著名研究。例如在劳动力市场中，发现存在"持续期依赖"现象，这是指"一个工人失业时间越长，其邻居失业的概率越大"[②]。这完全是因为，一个工人失业初期，他的邻居还没有失业，可以为他提供就业信息。但时间一长，他的邻居也失业后，相互介绍工作的关系越来越少。因此一旦失业，再就业的难度就越来越大。说明关系在市场中起到很大作用。中国经济包含东方经济，也具有关系网式市场的特征。说明即使在工业化发达的条件下，以短距离关系为特征的传统网络，与西方流行的正则网络之间，也是你中有我，我中有你的。这种情况一旦发展到互联网时代，形势突变。互联网所在的网络，要比正则网络的自由度高一个数量级，高于正则网络的地方，正好在短距离关系方面（高科技条件下的最短路径优先），是一种比正则网络集聚性更强的网络，这时，仍残留农业时代关系网特征的东方经济，忽然出现了从落后一跃而为比先进更为先进的可能性。这可以解释为何中国互联网经济出现跨越式发展的现象。

其中的理论本质在于正则网络是现代性的市场，关系网络是前现代与后现代性的市场，后现代性在否定现代性的同时，保持了现代性对前现代性的否定，因此出现对前现代性否定之否定，从而进行肯定的一面。同时，这种否定之否定，又构成肯定形式的否定，即后现代性肯定了现代性（集聚性），从而构成对随机网络表现的否定（对小生产的低集聚性的否定），以及在肯定随机网络个性化优点中对正则网络中的非个性化、非创新成分的否定。由此，我们可以把网络结构中的历史演进规律与逻辑演进规律结合起来，视为同一个规律。

4.3.3 企业的图本质：星形网络

与市场是一种特定形式的网络一样，企业也是。只不过企业这种网络，其异质系数比市场高，表现出层级网络的特征。企业是介于市场（二维）与网络（三维）之间的分数维现象，层级是分形的表现形式。对于层级网络来说，"连边数最多的节点是根节点"，它的迭代中"包含此根节点的单元"[③]

---

① 马修·杰克逊. 社会与经济网络[M]. 柳茂森, 译. 北京：中国人民大学出版社, 2011：293.
② 马修·杰克逊. 社会与经济网络[M]. 柳茂森, 译. 北京：中国人民大学出版社, 2011：309.
③ 郭进利. 复杂网络和人类行为动力学演化模型[M]. 北京：科学出版社, 2013：173.

是"典型的具有分形特征的网络"[①]。企业解体成网络,是一种升维现象。是将人单合一的重心从集中式的企业向分散化的用户转移的结果,组织因之向适应更高异质系数的方向发展。

研究企业的图本质,不同于研究企业的网络,或企业的网络特征[②],而是把企业当作网络本身,当作全功能网络中的一个不完全的网络。

4.3.3.1 企业的结构发生学：中心化层级网络的形成

"科斯等把治理结构传统地划分为'企业''网络'和'市场'。"[③] 将网络与市场、企业并列,是有先见之明的。事实上,与市场、网络并列的网络,只是窄义的网络,即以互联网为代表的复杂网络。如果从广义来说,市场、企业和网络,都是广义网络中的子集。

企业的结构是科层制结构,这是常识。但网络结构论需要再追问一句,科层制又是什么网络结构？网络结构论把所有结构都视为一种网络结构,则科层制也是网络结构中的一种。如果不把科层制当作理所当然、不言自明的现象,而把它当作一种网络现象来认识,它是网络中的何种结构现象,就变成了一个新问题。从完整结构的网络倒着检验企业这种结构不完全的网络,我们可以假设,企业不过是网络通则在某种具体条件下的变体。具体来说,它主要是网络受到某种作用力而形成的呈现为星形结构,且分形的一种具体网络。

这样提出问题和研究问题,事出有因。互联网让企业重新变得扁平化。海尔正在发生的结构变化,预示着企业的未来。这方面的现象是科斯理论无法解释的。如果我们把企业当作某种意义上的前网络,就好比我们把农业经济中的集市当作某种意义上的前市场,企业这种现象就变得容易理解一些了。可以解释为,一旦当某种科斯没有察觉的具体条件（分数维）变化之后,可以用同一种逻辑解释企业为什么以前是科层制、中心控制的,而以后不再是科层制、中心控制的了。解释这种变化可以不必用两套理论,科层制一套理论,扁平化又一套理论,而用同一套理论即网络结构理论,就可以前后一致

[①] 郭进利. 复杂网络和人类行为动力学演化模型[M]. 北京：科学出版社,2013：174.

[②] 洪振挺. 企业网络研究——基于网络科学范式的产业组织分析[M]. 北京：人民出版社,2015.

[③] 安娜·格兰多里. 企业网络：组织和产业竞争力[M]. 北京：中国人民大学出版社,2005：11.

地解释变化。

第一，需要重新认识中心化。企业是中心化的组织，过去一直被当作一种主体性来理解。但如果不是把中心化当作原子论现象，而换成主体间性的角度，把企业当作网络中的一个节点，它指的应该是一种关系。某些节点处在网络连接的中心位置，另一些节点处在不那么中心的位置。网络中这种虚化的节点称为HUB（集线器）。HUB不是主体性，而只代表主体间性。接下来的问题就变成，市场中节点与节点本来处于相对平等的关系中，是什么因素导致节点之间不平等的产生？其中道理，与卢梭论不平等起源中的发现大同小异：一些个体（节点）把自己的权利——权利中与他人具有共性的部分委托给了社会，形成社会契约，由社会代表这些节点的共同利益，而那些代表共同利益的节点，就成了金字塔结构的塔尖。这个过程也可能是非经济地形成的，但要持久稳定下来，仍要还原到这个道理上来。社会利益在此无非是节点利益合并的同项类。合并为同类项的利益是同质化的利益。对正则网络来说，网络的均质性对应的就是这种同质性。企业作为一种星形结构的网络，也具有同质性。这种同质性表现为每个边缘节点与中心节点的边，彼此是同质的。但市场与企业两种同质性的区别在于，其中的普遍性、共性（社会利益）是否委托给代理者。企业与市场同属理性化的规则网络。但在市场中，理性化的个人与社会是不分的；企业中理性化的社会与个人分工成塔顶与塔底的关系。由此我们得出第一个从科斯理论前推的逻辑，以利益同质化、社会化为实质内容的理性化是企业形成的前提条件。

第二，需要从网络角度认识层级现象。企业是在"委托—代理"分工（"目的—手段"分工，且以手段为中心）的总背景下将中心和层级固化到结构中后的图的特例。也可以说，企业是存在代理的图，中心化只是利益理性化的一种表现形式。具体来说，与古德诺"政治—行政"二分原理类似，"委托—代理"二分（对网络来说是"中心—外围"二分），是企业分工的初始本质。委托者是网络中众多的节点，在没有把共同利益委托给中心节点之前，他们彼此之间只有交易关系（市场关系），这种关系是去中心化的，而不存在企业关系。企业的形成本身，就是众节点委托某种共同利益给中心节点的过程。"中心—外围"结构是一种分形结构。表面上看，中心与外围是分立的，但从结构看，二者的"基因"是一样的，统一于相同的关系模式中。

从企业化解交易费用的机制来说，以分层方式化解交易费用，体现的是工业生产力条件下以简单性化解复杂性的效率和效能特征（规模经济但范围不经济）。分形具有的效率特征，在于上下采用相同的"遗传密码"（共同知识），从而相比个人利益与社会利益混合的市场，节省了缔约交易费用。而市场缔约，本质上就是在厘清交易中个人与社会利益的边界。这是需要很大成本的。随机网络的经济就是因为无法低成本实现资源的社会化集聚，而让位给现代经济的。

作为过渡形态，有中介的市场（在网络中是有中介的正则网络）是中心化的前身。中介是代理的前身。在发达状态中，双边市场中的平台（交易的媒人）是市场潜在的中心。专业化的双边市场平台，已同企业区别不大了。一旦去中心化的交易随着共同利益的增加，需要以合并同类项的方式，以产权内部化的方式专业化地节省成本（无论是交易成本，还是生产成本、制度成本）的时候，企业就产生了。

只是，科斯把交易成本归结为发现价格的成本，只考虑了交易（围绕价值的拥有权交换），而没有把使用（围绕使用价值的客体资源利用和主体能力发挥）纳入进来考虑生产成本。相比之下，把企业的能力作为企业的本质来研究的理论（如 Penrose，Nelson 和 Winter 等），比套用市场交易框架进行分析，更接近使用价值的视角及企业的实际。从网络结构角度解释企业，必须把生产成本和竞争力考虑进来。例如，应指出中心节点将一些外围节点加以内部化（组成企业），可以将资产使用范围，扩大到这些节点之上，将资产作为固定成本分摊到诸节点之上，造成生产费用而非交易费用的下降，从而从"拥有"（以价格为主线的买卖、交易）与"使用"（以使用价值为主线的外部化与内部化）两个方面说明企业产生的原因。

这其中有一个规律：个体节点之间的利益同类项（同质化社会利益）占比越高，中心节点（代理者）相对个体节点的不平等程度（以权力表示）越大，扩大不平等的合法性（权力的合法性）越强，中心化结构替代无中心结构越自然；个体节点之间的利益同类项（同质化社会利益）占比越低，中心节点（代理者）相对个体节点的不平等程度越小，扩大不平等的合法性越弱，无中心结构替代中心化结构越自然。如果中心节点代表的共同利益（为个体节点提供的服务）占比低于权力，则存在中心节点形成特殊利益的可能。这将造成一种个体节点要求降低中心节点权力，或要求中心节点增加服务的客观压力。用这个网络结构的通则，不仅可以有效解释企业为什么出现（企业何以可能），也同样可以解释企业为什么消亡（企业何以不可能）以及与之等价的命题（网络何以可能）。这就是：当整个网络，实现共同利益占用的资源，在全部资源中占比下降（即使占用原有资源的绝对值仍在上升），而非共同利益（如利益多元化、个性化）占比上升的时候，"中心—外围"被打破，即无中心化结构替代中心化结构成为一种趋势。以海尔为例，它的无中心化趋势，是顾客（产品的对象）价值占比较低（差异化相对较低的产品制造价值），而用户（服务的对象）价值，终身用户（体验服务，即个性化服务的对象）价值（差异化更为显著的服务、体验价值）占比较高的自然而然的结构调整。

比较科斯的说法，以中心化的科层制的企业替代无中心的扁平化的市场是为了节省交易费用。这只能解释事情的一半，即科层制替代扁平化，却不能解释相反的道理，为何扁平化的网络，会替代科层制的市场。为了把道理说全，需要两套道理，但用上述网络结构的解释，只用一套统一的道理就够了。实质性的解释更为复杂，涉及结构异质性（边的度分布），我们在后面再展开。

第三，还要认识企业不同于市场的第三个方面，企业是一种特殊的规则网络，它固然以同质化为底色，它的"中心—外围"的结构上，也体现出边的均质性（只不过正则网络的均质边没有指向共同的节点，而星形网络的外围节点之间不存在正式的边），但是，与正则网络不同，企业内部的中心节点（如企业家）与外围节点（如员工），都可能分别表现出异质性特征。例如，企业家精神代表的就是中心节点的异质性，而在阿米巴型的企业中，员工也会表现出较强的异质性。在微观全局上的比较上，导致一个问题。正则网络的均衡点一定是收敛的，收敛于边际成本定价。但是企业在追求会计利润的过程中，在异质性作用下，会本能地追求从边际成本定价这一点上发散，发散到取得经济利润这一目标上。一般来说，越是优秀的企业家，越是富于创造性的员工，越可能将星形网络带离规则网络的轨道，使企业做优。所以，同是星形网络，实际有必要将企业从供给角度区分为创新型企业与非创新型企业，或从满足需求角度分为以用户为中心的企业和以自我为中心的企业。创新型企业和以用户为中心的企业，它们的结构最有条件先进化为网络结构。

4.3.3.2 企业的图结构：星形网络的中心性

星形网络的特点是，具有 n 个节点，所有节点经过 n 条链路连接到一个中心节点上。中心节点外的 $n-1$ 个点，都只与这个中心点连接，而这些点彼此之间一般不横向连接。这后一点与正则网络正好相反。例如，在完全图中，所有节点之间都有横向连接。

星形网络的平均路径长度为：
$$L_{scn} = 2 - 2/N \to 2 \quad (N \to \infty)$$

整个网络的平均聚类系数为 $C_{scn}=0$，0 在这里是指一个节点只有一个邻居节点。如果把只有一个邻居节点定义为 1，则平均聚类系数为：
$$C_{scn} = (N-1)/N$$

星形网络的一个突出特点是有一个唯一的中心。

什么是中心？从网络角度定义，中心一般是指度最大的节点（下节再介绍其他定义）。

经济意义上的中心，必须与获取、控制资源有关。对经济学来说，不是说只要有一个中心，就是企业。例如，在会议室倒茶水的服务员与每一位与会者的关系，就符合星形网络的结构，但这不说明服务员是会议的主角或企业的领导。经济结构上的中心，是指获取、控制资源的度最大的节点。

Freeman（1977）用行动者的中心度指标，来测度中心的影响：
$$C_A(n^{ij}) = \max_i C_A(n_i)$$

而通用的中心度指标为：
$$C_A = \frac{\sum_{i=1}^{g}[C_A(n^{ij}) - C_A(n_i)]}{\max \sum_{i=1}^{g}[C_A(n^{ij}) - C_A(n_i)]}$$

其中，分子是行动者中心值最大值和其他观测值之间差值的总和；分母则是行动者中心度差值的最大可能的总和。

这个比值表示的是中心节点对其他节点的支配度。差值越大，中心节点的支配能力越强。相比之下，正则网络相当于这种结构的一个特例，即所有节点的中心度都相等，则 C_A 就会为 0。

由此可见，市场与企业单从网络结构上看，首先是由节点的中心度区分的。只有这个特征具有一票否决的效力（是不是分层都不是充分必要条件）。如果网络存在具有支配地位的中心节点，哪怕它不分层，例如一个七人小公司，只有一个领导，没有中层干部，也仍然是公司。但如果七人的中心度相等，则说明他们只是市场交换关系，没有领导与被领导的关系。

4.3.3.3 企业分层的网络一般本质

企业除了具有星形结构这一结构特征外，还具有分层的结构特征。但问题是，分层在网络中的结构本质又是什么呢？因为，毕竟分层更像是一个隐喻，高层与低层并非二楼与一楼这种物理关系。设想一只鸟无意中飞进公司，它一定不能从物理特征分辨出谁是公司高层，谁是公司员工。因为在它看来，所有人高矮、长相都差不多。公司这个网络中的每个节点所处位置的高低，既不能凭个人高矮来判断，也不能凭办公室的楼层来判断，那么，高与低到底比喻的是什么呢（或者说高与低背后代表的权力与层级指的是什么）？

把道理抽象出来，我们可以用排除法，先排除权力与层级不是什么。权力与层级显然不是一种节点现象。狗也许好一点，它可能会通过人与人的关系，判断出人的地位的高低。即使对主人一家人，它也会按地位高低进行一个排序，第一听命于谁，第二听命于谁。但人类所说的高与低这对概念，对狗这个"局外人"来说，对应的意思是什么呢？狗显然不会想到科斯的定义，即把发现价格的成本，当作科层制区分高低的理由，因为发现价格的成本，既看不见，也摸不着。事实上，狗是通过人与人的关系来判断高位的。可见，高与低不是节点现象，而是节点与节点之间的关系现象。

实际上，高层与低层（或者说权力与层级）是一种结构特征，在结构中，它是通过关系显现的，具体来说，是通过关系的模式显现的。还是以狗为例，如果它看到主人家的父母，总是呵斥孩子，而孩子从来不会用同样方式呵斥大人，如果这成为一种模式，它就会本能地把孩子放到第三主人的位置上去，而把孩子的父母当作第一主人、第二主人。从中，我们可以发现用关系模式，作为权力或分层现象背后的依据更接近网络的视角。

吉登斯是社会结构化理论的创始人。他较早从结构观点认识权力，认为权力是一种结构的再生产，是同一种支配模式的反复迭代的结果。他在《社会理论的核心问题》一书中指出：权力乃是一种关系的概念，仅仅通过利用由支配的结构所生发出来的转变的能力来发挥作用[1]。科斯则只是从原子论的角度理解权力（财产权利及在此基础上的企业权力），只是指出了企业权力的职能，如节省发现价格的成本，以及实现这种职能的原子论的基础——明晰

---

[1] 赵旭东. 结构与再生产：吉登斯的社会理论[M]. 北京：中国人民大学出版社，2017：94.

产权，但没有像吉登斯和拉赫曼那样揭示出企业权力的结构本质，特别是没有从企业的结构功能的角度把问题说清。

顺着吉登斯的思路，我们可以把分层现象一步步还原为企业中的网络现象：

第一，分层现象是一种内在于关系的节点现象。所谓支配，是指在节点的利益相互作用关系中，中心节点与非中心节点不平等（相对于市场交换，一方影响大，另一方影响小；一方获益大，另一方获益小）而形成的，而支配地位的利益实质，是中心节点成为共同利益的实际代理方，也就是卢梭在社会契约论中解释过的权利让渡给"社会"的人格化代表的结果。当然，这不是非中心节点自愿的。非中心节点的行为越是随机化（小农化），或越是不具备卢卡奇所说的"阶级意识"，他就越不可能在结构中成为代表规则的支配方。企业中心节点有一特殊处：节点的中心化在企业中变为固化现象，即中心节点从一个可变的位置，变为固定的职位，如领导岗位。这隐含了一个有局限的假设：在网络里中心节点多变这一常态现象，在此成了非常态，而以网络中非常态的节点中心化固化现象作为常态。这是企业星形网络不同于复杂网络的一个重要特征。

第二，分层是一种可自我迭代的具有"转变"功能的关系模式。迭代在网络中是指一种模式沿时间维度或空间维度的自我复制。用政治经济学的语言，分层是一种社会关系现象，是经济基础转化为上层建筑的过程。也就是把"支配—服从"关系以中心节点为主形成迭代规则或者说制度化的过程。比如，一个中心节点下辖（支配）七个非中心节点，这七个节点作为企业的中层，把支配规则迭代到其下辖的七个新的非中心节点中，企业就从7人变为了57人，具有一个企业领导、七个中层领导，一共两层结构的分层网络。其中，"支配—服从"关系的利益实质，不用企业术语，而用合约术语（因为合约是分层以外的术语，可以站在庐山之外看庐山）就是在资产的拥有方与使用方之间，以拥有权（Ownership）决定使用的收益权与分配权（而不是按拥有与使用平权来进行分成[①]）。这就揭示了从平等（等价）的交换关系到不

[①] 分成在此是交换关系，不是权力关系。与权力关系的区别在于，权力是单向的，分成是双向的（指承认双方的权力地位，即资产拥有者的地位）。因此权力关系的前提，是否定对方的权力（不认为使用者是资产拥有者）。一旦改变了这一点，分成关系就会转化为支配关系。例如，在张五常的绝对产权为特色的特殊合约，即支配权主导的合约中，地主与佃农分成，地主不承认佃农的资产所有者地位，导致佃农在分成中只得到雇农的工资，而他的农具、技能一律不算成要素，对此要素贡献忽略不计。

平等的权力关系的"转变"。

综合第一点与第二点,我们发现,它们都是分形的特征。企业分层,本质上是一种分形式现象,即分数维现象。它是经济组织从同质性网络(二维空间)向异质性网络(三维空间)转化中的半维现象。作为分数维,其结构功能要求将中心根节点的性质,通过迭代,在某种标度属性(维度属性)条件下,保持关系模式在不同水平上的共同性质的不变性。

这样,我们就把企业一般化了。一般化为不是企业的那个东西,即将企业一般化为网络。这也等于揭示了企业迈向更高级的网络所需要的条件。也就是说,一旦条件发生改变(例如互联网成熟),有更高级的结构足以维持标度不变性(好比拓扑空间的不动点属性),节点与节点从"中心—外围"结构,变成普遍的P2P对等拓扑结构;且制度和规则转化为两权分离,从而变不平等合约为对等平权合约时,企业就不复存在了,就会先虚化为虚拟企业,再转变为复杂网络、生态组织。那时再有不对等现象,如无标度现象,性质就变了,例如,中心不再是固化的。就像歌里唱的:"野百合也有自己的春天。"

4.3.3.4 量化中心度、中心性与层次系数

中心代表一种关系而不是一个点。中心一方面表明一个节点对于网络中的其他节点拥有价值优先性,表现为中心支配边缘;另一方面表明网络中相互关系(边)的不对等的依赖性。在企业理论中,支配与不对等指涉的实际内容是,资本的拥有者或代理方,集中了生产和服务的共用资源,利用技术上的和人为的稀缺,在拥有权的范围内使用这些资源,而使这些资源的使用受到某种限制。这是企业理论的边界,即把自己限制在专有专用范围内描述企业现状。网络改变了这种状况,资源的非排他性使用,将企业及企业理论的边界,扩展到专有共用、公有共用等更广阔的资源配置领域。这个新领域实际是复杂网络领域。从"网络何以可能"角度重新审视企业,发现我们以往忽视了一些关键的结构特征,正是企业向网络转型的界桩。我们现在用数学图论把这些界桩从不显现状态,变为显现状态。

1. 中心化结构的数学化

中心化结构分析的是网络关系属性中的位置属性。

企业何以在图意义上成立的关键问题是:"出现'核心—边缘'网络结构

的来源是什么?"① 中心化结构分析就是要从数学上来回答这个问题。

对中心性进行量化②,是网络经济理论不同于企业理论之处,也是结构论的独特研究领域。企业理论以产权（主要是产权中的支配权）分析为基础,实质上要求以价值（一般等价的价值,即同质化价值）为量化节点中心性的尺度。但网络经济理论对节点中心性的量化,则以产权中的使用权分析为基础,要求以使用价值为量化节点中心性的尺度。从网络结构论角度看传统企业理论,企业理论只是原子论化的企业理论,它是分析规则网络的基础,但光有同质化价值分析的量化手段,没有异质性使用价值分析的量化手段,势必使研究在框架上就局限于同质化完全竞争,而无法聚焦企业资产的异质性进行具体分析,也无法将异质完全竞争纳入分析框架。一旦企业向网络转型,企业理论就会散焦。

量化中心性的尺度是中心度,它采用定量方法对每个节点处于网络中心地位的程度进行刻画。中心度的定义可以有不同角度,区分角度主要看功能,即分析的聚焦点在于何种网络功能。

度中心度,是把度的最大化视为一种功能,将度最大的节点当作中心点。以度中心度定义中心性,则中心点定义为:

$$C_D(x) = \frac{K(x)}{n-1}$$

其中,$K(x)$ 表示节点的度,n 表示网络节点总数,$n-1$ 表示最大可能的邻点数。

用度中心度可以有效区分星形网络与环形网络。星形网络中心点的中心度最大。而环形网络仅相当于一个圆桌会议,企业的特征最不明显。

紧密中心度最重视的功能,是所有其他节点到中心点的总距离最小（总边数最少）,也就是视中心点为网络的拓扑中心,而不是度最大那个点。

以紧密中心度定义中心性,则中心点定义为:

$$C_C(x) = \frac{n-1}{\sum_{y=1}^{n} d_{xy}}$$

其中,d_{xy} 表示节点 y 到节点 x 的距离。

---

① 桑吉夫·戈伊尔. 社会关系——网络经济学导论[M]. 吴谦立,译. 北京:北京大学出版社,2010:273.
② 何大韧,刘宗华,汪秉宏. 复杂系统与复杂网络[M]. 北京:高等教育出版社,2012.

比较用度中心度标记的网络与用紧密中心度标记的网络，后者的优点是显示出了中心点的拓扑结构性质（可以认为是边的异质性的量化程度）。如果奥地利学派的数学（如果有的话）可以认为能量化到度中心度的程度的话，紧密中心度就是其思维的盲区。这里，我们就指出了奥地利学派关于关系的认识，与结构论不同的那个具体的数学分别点，而不再用语言含含糊糊地描述二者区别。

介数中心度认为中心节点应该是信息、物质或能量在网络上传输时负载最重的节点，也就是介数最大的节点。它既不一定是度最大的节点，也不一定是网络的拓扑中心。

由此定义的中心点是：

$$C_B(x) = \frac{2\sum_{j<k} g_{jk}(x)}{(n-1)(n-2)g_{jk}}$$

其中，g_{jk}表示节点j与节点k之间的测地线①条数（介数）；$g_{jk}(x)$表示节点j与节点k之间经过x的介数；$(n-1)(n-2)g_{jk}$表示任意其他两节点都经过节点x，即最大可能的点介数。

在一个企业中，供销员的介数中心度最大（因为社会资本丰富，关系最多），但一个有领袖魅力的企业领导可能是拓扑中心点。二者不一定是一致的。介数中心度是与最短路径密切相关的一个指标。

从数学上看，科斯企业理论与网络结构论的差异在此显示出来。第一，科斯关注的只是把企业家当超级供销员的企业，交易成本无非是介数相关成本，比较的是市场的中介费与企业的中介费谁高谁低。而科斯的盲区在此一下就用数学显示出来了，由于把"获取市场价格信息的成本"当作企业的中心，企业就成了一个交易主体，而非创新主体。因为创新对应异质性，在结构上对应拓扑结构，创新的中心应是拓扑中心。张五常的合约理论也不能避免这个问题。从网络结构角度解析企业，还需要补上异质分析这一课。第二，从技术分析角度看，科斯从交易角度解释交易费用，但他选择的相当于正则网络的结构，即把企业置于交换主体的位置上，这带来一个数学上的漏洞，用网络结构的数学才能发现：他漏算了测地线的作用。测地线是节点之间的最短路径，复杂网络之所以可以替代企业（从而提出科斯的反命题，即企业

---

① 测地线又称短程线，空间中两点的局域最短路径属于测地线。

何以不可能=网络何以可能），是因为复杂网络化解交易费用靠的是最短路径优先原则，即测地线优先的原则。而这必须通过介数中心度来量化。而科斯的框架中根本没有介数中心度的地位，说明他的范式本身就有缺陷。

上述分析本应用图示来表现，全都省略了，是因为本研究的定位不是教材，而是教辅材料，是给老师看的。因此重点讨论方法论与教学重心，而不是具体的（面向学生的）教学内容。假设读者对复杂网络已有中级以上知识，因此不再一一进入细枝末节来讨论。重点讨论哪些网络主题相对于经济学问题应赋予更高权重优先研究，哪些可以在理论经济学部分不急于讨论，可以放到应用理论中再重点研究。

中心化是另外的概念，是中心度确定后，按照中心度的大小将网络中的节点从中心向外排列顺序，达到全网的过程。

中心化程度的定义是：

$$C_A^g = \frac{\sum_{x \in W}(C_A^{ij} - C_A(x))}{(n-1)\max(C_A^{ij} - C_A(x))}$$

其中，W 表示网络，C_A^* 表示最大中心度值，可以按不同口径来定义。

这个公式表达的意思是，如果少数中心点越突出，中心化程度越高；各个节点的中心度差异越小，中心化程度越低。

这一定义超越了企业理论，将企业与复杂网络定义在一起，定义为同一种广义结构，可以对网络化前的企业与网络化后的企业进行通解。举例来说，海尔在网络化之前，CEO 的地位非常突出，CEO 的中心化程度非常高；在网络化之后，人人都是 CEO，一个企业分解为 2400 个利益共同体，每个节点（小微或创客）的中心度之间的差异非常小，因此整个企业的中心化程度非常低。这就比文字更通透地说明了海尔到底发生了什么变化。

2. 层级结构的数学化：模块与层次指数

接下来，我们着手对企业的另一关键网络特征——层级结构进行数学量化。层级化结构分析对应的是网络关系属性中的角色属性。

与现有企业理论的关键的不同在于，现有企业理论（如现代企业制度理论）只能量化企业的同质化层级结构（如基于支配权的治理结构），而网络结构论可以量化企业的异质性层级结构（如基于资源利用的治理结构）。

要理解异质性层级结构，需要引入一个新的概念：模块。网络经济中的大规模定制之所以能够实现，在很大程度上与模块机制有关。

模块是一个功能概念,也就是结构概念。它是指功能上紧密相连、一个相对独立功能的节点集合。例如,ERP 系统就是一个模块化的层次网络结构[①]。

在不考虑层级的时候,人们会用子群这个概念来描述网络结构。但子群只表示网络的集合由一些作为子集的子网构成,不涉及企业这种结构。企业下设的部门也可以称为子群或子网,但倒过来却不能说,子群或子网相当于企业下设的部门。因为"下设"这一特征,不是子群或子网的特征。但对于模块来说,其中却含有将层级(高低、上下关系)加以量化的方法。

层次模块性的重要数学特征,是局部集聚系数 $C(k)$ 与度 k 之间的幂律关系。

定义集聚系数(集群系数)与度的关系为:

$$C(k) = \frac{\sum_i C_i \delta_{k_i k}}{\sum_i \delta_{k_i k}}$$

其中,$C(k)$ 是度为 k 的所有节点集聚系数的平均值,C_i 是节点 i 的集聚系数,

如果 $k_i = k$,则 $\delta_{k_i k} = 1$;如果 $k_i \neq k$,则 $\delta_{k_i k} = 0$。

而如果

$$C(k) \propto \frac{1}{k^\infty}$$

则说明网络存在层次结构,其中的数学运算符 $\propto$ 被称为层级指数。

Ravasz 与 Barabasi 在 2003 年证明,当规则形状的小群体按照确定法则分层次地连接起来构成网络时,就可能保持幂函数的度分布,以及上述聚集系数与度的幂律关系。当企业被复杂网络替代后,如海尔的金字塔结构被倒金字塔结构替代后,区别在于新形成的结构(BA 无标度网络)将没有群体和层次结构,则幂函数的集聚系数与度的关系就不复存在[②]。这就是网络替代企业的数学本质。

张五常可以用合约来泛化企业定义,但这个幂律关系却是合约定义中没有,而只属于企业(未来也属于复杂网络)的特殊性质,这是张五常甚至科

[①] 郭进利. 复杂网络和人类行为动力学演化模型[M]. 北京:科学出版社,2013:172.
[②] 郭进利. 复杂网络和人类行为动力学演化模型[M]. 北京:科学出版社,2013:129.

斯企业理论都漏掉的东西。

有了∝这个概念，我们就可以彻底摆脱"层次""金字塔结构"这类文学语言，而改用数学语言来透视人们用来形容企业结构中上下、高低关系的对象到底是什么。这样做的好处是，当企业不再是企业，而演化为复杂网络的时候，叫∝的这种东西（幂律）仍然存在，例如无标度网络不是企业，但它有从企业中"继承"来的社会资本化的"层级"概念。

我们用文字很难描述的一种现象，即"网络兼具市场的扁平性与企业的层次性"这句话到底指什么，也可以由此得到数学上的精确解。

层级指数，描述了企业中"支配—服从"关系的网络结构真相。那就是，企业是从一个根节点开始的。在企业形成分层的过程中，最大的中枢节点是初始根节点，它是连边数最多的节点。层级现象是指将每个子网络（如新的下设部门）的底节点与上一步形成网络的根节点相连，由此迭代形成新的复合结构。网络结构虽然发生了各种变化，但它的标度往往并没有变化，原因就是根节点没变。

这就可以解释，为什么创始人一离开企业，企业就不再是原来那个企业。原来，是初始根节点被从关系网中拔除，导致结构发生了本质性的变化。而这从现代产权理论中是看不出来的现象。在互联网发展中，谷歌、阿里巴巴都有双重投票权，其中赋予公司创始人的特殊投票权（与同股同权原则不同的特权）就是对初始根节点的估值，是将资本的货币价值之外的异质资本转化为货币价值加以量化的结果。迄今为止，英国的资本市场（包括类英国的香港资本市场）仍没有这样的产权制度安排。这种产权制度上只有支配权的安排，没有使用权安排的制度缺陷，是英国（乃至整个欧洲）互联网发展落后于中美的根本原因之一。

层级是怎么消亡的呢？

当网络的中心平台是企业时，这个平台的内部结构与企业相同，其中又分开放（分享固定成本）与封闭两类。此时层级简化为两类，即平台与应用。当组织进一步演化时，这样的中心平台变为生态组织，它更像是"返祖"为一个多边的双边市场结构。此时的"企业"已沦为生态资源的"接口"（API），企业至此就名存实亡了。海尔是真实世界中实际存在的第一个这样的新型组织。

转回经济分析，需要注意的是，网络作为广义市场，不仅可以体现专业化效率，也可以体现多样化效率；网络作为广义企业，通过固定成本的均摊，不仅可以体现规模经济，而且可以体现范围经济。

4.3.3.5 分形：分数维的层级迭代

进一步研究企业的层级结构，涉及分形原理。层次网络是典型的具有分形特征的网络[1]。分形反映了复杂性系统中模式"基因"的层级迭代关系。

网络经济学引入了一维的质、二维的质、三维的质这些整数维概念。但企业的层级，却不是整数维现象，而是分数维现象。

为了定量地描述客观事物的"非规则"程度，1919年，数学家从测度的角度引入了维数概念，将维数从整数扩大到分数，从而突破了一般拓扑集维数为整数的界限。

关于分形的概念，Mandelbrot 在1986年描述为"分形是一个形状，其各部分以某种方式相于整体"[2]。一般说来，这是指一个自相似的某图是由把原图缩小为 $1/a$ 的相似的 b 个图所组成。

分形犹如雪花由一个总的分支向各个分支派生而形成的局部与整体同形的现象。分形具有层次间自相似性的特性。与层级概念比较，分形多出了自相似这一特征。

企业中，创始人给企业文化打下很深的烙印，形成一种非正式组织规则；军队中，部队的首任部队长的个人风格、气质和战斗精神对整个部队的基因的塑造，不因部队长的更替而改变。这些都是现实中的分形现象。

分形是一种层次现象，系统将最初的简单基因信息，由内而外逐层复制扩展。

分形也是一种分数维现象，分数维实质是维度与维度之间的半维，即层次。

层次构成了迭代发生的场域。从节点特征看，企业既不同于市场，所有的节点中心度相等；也不同于复杂网络，中心节点不确定，而处于二者之间；从边的特征看，企业既不同于市场，所有的边都彼此均质相连，又不同于复杂网络，所有的边具有高度异质性，以致标度都不确定，而处于二者之间。这都是企业场域的不同之处。

---

[1] 郭进利. 复杂网络和人类行为动力学演化模型[M]. 北京：科学出版社，2013：174.
[2] 施建光. 标度不变性[J]. 数学物理学报，1994：14.

另外，分形也是一种自相似现象，分形具有质变的度不确定，但具有图嵌入特征的性质。

自相似产生于网络的自我复制，自我复制过程通常是一个迭代过程。它一般可以用迭代函数方程表示[①]：

$$x_{n+1} = f(x_n), n = 0, 1, 2, \cdots$$

维数从整数扩大为分数，意味着一个二维空间中，以层次形式存在着过渡维。科层制可以视为市场（主要存在于 Q 这个维度上）与网络（主要存在于 N 这个维度上）之间的过渡维。把网络当作市场与企业中间现象可能是不确定的，事实上，单从数学特征看，企业反倒可能是市场与网络的中间物。

分数维的本质是什么？分数维与标度有关。分形从某种意义上说，是一种标度不变现象。分形中局部与整体同形，经得起高倍放大与缩小。说明其存在图嵌入现象。保持标度不变性的一个重要原因，就在于分数维规律的存在。分数维起到了嵌入尺度缩放原尺度的作用。

从这个角度理解，企业的分层现象，还具有文化嵌入的含义。它是共同的企业文化（经常由创始人的个人风格进行初始的路径锁定，并形成路径依赖），在企业不同发展阶段以迭代方式复制扩散自身基因的过程。分数维代表结构的层次性，层次就是维度的中间状态。

以层次代表维度的中间状态，有助于从图论的角度解释企业现象。

市场作为图的一个特例，即均质网络，相当于以价格信息为中心，所有节点在完全竞争状态下，与价格这个虚拟的中心节点进行均质的连接。一旦所连接的边不均质，则代表质具有刚性（不均质、不"流动"），导致竞争不完全，或者只具有短期价值，或偏离均衡。

企业介于市场与网络的中间，因此可以视为是处于"分数维"的空间，这可以解释企业分层现象。在物质投资驱动下的企业，与市场一样具有均质性（同质性），同样具有同一中心，但这个中心不是价格[②]，而是控制结构洞分形的节点（拥有者）；而同时又具有异质性，这种异质性为企业外生的异质性即交易费用而生，表现在通过分层降低市场交易费用。但这种异质性还没有达到网络的维度，只处于分数维——组织层级的水平上。

[①] 刘式达，刘式适．物理学中的分形[M]．北京：北京大学出版社，2014：57．
[②] 以价格为"中心"，代表着质只是一维的质了。

与企业形成对比，网络处在整数维上，在"品种—数量—价格"三维上表现为，以"压扁"为一条线的图本身为边（N 轴表示边数）。N 这个维度构成了图的抽象（抽象的质）。当把图展开为节点与具体的边后，图才还原为网络。第一，网络组织的中心节点在图上是随时变化的，不再像企业那样，固定在企业拥有者这个中心，企业只有一处（中心）有洞深（链接深度），而网络可能处处都有洞深可挖。网络在分享使用权（固定成本、社会资本）条件下，根据 App 对各自的结构洞和次级结构洞的控制（洞深），随机在分散的节点中生成与湮灭。第二，网络是扁平化的，不再具有分数维在同质空间根据生产方式进行分层的特点，它的层级（洞深）是由连接方式决定的。

分形只是网络的一种结构，它具有以初始条件为中心，初始条件的路径锁定特性。既可以是复杂性系统（复杂网络）的特征，在企业系统（如家族企业、基业常青企业）中也可以反映出来。

4.3.4 规则网络结构对均衡的影响

网络何以可能涉及这样的问题，"企业间关系对于企业利润以及市场结果的效应是什么"[①]。这只有从均衡角度才能说清楚。

规则网络结构对均衡的影响，不是一个统一的问题。因为规则网络中有正则网络与星形网络（分层分形网络）两种基本的不同形式，对均衡的影响是不同的。

正则网络结构对均衡的影响是明确的，只有较少争议的。正则网络对应的市场代表着同质完全竞争，同质完全竞争当然是以 $P = MC$ 为均衡点，以 $P = MC = AC_{min}$ 为帕累托最优点。在真实世界中，加上同质性假定约束后，出现的例外，顶多是不完全竞争。这在网络中代表正则网络的边，均质化得还不纯，还有个别的边与大多数的边不是均质的。但此时不是说明正则网络的均衡规律或帕累托最优点变化了，而是说明真实世界在偏离理论上的理想状态。所谓理想状态也不是说它真代表了什么"理想"，而是说它具有对偏离状态的最自然的纠偏力。

但星形网络就比较复杂了。争论在于，企业到底是同质的还是异质的，

[①] 桑吉夫·戈伊尔. 社会关系——网络经济学导论[M]. 吴谦立, 译. 北京：北京大学出版社, 2010：273.

经济学家们的看法不一致。从两个剑桥之争一直到现在，这种争论就一直没有断过。

作为规则网络，它当然属于同质化理性这一总的范畴内。但认为星形网络的均衡点与正则网络会相同，却难说是深思熟虑的。科斯的企业理论，已表现出同质性范式的特征。企业降低交易费用，实际被理解为企业具有比市场更高的同质性或规则性的结果。科斯后将制度经济学新古典化的一支，从交易的观点看企业，把企业仅仅当作市场上的交易者。认为企业的不同只是在于它不是交易商品，而是交易要素。按这样的思路，均衡理论就非常容易滑入马歇尔的市场理论（对应正则网络）轨道。马歇尔的理论没有自相矛盾，因为里边没有企业的位置（从数学上我们前面讲了，正则网络与星形网络的节点中心度规律完全相反）。但新古典制度经济学却是自相矛盾的，又要坚持交易费用的存在，又要把均衡点确定在没有交易费用时的那一点上，这是自己与自己过不去。从网络结构看，问题出在把无中心的网络与有中心的网络完全等同了。这一派理论与现实最大的反差在于，坚持企业零利润（零租）假说，认为企业追求利润只是一种主观动机，能追求到的利润顶多算会计利润。这一点广为企业家诟病。

与之相反，英国剑桥学派认为，资本具有异质性；熊彼特理论认为，创新是企业的本质[1]……这些理论都可以推论出企业具有异质性的结论。奥地利学派甚至认为，资本具有结构异质性。如果是这样，星形网络在市场中的均衡点，就不会与正则网络吻合，一定会造成对正则网络均衡的系统的偏离。但如何偏离，除了新熊彼特理论外，各学派都没有作出明确说明。新熊彼特理论几乎是清一色的垄断竞争理论，认为把创新作为企业本质内生进均衡后，均衡点必是垄断竞争均衡点，即 $P = AC$。相当于说，创新带来的结构性变化，造成的对同质完全竞争均衡点的偏移，遵守一个固定的规律，就是以 $AC - MC$ 为偏离度[2]。这一派理论对现实的解释力更强一些，因为认为企业不是零利润（零租）的，企业家精神是有客观基本面回报的。网络经济学全盘采纳了这个观点，并把这一结论从创新扩展到包括个性化的全部异质性现象上。

客观地说，网络理论与企业理论还是有区别的。区别在于，网络理论把

---

[1] 包括认为企业是企业家的企业，企业家精神是企业本质的理论。
[2] 这个偏离值，对应市场理论中的一支如罗默的干预理论，相当于政府对创新的补贴额。

垄断竞争径直叫异质完全竞争，完全放松了同质性假定（通过放松 $N=1$，到 $N>1$），把 $P=AC$ 作为广义均衡点与广义帕累托。而企业理论，尤其是解释传统制造业企业的理论，由于需要坚守同质性假定（与适应同质化大规模生产模式），只能把异质性说成是差异化（在数学上没有任何计算上的区别，纯属文字游戏），把异质完全竞争说成是同质的不完全竞争，同是把 $P=AC$ 当作均衡点，但必须默认它是不是帕累托最优，即使明明知道由此带来的消费者剩余或生产者剩余是可持续的。但到了下面我们分析与市场、企业这种规则网络本质有别的复杂网络时，网络经济学将断然回到网络理论自己的均衡与最优立场上来，而把市场、企业均衡都打入非常态之列。

4.4 复杂网络：基于网络的信息经济网络结构

复杂网络作为一个经济概念，纯粹是因为没有更好的名称指代它了。按说，复杂网络在经济学以外的网络科学中，是把随机网络、正则网络、星形网络都纳入其中来研究的。但为了区别，我们把以互联网为代表的，不同于家庭、市场与企业的网络称为复杂网络。如果把它直接称为网络，就没法与家庭、市场与企业这些网络区分了。但叫互联网也不合适，因为它是指技术概念，不是经济概念。我们姑且把复杂网络当作复杂经济网络的简称。仅在本节中，在能区分语义的条件下，也直接简称网络。

4.4.1 网络作为市场与企业的推广

4.4.1.1 作为市场与企业推广形式的网络

网络是市场与企业的推广后的形式，是广义的图。网络对市场的推广表现在，网络将边的均质性放松，是推广为包含异质边的图。网络对企业的推广表现在，网络将节点的中心性和以中心节点为中心扩展层级的结构，推广为中心不确定甚至中心对等的结构。这种推广是以继承为基础的，网络不是对于市场和企业的简单替代，而是扬弃，即将市场和企业（规则网络）中的规则性继承下来。这种肯定、继承关系，保证了网络不是回到前现代的小农经济（随机网络），而弃的方面表现在，加入了随机网络的某些特征。这种随机（或叫自由选择）是在更高发展阶段，螺旋式上升的"再复杂化""再小农化",呈现出高级的自由选择的特性。这种"高级"性具体表现在,网络的自由选择不是自然随机,而是社会随机,是专业化基础上的多样化,规则化(如标准化)基础上的个性化,规模化基础上的定制化。举例来说,同样强调最短路径优先,它强调的不再是农业社会那样自然村落上的短路径,或血缘关系上的短路径,而是在地球村中,经过万千人比较选择后,找出的心理上最近的邻居,是陌生的熟人("天涯若比邻")。

对于研究来说,要解决两个方面的混淆,一是把网络混同于市场(它们都是扁平化的),把网络经济混同于市场经济。二是把网络混同于企业,把新型网络组织,惯性地仍然当作企业(如称互联网企业)。在海尔经验中,企业转型,意味着把企业转型为一个不再是企业,再改称网络的组织;而不是把企业从一种企业转型为另一种企业。相对于前一种混淆来说,后一种混淆更加难以辨识。

4.4.1.2 网络与企业的区别

我们需要研究,网络与企业是什么关系。例如,网络结构(包括网络分层)与科层结构是什么关系,网络中心化与企业中心化是什么关系(如网络去中心化是何意),虚拟企业(包括虚拟企业联盟)与网络是什么关系,等等。

相比于市场,企业不仅是一个规则网络,而且具有特定结构的中心化这一特征。这种中心化具有中心固定,且中心与节点以科层制方式组织起来的特点。小农经济表面上也有中心,如中央集权下的封建经济,也有层级结构,但这种中心化有别于企业的中心化,其中缺乏的是基于经济分工的规则(对于图来说,就是边不均质)以及相应的有序化结构,是松散的马铃薯式结构。至于企业与网络都有自己的中心,但这种中心如何区分,是要研究的问题,包括需要从网络角度解释中心所起的经济作用。例如,要研究中心化与最短路径优先的关系,它的契约在节省交易费用方面的不同性质。此外,家庭、企业和网络都存在分形现象,如何从决策机制上理解三种形式的分形的异同,等等。

最终,这些问题要指向同一个方向:搞清结构的不同与均衡点位移的内在联系。具体来说,要搞清企业形式的规则网络向复杂网络的结构转变,与无差异均衡点向差异化均衡点转变的同步性特别是其内在机理(包括成本经济性与需求经济性)。

从经济学本身学术传承角度（而非陷入复杂性科学细节）讲，研究"网络何以可能"这一问题进入到企业与网络异同这个语境后，提出的问题是一个处于科斯盲区的问题。科斯认为企业（契约）替代市场（契约）可以降低交易费用，但没有细化分为邻接契约（超链接）与非邻接契约（以企业为单位的长期契约，与市场一样都是非邻接契约）来研究。这使他的理论无法回答网络何以能在不分层条件下实现交易费用降低，或者换个角度说，网络在分布式需求牵引下结构中心多变条件下的临时契约如何可能（包括透明化、信任何以可能；爆款何以可能）等问题。在提出这些问题的过程中要注意，所有这些问题都超出了科斯的原子论思维，需要内在借助于关系（特别是关系的特殊性即邻接性）范式的解释。例如，透明化、信息对称化是关系锁定的，而不是追加节点本身的信息成本的结果，不是越透明成本越高，而是越透明成本（如平均成本）相对越低。这与原子论的信息经济学的结论正好相反。这样才能一步一步打开科斯所思的心结（"合约的局限条件"），走出前网络时代（企业时代）的结构盲区，发现连续邻接这一零交易费用的资源配置新形式，即以连续的一系列零交易费用的短期临时（随机）契约，替代（基于信用的）企业和市场这一长期（规则）契约，从而理解复杂网络不同于随机网络与规则网络之处。

概括地说，复杂网络是随机网络与规则网络的复合，它同时具有随机网络和规则网络的优点，而克服避免随机网络与规则网络的缺点。

4.4.1.3 信息级联

信息级联（Information Cascade）是复杂网络与规则网络，尤其是星形网络的一个重大不同之处。

信息级联是发生在子网络内部自组织与子网络间外部自组织之间转换的现象。一个圈子内部节点之间关联紧密，但圈子与圈子之间却关联疏散。如何在这二者之间保持平衡。既不封闭在小圈子内，但又能得到像圈子里的关系那样的稳定支持。这涉及网络中局部与整体关系的结构。

在企业中，局部与整体的协调关系，是通过层级这种结构实现的。但在网络中，不再存在"支配—服从"这种关系，而变成内部与外部沟通这样的关系。换句话说，在网络中，个体与整体的协调关系，不再通过卢梭式的

"委托—代理"关系结构实现,不再是"领导—被领导"的关系,变为"吸引—被吸引"的关系。权力的性质发生了变化,从强制力变为了影响力。

可以看出,信息级联机制是网络用来替代企业层级的一种结构机制。它有企业中的某种继承下来的特性,如影响力。在企业中,最有强制力的中心节点,对其他节点最有影响力。信息级联同样会产生影响力,但不是通过上下级关系,也不是通过强制力,而是通过结构洞这样的机制,建立在获取与控制资源,满足网络的某种共同利益的基础上实现的。

信息级联的哲学本质,是直接把目的本身(意义),以符号形式在网络中心直接呈现(呈现为胡塞尔所说的可体验"现象"),使之在经济场域直接"在场",并以此集聚资源节点。而相形之下,规则网络中,直接在网络中心"在场"的只是手段(代理人)。而目的(如用户体验需求)只能藏在手段(如货币、资本)之后,无从直接呈现。信息级联成为权力的主要来源,不意味着实体、价值的力量不再起作用,或绝对值下降,而是说它们在总的盘子中占比下降。

从实质性问题角度讲,信息级联不再把中心节点像企业那样加以固化,本质上是因为,把目的和意义作为资源配置的中心,客观上要求以用户为中心。以往企业结构是建立在以自我为中心(企业也是人实现目的的手段,因此是以手段为中心)基础上的,因此无论是以职能为中心(以企业网络的节点为主),还是以流程为中心(以企业网络的关系为主),都是在以自我为中心。例如,如果订单不够大,为此专门进行流程再造就没有意义。虽然对于用户的个性化需求和体验来说,并非没有意义。这是它不能以级联方式配置资源,而只能固化中心的原因。

在规则网络中,人们将必然当作自由的本质,把被选择当作选择,认为遵从规则,使人获得最大自由。但实际结果往往演变成,代理人把自身利益说成是全社会的利益,让人们把遵从这种特殊利益当作是最大自由。而在信息级联中,自由选择开始恢复选择的原意,即择优连接。关于择优连接,我们后面再详谈。

4.4.2 小世界网络:规则与随机之间

小世界网络,就是人们口语中说的关系网,对应社会资本现象。这个概念已经超出了市场和企业的范围,一般更多是在社会学中讨论。这是因为,企业理论是从原子论中发展起来的，不是不能讨论关系与信任这类社会资本现象，而是不能将它纳入现有原子论框架来讨论，而只能当作现象来讨论。一旦纳入框架，就会发生矛盾。例如，在企业理论中谈关系，到了财务那里通不过，因为关系不能入账。会计理论之上的企业理论，没有在基础架构上给关系准备一个户头。再比如，当作故事谈谈社会资本可以，但拿到市场理论中谈不行，因为不符合原子论的资本定义，资本是可以在市场中交换的，但社会资本不能在市场中交换。所以索洛坚持认为社会资本不是资本。

但关系明明存在，而且很重要，网络结构理论在规则网络之外，以复杂网络为基本框架，为它立上了账头。从结构角度看，节点可以交换，但边是没法交换的，这是很自然的。只要把边这个维度，在图结构中恢复过来，把边（关系）变为成为可显示、可计量的，就可以使关系成为可管理、可经营的。关系不能入账的问题，也不是个事。在海尔用户乘数原理指导下的战略损益表，就为关系立上了账头，而且一直运转良好。这些都说明，不是经济有什么问题，而是经济学家出了问题。出的是德鲁克说企业的那类问题，即环境发生了变化，而系统的初始设定没跟着变化，因此而失败。

如果说工业时代环境的最大特征就是，环境（需求）是同质化的，将系统（供给）设定为规则网络是合理的；而网络时代最大的特征就是，环境多变（需求多样化），将系统（供给）的结构调整为"规则+随机"，形成复杂网络，才是合理的。其中结构上的最大变化，就是取消了边的同质性（均质性）与中心节点的固定性这两点，把它们放宽到性质可变的更现实的条件下。小世界网络现象就是网络结构中规则性与随机性融合的开始。

4.4.2.1 混沌：一种特殊的随机性

混沌是一种从规则中脱胎出来的现象，代表"有规则的不规则性"[①]。

混沌是一种特殊的随机性，是"有序扮成随机"。它看上去貌似无规则，产生的像是随机的结果，实际是在确定性系统中存在的类似随机的过程，其中伴以某种有序的因素，如对初始条件的敏感以及分形维。

混沌与分形具有类似的性质。陈平认为，"混沌最有用的特点是它的分维

---

① 詹姆斯·格莱克. 混沌：开创新科学[M]. 张淑誉，译. 上海：上海译文出版社，1990：105.

（Fractal Dimension）性"[①]。

分维提供了动力系统自由度的一个下界。用 D 代表维数，对随机噪声和混沌运动，相关积分 $C_m(R)$ 可以在相空间的某些区域内有均匀的分布。它的大小和 R^D 同阶，因此有：

$$\ln_2 C_m(R) = D\ln_2 R + constant$$

其中，$C_m(R)$ 是 m 维相空间中，相互距离小于 R 的点的对数。对决定性的混沌而言，D 小于或等于分数维。

随机网络、规则网络与复杂网络，都存在分形现象。但从混沌角度看，性质却不相同。对随机网络来说，混沌更接近非决定论的不确定性；对企业来说，分形虽然存在，但不一定导致混沌。人人都是 CEO，不一定导致企业的混乱，在适当的战略损益原理指导下，反而会出现一种全息协调性，这又接近决定论下的不确定性。而小世界网络的不确定性，是非决定论的，但不能说是完全随机的。

比较混沌与小世界网络，小世界网络本质上具有不确定性，而混沌是确定性现象。以分形为例，分形固然具有复杂性系统的特征，但它严格遵循分数维的规律。分数维是指，例如，变化不是从一维变为二维，而是从一维变成一又二分之一维。在分形中，作为初始条件的全局与作为演化结果的局部之间，存在某种标度不变性。而改变的只是维度本身。局部与整体不是随机改变，而是严格按分数维的规律转换。从这个意义上说，它的变化是确定。小世界网络不同，它的初始条件是确定的，但变化是不确定的。

小世界网络也具有随机网络的某些特征，但它算不算随机网络，是可以讨论的。确切地说，小世界网络是规则网络与随机网络的结合，是从规则网络出发随机改变结构形成的结果。这说明它必须以规则网络为基础，它从规则网络中继承了聚类系数[②]，是工业化经济之后的形态（后工业形态），而不是之前的低聚焦特征的小农网络形态。

4.4.2.2　图上的元胞自动机：对自发自由秩序的仿真模拟

元胞自动机（Cellular Automata，CA）是指一定维数下具有 n 个离散元素的

[①] 陈平. 文明分岔、经济混沌和演化经济动力学[M]. 北京：北京大学出版社，2004：289.
[②] Ted G. Lewis. 网络科学：原理与应用[M]. 北京：机械工业出版社，2011：47.

正规格。其中，每个元素（原胞格点）在每个时间点上都具有一定特定状态 s_i，这个状态根据一个确定的变换规则（Transition Rule）Φ 进行更新，而这个规则仅由元素 i 和其直接邻域 Γ（i）内的 k 个邻居的当前状态决定。有[①]：

$$s_i(t+1) = \Phi(s_i(t), s_{\Gamma(i)}(t))$$

这里我们看到一个与规则网络不同的变化。对于规则网络来说，规则是不变的，变的只是规则下的行为。但对元胞自动机来说，规则本身就是可变的，而且规则的变化本身就是一种规则。这是复杂网络不同于规则网络的重要特征。

CA 将混沌吸引子（Chaotic Attractors）等引入小世界网络中，造成局部与全局之间类似奥地利学派说的自发自由秩序的状态。

从局部特征看，小世界网络也具有随机拓扑结构的动态特征，与小农经济有点相像，在关系上讲捷径。对元胞自动机来说，全局秩序的形成，并不是来自中心节点的指令，它只允许局部交流，即"每个元素都只允许与它的直接邻居进行沟通"[②]。

这倒是非常符合最短路径优先原则。但问题是，元胞自动机是一种全局计算，仅在最近邻居之间沟通，如何会在全局上实现优化？这个问题其实既是一个技术问题（路由器就专门解决这样的问题），又是一个社会问题（《论语》从头到尾都在解这道题，即如何通过孝这种最短关系，一直经过家、国，达到天下全局水平的最优，却又不通过任何中央计算），还是一个经济学问题（奥地利学派一直在探究如何通过自发，达到全局的自由秩序）。

瓦茨总结得好：元胞自动机机理的关键在于"利用系统的体系结构而不是规则基础来解决全局计算问题"[③]。如果说规则网络主要利用规则基础（实质是原子还原论）来解决全局计算问题，那么复杂网络如小世界网络更多靠结构来解决全局计算问题。其中的变化在于，规则只是结构中的点，点是零维的边；结构中还有边这一维度，其功能是决定点的性质变化。把规则性与

[①] 邓肯·瓦茨. 小小世界：有序与无序之间的网络动力学[M]. 北京：中国人民大学出版社，2006：183.

[②] 邓肯·瓦茨. 小小世界：有序与无序之间的网络动力学[M]. 北京：中国人民大学出版社，2006：185.

[③] 邓肯·瓦茨. 小小世界：有序与无序之间的网络动力学[M]. 北京：中国人民大学出版社，2006：198.

随机性统一起来，既要靠规则，又不能只靠规则，而要从系统高度，把握点与边的辩证统一。

4.4.2.3 小世界网络：从正则网络出发的随机性

小世界网络（WS 模型）具有随机网络的某些特征，但与经典随机网络不同，它是正则网络与随机网络的结合体。Watts 和 Strogatz 发现，正则网络不存在短的路径，随机网络缺乏集聚性。而从正则网络开始进行随机化重新布线，会出现小世界网络现象。小世界网络还有一种改进的模型，是 Newman 等人提出的，称为 NW 小世界模型。

小世界网络的建模过程是这样的：

先给定一个规则网络，是一个最近邻环网络，环上的每个节点都与它最近邻的 $K=2k$ 个节点相连。然后让这个网络向随机网方向演化，方法是让每条连线以概率 p 随机重连（NW 模型则不改变原有连线，只随机增加新连线①）。

在规则网络与随机网络两方面的作用力下，小世界网络出现了介于两种网络之间的性质：小世界网络具有规则网络那种较大的聚类系数；同时，由于网络中存在随机连线，形成了捷径，从而网络中节点间的最短路径长度大大减小。

小世界网络的核心结构是，具有较小的平均路径长度和较大的聚类系数。这对随机网络和规则网络正好是一种扬弃。随机网络是较小的平均路径长度和较小的聚类系数；规则网络是较大的平均路径长度和较大的聚类系数。小世界网络扬了二者的优点，同时弃了二者的缺点。

其经济上的含义是，小世界网络既具有较高的分工水平（以聚类系数代表），又具有较低的交易费用（以平均路径代表）。

将小世界网络与随机网络进行比较。随机网络具有较短的路径与较低的集聚性。较短的路径反映了自然经济中最自然的连接具有最短路径优先性质；而较低的集聚性，则反映了社会分工同质化理性能力的不足②。

相比之下，小世界网络具有较高的集聚性，说明它是在发达经济基础上发展起来的（NW 小世界网络这方面更有说服力），是经过充分的社会化，分

---

① 马克·纽曼. 网络科学引论[M]. 郭世泽, 陈哲, 译. 北京：电子工业出版社，2014：354.
② 马修·杰克逊. 社会与经济网络[M]. 柳茂森, 译. 北京：中国人民大学出版社，2011：71.

工水平达到较高水平的基础上，以否定之否定的方式实现"再小农化"，把小农经济中的个性化定制、在家办公等优点，在互联网条件下加以实现。

将小世界网络与规则网络进行比较。规则网络（市场与企业）虽然带来分工发达、社会化水平高，但由于熟人关系普遍被生人关系取代，导致网络的信任水平降低，人们必须用比交易费用高得多的信用，来替代熟人之间的信任，从而出现了交易费用较高的缺点。当交易费用高于均衡水平时（如代理人——从华尔街到官僚的特殊利益占比过大），经济危机就会反复爆发。以金融和权力为标志的虚拟经济，每每背离实体经济就会带来人的异化。

相比之下，小世界网络的一个最大改进，是反向地用信任替代信用，用信息透明替代信息不透明，即用最短路径优先（走捷径优先）替代最长路径优先（代理、迂回优先）。从而在实现同等效率条件下，降低了交易费用。

4.4.3　无标度网络：择优连接

符合随机性与规则性统一这一特征的复杂网络，除了小世界网络，还有无标度网络。如果把小世界网络当作正则网络的升级，那么可以把无标度网络当作星形网络的升级（也是幂律结构的升级）。

无标度网络与小世界网络的最大不同，表现在增加了一个择优连接机制。同样是从规则网络出发，在每个时间步增加一条带新连线的新节点的同时，新节点的择优概率为：

$$\Pi(k_i) = \frac{k_i}{\sum_j k_j}$$

选择旧节点 i 与之相连，k_i 是节点 i 的度数。

与星形网络相比，无标度网络中的"中心"，并不是固定的。它是从统计排序中自然排出来的，通常是那些控制了结构洞的节点。

回顾前面指出的，层次模块性中局部集聚系数 $C(k)$ 与度 k 之间的幂律关系是其重要特征。而无标度网络的幂律关系只与度相关。"在巴拉巴西的无标度网络中，连接的可能性只取决于度"[1]。

无标度网络的平均路径长度为：

---

[1]　邓肯·瓦茨. 小小世界：有序与无序之间的网络动力学[M]. 北京：中国人民大学出版社，2006：7.

$$L \propto \frac{\log N}{\log \log N}$$

这方面的特性与小世界网络类似。

无标度网络的聚类系数为：

$$c = \frac{m^2(m+1)^2}{4(m-1)} \left[\ln\left(\frac{m+1}{m}\right) - \frac{1}{m+1} \right] \frac{[\ln(t)]^2}{t}$$

t 为新增节点的最终个数。当它无限大时，聚类系数会趋近于0。

这里解释一下，与随机网络相比，无标度网络有更短的平均距离和高得多的集聚性[1]。这在经济上意味着更高的分工水平，以及更低的交易费用。但值得注意的是，当网络规模足够大时，无标度网络不再具有明显的聚类特征。这可能意味着，它同时具有"再小农化"的特征，比如出现范围经济但规模不经济的情况，又比如个性化定制（而非大规模定制）。

当前，对无标度网络的研究，都集中在"是什么"这样的描述性主题上，但我们的兴趣在"为什么"。是要解"网络何以可能"这个核心命题。

这里有必要重点分析一下择优连接（Preferential Attachment）。这是新古典经济学包括传统经济学没有深入思考的一个主题。

在传统经济学家眼中，其他要素以资本要素为中心，是一种经济常态。而为什么会是这样，思考得并不深入。择优连接，让人们的思维跳出了原有定式，开始思考幂律的结构实质。在企业中，层级现象、资本现象背后，都有幂律的影子。

如果我们不能对企业本质（包括资本本质）有一个结构上穿透性的洞悉，当这些现象背后的初始条件发生变化时，我们就不能做出类似海尔这样的把企业变为网络的结构调整。例如，当资本相对过剩（如出现流动性陷阱时）时，仍然按照资本稀缺的定式来设计经济模型；当资本真的不再稀缺时（如非排他性使用的资本以软件定义方式造成了资本充裕的形势时），仍然沿袭企业中心化治理结构，等等，都属于环境变了，但系统没有跟着变的错误。

图论为我们展示了将异质轴（N轴）从一条线，展开为一个由节点与边构成的平面的好处。幂律分布的主要特征值是指数。对无标度网络来说，幂律发生在节点与边构成的这个平面（图平面）上。指数就是线（在此是点与

---

[1] 汪丁丁. 行为经济学要义[M]. 上海：上海人民出版社，2015：127.

边的组合）的斜率，本质上是在描述图分布中作为某个决定性的自变量（点或边）的函数是怎样变化的。在这里，具体来说，说的是许多的边，集中于少数的点（长尾的短头）。实际上，被人们忽略的还有与之等价的现象：多数的点，只具有少数的边（长尾的尾部）。实际上，二者的利润空间一样大。

为什么叫无标度，已经有各种各样的解释。结合规则网络来说，规则网络的变化是有标度的，它们具有标度不变性。从根本上说，规则——背后是笛卡尔理性，就是那个不变的标度。无标度，则是指规则可变。这是复杂网络特别是无标度网络与规则网络的不同之处。

根本的规则性变化是，网络不再像企业那样，以生产者为中心，而是以用户为中心。企业和网络都把"用户是上帝"放在嘴上。但实际意思不同。企业离开了高聚集性，就没法活了。巴塔耶曾用生产性消费，来描述企业眼中的消费。用户是上帝，在此是指生产性消费的用户。如果他们的订单达不到一定规模（底线是要保证 $MR = MC$ 条件下实现 $P = MC$ 均衡），他们就不是上帝。而对网络来说，有高的聚集系数（如出现网红、爆款）固然好，但3D打印一个品种只有一个订单，照样能活（反正多打印一件，成本也不会变化）。这时的用户是上帝，就不再是产品顾客，而是体验用户。

因此来说，择优选择的这个优，最终是以"美好生活"为尺度的。这是无标度网络背后不变的标度。

如果仅仅有小世界网络，网络经济学对自由的理解仍然是有限的。小世界网络相当于把自由理解为了随机。但自由意志不光具有被动的随机性，还具有能动性的选择性，如创新、创造。我们总不能把人的创造力说成是人的随机性，把艺术品混同于涂鸦。人们发现，无标度网络在这方面的解释力，要强于小世界网络。

无标度网络是至今为止最接近完全形式网络的网络。完全形式的网络是指，当我们把所有形式——家庭、市场、企业和（窄义）网络都视为（广义）网络时，只有复杂网络是网络的完全形式，即同时具有随机网络和规则网络两方面特性的网络。相形之下，市场与企业都是不完全的网络，即只有规则网络特性，但缺乏随机特性（自由选择）；家庭也是不完全的网络，因为只具有随机特性，而缺乏规则特性（自由过头成了不守规则的随机）。

无标度网络在经济哲学上对应高级自由秩序，是经济自由在复杂性这一设定下的实现，而无标度网络代表的就是实现复杂性自由的结构。

如果从哲学上分类，随机网络应归入自然作用形成的秩序（如儒家说的"礼"），规则网络（包括现代市场、企业和政府干预①）则代表人为作用形成的秩序（如法制）。无标度网络及它背后代表的自发自由秩序②，介于二者之间。一方面，自发自由秩序具有逃逸于理性规则的自然而然（从而高度不确定）这一特性，这一特性表面上具有随机性，但与随机网络的区别在于它是人的自主选择带来的创新和参与的特性；另一方面，自发自由秩序作为一种秩序，又具有理性规则的一定程度上的确定性的特性。例如，数字经济中越是高度的个性化，越要求数据实现标准化。一幅数字化照片，它的点阵是高度标准化的0、1矩阵，但内容是高度个性化的。复杂性的自由就是这样一种矛盾统一体。

对自发自由秩序的描述，哲学家认为只能用语言定性地描述，而不能用数学加以量化，这低估了数学的潜力。通过对无标度网络的实证量化，利用数学图论可以从结构上刻画哲学家想表达的那些复杂性特征。但这些哲学家忽略了，原来由语言来承担的质性分析，是可以用图论来描述的。质的量化，可以通过结构化分析来实现。

以自发自由秩序为例，其特殊无非在于涉及人的自由选择、多样化这些本质上属于复杂性的特质。但图值（结构化的多样性量值）恰恰可以表明一个系统的复杂性程度，结合经济学理论，可以表明在均衡条件下一个系统可以承受的生态化的多样性的程度，也就是自由选择不引发混乱的那个秩序的限度，即系统既自发，而又具有秩序的量的规定性。

规则网络并不是复杂性网络的真正代表，理性具有普遍性意义上的复杂的特征，但它却往往排斥随机性背后体现的具有感性、体验特征的人的自由意志和自然、社会的不确定性，因此理性化过头走到极端，会导致机械性和迟钝性这种因成本不适引起的系统反应，难以同具体情境相结合，甚至导致异化。互联网作为农业生产方式与工业生产方式在更高发展阶段上的扬弃，体现出无标度网络的特点。无标度可以理解为在规则（标度）与非规则（标

---

① 把现代市场、企业和政府归入同一类（不包括前现代的市场、企业与政府）的分类标准，是它们都具有广义的"理性的自负"的规则特征。这三者都是启蒙理性的产物。无论是干预或不干预，它们都会把价值标准化为理性中介（市场价格、货币或理性资本化后的分层权力）。至于理性在方法论上表现为个体（非干预的市场），还是整体（计划或政府干预），与前现代相比，差异可以忽略不计。

② 真正的自发自由秩序，不仅要独立于计划的理性的自负，也要独立于市场的理性的自负。要在形而上的启蒙理性（确定性）与形而下的自由意志（不确定性）之间，保持"摇摇欲坠的平衡"。

度）之间保持"摇摇欲坠的平衡"（KK语）。无标度网络体现了理性的普遍性与随机的当下、此在性结合的特点。

值得注意的是，无标度网络不仅矫治计划的理性自负，也同样矫治市场的理性自负。从结构角度讲，市场的理性自负表现在列表价格上。它用一种统一的、全局最优的价格，抹杀了供求在每一具体节点上的"自由"匹配。表现在结构上，就是令所有边具有均质性，这使自由选择在个性化、多样性选择上受到限制。无标度网络打破了市场这种网络的均质性，以同均质相反的爆发（极度不均质）使中心节点（企业家）和离散节点（创客）的创新精神得以自由发挥。在这种情况下，列表价格被情境定价所逐步替代，自由被从只有全局中心的最大自由，解放为每个节点上的自由。

从数学角度看，理性的自负，表现为数量的自负与价格的自负。计划经济的理性自负表现在数量的自负，以为有一个中心化的计算，可以算清供求数量关系，达到均衡，而不必借助价格；而市场经济的理性自负表现为价格的自负，以为有一个中心化的价格，可以算清供求关系，达到均衡，而不必顾及使用价值数量的具体性。矫治两种数学上的理性自负，需要引入第三个变量，这就是品种，品种是多样性的计量维度。系统地引入多样性之后，就从计量维度上显示了自由选择从中心化选择到多元化选择这一演进过程。避免了理性的自负最大的缺点，就是只追求中心化的、抽象的普遍性而排斥多元节点上具体的多样化选择，从而从启蒙运动的核心范式——理性中走出来。

在理性化的市场中，规则决定一切，随机、不确定性只是秩序的边缘，是化外之境，是要被理性吞噬的对象，但真实世界的市场网络，却经常摆脱理性的控制。而频发像国际金融危机这样的非理性事件，说明在规则网络之外，另有一种非决定性的力量在共同"决定"秩序。无标度的意思是，有尺子，但尺子是可伸缩的；有规则，但规则本身是演进的、可变的（即无"规则"的），而不是僵死的。自发自由秩序就是无规则与有规则的统一。这种现象在图论中叫无标度网络。

4.4.4　复杂网络结构对均衡的影响

均衡理论是在市场经济基础上形成的，这样的理论把企业只理解为交易中的要素，是交易的可原子化的节点。从网络结构观点看，西方中心论的经济学实际讨论的是不完全的网络，只是正则网络这样一种规则网络的特例。

没有看出正则网络在整个网络的谱系中，只是光谱中的一小段。企业理论的均衡理论，至今还没有变得完善，突出表现在新制度经济学至今还在为新古典化而苦恼。误把新古典均衡点，视为企业网络的均衡点。只演化出新古典制度经济学、新古典政治经济学，而没有进化到垄断竞争制度经济学或垄断竞争政治经济学的水平。

事实上，交易费用的存在，以及企业为降低交易费用而做出的资源配置调整与制度安排，已内在要求广义均衡与广义帕累托最优来解释。不这样做的后患已经表现出来，企业明明追求利润，但却被新古典"逼迫"要在零利润水平建立自己的均衡框架。这造成了几个恶果，一是企业会计利润与市场经济利润理论不统一，企业真正创造的符合经济利润的会计利润（如体现企业家精神的利润、来自创新的利润），不能被理论经济学正视；二是将创新挤出了企业理论的核心位置，把创新混同于垄断；三是将个性化挤出了企业理论的核心位置，把它视同竞争的不完全性。

我们可以把造成这种市场理论与企业实践脱节的问题根源，归结为结构框架的不完整。即只考虑了网络完整框架中的原子论部分（把节点摘出来孤立分析），没有充分考虑关系的部分，尤其是没有考虑关系背后的质的差异性的作用。在结构论看来，关系是能动的，它在本质上就是涌现与生成的、交相胜的。从哲学上看，是因为人有自由意志，可以进行自由选择，这与牛顿力学的解释对象完全不同。

网络结构论与企业中心论的方法也有所不同。企业中心论（如科斯理论）得出的结构仍是规则网络的结论，只不过是星形网络的结论。同是规则，星形网络只不过是强调节点在网络中的位置、地位等属性，以中心化结构，替代市场这种无具体节点中心（但具有价格中心）的结构。这种理论在新古典化与熊彼特化之间处于两难境地。相对而言，第二代熊彼特理论（新熊彼特理论）在方法论发育上，比科斯、张五常的理论稍微成熟一些。至少他们想明白了一个科斯与张五常始终没有想明白的问题，即垄断竞争才是与企业家精神真正对应的均衡点。这意味着，新古典化与企业理论的初衷是存在无法克服的内在矛盾的，将制度经济学新古典化的路根本走不通，如果要走通，就一定要放弃新古典化的念头。

网络结构论由此将新熊彼特理论的垄断竞争观嵌入到结构理论中，这代表着将垄断竞争恢复到异质完全竞争水平，而彻底与不完全竞争理论脱钩。

如果说，在企业均衡论中，还可以勉强将张伯伦理论与罗宾逊夫人的理论在新古典综合框架下统一起来的话，在网络均衡论中，罗宾逊夫人的不完全竞争理论，由于与创新、个性化冲突，而在结构上与无标度网络的随机性（高度发达下的自由选择）完全冲突，因此需要作为扬弃垄断竞争中被弃的一方。

网络结构的均衡论是新垄断竞争均衡论。虽然其均衡点仍然是 P = AC。但不同在于，内涵变了。从新古典综合派将垄断竞争窄化为只能解释品牌、专利现象，扩展为把从创新到个性化的所有异质现象，从垄断名下解放出来，放在品种名下，加以新的概括。不仅如此，在新垄断竞争结构中，把品种的内涵进一步丰富为图值，这就进一步把与罗宾逊夫人的分歧，从数学上区隔开来。垄断竞争确实也可以包含部分同质化现象，但如果加入结构视角再一看，所有这些同质现象有一个共同特征是只能处于规则网络的水平，而不可能存在异质结构，达到无标度网络的水平。就像我们在网络结构分析中经常看到的那样。发现这一点，对罗宾逊夫人来说，显得尤为遗憾。因为她与所有英国剑桥学派的学者，已有了异质资本概念，而且斯拉法甚至已有以商品生产商品的天才想法，并以此作为与剑桥学派区分的标志，但可惜他们没有从中发现拉赫曼所发现的东西，就是把资本的异质性，与结构关联在一起重新定义。因此没有达到今天网络结构分析的最后一步，把结构化的社会资本彻底引入经济分析（他们说的社会资本，只是社会的资本，哪怕是社会的异质资本，顶多只能算"代表性"异质资本）。网络结构论由于突破了单纯原子论或单纯关系论的局限，而进入节点与边结合的图论分析，在均衡论上终于可以大踏步前进。它不仅可以说明网络结构的均衡点在 P = AC 这个概括性的事实，更能通过结构化分析技术，说明 P = AC 背后，在均衡条件下个别的、情境化的涌现与生成的发生学机理，例如网红与爆发的机制与机理。这最终解开了均衡原理与创新格格不入的死结。创新理论总是讽刺均衡理论是在谈论经济的循环流转，这个死结，只有通过垄断竞争理论将规模与范围两方面的报酬递增作为广义均衡与广义最优的必要条件[①]，纳入均衡理论，也就是把涌现与生成纳入均衡理论，才能最后解开。而这直接就进入了网络结构的语境中，只能在网络结构中才能得解。

[①] 新经济增长理论目前只满足了前一个条件，即把规模报酬递增内生进均衡和最优分析，而没有实现后一步，即把范围报酬递增也纳入进来。因此还不能全面解释真实世界的网络。

5

网络组织结构：产业与企业的网络化

5 网络组织结构：产业与企业的网络化

网络组织的意思是网络的单位，网络的单位既不是企业，也不是产业（包括市场），而是介于产业组织与企业组织之间的组织形式。本章将以往的产业组织结构理论与企业组织结构理论，综合为网络组织结构理论。事实上这是在取消产业组织问题与企业组织问题的独立性。事因是网络正在引起组织结构上的混乱，包括以往的产业理论，将平台当作产业组织，但反垄断法却把平台当作企业，这引起了关于相关市场的理论混乱；以往的企业理论，无法将虚拟企业纳入研究，企业的互联网转型在将企业外主体纳入利益共同体治理，这也引发了企业组织理论的不适。本章希望有一个总的解决，就是拆掉产业与企业的边界，把它们合成纳入到一个统一场结构中来认识。

在网络中，最显著的一个不同于市场与企业的结构特征是，网络既不是扁平的，也不是科层的，而是双层的。由平台"企业"与用户企业共同构成双层经营的生态结构。生态组织是其推广后的形态。此时的平台与用户企业身上的企业色彩开始褪色，变为生态组织。

结构的这种变化，追溯到理论渊源上，需要把企业内部的资本理论中固定成本与可变成本的区分，扩大到产业分工中去，变成类似重工业与轻工业区分（只不过发生在服务化领域）的重资产业务（基础业务）与轻资产业务（增值业务）的社会分工，以此找到一个共同的逻辑基础来统一企业理论与产业理论。

5.1 产业网络化结构：平台与生态

产业问题过去一直是一个部门问题，即产业经济学的研究对象。但有一个值得注意的现象，产业经济学差不多快成为一个专门与马歇尔作对的学科。马歇尔那里只有完全竞争（实际是完全竞争中的一支，即同质完全竞争），由于这一支成为了主流，在新古典主义经济学体系中，垄断竞争（实际是完全竞争中的另一支，即异质完全竞争）只占一小章。但在产业经济学中，情况倒过来了，马歇尔式的完全竞争成了特例，只占一小章，剩下谈的全都是对它的偏离，从垄断、寡头垄断到垄断竞争。但产业经济学这样做有一个名不正、言不顺的地方，就是作为部门经济学，被理论经济学的马歇尔观点压制，不敢提异质性（不敢正视张伯伦把垄断竞争定义为异质完全竞争这一历史事实）这个词，只好把异质性偷换成差异化（在数学上与异质性完全等价的）这个概念，在马歇尔的阴影下苟且偷生。比较有骨气的经济学，如奥地利学派，拒绝苟且，索性打出自由选择的旗帜（自由选择就是主体角度讲的异质性），与马歇尔经济学分庭抗礼。这个经济学公案到了该了结的时候了。了结的办法，就是直接在理论经济学中讨论产业主题，实质上，是要把产业经济学背后隐而不发的异质完全竞争问题与同质完全竞争，在理论经济学制高点上平分天下。

这样做，正好是网络经济学的本职工作。互联网天性喜欢自由选择，既不想受计划约束，也不想受市场约束。网络比市场更加自由。这是本书的主题，上章已实证地指出在代表自由选择的复杂度（即定义为图值的品种值）上，网络（无标度网络）比市场（正则网络）更高。接下来的问题是，网络经济学认为企业这个概念开始显得别扭，因为在分享经济条件下，企业与产业的边界开始打破，什么是企业，什么是产业，定义域开始交叉，出现了平台、生态这样的非驴非马的概念。我们希望把其中与传统理论的矛盾，一并提升到理论经济学高度上，还原到马歇尔与张伯伦之争（同质与异质之争）这个点上，加以清算、总结。

5.1.1 网络与企业的区别

5.1.1.1 企业何以不可能

网络何以可能的问题，是从企业何以不可能开始的。张五常有一个"怪论"，认为企业是不必要的[①]。这个观点在网络时代几乎是可以成立的。张五常认为，市场经济必有交易费用，否则就会成为"计划经济"（当然不是真实的计划经济）。但科斯提出以企业化解市场交易费用，转了一道手，实际只需

[①] 原话是："我们并不确切地知道企业是什么——而且知道与否也并不那么重要。"见《企业的合约性质》一文。

要合约就可以了。换句话说，企业只不过是合约的一个特例。这是张五常在《企业的合约性质》中想表达的观点，用他自己的话来说，"企业是合约安排的一种形式"[①]。企业替代市场，不过是"一种合约代替了另一种合约"[②]。

这个观点比科斯的深刻而耐久。企业不过是合约中的一种，是用一种叫"企业"的长期合约，替代一个叫"市场"的一系列短期临时契约，以节省交易费用。这个观点，从网络经济观点看，潜在地可以是革命性的。因为，如果现实世界中真的出现了一种既不同于市场，又不同于企业的"一系列短期临时契约"（比如，今天人们称之为互联网的东西），那么张五常的预言就会实现。说这个观点耐久意思是，如果没有比企业更好的合约，张五常与科斯的矛盾不显示，而一旦出现比企业更好的合约（如分享经济），则"一种合约代替了另一种合约"这种说法，将意味着从张五常理论中推论出的结论，会与科斯彻底分道扬镳。

所以我们先要讨论一下张五常的这个观点。这个观点代表了张五常与科斯的分歧所在。科斯把企业看得非常重，而张五常更看中合约。客观地说，张五常的水平其实要高于科斯。科斯的问题意识是从企业替代市场而来，张五常想得更深，按前边产业是企业的市场集合来论，产品市场与要素市场都是市场，"之间也没有明确的区分"[③]。如果把企业视为要素市场，为什么要素交换会比产品交换节省交易费用？利用这个问题，张五常将了科斯一军，而且后者基本没听懂他问的是什么。尽管张五常替科斯圆场，替他总结出企业可以节省信息成本、度量成本和谈判成本三个理由。但问题并没完全解决。张五常说的制度成本，其实不够"制度"（按李嘉图和政治经济学的标准来看），仍属于资源配置的制度设计范围内的事，而不是真正的社会关系。即使围绕资源配置的制度设计，答案也是不全面的。显然受到科斯"使用价格机制是要花成本的"这句话诱导，张五常的思路全被牵引到价格机制（实际是价值问题，对应权利为归属）这个方向。事实上，科斯这个解释并不全面，漏掉了另一个重要方面，这就是使用价值（对应权利为利用），即资源的利用方面的原因。谈资源配置只谈归属，不谈利用，成为美式经济学的通病。事实上，企业与市场还有一个他们没谈到的重要区别。当要素交换完成后，要

[①] 张五常. 经济解释——张五常经济论文选[M]. 北京：商务印书馆，2002：354.
[②] 张五常. 经济解释——张五常经济论文选[M]. 北京：商务印书馆，2002：363.
[③] 张五常. 经济解释——张五常经济论文选[M]. 北京：商务印书馆，2002：354.

素的使用发生了重要变化，在企业内部使用与企业外部使用，性质马上分开。企业内部的分享（共同使用）不叫分享，只有企业外部的分享才叫分享。同理，资源在企业内部使用造成的外部性不叫外部性，在企业外部使用造成的外部性才算外部性。如果要素不在交换中集中于企业，而仍处在市场状态，分散在众多企业的集合中，分享与外部性带来的潜在的成本节约，也将不复存在。结合资本内部固定成本与可变成本之分看，企业具有在内部共同使用固定成本，并将这一成本均摊，使平均成本下降这样一种可能。这是市场没有的。因为市场按定义，已排除了在均衡条件下分享与外部性的可能。

今天，终于到了张五常的合约理论可以翻身的时候。网络，正是可以用来替代企业和市场的那一系列临时契约，是张五常说的合约的理想实现方式。这其中有几个是张五常想不到，但信息革命替他实现了。

一是"临时契约"是邻接式契约，即点对点（P2P）的合作协议。临时性是通过邻接性实现的。临时性的本质在于边的异质关系性，具有非普遍性、非正式性（一次性）的特点。这与西方原子式契约完全不同（也肯定在张五常想象之外）。这种"契约"具有张五常期待的良好属性，即既扁平化，又是日零交易费用。实质是以所谓熟人关系（准确说是陌生的熟人）的信任，替代了生人之间的信用。这是交易费用大大降低的主要原因。

二是"一系列"是通过超链接，即连续的邻接关系①实现的。典型如口碑替代品牌，不是通过广告一点对多点连续重复广播的方式传播，而是一传十，十传百，通过价值网络的方式传播。这就彻底超越了企业机制的局限。因为一传十，还可以通过单位这样的机制实现；但十传百，这里的传播主体，已不再是单位员工，对企业来说，只能靠外人了。

科斯理论在这里彻底失效了（因为对这些外人传播口碑，产权控制已不起作用了），但张五常的理论仍然管用，只是需要根据网络实际调整。最大的调整，是我们在《分享经济：垄断竞争政治经济学》中指出的，第一，要放松专有设定，如对私有产权的刚性设定，变为不问姓社姓资（包括姓其他）；第二，也是更主要的，要放松专用设定，变为非专用设定。这就要求把张五常的理论，从一种"右"的理论，向中性方向调整。这种调整有基于实践的

---

① 这个连续不是线性的一个接一个，而是拓扑结构下分布式的散点之间交叉连续的接力。

非常现实不过的原因,网络之所以可能,且企业之所以不可能,要想同时成立,恰恰要求资源在技术上非排他性使用变为非专用的(即分享使用),合约的作用是按使用的效果分成。还是以口碑为例,外人又不是企业的员工,他凭什么无报酬地替企业宣传呢?一定是他在分享某种原来只能由员工才能使用的资源。这种情况在App的情况下看得更明显,因为这时分享的资源,已不是贝克尔说的人力资本(造成成瘾性的资本投入),而直接就是平台的生产资料。

以上是理论铺垫,真正要提出的问题是,当企业不可能之后,那什么才是经济活动发生的"单位"呢(比如口碑以什么为单位)?这个单位,只能是网络。这里的网络,变成了一个非常窄义的概念,不是指全网,而是指全网中以分享使用资本为边界的那部分网络,我们称为复杂网络。当然,有时它们是一回事。例如,微信几乎占据了中国全网的用户,因此全网与它的复杂网络是一回事。

网络是一种介于产业与企业之间的存在。它的存在,同时带来企业理论和产业理论的基础性的重大修正。

一方面,以网络为划分资源配置边界的单位,彻底突破了威廉姆斯将资本专有与专用作为企业边界的理论,也突破了芝加哥学派在此基础上的推论,即以资本专有和专用作为效率边界(也就是反垄断法中说的相关市场边界)的全部理论。

另一方面,这又突破了产业经济学关于以产业为单位划分市场结构的理论。产业经济学只考虑了基于产业的垄断竞争结构,没有考虑基于"企业"(实际是平台企业、生态企业)的新垄断竞争结构,这是特指基础平台(如BAT)完全"垄断",而增值业务(如App)完全竞争的上下双层结构,平台是企业,而增值业务却是产业。它们之间不是同一个拥有意义上的产权单位,却是使用意义上的同一个产权单位(合约分成共同体)。

网络经济对企业经济学的改进,第一,是放宽产权界定,从以拥有(Ownership)为中心,转向以使用为中心。将使用中的专用性假设放宽到非专用性(即分享)假设。第二,是要将新古典的零利润效率理论,放宽到广义均衡与广义帕累托最优下的存在利润(租值,尤其是差异租)的条件下,以加强对创新和个性化的解释力。

网络经济学对产业经济学的改进要更为艰巨。产业经济学研究的主题是企业与市场结构关系对效率的影响。跳出来看，这是一个奇怪的问题。相当于在讨论长期正式契约（企业）与短期临时契约（市场）的配比对效率的影响。从网络经济学角度提出的问题来自另一个角度，如果企业和市场这两种合约形式都不理想，有没有叫网络的第三种合约方式存在。产业经济学的主流基本放弃了市场结构理论（20世纪30年代）的初衷，即对利润的理论合法性的追求。变成了一有利润，必意味着垄断（或进入障碍），进而无效率的、反创新的老生常谈。关于结构对正利润的影响这样的真问题，进一步被挤压到国际贸易理论和空间经济学中。网络经济学要"反攻倒算"，把国际贸易理论和空间经济学中关于多样化效率与正利润关系的宝贵思想，扶正到产业经济学进而理论经济学的核心带中加以研究。

企业之于网络不可能，第一，企业的边界，等同于资本专用性（效率的边界），因此降低App的成本成为不可能；第二，由于企业边界的存在，使企业间社会资本资源不易被利用。如果把这个问题进一步提纯，就变成固定成本与可变成本，要当作不同产权主体——在位企业作为一个结构功能主体（固定成本主体），产业中的其他企业、小微甚至自然人作为另一个结构功能主体（可变成本主体），讨论它们之间的新垄断竞争关系结构。进而回到两个剑桥之争时代的语境，讨论资本的同质性与异质性的关系。按照这个理论经济学基础理论部分的最终问题，来重新梳理思路，从资本论的核心摆脱西方中心论的致命误导。

5.1.1.2 以网络统一相关市场与虚拟企业

无边界问题实质是社会资本的映射，而社会资本这个概念的叛逆性在于，它是资本原子论的关系化。这是企业内部的资本关系论。当企业边界被网络打破时，它将转化为企业外部的资本关系论。

网络问题——内生资本关系后的结构问题的前身，在实践中最初是以虚拟企业、虚拟企业联盟、外包业务等形式从企业角度提出的，并以供应链、价值链、产业链最后以价值网络达到高潮，在产业理论中提出。随着互联网发展，平台"企业"、生态"企业"到底是企业还是产业，越来越分不清楚。导致调整框架的理论需求正式出现。所有这些问题，都是需要把市场结构问题，更替为网络结构问题。从网络经济学角度看，市场结构是一个伪问题，市场只有体系，没有结构；只有网络才有结构问题。从网络结构倒着看市场结构，需要补上被原子论还原没了的关系（如图论中的边的度分布）的存在。

产业这个概念具有二义性，一个含义是指企业集合，比如当说产业的市场结构时，产业的外延是由企业的集合构成的；另一个含义是指产业链分类，比如在说产业结构时，产业的含义是说农业、工业、服务业等。后者是专门学的讨论对象，我们要谈的是前者。对于作为企业集合的产业来说，产业的结构是指企业在市场中的结构，具体落实为企业与企业的关系。

网络经济学不能再拿市场结构、企业的市场结构这类伪结构问题当作中心话题。这类伪结构之所以不是真正的结构，在产权这个中枢问题上可以看出区别：它们都把企业拥有权，当作结构问题的核心，所谓产权明晰，指的都是支配权（Ownership），他们称之为所有权。这是一种单方面的理论，完全忽略、降低了使用权在结构问题中的核心地位。

我们可以简单验算一下是不是这样。虚拟企业、虚拟企业联盟、外包、供应链、价值链、产业链、平台和生态所有这些介于企业与产业之间的问题，都有一个共同点，其产权结构都是相关利益者不是同一个支配权主体，支配权的边界在企业，但却是同一个使用权主体，使用权的边界是产业。也就是说，企业与产业在产权上是不对称的。在原有效率分析框架下，关系被漏算，社会资本和分享经济全然不存在，它们对利润的影响更被无视。问题出在哪里呢？原来，出在企业与市场结构关系上。对使用来说，企业问题是资产专用问题；产业问题是变相的企业问题，即资产专业的企业在市场中的结构配比问题（一个或几个大的资产专用效率单位占所有小的资产专用效率单位的比例问题）。这种分析在框架上就对不准真正的问题。因为无论支配权形式如何（不论姓社姓资），如果一个主导企业（如 BAT）不采取资产专用，而采用分享经济（即资产非专用、非排他性使用）形式配置资源，资源将溢出芝加哥学派设定的效率边界，分享到产业中的其他产权主体。效率，特别是重资产分享使用效率，或固定成本分享均摊）的报酬递增问题被漏算，而分配中租金机制消弭搭便车也被漏算。

再往前探源，根子已不在企业理论，而在理论经济学的要素理论中。分享经济的现实是固定成本与可变成本在支配权主体上的分离。而理论经济学讨论的资本是铁板一块，固定成本与可变成本必是同一个支配权主体。因此网络结构中需要讨论到的两个效率问题，分别是平台效率（常常是专业化效率)与增值应用效率(常常是多样化效率)问题,被当成了同一个问题。在这当中,最致命的漏算就是关系本身:平台与App之间,相当于以往的大企业与上下游利益相关者之间的产权合作关系,被经济学整体地漏算。理论家的失职,使马云这样的实践家大大受益,因为他从中嗅到这样的商机:只要将传统首富的重资产(如商业地产)加以非排他性使用(将商铺和柜台以软件定义方式加以"复制","复印"出1000万套加以散发分享),就可以通过与芝加哥学派按拥有权收费相反的按使用收费(俗称云服务,即产品免费,按服务收费),在把自己变为新的首富的同时,将老的首富追杀得满世界逃窜。经济学家不研究这样的问题照样拿工资,但对从事经济的人来说,却不能回避这样的关键问题。

基于这些原因,网络经济学正面的主张是,用网络这个统一概念,表述原来基于企业的相关市场与原来基于产业的虚拟企业这两类矛盾现象。消解其中产业与企业不处于同一结构这一矛盾。

用图论来概括,企业只是规则网络中的一种(星形结构),而复杂网络则是随机网络(自发)与规则网络(秩序)的结合。网络的结构本质在于它是一种自发的自由秩序,而企业只是一种规则秩序。在网络这个图中,平台起着中心节点作用,这相当于企业和市场的作用,但它的另半条命——增值应用,起着分布式节点的作用。平台与应用基于资源分享使用,形成重资产与轻资产互补关系,形成在固定成本中合并成本同类项,与在可变成本中提供差异租的互补关系,从而以分享使用为纽带将"外部性—搭便车"的难题加以巧妙化解。

5.1.2 网络边界界定

5.1.2.1 外部性与双边市场:预备概念

在讨论网络的组织结构之前,先要讨论两个预备概念,即外部性和双边市场。这两个概念待网络组织结构概念成立之后,都可以被消化和替代。

外部性自马歇尔最初提出后,逐渐成为一个含义非常庞杂的概念集合,网络效应从某种意义上,也可以归入其中。在此一并讨论。外部性实际与分享具有同一性。分享是指共同使用,具体指非排他性使用、非竞争性使用。如果产权安排是专有与专用一一对应,就不存在外部性。外部性是指产权在归属上是专有，但在利用上却是非专用，由此带来的矛盾。专有但非专用，意味着资源的非拥有者，有使用资源却不交纳租金的可能，由此可能造成租值耗散。所谓搭便车，就是指这种情况。

网络效应的情况更加复杂，它是指网络外部性。凯尔茨与夏皮罗（1985）给出的定义是："当一个用户消费（使用）一种产品所获得的效用随着使用该产品的用户人数增加时，就存在网络外部性。"[1] 由此甚至形成了"需求方规模经济"的说法[2]（可惜没有形成对偶的需求方范围经济的说法）。我们在后面统统归入分享及对分享的依赖中界定。

在双边市场的各种定义中，李雪静给出的定义比 2004 年国外同时出现的 5 种定义要好，李雪静认为，"具有网络外部性的异质最终用户之间通过一个（或多个）采用多产品定价方式的平台进行交易，且该平台对交易双方的价格结构具有敏感性，这样的市场就是双边市场"[3]。但这个定义仍是经验性的，不是基于基础理论的。

双边市场高度依赖于网络外部性这个概念。这主要表现在平台为双边定价上。双边市场不光是在说交易，而且是一种具有报酬递增现象的交易。这引发了基础理论悖论（市场是等价交换，如何有报酬递增）。现有的解释都是临时性的，有的用技术来解释，如正反馈，有的是用外部性来解释，如需求方规模经济等。但都没有抓住要领。要领就是报酬递增的定义，它必须具有平均成本均摊这一内核。这已是企业现象（生产函数内部问题），而不是市场现象了。双边市场理论总的矛盾在于用市场理论想解释企业现象，框架低于现象，相当于揪着自己的头发想离开地球。双边市场理论处在市场、企业与网络界限开始模糊之处，具有过渡性理论的色彩，根本原因就是没有讨论清楚它的最终逻辑框架到底是市场、企业还是网络。我们将把这个问题纳入网络结构，重新理解。

5.1.2.2 平台、相关市场与锁定：知识的资产结构

平台这个概念，从一开始就高度依赖于双边市场概念。因此双边市场定

---

[1] 李雪静．双边市场的平台竞争问题研究［M］．上海：上海大学出版社，2014：5.
[2] 卡尔·夏皮罗，哈尔·瓦里安．信息规则：网络经济的策略指导［M］．北京：中国人民大学出版社，2000：157.
[3] 李雪静．双边市场的平台竞争问题研究［M］．上海：上海大学出版社，2014：9.

义中的缺陷,被原封不动带进平台的定义中。这样的定义不适合于描述网络结构,需要重新定义。

网络的内涵与其外延有很大关系,界定相关市场,可以从外延上界定网络边界。相关产品市场是指能够与被考察产品发生竞争关系的同类产品或其密切替代产品构成的集合①。相关市场涉及密切替代这个概念。以产品市场为例,密切替代构成"相关"的要件。但在网络中,谁替代谁,谁与谁本类,却是一个问题。是平台替代平台,还是平台替代应用,抑或平台与应用之间相互替代?平台(基础业务)与应用(增值业务)是同类吗?这是当初建立相关市场概念时没有遇到的新问题。按照网络结构来说,平台与应用是不可相互替代的,它们之间也不是同类;平台自然垄断,也不存在替代问题;剩下的只能是应用与应用相互替代。这意味着出现了反垄断法前所未见的"市场"结构问题,平台垄断而应用竞争,到底算垄断还是竞争?按照结构观点,如果计算效率,必须把结构作为一个整体来计算,不能只计算平台本身的效率或只计算应用本身的效率,计算平台垄断与应用竞争效率相抵后,总的效率是高是低,才符合相关市场设定的初衷和本意。问题出在网络结构与市场结构不是一回事。

我们以效率作为界定网络边界的内涵上的依据。正如企业的边界就是资本效率的边界一样,一个网络的边界,从使用(资源利用)角度看,就是资源效率的边界。当平台分享其资源于其他利益主体并构成稳定的利益交互关系时,这些利益主体就构成网络的扩展边界,成为平台的相关市场。以往把平台当作产业组织形式看待②,我们现在把它当作网络组织形式来看待,把平台与平台用户及彼此之间的关系当作一个集合,构成网络这个独立的单位(直接的效率与利益共同体③)。

这里引入一个网络经济的专门概念"锁定":"当从一种品牌的技术转移到另一种品牌的成本非常高时,用户就面临锁定。"④ 这个定义把技术作为锁

---

① 李虹. 相关市场理论与实践——反垄断中相关市场界定的经济学分析[M]. 北京: 商务印书馆, 2011: 4.
② 徐晋. 平台经济学——平台竞争的理论与实践[M]. 上海: 上海交通大学出版社, 2007: 1.
③ 直接的效率与利益共同体这个提法是为了区别于同在互联网中,但不发生直接的资源配置与利益分配关系的其他主体。例如,淘宝的商家与京东的商家共处互联网中,但分属不同平台构成的具体价值网络中。
④ 卡尔·夏皮罗, 哈尔·瓦里安. 信息规则: 网络经济的策略指导[M]. 北京: 中国人民大学出版社, 2000: 92.

定的对象，显得过窄。广义的锁定，应把技术推广为经济，是指由固定成本（沉淀成本，即这里说的转移成本）构成的经济锁定。与锁定相反的概念，就是产业经济中最常用的进入。锁定是指出去的障碍，门槛是指进入的障碍。锁定的内容不限于技术，其实质在于，平台分享了自身拥有的资本，作为整个复杂网络的固定成本，而分享主体（用户）由此节省了固定成本投入。如果用户对这种节省产生了稳定的依赖，离开这种分享关系，就会存在不可克服的资产重置障碍，我们把这种依赖关系的稳定性形象地称为锁定。

网络的高固定成本、低边际成本现象，进一步加强了锁定的效果。但锁定不是绝对的。创新是打破锁定的主要力量。

在这里，我们要指出被人们忽略的一个要点。平台是一种"使用而非拥有"现象，这决定了网络在形成自己的边界时，与企业完全相反。不是以资本的拥有，来划分边界。如芝加哥学派那样以资本不产生外部性作为依据，划分相关市场。而是以资本的使用，来划分边界。

网络经济学之所以揪住"使用而非拥有"不放，是因为不是把分享经济当作自身的一个子集，而是就把分享经济视为自身。原因在于，网络经济学用这个框架，在理论上替代要素框架——一种用原子论作为分类依据描述对象的方法中，把信息、知识和数据作为"要素"的说法。信息、知识和数据是生产要素这一点没错，但光说它们是要素，并没有点出更关键的事实，它们是以什么方式（由结构决定的方式）运作的。而正是这一点，可能引起用旧的方式发展新的生产力，穿新鞋走老路的问题。

例如，如果按原子论的方式处理知识，应该把传统知识产权当作发展知识经济的最好手段。但传统知识产权却是在制度方面用规范技术上专用性资产的方法，规范技术上非专用性的资产。也就是用专用性的制度"保护"技术上的非专用性的对象。表面看对知识生产者有利，但从深层看，对知识生产者并不比"产品免费，服务收费"的分享经济原则更加有利。它对知识生产者实际是不公平的。算一笔简单的账：对于知识，到底是收一次费（针对知识产品）收得多，还是收多次费（把知识转化为服务，按每次服务收费）收得多？明显是将产品提升为服务，对知识生产者来说更为划算。

因此，我们把原子论调整为结构论，把强调知识要素，变为强调知识方式。知识方式的最主要的特点，是它在技术上具有非排他性，如果制度上也调整为用非排他性的规则替代排他性规则，将与知识的本性更为符合。只有技术与制度相互匹配，才能真正符合知识的自性，才能长久。从这个意义上说，"使用而非拥有"是特别适合信息、知识、数据这样的可由软件定义的生产要素的关于资源配置的制度安排。

具体到网络结构上，数字经济对数字的理想把握方式，在于将数字化资源分为共性的基础产品与个性的应用服务，以前者为平台的实质经营内容，以后者为应用的实质经营内容，由此实现知识服务的广义均衡与广义帕累托最优。也就是让知识内生于创新、内生于个性化而获得零利润之上的稳定租值回报。

5.1.2.3 网络结构：企业结构+市场结构

概括地说，网络组织结构是产业组织结构（从某种意义上说是市场组织结构）与企业组织结构的并集。可以简化认为，网络的上层（平台）相当于企业；下层（应用）相当于市场（产业）。这种合并，在租金机制回路发现基础上，消灭了外部性、网络效应这些历史上的过渡概念，把它们理解为网络结构的功能——分享功能（非排他性使用功能）。将其中机理归核、统一到基础理论部分的报酬递增机理（成本互补）上来。这当然不是一个严格的说法。因为并入网络后，企业与市场（产业）的某种关键结构特征分别被扬弃了，不再是原来的企业与市场（产业）。对企业来说，由于网络外部性被作为结构的正式特征，由资产专用性构成的企业边界在结构上被打破；而对市场来说，从图值上看，出现了从规则网络向随机网络的"倒退"（实际是否定之否定的螺旋式上升），这是指理性的市场，被行为的"集市"（体验场）在增值部分替代。从继承与保留的角度说，吸收企业和市场的主要是规则网络部分，如标准化、专业化、社会化等工业化高于农业化的积极方面。这种肯定、继承在结构中的作用，是发挥分工专业化在提高效率中的作用，保证网络中的个性化和创新，不致成为农业生产中那种随机性和随意性。但是，扬弃本身就意味着肯定只能是一半。举例来说，网络也强调标准化，但如果说在工业化中，标准化是全部，网络中只是一半。只是平台对应用采用统一标准，但应用却是多样化的，以此保证集中与分散，同质与异质的结合。

按最简略的划分，我们把网络分成两大类，一类是中心性明显的"平台—应用"结构，由此对应大规模定制的生产方式；另一类是中心性不明显的生态结构，由此对应个性化定制的生产方式。分别讨论它们的具体结构和功能特征。

5.1.3 网络中的"平台—应用"结构

"平台—应用"型网络，以具有一个明显的中心为突出特征，这个中心就是作为平台的企业。离散的节点围绕这个中心分享使用资源，中心从拓扑结构的节点中吸取"能量"（租金），由此构成具有互补关系的上下双层结构。

平台企业实际已不再是原子论意义上的企业（也许叫社会企业更好一些），而只是作为环节的企业。它也不再是另一种合约（张五常给科斯的企业定的性），而只是合约中的一半；另一半是节点企业，它们也不再是独立的企业（因为不再拥有重资产），而只是轻资产运作主体，因此只是一种作为环节的个体企业（有时还是自然人）。平台企业与应用企业之间的关系，比较像社会企业与商业企业的关系。

从功能上说，平台企业在网络结构中更多发挥的是工业化的功能，即实现大规模定制中的大规模部分功能。他们赖以分享的固定成本（重资产），本质上是合并应用企业的资产同类项而形成的同质性资产；而应用企业在网络结构中更多发挥的是信息化的功能，他们赖以增值的可变成本（轻资产）——从创新精神、冒险精神到个人禀赋（个人知识、个人资本等），本质在于从同质性中脱身而发挥差异化增值作用，其结构功能是实现大规模定制中的定制（在前现代是非专业化的小农经济，在后现代是专业化基础上的创客经济——一种"专业—业余"混合态）。从这个意义上说，网络经济本质上是工业经济与农业经济各扬一半、各弃一半形成的否定之否定（扬弃）的产物。推广来说，信息文明是农业文明与工业文明各留其精华，各去其糟粕，扬弃而成的一种新文明。

5.1.3.1 平台企业结构机理

现有平台理论主要是双边市场理论。双边市场理论自身逻辑是没有问题的，但它的基础理论前提极为可疑。从双边市场理论看平台，上述核心特征都不见了，或被挤到次要特征地位。置于双边市场中心的，反而是平台的交易属性。这就容易把网络问题简单化理解为市场问题。在双边市场看来，平台相当于供求双边利益主体之间的中间人，为双方的供求做媒。其基础理论是市场交易。从市场交易角度看平台，平台收取的只是交易的佣金。这个框架只是市场分析框架，缺了企业框架中的资本视角，忽略了资本分享这一更关键的特征；更缺了网络框架，忽略了结构的作用（例如平台与双边之间分成）。

与双边市场理论不同，网络理论不是把平台当作独立存在的经济单位，而认为平台与应用（用户）所组网络共同构成同一经济单位，平台与应用都只是独立存在的网络中一个非独立的环节,[①] 只能在互补关系中才能取得自身存在的根据，其内部产权关系是"使用而非拥有"。

平台内的交易关系是其次的，资本关系才是主要的。淘宝平台不仅是给双边牵线搭桥，更主要是给网商免费提供了虚拟商铺与柜台。具体来说，平台是一种固定成本分摊现象，通过固定成本分享而与利益相关者构成同一个经济单位（即窄义的网络）。基础产品（用来作为投入的产品，包括用于成瘾性"个人资本"投入的产品）不管是收费还是免费本身，与锁定无关（免费更利于锁定）；一般来说，从使用中收取租金，构成对搭便车损失的补贴。均衡补贴额等于所分享固定成本 $FC = AC - MC$[②]。关键在于对这个资源的使用是否构成用户的某种固定成本替代，即用户因此不必自己提供（生产、开发、投入）这种资产，例如，网商从事电子商务，不必自己建设商场、购置柜台，只需投入可变成本即可经营，由此构成对电子商务平台——实际是网络固定成本的依赖。

平台从结构角度看，是一种典型的新垄断竞争现象。新垄断竞争是指，平台与用户（如 App 开发者）构成上下双层结构，上层平台基础业务垄断，下层应用增值业务竞争，构成同一个网络。直接从定义可知，平台是报酬递增，因为平台的本质就在于分享固定成本，这种分享构成了报酬递增的充分必要条件即平均成本的均摊。不同于传统新经济增长理论的一点是，均摊不是一种原子论现象，而是一种关系论现象，即均摊不是发生于同一产权主体（同一支配权主体）内部，而发生于不同产权主体之间（但在使用权上结成利益共同体）。新垄断竞争除了在均衡价格（$P = AC$）上，与垄断竞争具有一致性外，还具有垄断竞争不具有的一个特点，即来自平均成本均摊的报酬递增，因此它不是零利润的，而是有租值特别是差异租作为利润的。

关于报酬递增需要说明，第一，在严格的学术定义中应是报酬递变，包

[①] 在结构的方法论中，把要素一律改称环节，以示它不能像原子那样独立实存。

[②] 这构成网络与企业在外部性提供上的利益对冲，决定了网络为什么提供分享这种所谓外部性不受搭便车损失，而企业提供外部性就一定会受搭便车的损失。

括递增与递减，依平均成本均摊（分享）的形式而变化。在新经济学中反复提及报酬递增，是针对传统理论认为不可能出现报酬递增，而只能报酬递减而言的。实际上网络经济学理论不否认在一个具体网络的生命周期末期出现报酬递减（更多是因创新而突然死亡，如软盘被U盘突然取代）。第二，报酬递增不意味着利润不受均衡制约无限增加，均衡的界限就是上述的外部性补贴额 FC = AC – MC。超过这个界限，利润仍可能实际存在，但已不属于可持续的利润，而是超额利润（本质上是大于 AC 部分的利润）。而这种超额利润在正常发展中，会受到来自市场的生态化压力及来自政府的管制的反作用力的挤压。

平台既吸收了工业化企业的一些重要特点（如社会化大规模生产方式），但也有信息化企业新的基本特征，最重要的就是范围经济的特征。19 世纪的西尔斯也实行过范围经济，但之所以不能成为时代主流，主要是生产力基础不能全面支持这种新的生产方式。西尔斯与亚马逊商业模式非常相近，都具有范围经济性质，但差别在生产力上，西尔斯做的是实体范围经济，差异化业务全部内部化，而没有 App，而亚马逊在基础业务上发展出了差异化的增值业态（典型如商业云服务）；西尔斯的资产（沿铁路线的大仓库）是专用资产，不能分享，而亚马逊的核心资产是知识（云平台），却是可以非排他性使用的。范围经济需要的生产力基础，必须在技术上具有资源特别是资产的非排他性使用特点。只有以软件定义方式存在的数字化资产，具有持续、稳定、全面①可供分享使用的生产力特性。这是当信息、知识和数据成为生产资料并转化为经济，并且其经济体在全局比重中显著占上风后才得以真正出现的生产力形势②。

5.1.3.2　夏宜君模型：平台与增值业务互补

网络何以可能这样的问题，对平台经济来说，意味着平台将社会资本赋予节点的过程（同时也是节点嵌入社会资本的过程），减少了网络的结构洞。其中，平台通过固定成本分享降低节点端异质业务成本，与应用端（App 节点）如何使资产获得增值的相互关系，需要在同一个网络机制框架下进行具

---

① 在整个网络范围内谓之全面。
② 中国农业社会整天诗词歌赋却不能称为知识经济，是因为这些知识产品占国民生产总值的比重微乎其微。

体分析。夏宜君提出比较企业内部与企业与平台间平均成本递减的模型①，可有效解释平台（网络内中心节点企业）固定成本与应用（网络内离散节点企业）可变成本之间的相互作用模型。

夏宜君首先分析了企业内部成本递减现象。认为，当信息技术导致企业交易成本在内部共享时，出现了种类越多，分摊的平均成本越低这种非排他性的共享现象。这改变了成本曲线的走势，平均成本 AC 呈现出随交易量增加而递减的趋势。因此，可以得到与成本递增相反的、边际成本下降的曲线，如图 5-1-1 所示。当边际成本因为信息技术的分享而从 MC_0 下降到 MC_1 时，交易量从 N_0 向右移动到 N_1，企业的最优边界曲线的最右端得以扩张，原本因为成本原因无法出现的产品品种随边际成本的下降被"挤压"出来。简单地说，信息技术能够让企业通过成本收缩实现品种多样化，形成以差异化为竞争优势的范围经济，而这种差异化的实现和交易成本的共享是在企业内部完成的。

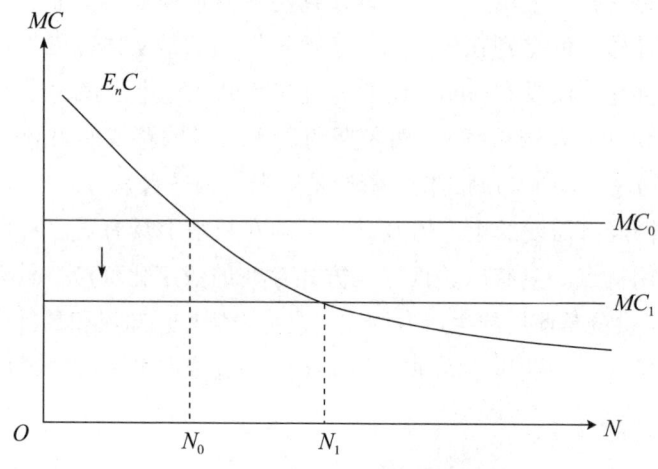

图 5-1-1 成本降低与企业最优边界的扩张

夏宜君接着分析了企业边界打破后，效率边界扩展到网络后成本形势的改变。认为，随着互联网平台的出现，信息技术带来了企业交易成本的变革，交易成本离开企业内部，由平台提供的服务来承担。科斯认为，交易成本决定企业的边界，而平台经济最典型的特点就是科斯定理的失效，因此，对互

---

① 夏宜君. 平台中的定价机制分析合约及分析——以网络文学市场为例 [J]. 未来与发展，2017，41（1）.

联网平台的分析可以从交易成本的转移的角度入手。互联网平台将交易成本从企业内部分离出来，形成一个专业的交易服务平台。从技术角度来说，互联网平台可以被看作是一种载体和数据的组合，平台通过这种组合提供大量的分散而零碎的合约服务，促成平台上用户之间的交易。第一，载体是指平台应用到的信息技术以及设备支持等。载体是平台服务的基础，包括平台上用户和交易的支持和维护，平台的硬件保障了信息的储存和运转，平台的软件保障了信息的便捷性和安全性，体现为高额的固定成本。第二，数据是指平台提供的一系列的信息数据，合约服务包括为双方提供对方的信用信息、制定交易规则、规定交易手段、监督交易过程。

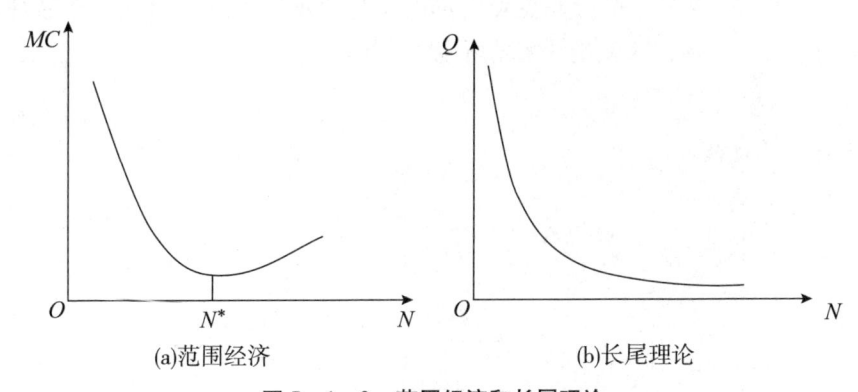

图 5-1-2 范围经济和长尾理论

钱德勒提出的范围经济对企业差异化战略做出了解释，如图 5-1-2 中的（a）范围经济，安德森提出的长尾曲线对互联网平台在差异化上的贡献做出了解释，如图 5-1-2 的（b）长尾理论。比较范围经济曲线和长尾曲线，首先，范围经济的讨论范围是企业内，企业通过信息技术降低品种增加带来的成本，这种成本的降低在品种达到某一数值后依然会出现增加，也就是说，企业的品种量是有边界的。而长尾曲线讨论的范围是企业外代表整个市场的平台，平台只提供交易服务，这种服务的平均成本 AC 随着代表差异化的品种数（厂商）的增加而被分摊，由于信息复制的成本几乎为零，而平台又不承担生产成本，这种成本的降低可以被看作是无边界的。其次，范围经济讨论的是企业应用信息技术降低边际成本，边际成本降低带来企业产品差异化的增加，是"企业+互联网"模式；而长尾理论讨论的是平台承担了一个固定的信息成本，平台上的用户数量越增加，分摊后的平均成本就越低，是"互联网+企业"模式。最后，从范围经济到长尾理论，最重要的变化在于交易成本从企业内转移到了企业外，原本支付不起交易成本的企业可以只支付高额交易成本的"租金"，从而出现在市场中，与此同时，交易成本的分离导致在平台上出现了科斯定理的失效。

图 5-1-3 中，N 代表品种数，P 代表平均每一品种的产品的交易成本的价格，企业的平均交易成本价格和平台的平均交易成本价格曲线是不一样的。从差异化产品数量的角度来看，平台和企业有两个分界点 N^* 和 N^{**}。在古典经济学假设的市场中，产品品种数 $N=1$，企业只生产单一产品，承担产品的所有交易费用。随着科技进步和社会发展，企业开始多样化策略，生产不同的产品，此时，N 种产品分享企业内部的交易成本，因此会出现一定品种量范围内的成本下降，这就是钱德勒所说的范围经济。

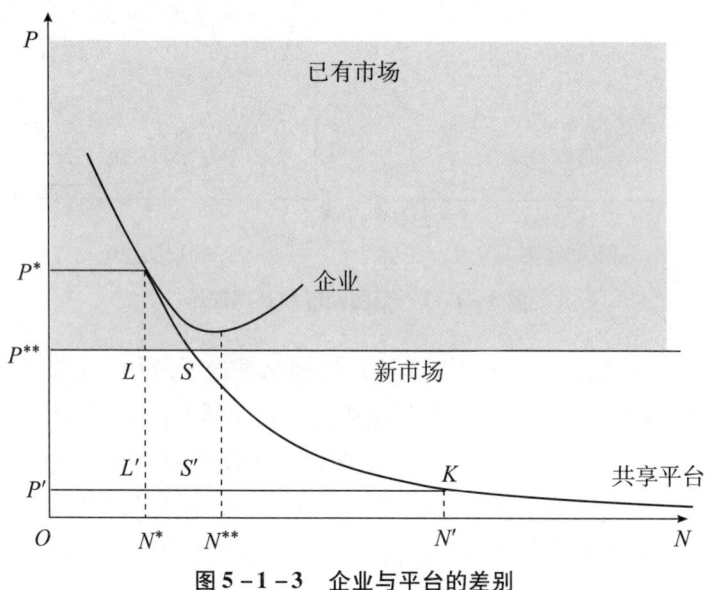

图 5-1-3 企业与平台的差别

从图 5-1-3 中可以看出，平台和企业交易成本的交叉点并不在企业交易成本最低点，也就是说在 N^* 的位置，平台能够承担这一品种数量而出现，而此时的交易成本对比之下，平台并不具备优势，在 N^* 到 N^{**} 区间内，平台是在已有市场与企业竞争，在实践中表现为平台对实体市场的冲击。然而在这一阶段中，交易成本的价格仍在已有市场，平台并不具备明显的优势，而更像是企业外包的服务。

当企业产品多样化达到 N^{**} 时，企业由于范围经济引起的成本下降开始出现上升，这一点规定了企业差异化规模的界限，而平台的平均成本仍在下降，此时平台才开始具备明显的成本优势，并且利用这一优势开拓了一个新的市场，而非在已有市场中进行竞争，如图中 S 点之后的平台进入新市场，而企业曲线的 S 点之后出现上升，这一点就是企业品种规模的边界，过了 S 点，企业交易成本价格会转而增加而非继续降低。在共享平台上的 S 点之后，一部分由于交易成本太高而无法进入市场的生产者，由于平台提供了如此低价的交易费用而得以进入市场，从而产生了 $SS'K$ 的消费福利，这一部分的生产在平台出现之前不存在于已有市场中，通过平台出现在市场中。

从图中可以看出，第一，从 N^* 到 N^{**} 的过程可以看作是企业成本下降带来的企业边界扩张，实行产品多样化策略的企业通常会将品种数量控制在 N^{**} 以内，因为超过这个值，差异化带来的管理和运营成本都将增加。在这一区间内，代表的是重资产的大集团模式，N^{**} 以内是同一个企业承担的平均交易费用，在已有市场中，资本因其稀缺性而显示出强的力量，剩余分配倾向于资本。第二，当平均交易成本的价格在 S 点以下时，新的企业会选择进入平台，由平台来分担交易成本，而这类企业通常是轻资产运营企业。平台只有在参与企业数量达到 N^{**} 时才能提供满足这类轻资产运作的企业需求的低交易成本，而随着加入平台的企业数量的增多，平台的平均成本能够持续下降，由于信息技术可以无限复制，可以视为对加入平台的企业数量无限制。在这一市场中，平台依靠异质化生产方式，人力资本是平台参与者数量增长的来源，人力资源体现出强力量，从而剩余分配倾向于劳动者。第三，新旧市场存在一定的区别，两类市场只有在 N 从 N^* 到 N^{**} 的过程中出现过交集，如果平台不能实现平台上品种超过 N^{**}，那么平台只能是企业信息系统的外包或定制，并不能形成我们讨论的平台经济。

夏宜君模型以科斯的交易成本定义成本，可以推广为所有成本（如生产成本）。其中的平均交易成本概念，可以径直推广为一般平均成本。则这一模型可用于解释的实质性问题就是本节讨论的一个核心问题：通过网络"平台—应用"结构中的成本原理支持"网络何以可能"的立论。简单地说，结论就是：当平台企业（中心节点）与应用企业（外围节点）在资产非专用性使用条件下共同使用（分享）平台资产时，这一资产就以复杂网络的固定成本的形式，均摊到网络中承担网络可变成本功能的应用企业节点上，从而造成网络整体的平均成本递减的范围经济效果。由平台与应用两个环节构成的网络结构，得以在数学上清晰显示出来。这个关键突破一旦实现，从收入、利润角度从而从整个供给角度解释范围经济，就成为顺理成章的事。这是迄今为止的经济学没有做到的事情。

经济学家一直在思考互联网经济的规律，但对阿里巴巴一直在强调的范围经济（从阿里巴巴的参谋长曾鸣到主管研究的梁春晓，一直在把范围经济当作纲领来主张）却一直视而不见。现有经济学对互联网解释力下降，分析其中原因由此不难发现：不尊重实践是理论滞后的首要原因。新事物都出生了，理论迟迟不给人家"准生证"，不给人家"落户口"，新生儿长大后，必然会像《巨人传》中的庞大固埃，以羞辱传统卫道士为乐（比如一泡尿把教士们冲进大小河流）。夏宜君模型可以说是网络经济第一个理论上的"准生证"，至少在力图证明像阿里巴巴这样的范围经济，是可以在理论上"合法"地"落户口"的。

5.1.3.3 应用市场结构机理：关系嵌入

网络的平台—应用结构分析的真正难点在应用部分。如果对网络的规则特性部分，即网络结构中承担规则功能的平台部分，用传统经济中的固定成本均摊的标准原理，稍加改进就可以解释，如何解释应用中可变成本的结构，就需要全新的工具了。虽然我们泛泛地知道，App们之所以能进行轻资产运作，是因为它们分享使用了平台提供的非排他性资产，这些具有合并同类项性质的资产，是App们无论从事何种差异化都要共同使用的工具（如虚拟店铺、开发工具等），但要实证地描述出差异化增值应用产生利润的结构化特征，却不是易事。想一想，索洛悖论中说的信息技术只见投入不见产出的部分，实际就主要存在于这类差异化增值领域。目前这方面的研究还远未成熟，这里只是探讨一些具有概念跑车性质的方法，目的是希望弄清真正的方法要解决哪些结构转向后的问题。

1. 嵌入理论

为了减轻传统学者的"晕船"（对新理论的生理性不适），我们尽量从已有理论资源中发掘具有未来因素的方法。这样的方法对这里的结构问题来说，首推嵌入理论（Embeddedness Theory）。嵌入理论已有几十年的发展历史了，说的是社会因素对经济过程的结构性嵌入，或经济活动融于具体的社会网络。

波兰尼（Polanyi）在《大变革》一书中首次提出"嵌入性"概念，认为，"人类经济嵌入并缠结于经济与非经济的制度之中，将非经济的制度包括在内是极其重要的"，"经济作为一个制度过程，是嵌入在经济和非经济制度之中的"。从格兰诺维特（Granovetter，1985）的弱关系、强关系理论到伯特（Burt，1992）的结构洞理论，这一理论发展成为当前社会网络分析中的重要分析工具。

嵌入首先是结构现象，嵌入理论提供了关系嵌入结构的方法论。网络结构中的平台与应用环节结成的双层规划①，可以视为一种结构嵌入关系。其次，嵌入说的社会与经济，实质是指异质性与同质性。社会嵌入经济，是异质性因素嵌入同质性体系。对网络结构来说，这也是适合的。平台代表的是"经济"（同质性）的力量，应用代表的是"社会"（异质性）的力量。App长在平台上，是定制在嵌入大规模、形成大规模定制的结构。也可以理解为是定制这种（源于前现代的）后现代因素，嵌入大规模这种现代因素形成的混合结构。

对异质性的增值应用，用结构洞可以从经验上加以描述。这方面的研究刚刚开始。

现在的问题是，这个嵌入的异质性结构能否及如何从数学上加以刻画。我们现在引入图论中的图嵌入来解决这个问题，然后再对增值进行具体结构定位。

2. 关系嵌入结构

在大类上，可以把方法分为原子论、关系论与结构论。结构是节点（把原子改造为环节后）与关系的结合。嵌入理论的方法论功能，就是对西方中心论进行釜底抽薪，解构原子还原论的理论基础，解决关系如何整合进结构的问题。

我们可以把网络结构中下层结构嵌入上层结构，即应用企业嵌入平台（网络中心位置企业），视同经验现象中的中小企业嵌入网络来认识。这是一个典型的关系嵌入问题。

匙姣对中小企业将关系嵌入网络带来的结构改变进行过专门研究②。她把

---

① 姜奇平.分享经济：垄断竞争政治经济学[M].北京：清华大学出版社，2016.
② 匙姣.中小企业的网络化成长：关系嵌入与结构促变[D].天津：天津财经大学，2014.

这种嵌入分为继承性关系嵌入、生成性关系嵌入、契约式嵌入、非契约式嵌入、适应式嵌入、自主性嵌入、试错式嵌入、捆绑式嵌入、破坏式嵌入、植入式嵌入等十种关系嵌入模式。这种关系嵌入带来的结构变化，包括结构嵌入变化、结构洞变化和网络位置变化等，由此形成不同的网络结构。

关系嵌入，就相当于异质的边结构嵌入网络的规则结构中。这与奥地利学派的方法论个人主义思路完全相反。奥地利学派要嵌入的，相当于不是边（关系），而是个人节点。如果离开异质的边，所能嵌入的顶多是市场，而不可能是网络。

将人与人的关系嵌入网络，对分散的中小企业（应用企业）来说，会带来以下三方面结构性的实证的重要影响。

一是关系嵌入促成了一般资本属性的结构嵌入变化。

关系嵌入使应用企业能够"借船出海"，分享使用越来越多及越来越多样化的网络资源和社会资本，并在复杂网络的报酬递增中，获得创造差异租的机会。这个过程同时也是中小企业成为虚拟企业进行轻资产运作的过程。这个过程的结构变化体现为，中小企业从独立结构（同时经营固定成本与可变成本、重资产与轻资产）企业，变为非独立的网络中的可变成本环节。意思是，这些中小企业本身可能仍有自身的固定成本与可变成本需要经营，但从复杂网络的整体分工看，其局部上的固定成本加上可变成本，承担的是复杂网络整体的可变成本部分。相当于说中小企业带着自身的可变成本，"嵌入"结构中由大企业构成的固定成本的部分，双方形成新的"重资产—轻资产"互补结构。这些中小企业与网络中心位置企业的关系，类似小本的佃农与租借土地（主要资产）的地主的关系。其中的分成模型、分成比例关系及规律，详见《分享经济：垄断竞争政治经济学》中的双层规划模型。

二是关系嵌入促成了结构洞关系变化。

结构洞有两个关系属性标准，一个是凝聚性（Cohesion）间断，指两个节点不是直接联系的邻居（强关系）时之间存在关系的空白；另一个是结构等位（Structural Equivalence）间断，指同一层的网络位置上的两个参与者并没有中间媒人。App嵌入平台，或中小企业嵌入网络，可以从这两个方面改变自身的结构。

当企业把自己的关系嵌入伙伴中选择合适的介绍给其他关系合作伙伴，企业自身成了新的媒人，企业就占据了新建立的结构洞的中心位置；"在占据了现嵌入网络外部的结构洞中心位置后，中小企业更加容易与其他网络群体发生联系，也更容易得到嵌入其他网络的机会"[1]。企业在关系嵌入中消解了原有结构洞，这使得企业可以省掉弥补原结构洞需要提供给中介者的交易费用。

三是关系嵌入促成了结构洞信任变化。

结构洞还具有信任属性标准，这就是网络位置，指企业在其嵌入网络中占据的位置（通过中心度、密度来衡量），这代表了企业在该网络中代表信任的社会资本属性（地位与权力）。

企业通过与原有网络中心位置企业的联系建立及原有关系的加强和削弱，以及与新网络中能够给企业带来利益的组织的新关系的建立，获得了网络信息和网络资源，学习了新的知识与技能，拥有了更强的竞争优势，从而在整体网络中拥有了更多的话语权，自然而然地形成了企业向新的网络位置的移动[2]。

3. 寻求"网络何以可能"的交易费用解

网络拓扑结构能否嵌入网络是互联网的一个重要性能指标。

这是一个典型的图嵌入问题，即，给定一个主图 $G_2=(V_2, E_2)$ 和一个客图 $G_1=(V_1, E_1)$，将客图 G_1 嵌入到主图 G_2 中就是找到 G_1 每个顶点到 G_2 每个顶点的一个单射，以及 G_1 每条边到 G_2 某一条路径的映射。其中的复杂网络含义已如上述。

经济学不光关注图嵌入本身，更关注嵌入效率。性能良好的互联网络作为主图时应该具有理想的图嵌入能力，从而能够使客图上的并行算法在其上高效地迁移并运行[3]。对应到经济含义，并行算法的高效迁移可理解为平台固定成本均摊于应用的高效特性。衡量嵌入效率的几个重要技术指标：

一是嵌入的扩张（Dilation），嵌入的扩张越小，G_2 模拟 G_1 的通信延迟越小。嵌入的扩张用于网络，衡量的是应用均摊的成本效果。

二是嵌入的膨胀（Expansion）。嵌入的膨胀可以衡量处理器的利用率，嵌入的膨胀越小，当 G_2 模拟 G_1 时，处理器的利用效率越高[4]。嵌入的膨胀在网

---

[1] 匙姣. 中小企业的网络化成长：关系嵌入与结构促变［D］. 天津：天津财经大学，2014.
[2] 匙姣. 中小企业的网络化成长：关系嵌入与结构促变［D］. 天津：天津财经大学，2014.
[3] 尤澜涛. 几种互连网络上图嵌入的研究［D］. 苏州：苏州大学，2015.
[4] 尤澜涛. 几种互连网络上图嵌入的研究［D］. 苏州：苏州大学，2015.

络经济上衡量的是平台利用（固定成本分享）的效率。

三是嵌入的负载度。嵌入的负载度是指主图中任意顶点被映射到的最大次数。当负载度大于1时，主图模拟客图时，在一个顶点上需要处理客图多个顶点中的任务，可能会影响处理速度。所以好的嵌入的负载度应该为1[①]。对网络经济来说，一个平台要承担高至几千万个网商的基础业务，对平台自身的效率有较高的要求。

四是有效传输。在技术上，能否进行有效的传输是衡量这个网络性能优劣的重要指标。在互连网络中，通过顶点不相交路径可以使得信息的广播具有高容错性。若图 G 上存在 n 条顶点不相交路径，当 G 中顶点（边）发生故障时，只要故障顶点（边）的数目不超过 $n-1$，那么在 G 中总是存在至少一条无故障路径，可用于数据传输[②]。

对嵌入问题，在方法上可以归简为路径问题，即顶点不相交路径覆盖嵌入问题，就是在图 G 的顶点之间嵌入一条或多条顶点不相交路径，使得这些路径能够覆盖图 G 的所有顶点。其中发现和量化最短路径，有助于人们从结构上辨识出网络模式不同于市场与企业的效率特征。顶点不相交路径覆盖嵌入问题可以分成一对一、一对多和多对多三为顶点不相交路径覆盖嵌入问题[③]。

最短路径优先是网络不同于市场、企业的根本原则。如果有市场相应资源配置原则，可把它想象为路径均质优先，企业相应的资源配置原则是中心节点路径优先。不同的路径，代表着不同的关系与结构。研究图嵌入，发现与定量其中最短路径的量化含义，是将图嵌入转化为经济方法的用意所在。

我们以网络技术中的波分复用（Wavelength Division Multiplexing）为例，说明技术与经济之间的映射关系。

将通信网络视为一个图模型，在图模型中需要选择一条路（路由）当作通信频道（通路）来满足其通信请求。在实际的通信网络中，通常一个通信请求含有网络中两个以上的节点，所以这种更普遍的情况是将这一系列通信请求看作是图（或网络）中的一个超图，而将其中每个通信请求看作是此超

---

① 尤澜涛. 几种互连网络上图嵌入的研究 [D]. 苏州：苏州大学，2015.
② 尤澜涛. 几种互连网络上图嵌入的研究 [D]. 苏州：苏州大学，2015.
③ 尤澜涛. 几种互连网络上图嵌入的研究 [D]. 苏州：苏州大学，2015.

图中的一条超边①。在路由算法中最重要的一点是使得图中的每条边上的最大阻塞度（Congestion）最小，其中阻塞度为任意一条边上通过的通路的数量，此优化问题称作路由和波长（RWA）分配问题，具体指给定网络这一系列通路，用最少的颜色来找到这些通路的一个有效着色②。

对经济学来说，可以把通信理解为交易，阻塞就是指交易的摩擦力，即交易费用。最小阻塞度问题实际就是交易费用最小化的问题。通过图模型，可以帮助人们发现的主要是，为什么正则网络（代表市场）、星形网络（代表企业）的摩擦力更大，而复杂网络的摩擦力会更小，正如在波分复用中，用最少的颜色就可以找到通路的有效着色。

5.1.3.4　图嵌入：结构嵌入的量化方法

嵌入理论与结构洞理论都属于经验分析，并不能从中直接得出均衡水平的确切判断。要想实现在均衡水平分析网络结构，就需要有一种元方法，对它们进行概括，把一般的图转化为元图、超图来分析，这就是图嵌入方法③。

图嵌入是 21 世纪初，由 Sam 以及 Mukund 等学者从数据空间几何结构的角度出发，构造用来实现数据本体结构向低维空间的特征映射。随后，学者们通过构造局部邻近图，在对数据进行特征映射时，对数据的局部结构进行保持，发展出基于空间几何特性的图嵌入方法。

图嵌入方法原是一种数据分析方法，它的主要原理是将数据从高维空间映射到可视低维空间，并保持数据空间分布本质特征。网络结构因为是一个高维空间，其中图是二维的，品种是一维的，只有把图还原为低维的品种，才能进行与现有经济学对接的均衡分析。图嵌入方法将图谱理论应用于数据分析，实现数据维数约减，将高维数据的本质特征保持映射到低维空间，正好可以承担这个任务。

图嵌入的原问题是：给定一个主图 G_2（V_2，E_2）和一个客图 G_1（V_1，E_1），将客图 G_1 嵌入到主图 G_2 中，就是找到 G_1 每个顶点到 G_2 每个顶点的一个单射（Injective Mapping），以及 G_1 每条边到 G_2 某一条路径的映射④。

---

① 王琦. 网络中的超图嵌入问题［D］. 济南：山东大学，2007.
② 王琦. 网络中的超图嵌入问题［D］. 济南：山东大学，2007.
③ 印姗. 图嵌入结构化数据分析方法及应用研究［D］. 哈尔滨：哈尔滨工业大学，2014.
④ 尤澜涛. 几种互连网络上图嵌入的研究［D］. 苏州：苏州大学，2015.

对由平台企业与应用企业构成的复杂网络来说，主图相当于平台，客图相当于应用。图嵌入类似于二者之间的分形关系。从数学角度看，不动点、拓扑、流形几何和分形等方法，都是在解决同一类问题，即在某种维度转换时在存异中求同。主客之间的映射，本质上是一种存在共同知识（共同利益）的表现。在经济学上，表现为主从双层规划关系。结构中的两层，无论在资源配置还是利益分配上，都是你中有我，我中有你的相互嵌入关系。我们在《分享经济：垄断竞争政治经济学》中具体分析了其中的经济学性质。

图嵌入方法的数学描述如下[①]：

给定：数据集 $X = \{x_1, x_2, \cdots, x_n\}$，表示 N 个维数为 D 的数据，即 $X = R^{D \times N}$，$x_i \in R^D(i = 1, 2, \cdots, N)$。对数据含有类别标签的情况，设类别标签 $l_i \in \{1, 2, \cdots, N_c\}$。求解原数据集 X 在低维空间对应的数据集 Y，$Y = \{y_1, y_2, \cdots, y_n\}$，表示 N 个维数为 d 的数据，$Y_i \in R^d(i = 1, 2, \cdots, N)$，$d < D$。

为了实现此目标，图嵌入方法基于图论，在高维空间对数据集 X 构造嵌入图，嵌入图反映了数据集的本质特征，利用嵌入图在高维空间与低维空间保持不变的特性，保持映射数据集的本质特征。具体而言，在高维空间针对数据集 X，构造嵌入图 $G(v, E)$，v 代表图的节点，节点也就是数据集 X 中的各个点之间的连接关系，用 $N \times N$ 的权重矩阵 W 表示。E 代表图的边，衡量各个数据点可嵌入性是网络的一个重要性质，这是并行计算的本质特征。在并行计算中，在主图 G_2 中嵌入一个客图 G_1，客图上的并行算法在主图上要同样有效。目前研究者已将这种方法应用于各种类型的网络拓扑结构，比较著名的有：网格（Mesh）、树形网络、星图等。研究中关注的要保持的性质包括低的顶点度数、小的网络直径、高连通性、可扩展性、可嵌入性和对称性等。前文已分析过，都与资源配置的结构变化有内在的联系。

之所以要引入图嵌入方法，唯一目的是要把高维质性分析降维成广义均衡分析所需要的代数值。如果不考虑均衡分析，这一步就可以不做。

[①] 印姗. 图嵌入结构化数据分析方法及应用研究 [D]. 哈尔滨：哈尔滨工业大学，2014.

5.1.3.5 谁在价值网络的何部位增值

1. 嵌入竞争的产权分析

如果我们不那么依赖于技术语言，而用经济语言来思考同样的问题。可以让嵌入理论以另一种面目出现。连建军用嵌入理论解释不同结构的组织间嵌入对竞争力的影响，就是其中的一种尝试①。

Hagedoom（2006）提出"组织间嵌入"的概念。认为，"组织间嵌入性反映的是厂商间建立合作关系的经验，也是厂商过去参与多种网络的历史经验展现"②。以全球价值链（Global Value Chains，GVC）为所要嵌入的网络，研究分散的厂商（相当于复杂网络中的 App）如何通过嵌入 GVC，使用其社会资本而获得价值增值，发现其价值增值结构，可以有助于我们理解复杂网络中应用部分的结构。Kogut（1985）曾使用价值增值链（Value Added Chain）概念来指代这种结构③。

全球价值链（Global Value Chain）这一概念的定义是，"分散在全球各处的厂商进行着从产品研发与设计、生产制造，到营销与售后服务等一系列产品增值活动的集合"。GVC 的研究有助于关注"谁在价值链的何部位增值"的问题研究（Humphrey 和 Schmitz，2000）④。我们把这个问题扩展成：谁在价值网络的何部位增值。答案是这取决于谁创造租值（创造租值，又叫租值聚集，含义是创造 AC - MC 部分价值）⑤。

对网络嵌入进行产权分析，可以将嵌入理解为合约中围绕使用（控制）的分成，Humphrey 和 Schmitz 利用交易成本理论，将价值网络（GVC）的治理结构归纳为四种类型：一是市场型（Marlket - Type），处于价值链上的厂商之间纯粹是一种贸易关系，根据上述研究交易形成的网络结构为正则网络。二是网络型（Networks），具有资产互补的厂商对 GVC 片段（相当于网络中的

---

① 连建军. 嵌入竞争——全球价值链位势理论及其实证研究 [D]. 苏州：苏州大学，2013.
② Hagedoorn J, Link A. N, Von O. &Nicholas S, Research partnerships [J]. Researchpolicy, 2000, 29 (5): 567 – 586.
③ Kogut B. Designing global strategies: comparative and competitive value – added chains [J]. Sloan management review, 1985, 26 (4).
④ Humphrey J, Schmitz H. Governance in global value chains [C]. In Hubert Schmitz eds, Local enterprises in the global economy: issues of governance and up grading, 2003: 349 – 381.
⑤ 姜奇平. 分享经济：垄断竞争政治经济学[M]. 北京：清华大学出版社，2016：235.

节点，以下均替代为节点）进行分工，GVC 上各节点厂商共同定义产品。根据后面的研究，这是指网络社群与人际网络。三是准层级型（Quasi - Hierarchy），链主（网络中心位置企业）对嵌入厂商实施高度控制，通常规定了产品的特征以及嵌入需要遵循的流程。在我们的研究中，是指平台企业与应用企业围绕重资产与轻资产的互补，进行网络固定成本与可变成本的社会分工。四是层级型（Hierarchy，即企业型，链主（网络中心位置企业）对 GVC 上的某些节点采取直接的股权控制[①]。在上面的研究中，这对应的是星形网络。由于我们把企业当作广义网络中一种特例结构，因此可以把企业家称为链主。也可以理解为，企业家仍按企业规律经营网络时，处于网络中心位置，可以说他经营的是企业型的网络。

除了在最后一类企业型网络中涉及拥有权（股权）控制外，在其他各种结构中，重点都在资产的使用权上（控制权在此是使用权中的一类）。最后一类在网络条件下实际存在问题（在企业条件下不存在这样的问题）：对价值网络来说，其他节点上主体均为企业（有产者），而不是员工，他如果真要按企业内部化条件下的雇佣制来对待别的企业（即不考虑利润分成）的话，合作是很难成立的。

控制权可以进一步分解为"租金分配权"和"GVC 治理权"。这有点像奥地利学派拉赫曼把资本理解为"计划"（一种对资源的实体使用的控制）的产权分析风格。

这里说的控制权与绝对产权（例如张五常说私有产权）的区别在于，绝对产权采取支配权一方租金全得，使用方不参与分成；而相对产权中，租金分配权采取合约分成方式，往往并不是提供重资产者得大头（在苹果、谷歌案例中，链主分成比例只有 15%），而是在使用中承担风险者得大头（在苹果、谷歌案例中，分享使用者分成比例高达 85%）。分成的本质是固定成本拥有方与可变成本拥有方的分配，明晰链主产权的必要性仅限于对分成中对固定成本分享（租赁使用）的租金的收益权进行确认，目的是避免租值耗散。从这个意义上来说，嵌入时的实际控制权，是双方相互控制。

连建军认为，嵌入厂商处在链主的"治理"之下，GVC 治理的本质就是依靠专有资产索取租金。近 20 年来的国际贸易数据支持以下结论：从全球化

[①] Humphrey J, Schmitz H. How does insertion in global value chains effect upgrading in industrial clusters? [J]. Regional studies，2000，36（9）：1017 - 1027.

的生产和营销中获利的赢家获得的收入，已经从古典经济学所说的"要素回报"和"企业家回报"转变为基于"进入壁垒"或者垄断而产生的租金。高进入壁垒节点能创造较高的租金，而低进入壁垒且竞争激烈的节点，租金则会逐渐耗散或被侵占[①]。我们认为这个分析是基本符合实际的（只是要把这里的"垄断"理解为中性的，包括创新在内），但是，专有只是问题的一个方面，租金是基于使用收取的，因此与专用与非专用是什么关系，需要进一步讨论。这里包括技术意义上的专用与非专用，制度意义上的专用与非专门（例如技术上非专门，但制度按专用来规定，对使用实行许可，如软件使用许可）。链主的专有资产有可能是实产（如物质资产）、社会资本（如价值链中的某种社会关系或信誉）或知识资产（如软件定义的资产），情况各有不同。在知识经济和分享经济条件下的网络中，更普遍的情况是技术上非专用性资产，在专有性质不变条件下，在制度上按非专用性方式使用，即分享使用。这时的租金收法与专用性资产的租金收法存在天壤之别。我们在《分享经济：垄断竞争政治经济学》中，曾以按使用效果收费与按使用收费的区分，分析出前者（非专用性使用）存在无限收租的可能，并概括在"无限的租"模型中。由于存在无限的租，嵌入双方的控制形势可能发生根本性的变化。

2. 等网络租金曲线和等网络租金曲面

一般在分析市场结构时，最重要的量化指标是企业集中度、产品差异化和新厂商的进入壁垒。企业集中度决定数量规模水平，我们把这种市场势力归结为"制造"；产品差异化决定溢价水平（P = AC），我们把这种市场势力归结为"销售"；进入壁垒决定固定成本水平（实质上构成完全竞争与垄断竞争均衡价格之差 AC – MC），我们这种市场势力归结为"研发"。

连建军构建了一个网络租金模型[②]：假设一个 GVC 只有研发、制造和营销 3 个基本环节，图 5 – 1 – 4 中，研究将这 3 个环节分别在卡氏坐标中定义为 x，y，z 三个轴，原点为 O 点，这 3 个坐标共同决定着 GVC 的网络租金的大小，GVC 网络租金在空间中表示为一点 m (x_1, y_1, z_1)。在曲线 ab 上的轨迹表示研发 x、制造 y 和营销 z 的不同要素组合可获得相同的 GVC 网络租金，即曲线 ab 为 GVC 等网络租金曲线。

[①] 连建军. 嵌入竞争——全球价值链位势理论及其实证研究 [D]. 苏州：苏州大学，2013.

[②] 连建军. 嵌入竞争——全球价值链位势理论及其实证研究 [D]. 苏州：苏州大学，2013：69.

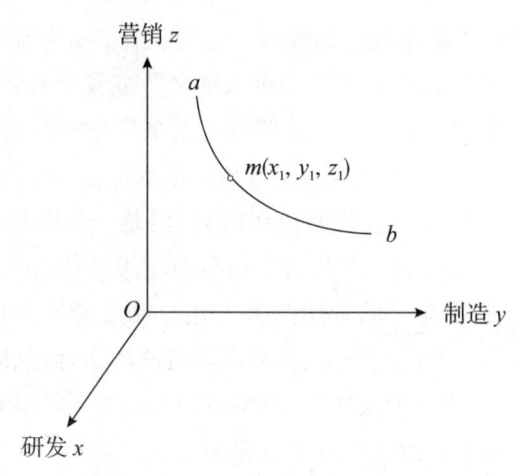

图 5-1-4　GVC 等网络租金曲线

对这个模型，我们首先感兴趣的是可以借用来表达复杂网络租金的三维结构。现在我们用 P 替代营销轴（营销主要影响价格），N 替代研发轴（研发主要决定异质程度），Q 替代制造轴（制造主要与数量相关），就可以把等网络租金模型改造为复杂网络租金模型。

在这三维欧式空间中无限小段矢量长度的平方或弧长要素的平方为[1]：

$$ds^2 = dx^2 + dy^2 + dz^2$$

此经济学含义为单位租金要素的平方等于研发、制造和营销要素变化的平方和（对复杂网络来说，则等于要素的 N 值、Q 值与 P 值的平方和）。ds^2 的表达式不因坐标轴的平移而变，这反映了欧式空间的均等性。ds^2 的表达式也不因坐标轴的旋转而变，这反映了欧式空间的等向性。

现在看点 m 在曲面 s 上的情况，曲面 s 表示 GVC 等网络租金的组合，即在曲面上的任意点的研发 x、制造 y 和营销 z 的组合 (x, y, z) 获得的 GVC 网络租金相同。根据我们的研究，在品种 N、数量 Q、价格 P 三维空间中，均衡的租值是 P = AC（如果不考虑 N，即假设 N = 1），则租值还原为 P = MC，此时是零租或零利润的。

GVC 系统中的非自由质点 m 表示 t 时间的 GVC 受研发、制造和营销的三方面限制的要素组合 $m(x_t, y_t, z_t)$。对于曲面 s 上的 m 点位置，一般的坐标

---

[1] 连建军. 嵌入竞争——全球价值链位势理论及其实证研究 [D]. 苏州：苏州大学，2013：69.

系统很难定义其位置，而 Lagrange 分析力学提出了广义坐标的概念，以便于可以用最少的参数描述任何复杂曲面的位形。而且这个广义坐标的独立性最宜于研究质点 m 可能的移动。m 的移动在卡氏坐标里又可以表示不同要素的组合。m 点被限制在曲面 s 上运动，q_i 表示产品的价格，q_a 表示产品的成本。点 m 在子空间中的变化轨迹可由曲线 ab 表示。连建军在这里提及的这个方法，是值得重视的（见图 5-1-5）。

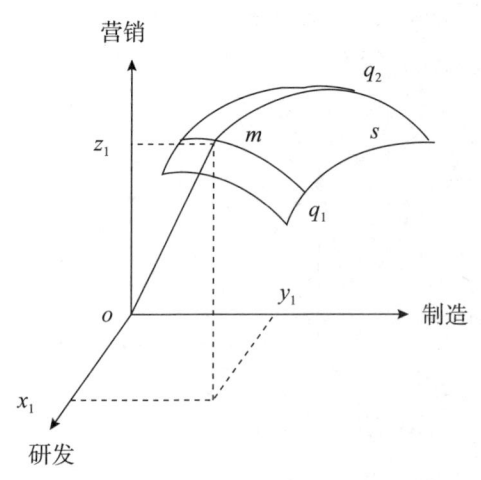

图 5-1-5　GVC 等网络租金曲面图①

令 q_1 及 q_2 分别等于一系列不同的产品价格和成本组合，就相当于在曲面 s 上画出二组坐标线。曲面上任何一点 m 都可以由坐标产品价格 q_1 及产品成本 q_2 唯一地决定。于是：

$$x_t = x(q_1, q_2)$$
$$y_t = y(q_1, q_2)$$
$$z_t = z(q_1, q_2)$$

如果 GVC 等网络租金曲面 s 随时间 t 在变化，则 t 时刻的 GVC 等网络租金曲向函数 $s = s(t)$

$$ds^2 = d^2(q_1, q_2) + y^2(q_1, q_2) + z^2(q_1, q_2)$$

嵌入竞争位势与 GVC 租金分配的关系在于，GVC 创造的网络租金，最终以最终产品的超额利润表现出来，假设最终产品创造的租金 V，分解为由研

---

① 连建军．嵌入竞争——全球价值链位势理论及其实证研究 [D]．苏州：苏州大学，2013：70.

发设计节点创造的研发维度租金 V_1、制造节点创造的制造维度租金 V_2 和由销售和品牌经营节点创造的营销维度租金 V_3，引入贴现因子 r。则最终产品租金可以描述为：

$$V = \sum_{i=1}^{n} \frac{V_1 + V_2 + V_3}{(1+r)^i}$$

如图 5-1-6 所示的 GVC 网络租金决定模型，体积 $OABC$ 即 GVC 创造的网络租金，当嵌入厂商降低制造成本或提高产品声誉（主要是质量声誉）后将 B 点移动到 B' 点，对于 GVC 最终产品将产生新增网络租金 $BACB'$。

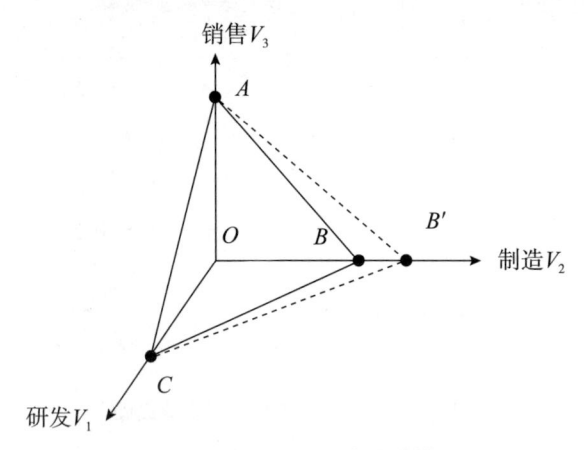

图 5-1-6　GVC 租金决定模型

3. 一个评论：增值取决于差异租

对连建军建立的 GVC 租金决定模型，我们的评价有肯定的方面，结合我们建立的"无限的租"模型[①]，也有补充的地方。

连建军认为，GVC 节点的专业化分工首先取决于沿 GVC 各个节点上能力的异质性，GVC 网络租金的重要来源也是来自于 GVC 各节点能力的异质性。在 GVC 分工中，由于各个节点厂商的 GVC 控制权不同，使各嵌入厂商从所嵌入 GVC 环节中获得的经济租金必然有差异。对此，我们是完全赞成的。我们在《分享经济：垄断竞争政治经济学》中，受霍布森启发，曾把这种差异化的租金命名为差异租，代表与创新和个性化对应的利润。

按连建军的分析，在 GVC 分工中，"位能"较高或 GVC 控制力强的厂商

---

① 姜奇平. 分享经济：垄断竞争政治经济学[M]. 北京：清华大学出版社，2016：316.

处于主导地位,"位能"较低或 GVC 控制力弱的厂商处于被治理的地位,因此,节点化后的 GVC 环节在整个产品租金分配中所占的比重与各嵌入厂商的付出相比会出现不平衡,连建军把这种不平衡称为 GVC 节点化的"租金分配倾斜"。认为,节点化后的租金分配自然而然地出现了向处于"位能"较高或拥有更多 GVC 治理权的链主倾斜。如果"租金分配倾斜"过大,在节点化中处于从属地位的嵌入厂商本应从节点化分工中获取的"网络租金"就会被处于"位能"较高的链主凭借 GVC 控制权优势在垂直市场交易中侵占。

我们认为,这一分析对专业化分工是有效的,但对多样化分工未必有效。在专业化分工主导的价值链中,主要风险是由链主担任的,他以其规模起到抵御风险的作用,因此位能较高,租金分配向其倾斜。但如果转变为中国创造型的价值网络,比拼的是创新与个性化能力,节点厂商会处于较高位能,而链主(如苹果和谷歌)反而会通过降低自身分成比例,才能获得更高绝对值数量的租金,且回避高收益对应的高风险(完全转移给离散节点一方,如 App)。这就是在实践中,苹果和谷歌身为链主却主动降低租金分成比重的原因。

总的来说,在一个传统中国制造那样的产业链中嵌入的租金,确如连建军所分析的那样。但价值网络有别于传统价值链的地方在于,它应以创新和个性化为新常态。如果这个条件变了,差异租就会成为解开"谁在价值网络的何部位增值"问题的关键钥匙。节点主(与链主相对的网络环节)不是劳动力,而是增值价值的创造者。他们创造增值价值当然不是完全独立的,因为嵌入过程是他们分享使用链主重资产的过程,因此价值是他们与链主共同创造的。从中美实践中经过反复博弈目前稳定下来的分成比例来看,链主一方得到 15%(但不承担任何增值业务一方的风险);节点主一方得到 85%(承担增值业务百分之百风险),这就是在网络的哪个部位,由谁创造了多少增值的具体事实。网络结构分析指向这种的必然结论:在图嵌入中,图的本质内容是由创新和个性化作为质的规定性的。平台的作用,往往是为创新提供工业化基础,为个性化实现提供报酬递增的可能,而由节点主(在海尔叫小微主)构成的大众,正在为增值价值的创造与分配主体。图嵌入的量的规定性,则不能脱离广义均衡($P = AC$)这个总的背景。不能分析着分析着,就又滑到马歇尔的反映同质完全竞争(因此排斥创新和个性化)的边际均衡定价轨道上去。

5.1.4 生态结构

以上讨论的"平台—应用"结构，是网络经济两种基本模式中的一种，即存在一种中心企业（平台）的网络。如果网络不存在这样的中心企业，"众生平等"这样的网络就是另一种模式，即生态结构模式。

5.1.4.1 去中心报酬递增

在生产力源头上，中心结构对应基于 IP 的互联网，而非中心化的结构对应基于 Web 的互联网（又称为语义网）。微信就是典型的 Web 结构。对这种结构来说，其"网络何以可能"的问题提法，回到了互联网产生的"初心"：一个不怕"斩首"的系统，何以可能。当初的问题是，如果苏联对美国进行核攻击，美国指挥系统如何能逃过被"斩首"的命运。答案是，如果这个指挥系统是分布式的，无首可斩，就不会出现中心化结构被一锅端的结果。按这个标准，微博显然达不到要求，它的大 V 一旦被认定嫖娼，这个网络就一锅端了；但微信不然，上面没有大 V，成百上千芸芸众生，"斩"了谁，不仅系统照常运作，甚至别人根本很难发现。要专门靠清理软件，才能搞清谁成了"僵尸"。将这个问题平行移动到市场结构、企业结构比较上来，就成了一个富于冲击性的问题：网络何以可能这个命题要成立，意味着企业何以不可能这个等价命题，需要同时成立。意思是，企业（比喻一切中心化科层结构）发生、发展之后，是否可能消亡。在《新文明论概略》中，我把这等价于艺术是否会在发生、发展之后，是否可能消亡的问题。艺术消亡后，审美仍然存在，但从以高度专业化的形式存在，变为以日常生活的方式存在。如预言家车尔尼雪夫斯基说的那样，生活本身美。同样，企业"消亡"成生态后，不意味着经济活动终止，而是说经济活动从以高度专业化的形式存在，变为以日常生活的方式存在。这样一来，网络何以可能这个问题对于生态来说意味着什么就清楚了，它相当于问：人类是否可能在家办公，不用去一个叫单位的科层制结构中，就可以像 5000 年来在生态环境中直接生存那样生存？答案就在"数字化生存"中。对这样的回答，不能用"我的孙子老死了，这件事也不可能实现"这种短期时间尺度的论据来驳倒，而需要把人类总的生命周期当作尺度。按这样的尺度，把现有人类历史比喻为一天，到 23 点 55 分的时候，人类还一直在家办公，为什么最近 500 年才发生的到单位（特别是企业）上班这件事，就一定会成为常态呢？在网络生态结构中，人类在家办公（比喻"生产—生活"一体化、"法人—自然人"一体化、"专业—业余"一体化、"生产—消费"一体化等）实际现在就可以实现。

从经济逻辑上说，生态结构改变了原有报酬递增的逻辑，而变为一种互补的逻辑。它回到了报酬递增的本意和源头，即经济上的涌现与生成，古代汉语称为"交相胜"。对涌现和生成意义上的报酬递增来说，节点间互为固定成本与可变成本。在广泛的P2P关系中，P_A与P_B互补，P_A的可变成本成为提供给P_B的固定成本（分享对象）；P_B的可变成本、产出成本成为P_A分享的固定成本。P_A的增值业务成为P_B的业务的基础业务；P_B的增值业务成为P_A的业务的基础业务。比如，P_A以作画为增值业务，但P_B以画作当作模板的背景，提供差异化的PPT模板服务。P_B以提供作图开发工具为增值业务，P_A不用再重复开发，直接借用来为自己作画所用。双边互相借光，高度互补，互为平台，互为应用。在这种情况下，网络呈高度对等关系，不再呈现"中心—外围"结构的明显特征。相当于市场向集市方向演化，企业向生态方向回归。在哲学上，这一潮流趋势会造成自启蒙运动以来，基本范式的彻底转向。因为"中心—外围"（大至帝国主义与殖民地之间的"中心—外围"结构，小至"精英—草根"之间的"中心—外围"结构）全要靠建构性理性作为最终皈依。生态这一概念，与行为概念一样，构成对这种理性的一种扬弃。它们都来自与物化理性不同的方向。

从分享经济角度理解生态，这是人类经济制度从专有向共用的转变。这要求对专有的逻辑基础，有一个大的外力冲击。丰裕社会的理念就属于这样的冲击，它冲击的是作为专有基础的稀缺这一理念。按照"物质极大丰富"的设想，人们不必再为专有资源进行社会摩擦。但说资源不再稀缺，一定要谨慎。不是指实体经济绝对值的下降，而应理解为一种结构现象，资源的所谓"丰裕"是在稀缺的总量在绝对值上进一步上升下发生的。说丰裕，只是在说，在价值的总的构成中，由这些稀缺资源构成基础的部分，比重在持续下降之中。举例来说，洗衣机在增加，但洗衣机所构成的产值，在总的产值比重中正在下降，因为洗衣机服务的比重增加了，而洗衣机服务本身虽然以洗衣机的资源使用为基础，但并不靠对洗衣机资源的物理占用来创造价值。反倒是在丰裕社会，稀缺资源还会水涨船高地占用和享有稀缺租。在充分考虑了这些因素之后再来看生态——这些不以独占稀缺物质资源为生的经济，它们为什么在新的价值结构中占比越来越大，就构成"网络何以可能"问题内涵的一个部分，至少是背景的一部分。

我们把去中心、共同使用的互利结构叫生态结构。互利可以是基于资源合作（互为资源），也可以是基于资产（互为资产）合作。双方互为专业与业余，取长补短，各取所需。关系原则是己所不欲，勿施于人；人之所欲，己必予之。即人人为我，我为人人。总的实现前提是稀缺资源在整个经济资源均衡利用中占比下降到微不足道的比重。在其背后，是自由选择的上升，而每个节点（草根）的自我选择能力的释放，构成了人的全面发展意义上的自由。

从方法论角度讲，研究生态结构，对理论的挑战是巨大的。其中难点在于，以往的经济学理解，从结构角度讲，实在是太简单了。如果说传统经济学有什么结构方法的话，它的结构只有一种，就是原子论结构，也就是还原论。这样的经济学把一切经济现象还原为价值现象，也就是说，经济学的唯一结构就是货币。当我们从这种方法中挣脱出来之后，货币所代表的还原论结构，就成为了真正完全的结构的背景板，不是说背景不再重要，而是说背景只构成了场景中合并同类项的共同部分，背景本身不再处于舞台的中心，但让什么样的方法站在舞台中心唱主角，仍然处在方法论竞争的选拔阶段。拉赫曼把资本当作"计划"理解，迈出了从价值（一般等价物）角度观察要素问题向从使用价值（非一般等价物）角度解析要素问题的重要一步。但计划只是一部分，在与计划同样重要的诸行为背后，存在着一大片未开发的处女地，可以通过结构功能加以系统发掘。社会网络分析在这方面比奥地利学派进步了许多，其思路不是直接把握行为本身，而是探索行为背后的基础理论座桩（好比梅花桩），尽管还没有与自然科学完全区别开来，但这个方向正是网络经济学发展的方向。

沃瑟曼、福斯特的《社会网络分析：方法与应用》是其中的方法论代表作，尽管这部收入"经济科学译库"的方法论专著并没有把经济学本身的问题，从网络自然科学、网络社会科学的问题中提炼出来，在什么意义上属于经济学不好说，但作为结构化方法论是没有争议的。沃瑟曼、福斯特把社会网络分析在结构上的分析思路，从大的范畴上，归结为位置属性与角色、地位属性来把握。在位置属性中，把中心性、凝聚程度作为主要分析工具；在角度和地位属性中，把结构等价和块模型等作为主要分析工具。这就比拉赫曼简单把计划作为解析工具，对结构的概括性要更高。但实际上，二者是有内在联系的。结构化分析方法，相当于把以计划为代表的一系列工具，从职能变为关系，进而变为结构的功能。方法变了以后，当分析到同样的问题时，提出和解决的问题就变了，比如，计划就不再是某一单立部门自上而下的职能，而变成如何在嵌入网络中，节点与不同质的边在变动不居的组合中，自下而上进行自组织、自协调的资源规划而形成的行为矩阵（即一种自治模式），也就是图论中所说的图。

5.1.4.2 社团结构：社交与圈子的结构

我们先来看社团结构对应的实践是什么。匙姣曾把我们概念中的"平台—应用"型网络与生态型网络，形象地称为卫星形网络与同行业联盟网络，并比较它们的异同。

匙姣认为，卫星形网络中，大企业与各个中小企业形成供应链，相当于"科层制"公司的扩大化。中小企业一般进行产品某个环节的生产或零售，或者做主要产品的互补品生产。中小企业在网络中能够得到关于本环节的信息和知识，集中精力进行特定的研究和创新；如果在卫星形网络中成功建立上下游结构洞，中小企业可以获得额外的信息收益，对未来的战略变更和机会把握有重要作用[1]。

同行业联盟网络中，中小企业与其他专业特长和竞争优势不同的中小企业之间地位平等、联系密切。通过这种横向的联系，中小企业能够增大本身的"虚拟"实力，可以抓住超过自身能力的机会，能够接的订单规模不再受限制，生产的类型与数量都可以灵活处理。通过相互的信息交流与知识经验交流，中小企业更容易发现自身的劣势，更容易集中于一个点成功创新。但在同行业联盟网络中，往往没有明确的中心点[2]。

除了一般结论与我们的相反[3]之外，对现象的描述还是很符合两种网络的不同结构特征的。社团结构要研究的是后一类网络中，与中小企业对应的对等环节的网络结构，到底有何特征，包括与"平台—应用"型网络有什么不

---

[1] 匙姣. 中小企业的网络化成长：关系嵌入与结构促变［D］. 天津：天津财经大学，2014.
[2] 匙姣. 中小企业的网络化成长：关系嵌入与结构促变［D］. 天津：天津财经大学，2014.
[3] 例如她认为中小企业容易受制，而我们认为应用价值可以通过创新争取相对于链主的主动；她认为没有明确的中心点是一个缺点，而我们认为是优点。

同,与网络之外的企业、市场有何不同,进而这种结构上的不同,如何对均衡产生改变性的影响。

我们先看社团网络的结构特征。

网络都具有社团结构这一特征。具有社团结构的网络是由若干的"群"(Group)与"团块"(Cluster)构成的。它们的特征是,内部节点联系紧密,而外部联系稀疏。这就是我们口语中说的"圈子"现象。

把握"圈子"的数学特征,有两种基本方法,一种方法是将网络中的 N 个节点分到 c 个组中,如谱平分法(Spectral Bisection Method);另一种方法是基于同类相近原则,计算出节点对之间的相似性,然后把它们依次向网络中添加,如层次聚类法(Hierarchical Clustering)[1]。

人们可以用模块性来定义社团。思路是拿它与随机网络进行比较。既然圈子内的关系比圈子外的关系紧密,可以把圈子外的关系理解为随机连接关系,而把圈子内的关系理解为一种高于随机联系的内部关系。

一个网络的模块度定义为该网络的社团内部边数与相应的零模型的社团(可理解为随机网络)内部边数之差占整个网络边数的比例[2]。

定义一个对称矩阵 $E = (e_{ij})_{c \times c}$,其中,$e_{ij}$ 表示网络中连接两个不同社团 i 和 j 的节点的边在所有连接中所占的比例。由此定义模块函数为:

$$Q = \sum_{i=1}^{c} (e_{ii} - b_i^2) = t - \| E^2 \|$$

其中 E^2 表示矩阵中所有元素求和。Q 即模块性值。只要社团内部边的比例不大于随意连接时的期望值,则 Q = 0;Q 越接近 1,说明社团的结构越明显[3]。

经济学关心的是,圈子为什么会有效率。因为这构成"网络何以可能"的重要论据。第一,如果圈子比企业效率高,则企业变得不可能,而网络却变得可能。这就会颠覆从原子论得出的相反结论,即关系与圈子的效率必然是低的。第二,这涉及"网络有效率"这一命题的证明,以往的企业理论,认为网络是无效率的,代表观点就是把网络的效率,归结为外部性(如网络外部性),从而认为它会降低企业效率。第三,范围经济理论是多样化效能理论,它同样存在一个更基础的效率问题,即多样化有效率还是无效率,在这

---

[1] 孙玺菁,司守奎. 复杂网络算法与应用[M]. 北京:国防工业出版社,2015:212.
[2] 汪小帆,李翔,陈关荣. 网络科学导论[M]. 北京:高等教育出版社,2012:132.
[3] 孙玺菁,司守奎. 复杂网络算法与应用[M]. 北京:国防工业出版社,2015:224 – 225.

个问题没有得解时，它已经跑到后面去了，证明的是多样化有效能①。效能与效率的区别在于，效能预设了固定成本的存在，否则平均成本均摊这一报酬递增定义就没有了所指。圈子的效率，我们称为网络效率，正好就是一种多样化效率，它的成立与否，不取决于固定成本是否存在。

定义网络平均距离：

$$L = \frac{2}{N(N-1)} \sum_{1 \leq i < j \leq N} d_{ij}$$

其中 d_{ij} 表示网络中节点 i、j 之间的最短距离。介于 0（自己与自己连接）与无穷大（非联通）之间。

网络效率定义为网络节点间距离倒数的平均值，即：

$$E = \frac{2}{N(N-1)} \sum_{1 \leq i < j \leq N} \frac{1}{d_{ij}}$$

可从中推论出"整体大于局部之和"。梅特卡夫法则认为网络的价值是网络节点的平方。$N(N-1)$ 是平方的更精确的定义，是接近于平方，而不是平方本身。平方来自于节点间的相互作用关系。梅特卡夫法则隐含着多样化效率的定义。内在的含义是，如果网络的多样化程度越高，它的价值（产出）越高。这与说多样化值越高，成本越低，是同一个意思。因为收入 = 利润 + 成本，只不过是假设另一因素不变条件下，看效率是相对于谁说的。

这有助于发展范围经济理论，网络效率意味着：合作仅仅由于两两相加而报酬递增，则关系本身就成为固定成本。关系的门槛就成为固定成本的门槛。这典型地代表了生态结构不同于平台结构的效率特征，预示着生态经济可能成为平台经济之后网络经济发展的更高形态。

5.2 企业网络化结构

接下来，我们会从与产业相反的角度，看网络的另一个环节：企业。如果说产业是全局，是企业的集合，企业则是产业的局部，是集合中的要素环

---

① 目前产业经济学手册中的范围经济定义由此留下一个隐患，即多样化有效能，不等于多样化有效率。容易让人理解为，多样化无效率，但加上平均成本均摊后，开始变得有效能。实质性的影响是如何看待个性化的效率，例如，匠人工艺、个人默会知识等，是不是有效率的。又比如，手工水饺比机制水饺价格高，算不算一种反效率的现象，等等。

节。它们相对于网络来说，分别是全局与局部的关系。

相较于企业网络化结构，企业网络结构是一个矛盾的概念。企业与网络是两种并列的结构。网络化就是将企业与网络的界限打破。从这个意义上说，企业网络化结构是在说企业内部有一个异于企业结构的网络结构，这本身就是对企业结构的解构。我们把企业只是当作网络的一个环节，把产业当作网络的另一个环节。在这个背景下，研究企业一旦网络化之后，它的内部会发生什么样的结构性的变化。全面展开这个话题，是下一本书的任务。在这里，我们只是最简单地勾勒一下新结构的边框。

新结构不是从理论上构思出来的，而是实践（特别是海尔的实践）中自然而然演化出来的。现在只是要从理论上，从全新的范式上加以重新总结。方法上的始初思路，还是要追溯到拉赫曼把资本理解为计划这个非常前卫的想法。这实际是对企业本质的重新概括。不是按产权（支配权）来构思企业理论（如现代企业制度），而是按使用来构思企业理论。这第一次产生了把管理学问题纳入理论经济学的必要性（过去，管理学一直被认为是与产权理论无关的"操作性"，即围绕资本使用的行为的理论）。接下来第二个思路就自然而然产生了。围绕要素的使用行为，不只计划，还有组织、领导、控制。我们索性将它一并纳入。分享经济就是使用之学，对要素的使用来说，就是计划、组织、领导与控制。第三个思路是，要把网络计划、组织、领导与控制，与传统企业（管理）理论，从范式和方法上区别开。我们的判定是，原有的计划、组织、领导与控制，都是原子论（职能论），我们要在关系论（流程论）基础上，进一步把它们变成结构论（图论），则需要用功能这个结构，替代职能这个节点概念。再把这些功能，从企业内部，"解放"到产业一级，变成人（供方）与单（需方）之间的计划、组织、领导与控制。这样就变成从网络结构角度看到的企业功能（要素的资源配置功能）。

5.2.1 管理图论：网络组织的自治机制

企业，更广义是组织的哲学，需要回到网络这个原点来进行思考。网络作为初心，体现着人单合一的原则，其最初意味着天然的人单合一。人们在组织中失去了这一初心，导致组织异化于人。这种机械的组织没有外在激励就不会做什么动作，而网络作为自治结构，却可以自我激励。我们把企业自我组织与他律组织（如产权分立）的问题，系统地纳入复杂性框架，归结为结构问题来讨论。

首先这样做的，是奥地利学派的拉赫曼。拉赫曼把资本问题（从而企业问题），当作结构问题来讨论。这启发我们，可以从另一个不同于原子论的角度来讨论企业问题。以往，当我们主要从拥有角度讨论企业时，现代企业制度的核心问题只是以拥有为中心的产权问题，其他问题都不存在了，都交给像管理学这样的应用学科当作细节讨论去了。但拉赫曼不同，他不是从价值角度讨论资本，把它当作铁板一块的货币资本问题，而是从使用价值角度讨论资本，因此把同等货币价值的资本当作丰富多彩的生产资料的异质性使用来看待。拉赫曼的一个具体观点是，把资本的异质性这一主题，落实在企业的"计划"这个主题项下讨论。这是一个绝妙思路。因为商品的使用价值是明确的，但资本的使用价值是计划（计划是对资本的使用），从计划入手讨论资本的使用，还是颇有新意的。沿着奥地利学派开创的这个思路，我们索性把计划扩展为计划、组织、领导、控制四大标准管理功能，把管理本身当作资本使用的同义语。这样一来，管理学问题不再是管理问题，而当作企业资源配置的资本使用价值（结构功能）问题来纳入基础理论讨论。这样一来，把企业问题的重心，从资本的产权问题（具体指产权中的支配权问题及由此派生的委托代理问题），彻底转向资本使用问题（即资源沿关系结构在企业内外各主体节点间分享的问题）。

从管理角度看网络，除了结构因素，还需要考虑动力与赋能的问题。企业以消费者为中心、用户付酬这些问题，是组织管理中的现实问题。经济学中最大的二律背反是供给与需求（人与单）的二律背反。与二律背反相反的概念，是"诚"（天人合一）。在"诚"这一概念中，这种动力不是人单割裂的，而是自驱动的。自组织、自驱动的意思是，只能在生生之德的意义上理解动能问题。它们"本来"如此。

但在现实的管理中，人单二律背反是组织的常态，这与预设均衡（相当于人单合一）来谈结构有所不同。网络经济学需要回到图论，从波粒二象性角度还原初心。

在讨论抽象问题之前，我们先来看资本使用的结构问题所对应的真实世界中的现象是什么。海尔的组织形态，代表着企业结构变化的未来。其变革的特点，不是企业转型（把一种企业转型为另一种企业），而是转型企业（把企业转型成不再是企业的网络）。这同时意味着用来定义企业本质的资本，在组织结构上发生了范式一级根本变化。因此我们重点通过这种真实世界中的组织结构变化，研究分享经济条件下的资源配置（也就是资源沿共同使用关系配置）在微观组织结构上再定义的变化方向。

企业转型，即商业微观组织从简单性结构转型为复杂性结构，带来的最大变化就是自治，即自组织、自协调、自驱动。

海尔的组织具有自组织特点，从科层制转到扁平化。张瑞敏强调"自组织的社会化"。认为"资本的社会化和人才的社会化可以促使自组织能够真正不断地自我优化，而不用我来管"。扁平化不同于市场化，不意味着结构复杂度的降低，相反，它是结构复杂度的提高，只不过相对于复杂性的提高，平均成本在递减。要研究其中的结构因素，特别是邻接、OSPF 在其中的作用。

海尔的组织强调自创业，从企业决定的线性，到用户决定的非线性。"要把领导原来的权力让渡给基层的员工、基层的创业者。我们就把三项权力都给他们了：一个是决策权；一个是用人权，用什么人可以自己决定；一个是分配权，谁得到的多，谁得到的少，你们自己来决定。"从某种意义上说，非线性过程，是一个对边权重的价格感知过程，它只能在社群经济中，通过用户情境网络的方式实现。用户决定是网络动力机制的起点，用户既决定使用价值，也决定价值（价格），更决定边权重（相当于异质个别价格）。

海尔的组织还具有自驱动的特点，从老板发酬，到用户发酬。与战略会计制度相连，基于最终用户满意的战略损益，构成一种具有特别含义的自驱动，这就是高单自驱动。用户发酬高于发薪的部分，不光是一种自适应，还有自创造的含义，是一种不同价格结构的动力（溢价动力），它隐含要求生产者的自我实现需求满足。

海尔为什么可以把企业变成网络，以路由器的自治机理理解网络化企业的自组织机理是有帮助的。

OSPF 开放式最短路径优先是互联网链路状态（Link–State）路由协议。Link 指的是路由器上的哪些接口运行了此协议，这些接口的特征，包括 IP 地址、子网掩码、开销值等信息；State 指的是此路由器与谁建立了邻居关系。Link–State 基本上描述了整个网络的拓扑结构[1]。

---

[1] 刘海峰. 解析 CISCO 设备中 OSPF 路由协议邻居关系建立的过程 [J]. 产业与科技论坛，2011, 10 (1).

对企业来说，图式思维——波粒二象性（Wave-Particle Duality）思维是基于一种新的社会契约，即链路状态路由协议，它包含两个元要素，一是Link，即网络上的哪些位置的接口接受OSPF；二是State，即一个节点与谁建立了邻居关系。

为了对路由处理更精确，它需要做好以下三件事，一是每个路由器都需要知道自己的邻居是谁，二是每个路由器需要知道在自己本区域内有哪些器由器，三是需要通过SPF算法来对链路状态数据库的拓扑结构进行计算，算出通往目的网络的最佳路径。

为了做好这三件事，OSPF形成了三张表。第一是邻居表，就是邻居关系数据库，记录与谁建立了邻居关系；第二是链路状态数据库（Link-State DataBase，LSDB）表，记录了哪些路由器，产生了哪些链路状态通告（Link State Advertisement，LSA）信息，LSA泛洪到本区域内所有OSPF路由器，而不仅是直连的路由器，收集由OSPF路由器生成的所有LSA，以创建本区域内同步的链路状态数据库；第三是路由表，使用SPF算法计算到每个目的地的最短距离，并将他们放到自己的路由表里。

对企业来说：

一是每个单元都需要知道自己的邻居（直接相关人）是谁，为此要形成邻居表，即邻居关系数据库，记录与谁建立了邻居关系。

二是每个单元都需要知道在自己本区域内有哪些其他单元，形成链路状态数据库（Link-State DataBase，LSDB）表：记录哪些单元，产生了哪些链路状态通告（Link State Advertisement，LSA）信息，LSA泛洪到本区域内所有OSPF路由器，而不仅是直连的路由器，收集由OSPF路由器生成的所有LSA，以创建本区域内同步的链路状态数据库。

三是需要通过SPF算法来对链路状态数据库的拓扑结构进行计算，算出通往目的网络的最佳路径。为此形成路由表：使用SPF算法计算到每个目的地的最短距离，并将他们放到自己的路由表里。海尔的战略损益表，实际就是这样一个用于自治管理的路由系统。

海尔的管理框架本质上是资本使用框架，它比传统的产权框架具有一个无可比拟的战略性优势。传统所谓企业现代产权制度，只能聚焦于（同质的）价值，但不能对（异质的）使用价值进行聚焦。而海尔的资源配置结构，却可以将每一分钱的财务计量水平，精准聚焦于创新与个性化。这把奥地利学派说的自由选择（对应的管理哲学是德鲁克的企业自治学说）在人的潜力调动上发挥得淋漓尽致。

5.2.2 组织的功能结构

如果把以上的经验之谈，转化为对组织结构的理解，需要引入功能框架来理解结构。

理解这一点的线索，是张瑞敏对量子管理学的高度评价。量子管理学把物理学中的波粒二象性引入管理方法论框架。传统的管理方法论是原子论，对应的是二象性中的粒（或网络中的节点）；而管理3.0，在吸收西方原子论优点的同时，在东方管理思维基础上，系统引入了关系的方法框架，对应的是二象性中的波（或网络中的连接）。

人单合一则可以从方法论上理解为是关系。从关系论出发，反过来观察原子论下的管理方法，可以发现传统管理的自我中心倾向。这与西方中心论常常以自我为中心（对应哲学上的主体性），存在的问题是一样的。人单合一所指涉的关系，也不同于原子论大范畴下对关系的理解（如哲学上的主体间性），而是异质邻接关系，在异质性、邻接性这两点上，有别于西方的主体间性概念。

提出原子论的补充与替代方案，这是管理学方法上的一个重大突破。我们把新形成的方法论体系，归类为结构论。结构一词对应的现象就是网络。结构是粒（要素）和波（关系）的统一体。相对于网络是节点与连接的统一体，结构论不同于关系论（典型如中医经络理论），不是用关系替代要素，而是把要素理解为一种不完全的结构，即缺失关系独立性的结构，因此是结构的一种特例（在数学图论上，对应正则网络，即边与边完全同质，因此有边与没有边，对系统没有影响的特殊网络）。结构论不是对原子论的否定（不是在建立起结构后，把结构组成部分的要素去掉），而是扬弃与重建，使结构从不全面（只有粒，没有波），到更加全面（变为同时具备波粒二象性）。

网络管理在方法论的本质上，内在地必须是人单合一的。在管理的每个功能环节，如领导、计划、组织与控制上，都必须考虑如何内在地将单（代表需求）与人（代表供给）的关系，整合在可操作的管理方法之中，而不是仅仅从人（企业）一个角度考虑问题。例如从原子论上理解的老板付薪，将成为从关系论上理解的用户付酬。这就把谁给老板"付酬"的问题，从管理学之外，移进了管理学之内。从不可管理，变为可管理。如果没有方法论顶层上的人单合一理念，人与单的关系就仅仅成了交易关系和 CRM 这类局部问题，而外在于整体上的激励机制。

理解了结构论与原子论、关系论的关系，回过头再看管理学变革，方向就变得很明显，要从以西方中心论为代表的原子论，转向网络时代的（内生关系论后的）结构论。将原子与关系整合在结构这一框架下。

这里所说的结构是一个系统论概念。系统论的一个核心观点，是结构决定功能。结构决定功能，就是说任何事物的功能都是由结构来决定的，有什么样的结构，就有什么样的功能。结构如果发生变化，功能一定会发生变化。引入系统论来克服传统管理的原子论的缺陷，就自然要求将管理学框架从职能论转化为功能论。这就是结构论方法所决定的管理学的改变。

功能可以理解为职能（要素功能）与关系（功能）的结合体。现有的管理学，是以职能作为功能单位，对应的是以职能为中心的组织结构。但职能只是原子论单位，按照原子论框架思维理解功能，必然把职能与部门对应起来，这种方论已落后于实践达 50~60 年，而与新世纪兴起的网络管理中的关系功能完全脱节。20 世纪 60 年代以来，组织已演进到从以职能为中心，到以流程为中心进行再造的潮流中。流程只是人（企业）内部的关系，而不是人单关系本身。尽管人单关系对人（企业）的内部关系起着一定的决定作用，但这只涉及企业转型，而不是转型企业（把企业转变为网络）。结构论则把领导、计划、组织和控制，理解为功能本身，认为它是职能、流程在内生人单关系后形成的新结构功能。它具有原有结构不具备的自组织、自协调等复杂性系统独具有的功能，表现为自下而上地自领导、自规则、自组织与自控制。管理的主题从为自动化服务，变成了为自治化服务。这就是德鲁克说的目标管理与自我控制（他遗漏了自领导与自组织两项）。海尔模式的管理学方法论意义在于将德鲁克的自治理论，发展为全面的、贯穿所有管理功能的体系。

5.2.3 管理功能的框架性比较

经济学以均衡为框架，均衡由需求曲线，供给曲线交叉形成。

管理以人单合一为框架，但长期以来，只有供给理论，没有需求理论。由需求理论，产生自下而上的管理。上代表集中，下代表分散。倒金字塔实际是离散结构。

1.0 的人单关系的效率本质是以专业化应对专业化（以不变应不变）；

2.0的本质是以专业化应对多样化（以不变应万变）；3.0的本质是以多样化应对多样化（以变应变）。

表5-2-1　　　　　　　　人单合一管理框架

技术特征	人（供给）		单（需求）	
组织	简单系统	复杂系统	简单系统	复杂系统
经济特征	专业化	多样化	专业化	多样化
简单系统 自上而下	金字塔 中心化	大规模 专业化	顾客 同质化	交易 成本领先
复杂系统 自下而上		倒金字塔 拓扑化	定制 多样化	用户 异质性	个性化 差异化

"上"代表集中的极值、最优化；"下"代表分布式节点的集合、情境化（语境、环境相关）。西方管理学由于缺乏管理需求论，因此是语境（环境）无关的，进而是"单"无关的。在"人"内部的定义的"单"，已是顾客，而不再是用户（真正独立意义上的单），因此管理不出体验价值，达不到双赢。"人"系统上的简单系统恰恰是环境无关的。而生态方法要求系统与环境实质相关。

表5-2-2　　　　　1.0、2.0和3.0人单合一管理系统

人	单	1.0				2.0				3.0			
		简单系统		复杂系统		简单系统		复杂系统		简单系统		复杂系统	
		专业化		多样化		专业化		多样化		专业化		多样化	
		单	人	单	人	单	人	单	人	单	人	单	人
自上而下	顾客	●	●			●	●						
自下而上	用户									○		●	●
												●	●

续 表

		1.0				2.0				3.0		
		简单系统		复杂系统		简单系统		复杂系统		简单系统		复杂系统	
		单	人	单	人	单	人	单	人	单	人	单	人
计划	自上而下	●	●					●	●				
	自下而上											●	●
组织	自上而下	●	●					●	●				
	自下而上											●	●
领导	自上而下	●	●					●	●				
	自下而上											●	●
控制	自上而下	●	●					●	●				
	自下而上											●	●

有管理学家认为,"管理的基本职能（计划、组织、领导和控制）不会发生改变，真正变化的是管理方式和手段"。我们将其修正为功能不变，而不是职能不变。

传统管理学采用的功能框架中，功能直接等于职能，进而等于部门。这是原子论的划分方法。20 世纪 60 年代后的管理，早已不再以职能为中心，网络管理学更非以职能为中心，而将职能推广为功能。采用功能框架，区别在于，功能不再等于职能，而体现在流程和网络中，在内涵上体现为关系与结构。二者的不同，相当于量子管理学中粒式管理与波式管理的综合。

网络管理学理解的关系，是实质性的关系，而非日式管理中的内部流程，包括领导、计划、组织和控制行为中，将人与单连接起来的能力。它处处体现出在人之中，为单内在设想的关系属性。关系在不同功能中，分别体现在自下而上（自对方到自我的关系中）自我领导何以可能，自下而上自我规划何以可能，自下而上自我组织何以可能，自下而上自我控制何以可能这四个基本问题。

6

资本结构的网络化与产权制度演进

6.1 思考资本的新方式

6.1.1 资本结构化问题的讨论方法

从网络角度研究资本，结构的观点是必不可少的。

在经济学的二维框架中，这个问题涉及以下问题，一是"两个剑桥之争"关于同质资本与异质资本的"转型"之争。涉及以垄断竞争解异质资本同以完全竞争解同质资本的均衡差。使资本同质性与异质性内生于均衡，并引发了利润的二元定义。二是传统资本要素论与消费资本论比较带来的供求对称问题。张瑞敏在实践中提出用户乘数，提供了在一维水平进行结构化的微观思路。三是在供给理论中，对零利润和租两种利润的定义，涉及对收入、利润和成本的二元定义。战略会计方法提供了重新定义收入，对利润进行推广后的微观计量方法。

在经济学的三维框架中，第一，沿着两个剑桥之争继续前行，奥地利学派的拉赫曼在《资本及其结构》中，第一次系统地从异质资本角度理解资本结构，从而实质性地引入了复杂性范式。第二，社会资本理论提供了异质资本的新的研究方法，相当于从原子论向关系论的转变。关系和信任，成为三维水平的结构对应物。第三，什么是资本的品种（质）？对资本功能的重新思考。包括如何从垄断竞争资本均衡角度理解社会资本，成为新的问题（包括对投资与储蓄关系的再认识，从消费角度重新理解和认识强制储蓄的本质）。第四，对宏观经济学资本中介理论（货币理论）的反思。货币信用与资本的旧虚实关系，被联系于信息信任与社会资本的新虚实关系。将宏观经济学内生为微观现象，凯恩斯理论不再只是一种代表"国家"的理论，而代表着微观的异化，现实中的杠杆化在为其表现。信息不对称理论的重新提炼（从异化杠杆,到虚实结合、本体与中介结合意义上的透明化)。而结合分享经济,可以看出"人人"(而非形而上的人)成为去杠杆化的力量。将大众创新和消费资本思想整合进资本理论。

在经济学的四维框架中,第一,涉及社会资本中公共关系与私人关系(邻接关系)的讨论,发展为对异质资本中同质的边与异质的边的讨论。第二,从异质的边中,自然引出了结构洞理论。第三,从用户乘数和双赢角度思考资本问题。需要进一步补充的是,以漏损率从用户角度完善资本理论,把它与用户乘数结合起来。通过双赢思想,回到垄断竞争均衡。

以上这些,都是结构化理论在非结构化理论之外,重新思考资本涉及的问题。以下择其要者加以讨论。

6.1.2 资本及其结构

6.1.2.1 庞巴维克资本理论再研究

从结构视角梳理资本理论,赫然发现庞巴维克的资本理论有重新研究的必要。我们不太关心写在经济史中的庞巴维克的主要观点,而对他一个相对次要而被人们广泛忽视的观点产生了浓厚兴趣。拜拉赫曼的提醒,我们才注意到庞巴维克有这样一个观点:他用集合来定义资本,这是不同寻常的。如果把他使用的集合,直接理解为数学上说的集合,这样一个资本定义马上就会与网络经济的资本定义接上头。而庞巴维克显然不是随便说出集合概念,而是实质性地认为资本是一个集合概念。当我们用图论来定义资本时,图正好就是一个集合(点与边的矩阵构成的集合)。庞巴维克说的作为一般集合的资本与我们将讨论的作为图这种特定集合的资本之间,就自然而然建立起来联系。

庞巴维克对资本的定义是:"资本一般是作为获得物品的手段的产品组","是中间产品的集合"[①]。这个定义有别于通常定义在于,它是一个集合概念。而一般定义是从货币资本角度定义,是一个定值的概念。这里集合与定值的关系,很像阿玛蒂亚·森"能力模型"中将价值作为集合,将效用作为集合中的一个定值(通常是极值)的关系。其中,价值是多元的、非标准化的,而效用是一元的、标准化的。通俗地讲,如果集合对应数列,定值就对应极

---

① 欧根·庞巴维克. 资本实证论[M]. 北京:商务印书馆,1991.

值。它们之间就是这样的关系。例如，凯恩斯说的资本，就从来不是指由一系列不确定的值构成的"产品组"或"集合"，而只能是一个确定的值。是指货币化的资本，而货币不存在异质性。货币资本的币值，只有数量的区别，而没有质的区别。因此凯恩斯一说到资本，脑子里反应的是钞票与钞票之间没有区别。资本只有多少的区别，此一面值的货币资本与彼一面值的货币资本是同质且可充分流动的。而庞巴维克的理解正好相反，"产品组"和"集合"在这里有内部元素彼此之间存在质的区别的意思。这与英国剑桥学派认为资本具有异质性，异曲同工。庞巴维克这一思想，被奥地利学派发展成为异质资本学说。网络资本正好也是异质资本[①]，因此网络资本也有一个如何用集合概念定义的问题。

如何理解庞巴维克这种意图将资本结构化的定义呢？马克思将资本定义为生产关系，是从价值角度定义的，价值背后代表的是社会关系；凯恩斯相当于也是从价值角度定义的（只不过对西方经济学称价值为效用），背后对应的是资源配置关系。而庞巴维克既不同于马克思，也不同于凯恩斯。他将资本定义为物，相当于使用价值。所以可以把他说的资本理解为生产资料，即迂回生产中的中间产品。

把资本理解为生产资料，异质性的问题就容易理解了。货币资本是同质的、通用的，但用货币资本购置的生产资料，其使用价值却不是同质的，不一定可以通用。这也是后来拉赫曼一再说，不同的计划，资本结构不一样的意思所在。对凯恩斯来说，这个问题被抽象了。企业经营成为彼此无差别的黑箱，资本被假定按照最有效率的方式沿机会成本流动，因此资本使用上的差异被忽略不计。

庞巴维克把资本名称定义为宽窄两义，窄义称生产资本（社会资本），宽义称获利资本（私人资本）。两个定义的内容是一样的，但侧重点不同。前者偏重资本的使用，后者偏重资本的价值。

资本的（交换）价值即货币资本容易计量，只要按统一货币单位计算即可，但资本的使用价值如何计量却存在问题。因为没有统一计量尺度。庞巴维克在这里也遇到了与张伯伦类似的语言障碍。张伯伦为了从语言上区分同质产品与异质产品，将前者命名为不加引号的产品，将后者命名为加引号的

[①] 网络资本同质的方面，仍沿用传统的定义。

"产品"。直到迪克西特和斯蒂格里茨,才以同质组、异质组这样的明确区分,并将"产品"标为品种这个新的维度,将它们从数学上分开。庞巴维克也在区分同质资本与异质资本,他直接想到了建立新维度,但不幸的是,本来应该界定为品种这个维度,他却界定为了时间。他甚至没有像魁奈或后来的斯拉法那样,抽象出个"纯产品"来量化使用价值。用时间来作为标度异质性的单位,在其他学科中倒是有。例如哲学中的德里达、绘画中的达利,但那要求把时间定义为非等长的(如延异的时间、流淌的时间)。但像庞巴维克这样,径直定义为数学或钟表意义上的时间,却有问题。拉赫曼就极力批评庞巴维克用时间来作为资本的单位,与用货币来作为资本的单位,没有本质区别。其中的问题在于,资本是异质的,时间是同质的,用同质的时间计量异质的资本,必然存在形式与内容不统一的问题。拉赫曼说,"在我们看来,庞巴维克把时间作为资本的度量,从而使他自己将过程与时间维度相混淆"[①]。奥地利学派后来都用"过程"这个维度来替代庞巴维克说的"时间"维度。但用"过程"描述异质性,在数学上也好不到哪里去。因为过程是时间与时间之内的内容的一种组合,并不适合作为数量单位。

如果站在奥地利学派之外看这个问题,以代表性消费者模型的数学建模思路,足以解决奥地利学派在这里说不清楚的问题,也就是用同质性尺度计算异质性对象的问题。异质性从数学角度看,无非是存在多条曲线,每条曲线代表一个质。多条曲线带来计算的困难,但如果把多条曲线合并成一条,计算问题就可以迎刃而解。代表性消费者模型,相当于把不同的需求曲线合并成一条代表差异化的需求曲线,把它同无差异(即同质性)需求曲线进行比较。这条代表差异化或异质性的曲线,本身在形式上是同质的,但表示的意思不是同质性,而是异质性程度。异质性程度这一内容并不同于内容上的同质性,它只不过是以同质性的形式刻画异质性。

理解了庞巴维克资本定义存在的问题,以及合理解决方案后,我们就可以继续往下进行,研究资本结构本身存在的问题。

6.1.2.2 《资本及其结构》

在研究资本的网络结构之前,首先需要研究资本的一般结构。古典经济

[①] 路德维希·拉赫曼. 资本及其结构[M]. 上海:上海财经大学出版社,2015:68.

学的资本是无结构的。相当于它把资本只视为全概念资本的一个特例，即原子的资本，相当于把整个资本从网络的整体状态（三维状态），用原子论还原为原子（一维的，只有数量一个属性的）状态。这种一维的资本只是货币资本或以货币计量的资本。以数量为原子化资本的量化单位，由资本价格和资本数量构成了资本的存在空间（二维均衡流量空间）[1]。

沿着点、线、面顺序升维，我们第一步要做的是把资本存量从数量这条一维的线，推广为由数量和品种构成的二维的资本存量平面，再为后面进一步将品种这一维展开为节点与边构成的图平面创造条件。

拉赫曼的《资本及其结构》，就正处在资本维度从一维向二维的转变中。因此在谈结构洞理论之前，我们先研究作为基础的资本二维化问题。

拉赫曼是奥地利学派的代表人物。奥地利学派在经济学整体谱系中，属于这样一类：内容上是复杂系统理论，而方法论上是简单系统（方法论个人主义）理论。拉赫曼在其《资本及其结构》中，展示了一个不同于新古典理论的资本结构分析框架。他一直抱怨标准经济学家谈资本"没有说到点子上"[2]。从高维理论倒着看，是因为一般资本理论说的资本都是一维的（表现为只能用一般等价物度量，只有货币资本一个计量尺度），而拉赫曼说的资本已是二维的（还要有质性的维度，由非标准化的"使用"，如服务流来解释），问题意识完全不同。

拉赫曼注意到庞巴维克迂回生产理论一方面清楚看到资本的异质性本质，表现在他把资本定义为"复合体"（在数学上对应集合，类似阿玛蒂亚·森定义价值时用集合来表示，用 K 表示）；另一方面却又用时间这个单一维度来衡量资本，"试图往异质理论中引入维度度量"[3]，相当于阿玛蒂亚·森术语中把作为价值的 K 集合表示为极值 X（效用），而造成不协调。除了前文说的方法上的问题，从实质的方面说，庞巴维克忽略了创新。创新使时间尺度从机械等长的钟表时间，变成了达利的可伸缩的时间。因为单位时间的价值浓度

---

[1] 我们说的维数，分存量和流量两种，存量乘价格为流量。因此，一维存量空间（数量）在流量上是二维的（"数量—价格"）；二维存量空间（"数量—品种"）在流量上是三维的（"数量—品种—价格"）；三维存量空间（"数量—节点—边"）在流量上是四维的（"数量—品种—价格"，其中品种展开为"节点—边"，"节点—边"也可理解为品种的超平面）。

[2] 路德维希·拉赫曼. 资本及其结构[M]. 上海：上海财经大学出版社，2015：59.

[3] 路德维希·拉赫曼. 资本及其结构[M]. 上海：上海财经大学出版社，2015：60.

不一样了。而庞巴维克把资本的周期理解成了资本的循环流转，因此无法说明增值的真正本质，容易把创新驱动混同于物质驱动。

关于资本的异质性，拉赫曼再三强调："拒绝承认资本是同质的加总"，认为资本（生产资料）即使从物理角度看是同质的，"与功能上的异质并不矛盾"，"资本使用计划的本质就在于其功能的多样性"[①]。

拉赫曼认为所有资本都是同质资本与异质资本的结合体。他比较了同质资本与异质资本这两个方面的不同。同质资本等同于货币资本，货币资本构成了资本的媒介的环节，或米塞斯说的"信用媒介"[②]。同质资本以货币信用为无差异的价值尺度，这是一般经济理论所理解的资本。而异质资本构成资本的实体的环节，异质资本是资本的使用价值的方面，用拉赫曼的话说，"所有的资本品经济价值都来源于其使用模式"[③]。这种模式是关系的集合体，构成了资本的功能，或者"人的行动"[④]。他说："结构意味着功能"[⑤]，"一个结构就是一个关系的综合体，它展示了一个相关的模式"[⑥]，"我们用'结构'表示在变化不定的环境下足够稳定的一些关系所构成的关系综合体"，而结构的质（性质），就取决于关系的内部一致性（"关系的一致性就是其本质问题"[⑦]）。资本在使用中，形成服务流。"相同的资本品可能产生完全不同类型的服务流"[⑧]，这是在极言资本使用价值与资本价值的区别。需求一旦变化，要素组合就会被重组，"资本结构几乎无法在任意一段时间里持续存在，它始终处于形成的过程"[⑨]。

结构与功能都代表着质，结构不同，功能不同，资本的实体性质（使用、服务而非价值的性质）就不同。拉赫曼把资本的实体内容表述为计划，计划就是对资本的"使用"，即对于目标的管理。"人类的行动本只基于他们自己制订的计划"[⑩]，这相当于说用户是上帝，用户需求一旦变化，聚焦这种需求

[①] 路德维希·拉赫曼. 资本及其结构[M]. 上海：上海财经大学出版社，2015：44.
[②] 路德维希·拉赫曼. 资本及其结构[M]. 上海：上海财经大学出版社，2015：6.
[③] 路德维希·拉赫曼. 资本及其结构[M]. 上海：上海财经大学出版社，2015：44.
[④] 路德维希·拉赫曼. 资本及其结构[M]. 上海：上海财经大学出版社，2015：8.
[⑤] 路德维希·拉赫曼. 资本及其结构[M]. 上海：上海财经大学出版社，2015：44.
[⑥] 路德维希·拉赫曼. 资本及其结构[M]. 上海：上海财经大学出版社，2015：49.
[⑦] 路德维希·拉赫曼. 资本及其结构[M]. 上海：上海财经大学出版社，2015：47.
[⑧] 路德维希·拉赫曼. 资本及其结构[M]. 上海：上海财经大学出版社，2015：46.
[⑨] 路德维希·拉赫曼. 资本及其结构[M]. 上海：上海财经大学出版社，2015：59.
[⑩] 路德维希·拉赫曼. 资本及其结构[M]. 上海：上海财经大学出版社，2015：46.

（"上帝"意指）的计划也要跟着变化，企业运用资本的实质是"企业家如何构造并拆解资本组合，以应对不断改变的环境中时时变化的需求"[①]。例如丰田与通用电气实行流程重组的意图，在于根据变化了的需求，从企业整体角度系统地重新梳理职能之间的关系。而一般理论总是把企业真实处理资本的过程当作一个黑箱，只关注资本在不同机会成本之间的流动，这种流动完全以同质化为标准，因此表现为信用流，而非拉赫曼说的服务流。

拉赫曼深刻分析了资本的虚拟形态与实体形态从二分到异化的过程和原理。拉赫曼把价格系统理解为"作为沟通网络的价格系统"。认为信用媒介在实际运作过程中，出现了异化，成了以钱生钱（"重复支付"[②]）的杠杆，"它通过使价格信息失去原始意义而为其本身制造麻烦"[③]。本来信用媒介的作用是降低资本流动的交易费用，但经过货币扩张，"企业的融资成本反而更高了"[④]。与所有奥地利学派的学者一样，拉赫曼反对凯恩斯对货币的人为干预，主张去杠杆，让市场自发达成虚拟资本与实体资本的平衡。

凯恩斯的货币理论的实体资本基础是边际资本效率（Marginal Efficiency of Capital）概念。我们在其他地方已经指出[⑤]，边际分析方法与平均分析方法所讨论对象的区别，是同质性（无差异）与异质性（差异化）的区别。两个剑桥之争已显示，异质资本会在均衡水平带来一个高于边际资本效率而等于平均资本效率的平均利润。更深层次的原因在于，由单纯的要素交换形成的资本收益，与要素在"生产"中增值（产生零利润之上的利润）之间的区别，在于同质完全竞争均衡与异质完全竞争均衡（垄断竞争均衡）本身的区别。

奥地利学派资本理论的局限也很明显。虽然拉赫曼提出了结构，相对于新古典资本理论是一大进步，相当于把一维的资本，升级为二维的资本，但与下面我们将要讨论的真正的结构（三维的资本结构）相比，仍差了一个数量级。这种局限是方法论个人主义天然带来的，其特别之处，用图论的数学语言描述，就相当于把由节点与边共同构成的图，仅仅理解为可还原为一个点的边（方法论个人主义就是方法论节点主义）。与新古典理论本质有别处仅

---

① 路德维希·拉赫曼. 资本及其结构[M]. 上海：上海财经大学出版社，2015：59.
② 路德维希·拉赫曼. 资本及其结构[M]. 上海：上海财经大学出版社，2015：7.
③ 路德维希·拉赫曼. 资本及其结构[M]. 上海：上海财经大学出版社，2015：55.
④ 路德维希·拉赫曼. 资本及其结构[M]. 上海：上海财经大学出版社，2015：7.
⑤ 姜奇平. 分享经济：垄断竞争政治经济学[M]. 北京：清华大学出版社，2016.

在于，奥地利学派用点来理解的东西，实际已经是一条异质的边（相当于对一组相等的异质的边，进行了代表性消费者模型那样的标准化处理，如张伯伦第二需求曲线）。从这个意义上来说，奥地利学派对资本的理解，与英国剑桥学派（如罗宾逊夫人等）的理解，处在同一个水平上，都认识到了资本异质性，但没有找到合适方法展开对异质性的数学讨论。因为用节点的方法论看边，看到的结构只是一条线，图论所讨论的结构平面，在这里只是一条线，平面上发生了什么，从线本身是讨论不清楚的。

下面，我们试图突破方法论个人主义（相当于粒的方法论），从图论（相当于波粒二象性的方法论）角度展开对资本结构的数学讨论。

6.2 资本的连接方式

6.2.1 结构洞的基本概念

与一般从生产方式角度理解资本不同，网络资本理论从连接方式角度理解资本。

在结构洞理论（Structural Hole Theory）中，伯特（Burt）将社会资本视为网络里边中介者机会（Brokerage Opportunity）的函数。

所谓结构洞，即"社会网络中某个或某些个体和有些个体发生直接联系，但与有些个体不发生直接联系、无直接或关系间断（Disconnection）的现象，从网络整体看好像是网络结构中出现了洞穴"。

伯特将参与者（Player）如何在竞争场域（Competitive Arena）获取竞争优势作为研究出发点，提出竞争场域的社会结构是决定其投资回报率的关键因素。

分析结构洞这一概念：

第一，结构洞是关于关系（边）的。

"竞争是一个关系问题，并非玩家自身之间的竞争"[1]。结构洞是关系（边）的中断，对图来说就表现为"洞"。它是边的"无"，或是以"无"（边）的形式存在的图。均质网络无所谓洞，因为"同质的、重复的网络不会

---

[1] 罗纳德·伯特. 结构洞：竞争的社会结构[M]. 上海：格致出版社，2008：3.

带来社会资本的增加"。货币资本是个二维的概念，它不会在第三维（品种）上出现，更不会在第四维（具体的边）上出现。因此边是否破损，对于不显示图的维度来说，是一样的。社会资本是资本的第四维映象，对它来说，关系（边、波）的有无是至关重要的。

对经济意义上的结构洞来说，关系当然是指利益关系。信息利益主要通过通路（Access）、先机（Timing）和举荐（Referral）几种形式来实现。控制利益指第三者（Broker）居中搭桥（Bridge）时，可以决定优先照顾哪一方的利益。择优选择是控制的更一般的形式。

第二，在结构洞中，资本是异质的。

结构洞说的资本是社会资本，社会资本是异质性的。根据结构洞理论，同质的、重复的网络不会带来社会资本的增加。如伯特所言，"在群体内的思想和行为比群体间更具有同质性，因此跨群体之人会更熟悉另类的思想和行为，从而获得更多的选择和机会"。

社会资本作为异质（第三维）资本，异质表现在差异，有差异才有选择。而在第四维，差异表现为边，群体内同质化只能被视为一个质点（同质之点，边由于均质、同质化而显得"不存在"）。

货币资本与异质资本（包括社会资本）可以有一个换算关系，就是以均衡价格为基准，以 AC – MC 为尺度，相互转换。

第三，结构洞中的关系是不等长的。

结构洞的结构，与正则网络的结构完全不同。正则网络中的所有边都是均质的、等长的。等长的意思是关系没有生人熟人之分，都是公共关系。而结构洞中的边是不等长的，说明两个节点之间的边是均质的，有亲疏之分。

当然，这里的亲疏之分并不是自然血缘关系，而是以意义认同来区分的，具有相同认同的为亲，不认同对方的为疏。在语义网中，信息、知识和数据都成为意义分析的对象。大数据、人工智能实现了在社会化基础上辨识亲疏关系的能力。

第四，结构洞所说的边是邻接的。

直接关系是强关系，非直接关系是弱关系。结构洞不仅涉及两点间的直接、非直接，更主要的是涉及三点之间的结构关系，包括直接与非直接间的关系。

6.2.2 结构洞的方法论意义

结构洞本来是一个技术性的概念，是指重要社会关系的缺失（某条重要的边在结构上缺失造成的结构空洞），具体是指可以起到关键路由作用的邻接的缺失，它导致获利机会的丧失（张五常称之为租值耗散）。从整个结构来看，这属于边的分布不均匀的结构现象。张瑞敏发明了一个概念叫用户漏损率，表达的是同样意思，对应经济学中的机会成本的流失，在此特指流失的交易价值之上的体验价值，即顾客价值（同质完全竞争可以满足的价值）之上的用户价值（异质完全竞争可以满足的个性化价值）。

结构洞说的边，是真实的关系，而从图论角度概括的边，还可以推广代表一切的质，由边分析进入量化的质性分析。对资本来说，它涉及的是资本的使用价值而非价值。例如拉赫曼说的资本的计划，指的是资本的功能，我们也可以把资本使用过程中的一组计划，视为一组不同的边的组合。计划的组合不同，资本的使用性质就不同，虽然它的货币价值可以不变。

结构洞理论在方法论上的突破性在于，开辟了关于关系分析的新结构理论，这一关系是非均质的，结构洞可以具体描述非均质关系的结构。此前的结构论，如奥地利学派的结构论，隐含了边等长的结论，只不过这个边是指异质的边（关系）。结构洞分析将边的异质性从"代表性"的水平，即将多条异质的边归结为一条代表性的异质的边，提高到了具体分析的水平，即对多条异质的边之间形成的具体结构纳入分析。这就使奥地利学派想表达又表达不清，尤其无法定量表达的资本集合、过程计划等对象，得到相对精确的描述。长期以来，受完全竞争零摩擦假定的影响，经济学缺乏对资本使用价值的详尽分析，总认为资本使用价值的排列组合无关价值大局，因为市场或企业总会自然地找到让资本价值得到最大限度发挥的资本使用价值组合。这种分析更适合资本的专业化效率分析，但在网络经济特别是"使用而非拥有"的分享经济中，忽视资本的质的规定性，会导致创新、个性化、定制等成系列的多样化效率现象飘逸出分析之外。从这个角度说，引入结构洞的分析，并将其推广到资本质性分析中去，对于把多样化效率作为分析中心的网络经济来说，具有重要意义。

比较不同的方法论，如果方法论是个体的、节点式的，看边时，一维的边与二维的图就看不出区别，分析不出关系的具体异质性。把二维的图"看扁"成一维的边，看漏的，主要是边的邻接性这一点。奥地利学派认识到关系的重要性，但对他们来说，邻接关系与非邻接关系是无区别的，二者在理论上没有显示度。如果硬用语言来代替数学来描绘邻接关系，就成了拉赫曼那种白描手法，一个劲儿地把资本说成是由无数个体变量干扰的"计划"下的重组过程。以实践中的流程重组来说，通用电气（GEA）的高层在接受海尔模式时，想法还停留在丰田模式的流程再造水平，想不透如果重组对应的订单过于分散，重组会有什么意义。因此流程就相当于奥地利学派所理解的代表性的异质边，它是一组边的"代表"。问题是，海尔模式恰恰要求把一条一条的边根据它们不同的质（用户体验的不同）区别开，那么用一个代表性的流程，就不足以规划拓扑分散的诸多点之间的边。个性化的边，就是邻边。结构洞理念是要使这种分散的、小微的订单，具有经济意义（具体来说，具有范围经济的意义）。

从社会资本角度讲，关系的缺失，属于网络的分布式特征上的结构缺失，它通过作用于资本结构，而产生经济上的得失关系。但关系的复归，不等于异质关系的复归。如果只是等长的边构成的结构，仍然不能说是异质资本的结构。结构洞显示了不等长边的结构对于收入、利润和成本关系的作用。它特别适合针对零利润之上利润的解释，实质是认变对特定邻接关系的投入（即对结构洞的弥合），产生零利润之上的利润。

结构洞的存在，意味着资本在分布特征上的一种缺失，直接导致资本潜在价值（机会成本）的缺失。结构洞理论相当于在资本的波粒二象性中，将重点从原子论的资本投入产出关系，转向图论（特别是其中的关系论）的投入产出关系，从而认为利润的决定性因素（或主要矛盾）在于关系的缺失，进而可以理解为一种具体的质的缺失。结构洞理论认为，竞争的社会结构，是指"关系的社会结构"[①]。比较结构洞概念与机会成本概念，同属资本的成本，机会成本是概率性的，它不区分此机会与彼机会之间具体的不同，这种不同是由资本的使用价值决定的，只专注于资本的价值实现上同质的机会；而结构洞不是概率性的，它直接描述了机会的空间结构，相当于把此机会与彼机会的不同，以边的形状的形式直接表达出来。从这个意义上说，结构洞是关于资本的使用价值的，或用拉赫曼的术语来说是"计划"的。从结构洞

---

① 罗纳德·伯特. 结构洞：竞争的社会结构[M]. 上海：格致出版社，2008：5.

中可以得出与机会成本同样的价值的度量，只是对应同一个机会成本值的真实机会是多种多样的。

结构洞是指"竞争场中玩家之间无联结或者非等位的情形。结构洞是与信息通路、先机、举荐以及控制等相应的企业家机会联系在一起的"[①]。"结构洞导致了市场的多样性"[②]。与拉赫曼的说法进行比较，拉赫曼已接近了这种认识的边缘。他意识到隐藏在货币资本背后的信息不对称现象："我们已经看到价格的整合力量，虽然它常使预期与基于预期的计划相互一致，但也并非总是畅通无阻。"特别是他意识到这种结构问题的根源不在货币，而在信息："在我们的沟通系统中，不存在一个清晰和明确的编码，能使我们明确消息的'真实内容'。"[③] 今天看来，"一个清晰和明确的编码"要通过大数据才能实现。大数据和区块链分析可以在一般等价信息之外，对需求的"真实内容"进行编码与解码。

这是一种非常超前的认识。网络与市场一样，都是一种"沟通系统"，连接方式就是它的生产方式。只不过货币市场上沟通的是货币，实质上是货币背后的一般等价信息，而网络上沟通的不光是货币信息，而且是一般信息，特别是那些不一般等价、个性化的信息。信息不对称，实质发生在一般等价信息（货币信息、价格信息）与非一般等价信息（语言信息）之间。货币与信息同为符号，只是一个是同质的，一个可以是异质的。

6.2.2.1 作为三维问题的结构洞

根据结构洞理论，优化结构洞的首要问题就是在网络规模和多样性之间寻求平衡。因此优化的网络有两个准则：效率和效能。从效率（Efficiency）的角度来看，应该使每一位一手联系人（Primary Contact）可以接触到的非冗余联系人数量最大化，将时间和精力都投入到拥有非冗余联系人的一手联系人的培养上。从效能（Effectiveness）方面，应该关注所有一手联系人所接触到的非冗余联系人的总人数，即网络的总产出。

"优化结构洞的首要问题就是在网络规模和多样性之间寻求平衡。"即，在 Q 与 N 之间寻求平衡，长尾曲线就是其等均衡线。优化意味着联系人可及

---

① 罗纳德·伯特. 结构洞：竞争的社会结构[M]. 上海：格致出版社，2008：1.
② 罗纳德·伯特. 结构洞：竞争的社会结构[M]. 上海：格致出版社，2008：2.
③ 路德维希·拉赫曼. 资本及其结构[M]. 上海：上海财经大学出版社，2015：55.

的无边之人"数量最大化",也就是说,一旦建立了边这种异质资本后,令所谓非冗余联系人(无边之人)的数量,乘以边数后的结果最大化。

6.2.2.2 作为四维问题的结构洞

伯特的结构洞理论是在竞争的社会结构中提出的,因此它对竞争有着不同的见解,认为决定竞争参与者胜负的不是参与者的特性,而是关系的特性。也就是邻居的帮助,是胜利的必要条件。为此,要占据有利的结构洞位置,使关系具有某种获得竞争优势的特性。

完全竞争的决定因素在于节点("参与者的特性",如数量Q),而结构洞的决定因素则在N,这不光是指产品多样性,而在于其中第四维——边的竞争("关系的竞争"),相当于参与者的社会关系性质的不同成为决定性因素。竞争参与者的社会资本如何、关系如何,是一种图意义上的质的不同。图的量在节点,质在边。节点只有量的不同,没有质的不同(是抽象的质);但与不同边连接的节点(即度不相同的节点),具有质的不同。当节点中间出现结构洞(不能直接相邻,只能间接连接)时,流动速度就会变慢(价格水平变低而需要提高流动性,信息越透明,流动性越高),就会出现协调专业化的交易费用;而如果相邻,只需要协调多样化的交易费用(信任)。

6.2.3 结构洞:资本网络化与产权边界

结构洞可以获得闭合网络所不能企及的跨越组织间结构洞的附加价值,而网络闭合则能实现那些会被结构洞吞噬的价值。伯特提出当群体中闭合程度最高而群体外充斥着大量非冗余联系人时,绩效达到最大化(Burt,2001)。

社会资本可以通过闭合网络(Network Closure)和结构洞两种网络机制来获取。闭合网络相当于企业化,将关系和信任的共享封闭在企业边界内。结构洞则在于开放主体边界,让无法共享资源的节点得以分享资源。"被结构洞吞噬的价值"应是与边有关的价值(非同质完全竞争价值),也是有网络(邻接)与无网络(邻接)的价值差。它比较接近多样性协调成本或协调收益(网络效应)。

Gargiulo 和 Benassi 探讨了社会资本的网络结构机制,利用总部在美国的计算机软硬件跨国制造商意大利子公司的一个新设部门的数据,证明了闭合网络中的经理不能适应新任务的协作要求。可见结构洞有助于寻找先机却不利于既有的合作和规范，而闭合网络不利于在既存组织之外维持合作，因此网络选择过程中应该在网络闭合的合作"安全性"与富于结构洞网络的"弹性"中取得平衡。

"网络闭合则能实现那些会被结构洞吞噬的价值"，是在网络与企业之间进行选择。不同于市场与企业之间的选择，当企业内部协调成本高于外部协调成本时，企业被市场取代；当企业内部协调成本低于外部协调成本时，市场被企业取代。类似企业与集群之间的选择。当网络闭合（IGP）交易费用更低时，它会取代结构洞（EGP），将网络效应造成的外部性加以内部化；而当结构洞的自组织交易费用更低（或收益更高）时，会打破企业封闭，实现开放。

罗家德提出，结构洞如果是以弱联系为桥，取得机会的利益，不会违背当前流行的"和"的原则。但如果结构洞以强连带为桥，取得操纵和控制利益，则会造成纷争，不符合"和"的原则。

6.3 资本结构与均衡

6.3.1 结构洞与全局均衡

分析资本的时候，单位是企业，而把结构洞当作资本时，分析的单位已经悄悄变成了网络。在网络结构中，结构洞这种异质资本会对均衡产生何种影响，是"网络何以可能"的又一重要问题。用传统经济学语言表述这个问题，相当于要回答：当网络赖以成立的社会资本发生变化时，网络达成的均衡是垄断竞争的，还是完全竞争的。答案显然是垄断竞争均衡。因而下一问就自然成了：网络资本达成垄断竞争均衡何以可能？

6.3.1.1 结构洞：垄断竞争与完全竞争

从市场结构角度看，结构洞是存在垄断竞争的网络结构，结构洞意味着信息不对称；而完全竞争相当于不存在结构洞，即信息对称。完全竞争中的企业相当于固化了控制结构洞的中心节点，按照规则网络的结构组网。层级控制意味着对选择多样性的规定及使用（通路）。

存在结构洞的均衡属于垄断竞争均衡。伯特把垄断竞争称为不完全竞争："不完全竞争是一个自由的问题，而不仅仅是权力的问题"①。"各人成为企业家的自由度不同，导致了竞争是不完全的"②。这个见解别有深意。把均衡问题转化为自由问题（在均衡这一条件约束下，谁的什么自由更加得以保证）。但自由有两个相反的角度，即同质性的自由（以专业化效率提高为自由）与异质性的自由（以多样化效率提高为自由）。从与罗宾逊夫人相反的角度，即异质完全竞争角度说，这里的竞争不完全，却是另一种竞争的完全，即异质竞争的完全性，这是另一种意义上的自由。

完全竞争的市场是网络的特例，即均质的正则网络，所有节点拥有相同的边（机会）。因此要素可以在不同机会之间自由流动。但实际上，每个节点的度是不同的，少一个朋友少一条路，因此自由度不同，意即自由流动的路（关系）不同。当同质完全竞争消除了异质性时，异质性的竞争就成为不完全充分的。这意味着，在新古典均衡水平上，企业在专业化方向的自由，可能抑制多样化方向上的自由。相当于为了（个人自由形式的）社会自由而牺牲个性自由，为了同质的个人而牺牲异质的个性。

而企业在星形结构上是网络的一个特例。它将权力固定在支配性的中心节点（领导、精英）身上，通过他们层层分配权力。边缘节点没有自由度，限制了草根的创造力以及情境优化的自由。这是为了同质的个人（自由）而牺牲异质的个性（自由）的分层后的形式。也就是把这里的个人，进一步分为精英（代理人）与草根，把自由集中于前者身上。

结构洞理论着眼于零利润之上的利润，这在结构上何以可能？"如何最大化生产者利润这一现实问题的要害"③，在于同质化竞争的不完全性，即异质化竞争的完全性。"我们并不假设在一个不完全的市场上存在任何一个'透明'的价格。"④ 在这里，把交易费用问题理解为一个关系结构问题。结构（关系结构）替代了摩擦力的位置。

伯特比较了市场和权力（企业）两种控制方式，它们在结构上都依赖于支配性格局，"玩家都一样微不足道"。"在规则严格的市场上，居于支配性地

---

① 罗纳德·伯特. 结构洞：竞争的社会结构[M]. 上海：格致出版社，2008：5.
② 罗纳德·伯特. 结构洞：竞争的社会结构[M]. 上海：格致出版社，2008：6.
③ 罗纳德·伯特. 结构洞：竞争的社会结构[M]. 上海：格致出版社，2008：5.
④ 罗纳德·伯特. 结构洞：竞争的社会结构[M]. 上海：格致出版社，2008：6.

位的玩家定义公平的交换率",完全竞争市场"受到价格机制的支配";在权力关系中,"居于支配性地位的玩家定义公平的交换率"①。在这两种结构中,任何一个节点都是无个性的。这正是以"规则严格"为特征的规则网络的写照。

而在垄断竞争中,"玩家的个性是理解竞争的关键","定义竞争的参数存在于这些数量巨大的不完全竞争的细节中,他们是反映玩家个性的参数","从玩家可以影响关系的意义上来说,竞争是不完全的"②。

伯特在这里对垄断进行了完全不同的描述。个性化、创新都是"垄断",而围绕这种"垄断"展开的完全竞争,正是同质性眼中的不完全竞争。我们应该给不完全竞争起个讽刺性的外号,叫不完全同质化的竞争。非垄断(如完全竞争市场与企业)才是支配,传统语言说的垄断有许多(如创新、个性化)不是支配。无异质关系竞争才是完全竞争,有异质关系竞争是不完全竞争。"玩家的个性是理解竞争的关键",可以理解为传统带贬义的垄断,当这顶帽子扣在异质性头上时,在关系结构论看来,只不过是在指"玩家可以影响关系"这种个性化(质的内生)的情形。个性化意味着质的内生。存在关系竞争(边在这里是门槛)的竞争,不是垄断的竞争,而是个性化的、使质的差异变得有意义而且有效率的完全的竞争。

6.3.1.2 网络结构的自由秩序论

伯特认为,"不完全竞争的核心问题是玩家如何逃脱被支配的境地,不管这种支配是来自于市场还是来自于另一个占据市场支配地位的玩家"。"这就是结构洞理论的核心——它以自由的理论代替了权力的理论,以讨价还价代替了绝对控制。它描述了一个竞争场域中的社会结构是如何为某些玩家创造企业家机会,并由此影响他们之间的关系的。"③

伯特在这里对自由的理解,超过了奥地利学派的境界。终于把自由选择从个人(的社会化)选择的水平,提高到个性选择的水平。对结构洞理论来说,垄断竞争表现出结构性的新特点。新垄断竞争与纯生态结构(即插即用)代表着新的资源控制结构。边缘节点有权力有自己的选择(相对于度的位

---

① 罗纳德·伯特. 结构洞:竞争的社会结构[M]. 上海:格致出版社,2008:7.
② 罗纳德·伯特. 结构洞:竞争的社会结构[M]. 上海:格致出版社,2008:7.
③ 罗纳德·伯特. 结构洞:竞争的社会结构[M]. 上海:格致出版社,2008:7.

置),人们围绕更高的自由度展开竞争,力图将自身节点自由地移向网络的制高点(控制结构洞或机会的中心节点),以使自己获得更高的度的展开(自由而全面发展)。在现实中,可以比较一下,费尔普斯水平的自由,要跨过知识产权和风险投资两道门槛,才能得到创新的自由;而在分享经济的双创中,资本由于共同使用,使用门槛不复存在,草根直接在草根状态就可以得到创新的自由。创造力和自由度在这里成了利润的决定因素,成为创新驱动的因素。而在此前的市场和企业中,利润则是由物质(市场同质性)投资(对边缘节点的权力支配,使其非流动)驱动的。这就是结构洞理论所谓围绕关系的竞争想要表达的,竞争的是结构本身。

自由是任意节点自己支配网络,不自由是任意节点被网络外力支配。网络外力是指将边外生化、固定化的力量。包括同质性的价格、同质性的企业权力。其中,价格权力是数量(对于质)的支配权力;企业权力是中心化数量(同质资本)对边缘的支配权力。总之,是同质性对于异质性的支配力。

资本是社会关系的产物,在这里,具体到结构,是指权力结构的产物,它强制性地规定了中心与边缘的关系,在提高企业自由度的同时构成了对网络自由的限制。即中心有自由,边缘没有自由(因此不能获得剩余);而且由于使各节点通向中心节点的边同质化,而造成了对个性自由的限制。在低发达状态下(如工业化所谓发达状态下),这是不可避免的。因为现代化的主要使命不是促进个性自由,而是要先实现社会自由。只有到了比工业化更发达的状态(复杂网络经济),人类才有条件从社会自由进化到社会与个性同时自由,而不破坏均衡的稳定水平。如果从古典均衡的角度看,这里的均衡决定因素发生在中心与外围的利益相互作用上,发生在节点之间关系与关系的相互作用上。一个令任意节点自由而全面发展的网络,不是说中心没有带来更多的剩余(中心利用特权当然会获得更多结构洞),而是在制度规则上,不允许中心限制外围的节点选择自己的结构洞(自由发展机会)。一旦边缘节点获得了通路(Access)权,就可以根据自己实际的能力(一般来说要比不自由条件下的能力大许多)来选择发挥。结构理论强调中心节点与外围节点"都有机会获得结构洞"[①]。这是一种比奥地利学派的自由秩序论更高级的自由秩序论。

---

① 罗纳德·伯特. 结构洞:竞争的社会结构[M]. 上海:格致出版社,2008:193.

6.3.2 结构洞微观均衡机理

以上是从全局角度讨论均衡，如果从微观和局部角度看，复杂网络条件下的自由选择，又是如何实现的呢？"网络何以可能"在这里涉及从个别节点角度看全网，如何获得具有经济利润（租）意义上的会计利润的问题。成本、收入的原理同理可证。

自由对于经济来说不是抽象的，从某种意义上说，没有财务的自由、现金流的自由就寸步难行。更深入的自由，涉及的不是钱，而是好利润，即赚有意义的钱，或通过赚钱使人更有意义，是如何通过创造价值使生活变得更美好。

6.3.2.1 结构洞在何种意义上是资本

资本本来是一个点的概念，而不是边的概念（商业资本另说），但在结构洞理论中，通路（Access）在社会资本的意义上，也可以被当作资本。在这里，连接边的机会就是关系资本。它是通路之港（Ports of Access）[1] 在这个方向上，提供了一个不同于现有会计理论的资本的定义方法。

标准理论假定的微观关系，是一个节点 A 与一个节点 B 之间的双边关系，有分工有合作，且全合作。这是正则网络的情况。在网络中，增加的情况是 A、B、C 三边关系，另外两边 AB 与 AC 有两类，一类合作 AB，另一类非合作 AC。在非合作 AC 条件下，需要付出额外交易费用，才能消除结构洞。

通路以扩张，尤其是向初级关系人与次级关系人的结构洞扩张，作为资本增值的形态。与现有报表定义的生产资本不同，它不是同质性的资本，而是扩张异质性价值本身的资本。

结构洞的效率与经济学投入产出理论中的生产函数所说的效率，是不同的效率。生产函数的效率是同质化效率，即专业化效率，而结构洞的效率是多样化效率。"平衡网络的规模和多样性的问题就是最优化结构洞的问题"[2]。优化网络这一问题，是典型的多样性效率问题。它代表的是结构洞的"效率

---

[1] 罗纳德·伯特.结构洞：竞争的社会结构[M].上海：格致出版社，2008：22.
[2] 罗纳德·伯特.结构洞：竞争的社会结构[M].上海：格致出版社，2008：20.

原则"："通过最优化网络中的非重复关系人的数量来最优化每个关系人的结构洞产出"[①]。生产函数即使扩展到全要素生产率，只是在投入方面，将某种意义上的异质资本（如创新科技）内生进来。但仍然没有从产出上，将异质产出与同质产出区分开来。结构洞还有一个"有效原则"，是指在初级关系人与次级关系人间进行的结构洞扩张的效能。这是以通路之港为 HUB 进行增值（"更富于多样化，有更多网络利益"[②]）的模式。它正在打开会计利润通向经济利润的通道。

把结构洞视为资本的第二个视角是替代企业资本功能的视角，即所谓视企业家机会为资本。涉及的是控制初级与次级结构洞带来的利益，这种利益的量可以通过洞深这个概念表现，洞深实即多样化增值能力的程度。

在这里，市场型与企业型的结构洞利益不同，可以用凝聚力和等位关系两个维度来观察。凝聚力越低越富有结构洞，"凝聚力高且与同一群体的关系在结构上等位，就没有结构洞"[③]。在完全竞争条件下，有结构洞，但很浅，表明多样化在价值创造的贡献中的比重较低；在垄断竞争（异质完全竞争）条件下，如果无同质化凝聚力（趋同力），就会出现深结构洞[④]。这与差异化带来高附加值的经验是吻合的。

回归分析表明："两个玩家之间的结构洞的深度随着他们在结构上等位的程度的增加而增加，随着他们之间关系强度的增大而减小。如果他们既在结构上等位又有强关系，那么结构洞的深度便会急剧变浅。"[⑤] 等位类似完全竞争，关系强弱相当同质、异质。同质完全竞争导致零利润；异质完全竞争导致利润出现。

伯特在讨论企业家机会的时候，辨析动机与机会的区别是没有多大意义的。如果是政治经济学家讨论这个问题，要问的应是结构性的问题，即为什么要把企业家机会固化。这也是后面讨论企业家机会流动性时才变得精彩的问题。

对网络经济尤其是分享经济来说，最关心的是外围节点如何获得包容性

[①] 罗纳德·伯特. 结构洞：竞争的社会结构[M]. 上海：格致出版社，2008：21.
[②] 罗纳德·伯特. 结构洞：竞争的社会结构[M]. 上海：格致出版社，2008：22.
[③] 罗纳德·伯特. 结构洞：竞争的社会结构[M]. 上海：格致出版社，2008：43.
[④] 罗纳德·伯特. 结构洞：竞争的社会结构[M]. 上海：格致出版社，2008：43.
[⑤] 罗纳德·伯特. 结构洞：竞争的社会结构[M]. 上海：格致出版社，2008：45.

的企业家机会，特别是如何凭借自身潜力的发挥获得对次级结构洞的控制，但又不把这种控制当作垄断权力将中心位置（实质是"中心—外围"结构本身）加以固化。这才能造成人的自由而全面发展的机会。

6.3.2.2 结构洞的利润与回报率

结构洞在复杂性自由水平定义利润。

利润与资本的增值有关。结构的增值，显然与关系结构的层层扩展有关。中心节点可以获得剩余，而边缘节点不可以，只是因为中心节点因制度和规则（社会关系决定的生产关系）的原因，处在了结构洞关系扩展的核心位置上；而后者却被挡在了机会外面。

利润的高低用回报率这个概念来规范。对利润来说，投资乘以回报率就是利润。对结构洞来说，"用于建立与一个人的关系而投资的时间和精力乘以回报率"[1] 等于利润。这里的利润，已不是新古典经济学可理解的利润，而是正租意义上的利润的概念。

回报率取决于初级、次级关系人的结构洞。如果"关系人身边存在许多结构洞"，每扩展一圈关系人，就有大量的来自结构洞的收益，利润就是高的。与垂直增值的生产方式的意义相比，连接方式创造增值的方式更像是水平的。这种以机会定义的利润，是垄断竞争均衡条件下的利润，是租值。

伯特特别强调了机会的重要性，似乎连接方式的模式是"我来了，我看见了，我征服了"。相当于假设均衡量是不变的（生产能力既定），一切决定于质（结构洞的未连接的边），一旦这些边的异质作用发挥出来，AC－MC 这部分溢价就可以自然产生。

其中结构洞产生利润的机制，包括两个与机会选择有关的方面，分别是市场机制与企业机制的替代，一个对应市场优势的信息利益，另一个对应企业权力的控制利益。

信息利益涉及的经济因素是参与，包括网络信任、规模和多样性；凝聚力和结构等位；有效且有效率的网络；结构洞和弱关系[2]。

控制利益涉及的经济因素是控制，包括结构洞与企业家机会；初级结构

---

[1] 罗纳德·伯特. 结构洞：竞争的社会结构[M]. 上海：格致出版社，2008：44.
[2] 罗纳德·伯特. 结构洞：竞争的社会结构[M]. 上海：格致出版社，2008：46.

洞和约束；次级结构洞和约束；结构洞信号以及结构自主性①。

拥有最高的回报率，一是取决于通过参与来进行网络优化；二是通过控制来实现更高的网络自主性。前者可以理解为对异质的边的低成本协调（发现情境价格）；后者可以理解为对创造增值（自由）的中枢的把握（创造）。前者是复杂性适应，后者是复杂性创造。对人单合一双赢来说，前者解决的问题是人单合一精准匹配；后者解决的问题是双赢（创造供求双方的增加值）。

结构洞是潜在的供求不匹配，但与制造意义上的供求不匹配不同，是异质性供求（个性化的供给与个性化的需求）的不匹配。一旦这些人单合一的机会得到发现，连接方式就会转入生产方式黑箱，节点本身的生产方式决定如何把利润实现出来。设想一下，一个厂商供不应求时，它会通过扩大生产获得会计利润。如果遇到的是垄断竞争，厂商可以利用多样化能力创造有溢价支付的需求。一个玩家周围的结构洞越多，他的结构自主水平（创造性）越高；结构洞越少，他的结构自治水平越高②。

从需求方面看，网络自主性既对 App 的自由而全面发展是一种贡献，对消费者的自由（体验）也是一种贡献。网络自主性的每一次提高，都在 C2B 意义上扩张了人的自由；而在没有网络自主性条件下（市场和企业中），消费者只能获得 $P = MC$ 这种同质化的、非体验性的满足。

最初的资本家获得结构洞靠的是自己，但他用制度将自己相对于结构洞的中心位置加以固化，则破坏了公平，剥夺了边缘节点进入同样的中心位置的等门槛机会。网络替代企业，好比用考试替代了世袭，促进了权力的流动，从而有利于全社会自由水平的提高。

这种替代的实质，是降低了权力的使用门槛（进入门槛、通路门槛）。每个节点不因上一次失去结构洞而在下一次选择时受到不公平进入这种惩罚。对权力（如资本）的拥有者来说，他可以收取租金，但必须在收取远超分享的固定成本投入的租金时，面临权力之间互相进入的公平竞争（主要指滥用行为，而非支配地位），否则就要面临反垄断的规制。权力在这里就是指对结构洞的支配，它需要流动才更合理。

结构洞理论的公平标准是，每个节点有权利选择进入控制关系，而不受

---

① 罗纳德·伯特.结构洞：竞争的社会结构[M].上海：格致出版社，2008：46.
② 罗纳德·伯特.结构洞：竞争的社会结构[M].上海：格致出版社，2008：73.

市场或企业权力的进入门槛障碍，以保证个性（即自主选择控制结构洞）的发挥。

6.3.2.3 好利润与会计自由问题

跳出结构洞的语境，从会计视角透视自由秩序问题，我们可以发现，由于结构洞这类现实的出现，将来的会计理论，可能可以把现在无法纳入报表的对应异质资本（社会资本）的正利润，纳入正式的会计报表来管理。在广义均衡框架下，这种利润被称为好利润，是指均衡时，均衡价格为 P = AC，相对于零利润（P = MC），存在的 AC - MC 这部分利润。好利润就是微观视角的自由。

这样做，需要把结构洞的聚焦点倒转过来。结构洞是从供给者的角度看世界，但如果倒过来看，结构洞不是散乱的一团，供给者的视线有一个统一的聚焦点，这就是用户需求。如果从用户需求角度看结构洞，结构洞只是从分布式的不同方向，向供给者发出的信号。例如，当两个节点之间存在结构洞时，无非在告诉供给者：用户有某种需求，没有被供给者发现。而用户随时准备按体验付费，即给发现并弥补结构洞的人，付出高于边际成本的价格。仅此而已。

根据赖克哈尔德的好利润理论，好利润（良性利润）与坏利润（不良利润）的根本区别在于，"虽然不良利润不会反映在会计报表中，但它们确实是很容易识别的。它们的取得是以损害客户关系为代价的"[1]；相反，良性利润的来源在于客户满意度，好利润必须反映在以客户满意度为中心定义利润的会计报表中，通过提高客户净推介值（Net Promoter Score，NPS）来体现。

如果把 NPS 变为一个问题，就是"你有多大可能把我们公司推荐给你的朋友或同事"。这个问题隐含着差异化战略不同于成本领先战略之处。以盈亏平衡分析模型公式——利润 = 产量 × （单位产品价格 - 单位产品变动成本）- 固定成本来说：

$$G = Q \times (P - V_c) - F_c$$

成本领先战略的会计效果，更多体现在单位产品变动成本 V_c 的降低之

---

[1] 费雷德·赖克哈尔德：终极问题——创造好利润，促进真成长[M]．杨大蓉，译．北京：商务印书馆，2008：4．

中，体现在产量 Q 的提高当中。而差异化战略的会计效果，更多体现在单位产品价格 P 的提高之中。这一提高特指在均衡水平下，由于差异化而可持续得到的价格提高效果。它是可持续利润即好利润的来源；当然，从多样化效率提高角度看，还有另一种可能，就是价格不变条件下 V_c 的下降。但不同于专业化效率中的成本降低，它属于多样化效率提高中的成本降低。

海尔的财务是典型的战略财务。如谭丽霞所指出的："海尔的财务管理实践关键在于与集团战略、业务等相匹配"[①]。与一般战略财务的区别在于，海尔战略财务中的战略是有所特指的，特指差异化战略。这里的战略不能是指成本领先战略，而只能指向差异化战略。在差异化战略会计的战略损益中，利润特指好利润，而排除了不良利润。用海尔集团自己的话说，就是"以顾客和员工增值为损益"[②]。

也就是说，海尔的战略损益表指向的不是成本 V_c 的低，而是价格 P 的高。海尔称之为高单。理论上，P = AC 属于高单，而 P = MC 属于低单。低单之所以低，是因为把客户当作同质化的一群。在成本领先战略下的战略会计，利润对客户满意度是不敏感的，更多是对成本 V_c 敏感，对销售收入（销量 Q）敏感。例如在康泰尔的案例中，产品种类减少了 50%，客户有一半的需要不再能够得到满足，客户满意度是不可能比过去更高的，但利润却大幅上升。这种利润在海尔的战略损益中，与康泰尔相反，是要记在损的一方的，因为它正好符合不良利润的第一个条件："是公司为节约成本带来了不好的客户体验而形成的"[③]，即价值上是"好"的；而意义（体验）上是"不好"的。

高单之所以高（AC 高于 MC），在于差异化，在于比同质化完全竞争更贴近客户的个别需求。这才是结构洞的真正含义。个别需求意味着网络中的边，不是均质的。在均质网络如正则网络中，个别需求是不值得满足的。因此有结构洞还是没有结构洞并不太重要。重要的只是大量同质化需求如何满足。当这种满足实现时，经济是零经济利润的。AC 与 MC 之差，也可认为是客户心理满足（意义体验）与理智（理性计算）之差，是 NPS 的本质及之所以产生的关键。

[①] 曹仰锋：海尔转型：人人都是 CEO [M]. 北京：中信出版社，2014：186.
[②] 曹仰锋：海尔转型：人人都是 CEO [M]. 北京：中信出版社，2014：193.
[③] 费雷德·赖克哈尔德：终极问题——创造好利润，促进真成长 [M]. 杨大蓉，译. 北京：商务印书馆，2008：4.

实际还存在另一类结构洞，就是可以用口碑弥合的结构洞。从这个角度看，利用结构洞在形式上是位置问题，即把自己移向网络中更好的位置上，但实质上却是在为用户创造价值中创造自身的价值。因为，如果你不能为用户提供良好体验，你也不能真正稳定地待在网络的中枢节点上；具备为用户提供良好体验的能力，是对企业家价值的最高肯定，比挣钱对企业家的肯定更高，因为可以达到自我实现的境界，它才是财务目标背后真正的目标，即在发展的境界之上达到自由。以自由看待发展。

高单并非价格 P 越高越好。价格超过 AC，即使利润更高，也不能称之为高单，因为它超过了人单合一（本质上是均衡）的限度，落入了不良利润的第二个条件："不良利润还来自从客户身上榨取价值，而不是为客户创造价值"[①]。即意义（体验）上是"好"的，但价值上是"不好"的。因为表面上的良好体验，可能来自虚假宣传，或一时打动客户但不符合客户冷静后的经济人理性的算计。这都是引发负面 NPS（推介的负面，即在他人面前贬低产品，它导致客户漏损）的原因。负的 NPS 在一般管理会计报表中看不出来，因为它只记录到成交为止。在成交与推介之间，用户只有在当时或事后体验良好条件下才会推介，而成交只需要当时同意即可（事后反悔可能已不影响会计报表上的收入）。海尔强调为顾客创造价值，不是指 P = MC 这一水平，而是特指 P = AC 这一水平。实质是创造体验（差异化价值或意义）。

这导致海尔战略损益表中的收入项与核算会计甚至管理会计报表完全不一样。有一些收入如果不能使客户达到良好体验，推介是其结果，即使客户成交时认为合算，考虑到事后可能反悔，造成负的 NPS，因此也不能计入收入项。例如有些自主经营体为了完成目标，把库存里能耗高且毛利低的旧型号通过降价促销形式卖给消费者，虽然增加了收入，但不能算入战略绩效。只有销售那些既能给顾客创造价值又给企业带来高增值的产品，其收入才能计入战略损益表[②]。由此可见，海尔战略财务具有企业价值驱动者与引领者的作用，其战略引领作用（即使战略行为在管理上变得可调），超过了管理会计的范围。

均衡论的本质是自由秩序论，综合宏观与微观的分析，我们得出的判断

[①] 费雷德·赖克哈尔德：终极问题——创造好利润，促进真成长[M]．杨大蓉，译．北京：商务印书馆，2008：4.

[②] 曹仰锋：海尔转型：人人都是 CEO [M]．北京：中信出版社，2014：190.

是，资本的异质化和结构化对均衡的主要影响，是把均衡的常态，从同质化的边际成本定价，移向异质性的平均成本定价。前者代表的自由，是发展意义上的自由，后者代表的自由，则是自我实现意义上的自由。这意味着，资本的异质的结构化，扩大了人的自由的范围，提高了人的自由的水平。

6.4 网络经济的产权制度：实质性变化

网络经济与市场经济的产权结构有非常大的区别。导致这种区别的主因是资源（资产）利用的性质，发生了从技术上专用性资源（资产）为主，向技术上非专用性资源（资产）为主（如以信息、知识、数据为主要生产要素）的转变。

这个转变产生了产权的价值论背景的改变。在分享经济第一阶段的研究（《分享经济：垄断竞争政治经济学》）中，我们详尽讨论了价值论问题。这里只是概括一下其中要点。

6.4.1 使用而非拥有的新产权制度

分享经济从资源配置角度看，是资源配置的产权从以拥有为重心，转向以使用为重心（"使用而非拥有"）的过程。因此，分享经济的理论起点，主要是从产权中的支配权与使用权的并立开始的。在以拥有为重心的产权体系下（包括现代企业制度），拥有权（Ownership）被直接称为所有权，进而作为产权的核心。使用权与收益权等诸多权利，则作为所有权下的子权利，由支配权派生出来。把产权中的拥有（归属）与使用（利用）当作并立的概念，反映了比"现代"更现代的理念。例如，中国物权法就把归属与利用并提，作为立法的基础。

6.4.1.1 对拥有的价值与使用的价值进行分别

把这个问题从主体权利问题前推到客体价值论上，可以认为，拥有（归属）对应的是价值，使用（利用）对应的是使用价值。西方经济学中不区分价值与使用价值，与使用价值对应的概念是效用，与价值对应的概念是交换价值（或货币价值）。但这里有一个需要说明的理论分歧点。无论是交换价值还是效用，都是同质化的概念。解释使用价值，可以按西方经济学的方法，用效用函数来表示。它们之间最大的一个相通之处在于，它们都不直接与价格相关，它们的定义中，都没有价格这个因素。效用曲线内生价格，会变为需求曲线。使用价值则不分供给与需求，但同样不在自身定义中掺杂交换价值的概念。

使用价值与效用有一个重大区别，使用价值可以是具体价值，是异质的，但效用只表示抽象价值是同质的。因此也有人认为效用才是对应政治经济学中价值的那个概念。二者的实质区别只在于，政治经济学意义上的价值定义中含有社会关系内容，是个利益论概念，而效用包含的主要是资源配置内容，是个配置论概念。由于效用身兼有价值、使用价值二用，西方经济学又不区分这两个概念，因此我们可以根据不同情况，分别使用其中的一个含义。当我们把效用当作使用价值来理解时，由于效用没有异质性的含义，必须重新加以定义。重新定义与效用是用基数方法加以标准量化，还是以序数方法加以标准量化无关。因为异质的效用，也可以用标准化的方法来处理，如代表性消费者模型的方法。重新定义是指，将效用区分为同质效用与异质效用。在代表性消费者模型中，将效用函数从代表同质效用的一元效用函数，改为由同质组效用与异质线效用构成的二元效用函数（即"同质—异质"二元效用函数）。网络经济学在广义均衡分析中，在 D-S 模型（将品种内生进入均衡分析的垄断竞争均衡模型）基础上，采取一个一劳永逸的方法，用品种直接作为异质效用的计量维度，从而把"数量—价格"二维均衡分析，发展为"品种—数量—价格"三维均衡分析。其模型见本书第七章"7.2 均衡框架：内生范围经济的三维均衡"。

正如本研究的第一阶段成果《分享经济：垄断竞争政治经济学》说的，分享经济是关于使用的经济学，如果说前一阶段研究的是关于使用的利益论的经济学（分蛋糕的经济学），则第二阶段的研究同样是关于使用的经济学，而不是关于价值的经济学，只不过现在这部分的研究是关于使用的配置论的经济学（做蛋糕的经济学）。

6.4.1.2 对拥有与使用的产权进行分别

做完这些理论铺垫后，转入正题。以使用为中心研究资源配置，必然淡化关于拥有权（关于姓社姓资）的讨论，而集中精力于使用权分析。需要声明，这不代表拥有权不再重要。在实际的合约分析中，拥有者与使用者的位置是可以互换的，资本的拥有者，是劳动的使用者；劳动的拥有者，是资本的使用者。这里的劳动不再指劳动力，而是指劳动力+创造性劳动，即人力资本。这是网络经济产权分析的另一特色，资本、劳动、土地三种生产要素，都既有成本上的回报（折旧），又参与分成（作为对比，原有经济分析中劳动力不参与分成，只得到工资作为回报）。

不考虑利益相互作用因素，拥有者与使用者各按自身的稀缺性和要素贡献进行分配，网络经济分析与边际分析完全不同，由于引入了以品种为计量单位的异质性作为内生变量，它在均衡值分析上，采用的是平均值分析而非边际值分析。其中规律是，经济越异质化、差异化，均衡值上的平均值与边际值之间的差距越大；经济越同质化、无差异化，均衡值上的平均值与边际值之间的差距越小。这时与非网络分析有一个重要不同。传统分析隐含资本稀缺假设，但在网络中，由于资本可以在技术上非排他性使用，一旦变为可以制度上非排他性使用（如分享），以软件定义方式复制资产进行分享使用（例如像阿里巴巴那样，将实体店铺和柜台的生产资料功能用软件方式替代，通过网络分享给1000多万应用企业使用），则资本的稀缺性会极大下降。按稀缺性分配，将有利于劳动的拥有者。

6.4.2 产权制度安排：相对产权论与绝对产权论

6.4.2.1 相对产权论与绝对产权论的实质不同

同以明晰产权（实际是产权中的支配权，即拥有权利）的产权制度安排相比，原有的支配权内部化使用的收益权，在"使用而非拥有"下几乎是无关的。因为将自身拥有的资产分享给他人使用，由于网络经济专门设有租金机制，用租的方式收回，还是以买的方式取得，并不触及拥有权本身的任何改变。网络平台企业向应用企业收取平台使用租金，依据的也是平台企业对平台的拥有权利（包括知识产权），并不是说分享使用了，应用企业就可以搭便车而使平台的投入得不到回报。应用企业分享使用平台，也不意味着将平台的拥有属性，从平台拥有改变为自己拥有或公有。使用在历史上第一次变为与公有与私有无关的。

明晰产权重点关注的是谁拥有，但对拥有后的使用效率缺乏（相对网络而言）有效的制度安排。隐含的假定是，每个人对自己拥有的财产的使用最充分。但这完全是非现实的。拥有一辆车,一天开 2 小时,有 22 小时闲置。这种状态对明晰产权理论来说,无关宏旨。它假定明晰拥有权后,拥有者自会充分照顾自己的财产,善加利用。这是非现实的。拥有者具有决定让谁使用,不让谁使用,这一点是非竞争性的。但这会造成资源的闲置。因此,"非拥有"的意思不是改变拥有,而是"不论谁拥有",都让使用接受完全竞争,让闲置资源在完全竞争中得到最大限度的开发利用,然后根据各要素在资源开发利用中的贡献进行分配。"使用而非拥有"的新产权制度对此进行了资源配置的重新安排,这改变了大陆法系的产权法理基础,大陆法系的私有财产神圣论的"神圣"是指绝对,即拥有者具有在明确拥有权利后,不使用、闲置甚至浪费财产的权利的绝对性。法理的基础转而采用海洋法系的一个传统观念,即资源不使用即是浪费。甚至"(贪污和)浪费,是最大的犯罪"(毛泽东语)。采取这种由竞争决定使用权的相对产权论及相应产权安排,财产归属者的利益与改变前相比,没有任何减少,反而会有一处增加。会净增加一个闲置资源利用的机会,以及一笔对应的闲置资源利用的租金,或者说,减少了资源闲置造成的潜在的租值耗散。换言之,明晰产权的制度安排,有可能让拥有者损失一笔资源闲置的机会成本(比如将每天只使用 2 小时的车租出去后获得的 22 小时的租金减去使用消耗成本)。这与知识产权让作者吃亏的原理是一样的,因为排除了产品免费而反复从服务中收费的机会。这种产权安排要让拥有者合算,必须具有一个在现实中反"以租代买"的宏观形势,就是整个经济中的产品业态(按拥有收费的业态)比重远远高于服务业态(按使用收费的业态)。一旦服务业态成为主流,现代产权制度和知识产权制度,都会使拥有者潜在地大亏特亏。相当于规定马云只许像王健林那样处置商业地产,即一套商铺只卖给一个商家,或一次只租一个商家,只收一次租,而排斥了马云把商铺虚拟化后,"复制"1000 万套,按使用效果收费,收 30 万次[①]租金的机会。

6.4.2.2 明晰产权,还是分享使用

分享使用,与明晰支配权并不矛盾。但明晰产权,却往往与分享使用矛盾。这是因为,明晰产权除了明晰支配权(即确定拥有者、财产归属于谁)

---

① 按 3% 的网商使用阿里巴巴的虚拟商业地产"有效果"即赢利。

以外，额外增加了明晰或限制使用权的意思。

从理论上说，绝对产权论相当于增加了一个勤勉人假设，即一旦对财产拥有支配权，会像打了激素一样，自动像在完全竞争条件下那样充分利用财产。但这一假设用的只是反证法，即一个人不拥有财产，就不会关心财产的使用，会任由财产浪费，或自己对无主的财产广为利用，甚至过度使用，但让财产的真正拥有者蒙受损失。但这一论证是不严密的。

一个人不拥有财产，不必然等于他不会善用资产。分享经济实践表明，自行车不属于骑车人，但这不妨碍骑车人去骑分享公司的自行车，对自行车加以利用。至于财产不属于自己，会导致他人过度使用或任由财产浪费，这倒是可能，但仅凭此，不足以推论出一旦明确财产归属权，拥有权人就一定不会浪费该财产。八旗子弟坐拥天下，尚可败家，天下都让得出去，更何况普通人的区区财产。

与明晰产权，但不允许竞争性使用的产权安排相比，"使用而非拥有"的产权安排，在闲置资源利用之外，还增加了一笔收入。这就是差别租[①]。在分享经济产权安排下，资产拥有者将资产的使用权向独立的产权主体（应用企业）开放，当这一资产可以作为固定成本，替代应用方的固定成本投入时，应用方从差异化增值应用中，净增一块差异租，可供平台企业与应用企业分成。这笔分成对于资产拥有方，是自身使用资产之外净增的一块收益。

与明晰产权，但不允许竞争性使用的产权安排相比，"使用而非拥有"的产权安排，在闲置资源利用与差异租之外，另增加的一笔收入是"无限的租"[②]。当资产拥有方在网络中分享使用的资产具有技术上的非排他性时，例如可以通过复制来分发时（如通过软件与云服务形式实现），则会从资产的无限复制中产生"无限的租"。例如，阿里巴巴的同一套具有替代实体店铺和柜台功能的软件与网络系统，分享给一个网商使用，还是分享给1000万网商使用，复制成本几乎为零，但分享越多，收回租金的机会却在无限增加。

这种情况导致了传统产权与网络产权安排最大的一个不同，这就是同是

---

① 姜奇平. 分享经济：垄断竞争政治经济学[M]. 北京：清华大学出版社，2016：178.
② 姜奇平. 分享经济：垄断竞争政治经济学[M]. 北京：清华大学出版社，2016：316.

依拥有权利收取租金（使用费），但资产排他性使用时，只能采取"按使用收费"的方法收租；资产非排他性使用时，却可以按照"按使用效果收费"的方法收租。即资产作为固定成本分享给应用企业后，应用企业经营不赢利或者亏损（即使用效果不好）时，这些使用者可以不交资产使用费；只有当应用企业经营赢利（即使用效果好）时，双方才开始按比例分成。由于存在"无限的租"的诱惑，资产拥有者有内在动力倾向于让网络中的应用企业免费使用平台，期待从较大的基数中产生一定概率的使用效果良好的增值应用商，扩大租金之基。这类似于农业社会的国王免费提供土地吸引外来人口移居，以扩大税基一样。

总之，网络经济带来的产权的结构性关键性改变在于，现有产权制度以制度上的非排他性使用的生产关系及规范技术上排他性使用的生产力，不能适应产品化向服务化、体验化转变的趋势。分享经济将"有"与"用"分开、并列，将产权制度的重心，从专有（包括公有、国有、私有）上，转移到共用（分享）上。在不改变产权中的拥有权（不问姓社姓资）的情况下，通过解放使用权，充分利用资源，特别是当信息、知识、数据成为主要生产要素后，通过调整产权安排，用制度非排他性使用的生产方式，解放和保护技术非排他性使用的生产力，通过广泛地分享使用资源（资产），降低草根进入门槛，充分发挥大众的创新和创造精神，从而使经济从物质与同质化驱动，转向创新与个性化驱动，从单纯提高分工专业化水平，到提高分工多样化水平，从而提高经济发展的质量，使人们得到美好的生活体验。

7

网络经济的均衡结构分析

网络经济的均衡分析，至少在一点上改变了均衡理论的内容，即把具体的复杂性程度与均衡进行了内在的绑定。在此之前，异质经济学已经能够分析出内生品种后均衡点的变化轨迹，但仍分析不出不同的组织结构，如市场、企业和网络在其中作用机制的联系和区别所在。我们现在可以将市场、企业和网络区别开，看出它们的内在结构上的标准差异，作用于价值上的均衡的具体位置，从而理解资源配置方式在利用资源（即使用价值）这一点上作用于价值的历史演进的内在动力学机制。

从引入图论的方法论角度讲，均衡分析是引入图论的第三步，第一步是利用图论确定品种值，第二步是利用图论确定资源配置的结构（市场、企业和网络利用资源的图结构的异同，资本利用的图结构等），第三步就是利用图论进行均衡分析，在这里，图论不直接出现，只是作为均衡的一个要素即品种值而出现，构成均衡的是数量与品种的二维分析（在整体上是"数量—品种—价格"三维分析，即广义均衡）。与此前的结构分析不同，这里的图（品种）是一个一个具体的图（具体的品种），在数学上表现为品种的超平面（由品种1、品种2……品种n构成）。由图的超平面构成的二维空间，加上价格维，构成了这里的三维均衡框架（加上这里不出现的数量，一共四维）。这个框架仅仅是范围经济均衡分析，其中已假定了数量既定。这是对传统经济学的彻底"反动"（传统经济学是假定品种不变，即同质假定，研究数量与价格构成的均衡与最优，网络经济学是假定数量不变，即异质假定，研究品种与价格构成的均衡与最优）。网络经济的极限形式是范围经济且规模不经济（多样化效率而专业化无效率），即俗称个性化和定制符合特定含义的均衡与帕累托最优。例如3D打印（工业增量制造）可以成立。只有最极限端的个性化和定制可以在经济学上成立，网络经济（亦称数字经济、分享经济）才能放松条件到范围经济且规模经济（如大规模定制），从而取得在经济学上彻底的独立地位。

首先需要明确，凡规模经济与范围经济，其均衡点必为垄断竞争均衡。这是新古典经济学与新经济增长理论的原则分野。其中逻辑是，新古典经济学持报酬递减或报酬不变隐含设定，意味着无固定成本，无报酬递增；新经济增长理论持报酬递增设定，代表着存在固定成本，因之存在报酬递增。前者以 P = MC = ACmin 为帕累托最优均衡，后者以 P = AC 为均衡点。先不论是否帕累托最优，至少限定了本章的均衡主题，已经同 P = MC 的均衡论无关，只讨论垄断竞争均衡。又虑及，范围经济的全称是范围经济与范围不经济。其中，分需求经济与不经济，与供给（主要是成本）经济不经济两方面。关于范围在需求方经济不经济，事实上各派经济学说均无异议，差别不大，因此为节省篇幅在本章四维经济分析部分不予展开。以上原因决定，本章的均衡论主要讨论即需求既定条件下的成本论，即有争论的部分。关于成本的主要争论在于，以新古典经济学、新经济增长学派规模经济理论为一方，认为成本上范围不经济（越多样化，成本或平均成本越高），推论是创新不经济[①]、个性化不经济；以中美范围经济学派为另一方，认为成本上范围经济（信息化条件下，越多样化，平均成本越低），推论是创新经济、个性化经济。本章将讨论平均成本从范围不经济到范围经济的全成本曲线，把均衡条件下的成本从范围不经济到经济的转变当作范围经济讨论的主要内容。

7.1 基础模型：文献回顾

桑吉夫·戈伊尔在《社会关系——网络经济学导论》中提出的以下问题和方法对于构思网络经济学是有意义的：

"网络描述的是一组节点以及它们之间的连接。"[②] 经济学则"讨论网络如何调和其他人的行动对于个体收益的效应"[③]，"每个个体在组成社会关系方面的决策，通常在具有界外效应特征的背景下发生"[④]。这意味着效率的边

[①] 熊彼特因此讽刺新古典均衡为经济的"循环流转"。
[②] 桑吉夫·戈伊尔. 社会关系——网络经济学导论[M]. 吴谦立，译. 北京：北京大学出版社，2010：29.
[③] 桑吉夫·戈伊尔. 社会关系——网络经济学导论[M]. 吴谦立，译. 北京：北京大学出版社，2010：29.
[④] 桑吉夫·戈伊尔. 社会关系——网络经济学导论[M]. 吴谦立，译. 北京：北京大学出版社，2010：4.

界（资本的单位），不是个体，也不是企业，而是产业。

"经济学里网络研究的一个主要动因，就是有关节点如何利用它们的关系来获取利益的问题"[①] 度量边数变换的方法有方差与值域。"星状网络里的次数方差随着 n 的增加而增加，而任何一个正则网络的方差则对于任何 n 都是 0。"[②] 理论架构希望达到的目的："可以就关系结构对于个体行为和状态以及总体结果的效应，有系统地予以检验"[③]。用这样的架构解析"参与者之间的关系博弈"时，采用两个基本板块："对于个体之间关系的模式的正式描述，和个体行动对于其他参与者形成的界外效应的描述以及关系模式如何传达出这些界外效应。"[④] 建立模型的最简单方法，可以从关系角度区分为邻居（直接联系）与非邻居（"被一视同仁"），前者产生局部效应，后者产生整体效应。关系分别为互补或替代[⑤]。模型表明："邻居的努力是策略互补，而非邻居的行动为策略替代！"[⑥] 通过模型可以检验"如果增加连接或者连接重新分布，网络均衡会如何改变"[⑦]。

网络博弈的总体性问题包括[⑧]：

（1）网络位置对于个体行为和状态的效应是什么？比如，社会关系更好的个体是否会赚得更大的收益？

（2）个体行为和状态对于网络的变化——连接的增加或者重新分布如何回应？

（3）某些网络是否更能获得社会合意的结果？如果确实如此，我们能否

[①] 桑吉夫·戈伊尔. 社会关系——网络经济学导论[M]. 吴谦立，译. 北京：北京大学出版社，2010：14.

[②] 桑吉夫·戈伊尔. 社会关系——网络经济学导论[M]. 吴谦立，译. 北京：北京大学出版社，2010：15.

[③] 桑吉夫·戈伊尔. 社会关系——网络经济学导论[M]. 吴谦立，译. 北京：北京大学出版社，2010：28.

[④] 桑吉夫·戈伊尔. 社会关系——网络经济学导论[M]. 吴谦立，译. 北京：北京大学出版社，2010：28.

[⑤] 桑吉夫·戈伊尔. 社会关系——网络经济学导论[M]. 吴谦立，译. 北京：北京大学出版社，2010：29、32.

[⑥] 桑吉夫·戈伊尔. 社会关系——网络经济学导论[M]. 吴谦立，译. 北京：北京大学出版社，2010：35.

[⑦] 桑吉夫·戈伊尔. 社会关系——网络经济学导论[M]. 吴谦立，译. 北京：北京大学出版社，2010：35.

[⑧] 桑吉夫·戈伊尔. 社会关系——网络经济学导论[M]. 吴谦立，译. 北京：北京大学出版社，2010：30.

描述出社会合意的网络的特征?

相当于问:由网络位置(相当于寻址中的门槛)形成的社会关系是否可以带来溢价;原子(粒)对波(波的量和结构)如何反应("如果增加连接或者连接重新分布,网络均衡会如何改变"[①]);网络是否可以替代市场或企业(以及这样的网络的结构特征)。

"存在许多不同的方式把网络结构带入收益函数"[②]。由此可形成类似双层规划的二元效用或利润函数[③]。"把局部和整体效应结合起来"[④]。

提出的问题还包括:

"在每个网络里,是否永远存在一个次数与收益正相关的均衡?""从社会福利的角度而言,某些网络是否优于其他的网络?""具备更多连接的网络是否获取更高水平的福利?"[⑤]

分享经济从资源配置角度讲,其实就是网络效应现象。当资源从专用状态转化为非专用状态后,就会产生典型的网络效应现象。此前,网络效应这个概念经常被用到非专用性的资源对象上,由此带来搭便车的问题。非专用资源用于分享,自然难以避免搭便车,我们在《分享经济:垄断竞争政治经济学》中,已指出非专用性资源通过适当制度安排(按使用效果付费的租金分配),可以有效解决搭便车问题。对分享经济来说,要区分利用闲置的(技术意义上)的专用资源(如共享单车)与是否闲置无关及与(技术意义上)非专用的资源(如软件、知识)的区别,我们重点研究后者。因为前者用传统经济学框架也可以解释,但后者只能用新的框架来解释。

网络效应或资源在分布式节点上协同分享的问题,其分析步骤包括:

第一步,求出给定网络的均衡(网络博弈的纳什均衡);第二步,检验均

---

① 桑吉夫·戈伊尔. 社会关系——网络经济学导论[M]. 吴谦立,译. 北京:北京大学出版社,2010:35.

② 桑吉夫·戈伊尔. 社会关系——网络经济学导论[M]. 吴谦立,译. 北京:北京大学出版社,2010:32.

③ 桑吉夫·戈伊尔. 社会关系——网络经济学导论[M]. 吴谦立,译. 北京:北京大学出版社,2010:32.

④ 桑吉夫·戈伊尔. 社会关系——网络经济学导论[M]. 吴谦立,译. 北京:北京大学出版社,2010:33.

⑤ 桑吉夫·戈伊尔. 社会关系——网络经济学导论[M]. 吴谦立,译. 北京:北京大学出版社,2010:44.

衡如何依赖于网络中的位置；第三步，检验如果增加连接或者连接重新分布，网络均衡会如何改变。[1]

网络效应分析的主题是："个体利用网络里的地位以获取额外的私有剩余的可能性"[2]；或者说，"网络地位和均衡状态下的个体收益水平之间是否存在一个系统性的关系"。或者是观察是否"个体的收益随着邻居的努力而增加"，或"次数更高的参与者是否会在均衡状态下赚取更多的收益"[3]。

戈伊尔的思路是个体论的，采用以个体为中心的方法讨论网络。我们的思路是重新建立一个整体论的框架，把效率的边界即网络相关市场的范围，圈到外部性和网络效应的外圈，而不是局限于企业。这样才能对得上分享经济的题。

这样一来，效率从企业向外的外溢就不再是一种不正常的泄露与流失，而是以分享形式（非专用方式）变成均衡的内生环节。这样一个框架与基于资本专用性的现有框架之间的一个重要不同，是将租金回报机制内生进来。如果有了租金回报，外部性的含义就变了，变成了正常的使用分享和利益交换。实质是固定成本与风险之间围绕收益的一种对冲。

戈伊尔的第三步启示我们，使用分享也有一个网络结构问题，因为分享的单位不是企业，而是网络[4]。分享的对象不是企业中的下属，而是一个具体的网络复杂性结构中不确定的节点及度分布。正是这种结构，在风险化解中起到了关键的作用。外部性和传统网络效应理论光看到资源被分享这一点，而没有看到风险被分散这一点，因此成本分析与收益分析是不对等的。它的作用是在高风险、高收益的特定条件下（即商业复杂性条件下），以外部性、网络效应的形式，保障企业以一个较低的分成比例但较高的绝对数量，实现保值增值，而以一个较高的分成比例和分散的绝对数量，实现高风险高收益。

---

[1] 桑吉夫·戈伊尔. 社会关系——网络经济学导论[M]. 吴谦立，译. 北京：北京大学出版社，2010：35.

[2] 桑吉夫·戈伊尔. 社会关系——网络经济学导论[M]. 吴谦立，译. 北京：北京大学出版社，2010：43.

[3] 桑吉夫·戈伊尔. 社会关系——网络经济学导论[M]. 吴谦立，译. 北京：北京大学出版社，2010：43.

[4] 我们一再强调网络是与企业并列的配置形式。

检验一个均衡如何随网络结构的变化而改变[1]：

为此要"认识任何一个参与者能够从中获益的总体努力——自己的努力加上邻居的努力的一般性质"[2]。意思是看内生结构与不内生结构有什么不同。

检验均衡的存在性和网络结构存在什么样的关系。为了观察这种关系，需要分两种情况：存在搭便车（参与者从邻居那里获得更多）与不存在搭便车（靠自己努力更多）。这相当于在检测企业与网络的不同。

一是专业化均衡。这似乎是网络的情况，即存在一个不同于市场的结构。尽管专业化均衡存在于"缺乏分享"的环境中，即处在资本专用性的条件下，但还是可能存在不同于市场的网络结构，表现为在反映结构特征的网络地位这一指标上，同时存在专家和免费搭车者，这样的结构不是均质的（因为他们的邻接关系不同）。

实际上，在专用性前提下，如果网络结构类似企业或异质完全竞争市场（即 $P = AC$），相对于同质完全竞争市场（$MR = MC$），形成的应该是垄断竞争均衡（$P = AC$）。问"次数更高的直接参与者是否会在均衡状态下赚取更多的收益"[3]，这具有垄断竞争均衡的味道，意思是零利润之上的利润是否可能因为仅令网络存在这一因素而出现。这直接是内生网络的题面本身。

充分的专用，并不能保证不存在搭便车现象。与非网络分析不同，这里要内生结构，看引入结构后，情况会有何种变化。

内生结构的方式是问：参与者（节点）与邻居（带边的节点）的关系。作者这样表述问题："在任何一个网络 g 的均衡里，都可能存在两种类型的参与者：那些自己没有努力但从邻居那里获得超过 $\hat{S}$ 总体努力的参与者，以及那些从邻居那里获得的总体努力少于 $\hat{S}$ 然而自己通过努力填补与 $\hat{S}$ 之间的差距的参与者。"[4] 通过可以显示结构特征值的检测，观察每个参与者选择自然率或经济利润为零的均衡的可能性。$\hat{S}$ 在此可以理解为自然率，一种情

---

[1] 桑吉夫·戈伊尔. 社会关系——网络经济学导论[M]. 吴谦立, 译. 北京：北京大学出版社, 2010：40–41.

[2] 桑吉夫·戈伊尔. 社会关系——网络经济学导论[M]. 吴谦立, 译. 北京：北京大学出版社, 2010：40.

[3] 桑吉夫·戈伊尔. 社会关系——网络经济学导论[M]. 吴谦立, 译. 北京：北京大学出版社, 2010：43.

[4] 桑吉夫·戈伊尔. 社会关系——网络经济学导论[M]. 吴谦立, 译. 北京：北京大学出版社, 2010：40.

况是在自然率之上，另一种是在自然率之下。它涉及谁吃亏，谁占便宜的结构化博弈。

在此情况下，由于结构因素（网络分享）使效率溢出均衡，偏离同质完全竞争，相当于出现租值耗散，可以转化为垄断竞争下的双层规划问题。在一般研究中，我们设想的结构是一个集中的拥有者面对分布式的使用者的关系。这里的研究是把个体关系汇总为整体关系后的结果。

作者这里研究的缺失是没有讨论租金的问题（包括非专用的情况[①]）。如果没有租金回报机制，在"专业化均衡"中可能存在搭便车[②]现象；但通过租金机制，可以用租值补偿努力者的"投入"（可分摊固定成本的贡献），就变成了另一个问题：垄断竞争的问题。作者在这里丝毫没有提及个性化问题，在收益和成本分析上也是一个缺陷。

二是分布的均衡。这似乎是市场的情况，即不存在网络的市场。企业在均衡状态限制外部性，以避免效率流失，有网络与没网络没什么区别，因此没有搭便车，形成的是"分布的均衡"[③]。

一方面，"分布的均衡不可能在一个星状网络里存在"[④]；另一方面，"在正则网络里，分布的均衡会自然出现"[⑤]。正则网络是指网络每个节点都有相同数目的连接，即均质度分布网络。这是一个均质网络，即同质完全竞争的市场的特殊结构。人人努力映射的是边的均质性，由于同质完全竞争，人人变得均质化。可以认为市场就是正则网络这一作为特例的网络。

在这一方法中，网络结构围绕是否存在同质完全竞争（完全市场竞争）的企业条件下的搭便车的外部性，分成两种反映邻接关系的结构。

在分享经济中，还可进一步分成两个问题：在平台经济中，自己的努力是指固定成本的付出，邻居的努力是可变成本的付出；在生态经济中，自己

[①] 研究了半天网络，不讨论非专用的分享经济，是十分可惜的。
[②] 桑吉夫·戈伊尔. 社会关系——网络经济学导论[M]. 吴谦立, 译. 北京：北京大学出版社, 2010：40.
[③] 桑吉夫·戈伊尔. 社会关系——网络经济学导论[M]. 吴谦立, 译. 北京：北京大学出版社, 2010：42.
[④] 桑吉夫·戈伊尔. 社会关系——网络经济学导论[M]. 吴谦立, 译. 北京：北京大学出版社, 2010：42.
[⑤] 桑吉夫·戈伊尔. 社会关系——网络经济学导论[M]. 吴谦立, 译. 北京：北京大学出版社, 2010：43.

的努力和邻居的努力，可以理解为双边市场中两个边的成本付出。这时认为双方相互搭便车，不如说是互补共赢。多出的部分可归于网络结构中超出简单性的复杂性本身。

但这一方法同样忽略了分享经济中的租金机制，因此可能是不全面的。对分享经济来说，搭便车意味着分享，即"使用而非拥有"。只不过分享得不到租金回报，更全面的是分析得与失对均衡的影响，而不光是失去租值的影响。至于网络效应，对于分享经济来说，主要涉及效能问题，或规模经济，或范围经济。应从效能角度研究将网络视为固定成本，因经济主体（行为模式）从企业（星状网络）向网络（不均质）分摊过程而引起的均衡变化。

作者的结构化分析还存在一个更大的局限，他完全没有意识到平台经济在网络经济中的广泛存在，没有从双层结构角度观察问题。所有分享（外部性）问题都是在（基础业务与增值业务不分的）单层结构中讨论的。

7.2 均衡框架：内生范围经济的三维均衡

在进入四维的图论分析前，我们先介绍作为基础的三维均衡理论。三维是指"品种—数量—价格"三维，它相对的是标准经济学中的二维即"数量—价格"。三维均衡与二维均衡相比，在代数上，一元函数（以数量为单变量）一律变成二元函数（"数量—品种"二元变量）；在几何上表现为，供给曲线变成了供给曲面，需求曲线变成了需求曲面。这是数学形式上的改变，实质性的改变在于，传统经济学将二维的均衡与最优视为常态，而认为构成第三维的均衡与最优（垄断竞争均衡与最优）是不稳定的、"短期"的现象，是资源流动不充分的结果；而信息化与网络经济学坚持认为，从三维均衡（内生品种后的广义均衡）和三维最优（内生品种后的广义最优）角度看，"数量—价格"均衡与最优（所谓完全竞争均衡与最优，实际是同质完全竞争均衡与最优）与"品种—价格"均衡与最优（所谓垄断竞争均衡与最优，实际是异质完全竞争最优[①]），在谁代表经济常态（更不用说"新常态"）上，

---

① 把垄断竞争视为异质完全竞争，是张伯伦的核心观点。这一观点形成于张伯伦与罗宾逊夫人的长期争论中，见张伯伦《垄断竞争理论》新版（中译华夏出版社版本）附录。新古典主义教科书则阉割了这一观点，把它等同于不完全竞争（相当于同质的垄断竞争）。

至少具有数学上同等地位。这种争论背后的实践背景，是供给方面的创新与需求方面的个性化、定制，在资源充分流动的条件下，到底是否代表经济的新常态。如果我们不带工业化的洞穴之见的话，可以发现，广义的帕累托最优点，其实在图 7-2-3"两市场均衡价格决定"中的 E 点（q^*，n^*），而不是人类长期以来认为的那个排斥了创新与个性化的完全竞争最优点。

后面将介绍的四维均衡分析，是把这里三维中的品种维度，进一步展开为二维超平面而形成的第四维。在理解更抽象的四维经济学前，我们还是先了解作为基础的三维理论。三维理论的学术渊源主要是斯蒂格里茨和克鲁格曼赖以获得诺贝尔奖的内生品种的"数量—价格"均衡理论（内生品种的垄断竞争理论）。

7.2.1 需求曲面

在三维建模全局中，二元效用函数是"品种—数量"底平面构造的一部分，第一，从三维底平面建构看，与 D-S 模型的代表性消费者效用函数不同，它取消了标价物（对应这里相当于 $q=1$）的设定，从偏微分推广到全微分，从而使数量和品种同时得以内生；第二，效用函数只是关于数量的（在此是品种数量和产品数量的组合），效用函数与价格结合，形成需求函数，将二维的底平面与第三维价格轴关联起来，形成三维的需求曲面。

7.2.1.1 "简单性—复杂性"二元效用函数

第一步是设计效用函数作为目标函数。

三维均衡中的效用函数是二元函数，由数量子效用 U 和品种子效用 N 的组合构成：

$$U = u[Q(q_1, q_2, q_3, \cdots), N(n_1, n_2, n_3, \cdots)]$$

$q_1, q_2, q_3, \cdots$，这是同一品种产品的不同数量。对应 D-S 模型中作为标价物的同质组产品。$n_1, n_2, n_3, \cdots$，这可以认为是一组具有不同品牌的同一类产品，实际是不同品种的同一类产品，对应 D-S 模型中的异质组。

对信息化来说，在效用函数中内生品种，意在显示信息化带来的多样性福利，例如因为利用信息通信技术降低了差异化成本而增进的多样化效用，包括难以计入 GDP 的个性化、质量提高、选择多样化增进的效用，甚至具多样性特征的情感、主观幸福等。

$$u = U\sum_{i} v(q_i, n_i)$$

n 和 q 分别是两个子效用函数，n 代表品种数量，q 代表产品数量[①]。

假设同一个品种及同一个 n 值的商品，占有同等份额的市场空间。这就是著名的代表性消费者模型的假设。为了在技术上实现这一点，我们可以采用 D-S 模型同样的不变替代弹性的设定。

对具体的分析来说，可以采取不变替代弹性（CES）形式的效用函数：

$$u(q,n) = [a_1 q^\rho + a_2 n^\rho]^{\frac{1}{\rho}} \quad (a_1, a_2 > 0, 0 < \rho \neq 1)$$

参数 ρ 显示多样性偏好强弱，ρ 越趋近 1，组内产品替代性越强，多样性偏好越弱。

CES 有不变的替代弹性，以

$$\sigma = \frac{1}{1-\rho}$$

表示品种与数量之间的替代弹性。

二元效用函数对应的无差异曲线，如图 7-2-1 所示。

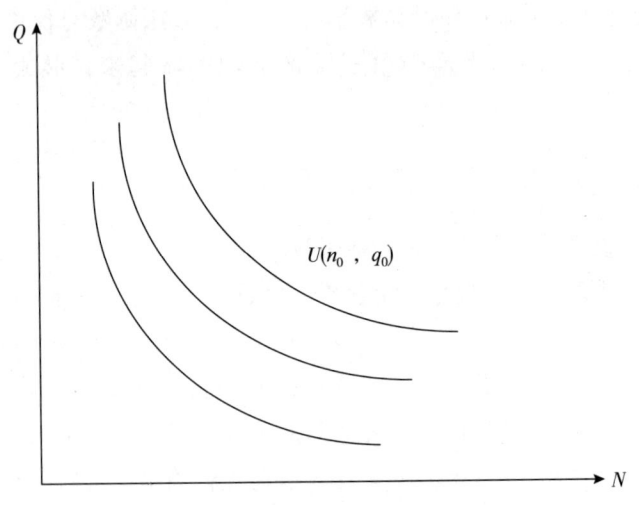

图 7-2-1 二元效用函数对应的无差异曲线

---

① 当不特别说明的时候，数量均指产品数量（产品特指同一品种的产品），品种均指品种数量。

7.2.1.2 "简单性—复杂性"二元支出曲线

支出函数的作用，是作为效用函数的约束条件。二元支出函数，将预算分为两类，一类是针对数量的预算，另一类是针对品种的预算。支出函数将在两类预算中分配合适的比例。在方法上，可以采用两阶段预算来处理。

用 (q, n) 表示消费者的消费束。已知两商品（数量与品种）的价格 (p_1, p_2) 和消费者要花费的货币总数 m。

预算约束可以写为：

$$p_1 q + p_2 n \leq m$$

当 q 的价格为 1（标价物，Numeraire）时，预算约束可写为：

$$q + p_2 n \leq m$$

预算线的斜率 p_1/p_2 表示在两种属性间进行选择"替代"的机会成本。比如，在同等预算约束下，追求更多的差异化，要放弃同品种多大程度的数量规模。

q 与 n 以预算来单独表示，可以通过截距和斜率，在替代中表示被选项：

$$n = \frac{m}{p_2} - \frac{p_1}{p_2} q$$

注意品种的表示方法，用异质组数量表示品种，与用这一数量的参数表示品种有所区别。

在成熟的信息化中，可自由支配收入占个人总收入之比达到一定程度，可能对预算线的斜率产生较大影响，出现越来越多的情感定价和"情境定价"（Contextual Pricing）现象。

7.2.1.3 "简单性—复杂性"二元需求函数

用 (q, n) 表示消费者的消费束 x，对于二元的价格向量 p 和收入 I，二元消费束 $x = \xi(p, I)$，使得效用在约束集 (I) 上实现最大化。函数 ξ 被称为需求函数：

$$x = \xi(p, I)$$

其中总量包括两个分量：

$$p = p_q + p_n$$
$$I = I_1 + I_2$$

以乘子 λ 表示最优效用对初始的 I 变动的敏感度：

$$\lambda(p, I) = \frac{\delta U(\varepsilon(p, I))}{\delta 1}$$

但我们这里的需求函数不同于一般的马歇尔需求函数，它是二元的，X 代表的是 N 和 Q 的组合。不仅有两个子需求量，而且有两个子需求价格 P_n 和 P_q。

在信息化中，子需求价格 P_n 和 P_q 可以理解为组合商品中情感定价与理性定价两个"心理账户"的关系。P_n 可以是一个商品价格组合中文化附加值等差异化价值所占的部分。它有可能不是信息技术供给直接带来的结果，但却是信息化在需求端呈现出的现象，如信息消费现象。

7.2.2 供给曲面

7.2.2.1 "简单性—复杂性"二元成本函数

设"同质—异质"二元成本函数，由同质成本 H_1 与异质成本 H_2 构成。分别位于 G 轴与 N 轴。先验假定，主要作用于 Q 轴上的技术为工业化技术，主要作用于 N 轴上的技术为信息化技术。如果信息通信技术作用于 Q 轴（如产生规模经济）时，视同工业化技术（相当于信息化技术在工业化中的应用）。

在标准理论中，所有投入简化为两个投入：同质劳动（l，用劳动时间来计量）和同质资本（k，用机器使用时间来计量）。企业的总成本函数是 $TC = wL + vK$，相应的经济利润是 $\Pi = Pq(K,L) - wL - vK$。

我们用 H_1 取代 K，H_2 取代 L，H_1 的价格仍沿用 v，H_2 的价格仍沿用 w（但不代表工资，而代表异质成本价格，类似张伯伦理论中的"销售成本"的价格）。

要素向量为 $X = X(H_1, H_2)$，X 代表生产要素组合的向量，H_1、H_2 分别代表同质生产要素与异质生产要素。价格向量表示为 $r = r(v,w)$，r 代表生产要素价格组合，v、w 分别代表要素 H_1、H_2 的价格。

总成本为：

$$C = C_1 + C_2 = vH_1 + wH_2$$

生产者投入要素生产时，使价格向量与要素向量相匹配，保持总成本固定不变，构成等成本线。

从几何角度看,"同质—异质"二元成本函数是一个成本曲面,同质成本曲线与异质成本曲线,构成这一曲面的两条边。如图 7-2-2 三维均衡空间中的双成本曲线与二元成本曲面中,成本曲线有两条(这里以平均成本代表成本曲线),分别是由 rav 构成的 AC 和由 rbw 构成的 $A'C$[①]。

图 7-2-2 三维均衡空间中的双成本曲线与二元成本曲面中的 $A'C$ 曲线(rbw)为新定义的范围经济平均成本曲线。其中 rb 段代表范围经济(成本递减,等于范围报酬递增),bw 段代表范围不经济(成本递增,等于范围报酬递减)。新旧定义的区别在于,原定义的范围经济(潘泽,1988)为多产品范围经济[②],新定义的范围经济为多品种范围经济。

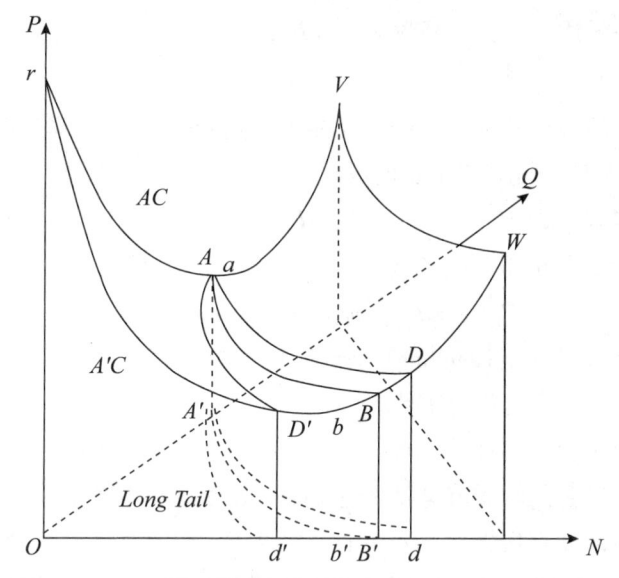

图 7-2-2　三维均衡空间中的双成本曲线与二元成本曲面

这里重新界定了信息化中的某些现象。在新古典范式(甚至内生增长范式)的各种理论中,都不存在对 rb(品种越多,平均成本越低)这一区间现象的解释。包括内生品种但采取规模经济设定的 D-S 模型,默认的选项都是 bw(品种越多,平均成本越高)。经济学家普遍看漏了利用提高质量来降低成

---

① a、b 分别代表曲线的最低点,$A'C$ 在这里实际是超额平均成本。Long Tail(长尾曲线)由数量和品种的组合构成,由单一品种大规模组合向小批量多品种组合演变。

② 多产品是指同一品种内部多个产品,相当于把此处的 Q 轴展开为超平面,利用射线平均成本(Ray Average Cost,RAC)表现平均成本。

349

本的可能，看漏创新驱动可能不仅不需求补贴反而可能从市场直接得到补偿的可能……而这一切都与信息化带来的新技术经济范式具有均衡水平的内在联系。

rb 对应的就是这样一种新技术经济范式，在经验上表现为，信息通信技术固然可以支持自动化（作用于 Q 轴），但更擅长于智慧化（作用于 N 轴）。智慧化的技术经济本质，就是越复杂化（N 值越大），成本（例如异质平均成本 $A'C$）相对越低。

7.2.2.2 "简单性—复杂性"二元利润函数

在同质—异质二元生产函数 $y = f(H_1, H_2)$ 下，厂商希望最大化利润：
$$\pi = py - vH_1 - wH_2$$

π 是企业的等利润线（Isoprofit Line）。在这里，产出 y 是 q 和 n 共同的产出，q 这个符号已分配特指窄义的数量。

将投入需求函数 $H_1(p, w, v)$，$H_2(p, w, v)$ 和产出供给函数 $y(p, w, v)$ 代入上式，可得利润函数：
$$\pi = py(p,w,v) - vH_1(p,w,v) - wH_2(p,w,v) = V(p,w,v)$$

根据霍特林引理（Hotelling's Lemma），利润函数关于价格微分，可以得到投入需求函数和产出供给函数。

对信息化来说，多样性成本 wh_2 的降低，对应的经验现象是智慧化水平的提高。因为智慧的本质就是事物越复杂，处理成本相对越低；wh_2 的降低在其他条件不变时，直接提高了利润 Π。在这里，信息技术的微观作用表现在，通过应用和转型，使企业的业务变得更加灵活，可以更有效能地响应复杂性的市场需求变化。仅仅测度 wh_2 上的投入是不够的，还必须测 py 特别是其中多样化产出 n 与价格 p 的影响。

7.2.3 "简单性—复杂性"两市场一般均衡

接下来为节省篇幅略过多组代数公式，从几何角度直观说明在数量供求市场（工业化市场）与品种供求市场（信息化市场）一起运作时，供求的一般均衡调整过程。信息技术对两个市场都有影响，图 7-2-3 显示了工业化与信息化融合的均衡轨迹。需要指出，两市场无论在物理空间还是虚拟空间，都是同一个市场。这表现在，组合商品 (q^*, n^*) 对应的是同一个最终价

网络经济的均衡结构分析

格，市场同时出清。

我们观察存在数量市场和品种市场的经济中，均衡价格的决定。给出该经济的生产可能性边界 PP，无差异曲线 U 表示个人对商品的数量和品种的偏好。在预算约束 C，也就是 $\frac{P_n}{P_q}$ 的价格比率[①]上，厂商在 PP 上寻找数量与品种的价格比率等于商品边际成本的比率（RPT），厂商选择 (q_1, n_1) 的产出组合，在此点上实现利润最大化。

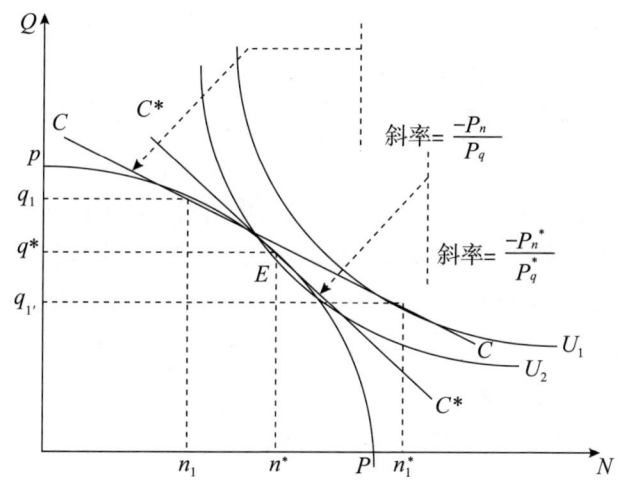

图 7-2-3　两市场均衡价格决定

在给定的预算约束 C 下，个人的需求是 (q_1, n_1)，在此价格下，对品种存在过度需求 $n_1' - n_1$；而对数量却存在着过度供给 $q_1 - q_1'$。在经验中，这意味着市场上存在着过度粗放（如产品过度同质化引发价格战，而差异化机会空间巨大），要求向差异化（差异化竞争）升级的压力。

市场的完全竞争将使 P_n 上升，P_q 下降；导致价格比率 P_n/P_q 上升，从而使价格线更陡，最终把价格移向其均衡水平 E 点 (q^*, n^*)。在这个新的价格上，社会的预算约束线由 C^* 给定。厂商沿生产可能性边界对价格变化进行回应，增加 n 而减少 q。

[①] 这里的预算约束 C 叠加为总量已相当于简单经济的"国民幸福值"，而不再是"GDP"的值。这是与标准理论不同之处。因为标准理论中的两商品市场预算线表现的是数量超平面（GDP 只与数量相关，而与品种无关），这里是数量与品种构成的底平面。这里的"国民幸福值"只是就资源配置和初次分配而言，暂未考虑宏观调控因素。

均衡点在 (q^*, n^*) 得以成立，均衡的价格比率为 n^*/q^*。在这个价格比率下，对数量和品种的供给与需求都达到均衡，数量和品种两个市场会同时出清。

比较标准理论，有一个明显的区别：标准理论市场完全出清时，隐含了 $N=1$ 的假设（同质化假设），但在真实经济中，这并非实际的出清状态，$N>1$ 也完全可以是"经济"的。但在 $N>1$ 且经济时，按标准理论市场却是没有出清的。按照数量—品种两市场的三维均衡理论，$E(q^*, n^*)$ 才是真正的出清状态。这就是标准理论的纯粹竞争与容纳异质性的完全竞争理论的重大区别，后者更加接近真实世界。

这一发现的现实意义在于，在多样性居于主导地位的市场条件下（例如超越传统"中国制造"，实现了信息化全面发展的市场中），按新古典范式标准出清的市场，可能在信息化全局中却是非均衡的。因为以 $N=1$ 特例为标准的所谓均衡，一旦处于 $N>1$ 偏离程度较大时，就基本不能反映实际。反过来说，$N>1$ 包括产品多样化、创新驱动、质量提高等，都因无法直接计入 GDP（数量与价格之积），而使这一部分产出陷于无形，但以信息化全面发展为标准，却可能达到实际均衡。这意味着，当 GDP 增速下降而质量提高时，加入 N 作为标准的均衡是可以实现的。在工业化基本完成时，发展信息化的意义正在这里。

7.3 均衡框架：第四维结构化视角的范围经济

"网络经济：内生结构的异质经济学分析"定位于以平台为固定成本，在整个网络中分享利用资源的内生复杂性的范围经济。内生复杂性在三维上表现为内生品种，在四维上表现为内生复杂网络结构。在这里，四维结构通过品种超平面，即具体的图的超平面来展开表现。对应现实，三维均衡可以很好地解释平台经济，但对生态经济解释力下降，这时需要四维均衡补上边的结构这一课，以显示去中心、扁平化的生态网络何以可能。

下面采用的数学方法，直接采用美国西北大学关于范围经济的超平面分析。西北大学多产品范围经济中的每个产品，是由具体的数量与抽象价格形成的二维空间构成的。对应内生（由节点与边构成的）结构的第四个维度，这相当于建立了具体的度分布量值与价格的关联。我们试图借鉴超平面方法来分析本质上不同的异质范围经济问题。

但中美范围经济有一个本质区别，美国范围经济学派的范围经济理论是多产品范围经济理论，中国信息经济学派的范围经济理论是多品种范围经济理论。区别在于，前者坚持同质性假定（没有内生品种），后者坚持异质性假定（内生了品种①）。

方法上的不同在于，第一，多产品范围经济以不同产品的数量轴展开，本质上属于同一维度（数量轴）的二维展开，二维之间的质是相同的。而多品种范围经济的超平面以图定义的品种轴展开，图的二维（节点与边）的质是不同的。我们借鉴超平面方法只是将产品数量替代为品种数量（从而将同质规模经济且范围经济替代为异质范围经济），在超平面上展开的并不是数量本身，而是具体的图。第二，对第四维的量化（也就是图的量化）靠的是标准化的度分布值，但用在超平面上，不再是以度分布为 N 轴上的连续数列，而是把这些值在超平面的截面上以一定规则呈现。从这个角度看，我们与美国范围经济采用的数学方法是一模一样的，主要不同在于对质性的理解完全相反。这一点并不影响数学本身。换句话说，中美范围经济理论的不同在于对数学解释的对象的定义有质的不同。这种不同，几乎完全等价于当年张伯伦与罗宾逊夫人的争论，争论的也是同一个点②。外人看来二者完全是一回事，但二者却势同水火。

在"品种—数量"均衡分析中，范围经济是成本分析中的另一端。范围经济进入理论经济学家视野的时间并不长，它本身的存在资格还是个问题。一个明显的现象是，只要一提报酬递增，如果不特别指出，一般经济学家都会认为是指规模报酬递增，有的科教书甚至直接就定义说报酬递增即规模报酬递增。可见即使在专业经济学家心目中，也经常没有范围报酬递增，以及它所对应的范围经济的位置。

范围经济，可以说是引起本项研究的缘起性的问题。在实践中，范围经

---

① 内生品种的数学方法反而是从不承认范围经济（认为范围不经济）的规模经济理论（D-S模型）中借鉴来的。

② 张伯伦与罗宾逊夫人争论中不涉及数学，数学（均衡价格的数学定位）是完全一样的，不同在于对这个点的解释，前者认为是异质点（所以叫异质完全竞争），后者认为是同质点（所以是同质的不完全竞争）。发展到后来，情况明朗起来：前者可以发展出品种（斯蒂格里茨、克鲁格曼），而后者永远封闭在数量分析中，就像美国范围经济学派那样。

济是阿里巴巴的哲学，代表着互联网经济之道的最高理解。在我们看来，范围经济在理论上代表的是品种的经济性问题。也就是类似"品种越多，成本越高，还是品种越少，成本越低"这样的问题①。这在实践中涉及的是小到美不美，个性化、定制从根本上成立不成立的问题，因此是网络经济的命根子上的问题。进一步推到价值论，它还是异质性的经济性问题，涉及从均衡观点看，异质性是多一些好，还是少一些好的问题。这是能不能从根本上接纳创新的问题（因为创新的本质就是用异质性打破同质性），相当于承不承认熊彼特是一位正经的经济学家，中国走创新型国家道路到底有没有根源上的合法性的问题。

如果不设立这项研究，按经济学家想当然的设定，一定是品种越多，成本越高，即范围不经济，正如我们在 D–S 模型中看到的那样。"索洛悖论"的立论中也丝毫没有考虑相反的可能。但这充其量只是特定历史条件下的经验事实，是一个在逻辑上未加证明的不缜密的假设。范围经济恰好是与这种似乎不证自明的假设相反的真实情况。更"糟"的是，信息技术越发展，范围不经济这个假设就越不成立。

然而，当我们真正从均衡的条件来分析范围经济与范围不经济时，却发现迄今为止的范围经济研究并不完善。钱德勒的范围经济研究是从经济史角度立论的，更不用说托夫勒与安德森进行的只是经验现象描述，都缺乏严格的均衡证明；潘泽的范围经济研究，集范围经济研究之大成，均衡建模十分严格，但由于没有设立品种轴，是在数量轴上展开的间接的分析，因此很难与一般的规模经济接轨进行比较②。在揭开我们自己的答案之前，我们首先从潘泽等人的可竞争市场理论入手，展开对现有范围经济体系的详细述评。这样人们至少可以知道两件事，一是范围经济的均衡分析已经完全实现，这正好可以弥补只讨论规模经济的 D–S 模型的空白；二是范围经济的均衡分析，可以有从价值论到方法论截然不同，而计算结果却可能一致的两种不同途径。

可竞争市场理论当然不会把自己的范围经济视为"异质完全竞争"。但就问题涉及的实质来说，在张伯伦完全竞争视域中，范围经济最恰当不过地体现了异质完全竞争的特点（虽然张伯伦自己没有把范围经济从规模经济中成

---

① 其前身是戴明问题，即"质量越高，成本越低"这一命题（质量经济不经济的问题）。
② 而在不进行这种比较的条件下，多数学者都不自觉地把规模经济等同于范围不经济而不自觉。

功区分出来)。可竞争这个词就是一种矛盾心理的表现,它的立论者表现它既是完全竞争的,又不是完全竞争的。如果美国范围经济理论接受了张伯伦的说法,把"不完全"的竞争,径直理解为一种完全竞争,即异质的完全竞争(如创新),可竞争就可以表达为异质的完全竞争。可竞争中的"可"与"不可",到底是什么意思,就可以挑明了,把话摆到桌面上说。因此,我们称可竞争市场的范围经济为同质的"异质完全竞争",意思是它的形式能指与实质所指是背离的。这种介于数量与品种过渡形态的范围经济,不同于单纯品种维度上的范围经济,也由此与中国信息经济学派基于中国领先于美国的电子商务实践总结的真正的异质完全竞争的范围经济均衡相区别。

7.3.1 议题设置:两种范围经济

网络经济学的均衡问题,在于把第三维均衡(内生品种的均衡),深化到第四维(内生图的均衡)。第四维的对象——图,代表的是具体的质。但量化方法仍然要利用数学抽象,图是对具体的质的数学抽象。把经济学中的一切现象理解为图,意味着从原子论(代表同质性)和关系论(代表异质性)结合形成的结构的角度来理解事物。其中现实问题是要解释多样化效率(如质量现象、创新现象、个性化和定制现象、社交现象),以及存在固定成本(沉淀成本)条件下的范围报酬递增(如平台经济、生态经济、分享经济等),建立其均衡模型,旨在将具体的局部现象连接为一个整体。

这与分析具体质的方法(如SNA)应具有对应的关系。将SNA转化为经济学的方法。例如,引入平均值分析方法,将边际分析所无法解决的异质性计量问题,化为垄断竞争均衡价格和租值计算。还要解决个量与总量的转化问题。如社会资本与特别节点的关系问题,像结构洞理论所讨论的问题。

将潘泽方法转用于图论,关键是将其纵轴规模经济和横切面范围经济,重新解释为 N 轴上的范围经济(抽象的质的量),与横切面范围经济(具体的质的量)的关系。为此,要区分节点分布(具体 n 值),与节点的度分布(n 的"波"分布)两个维度上的具体范围经济。

横切面的范围经济是指,N 值相同条件下,不同的节点度分布构成的图的超平面,每个超平面以边(关系、"波",映射具体的质)的不同相互区分,差异越大,说明具体复杂度越高。而范围经济在此表现为幂律规律,即在平均成本最低的地方出现爆发(爆款、网红)。为此,简单的三维分析已不能揭示出其中的缘由，需要对具体的边（邻接关系）进行经济学分析。至此，我们来到了经济学所能达到的解释互联网实践的最前沿。因为目前分析网红的理论全部是经验性的，只专注于其中的鸡鸣狗盗之术，而没有发现数学方法在其中可以帮上什么忙。

本章结合图论，通过射线平均成本方法，将边际分析改造为平均分析，以得到经典范围经济结论。有助于发现网红背后的规律。主要发现，市场、企业和网络的不同，既体现在第一种范围经济上（主要由节点定义的 N 值的多少不同而定），更体现在度分布的不同之上，度分布越异质，平均成本定义的范围经济性越强。这是经济学中闻所未闻的新知。

这是我们通过四维分析了解到的情况。将两种范围经济（范围的规模与范围的范围）相综合，就成了不算数量（Q）的"品种—品种—价格"三维分析。其中 N 轴不再仅由节点数的多少而定，而是按图的特征值转化的图值大小而定。我们在四维的超平面中要分析的，已不是图值的简单大小，而是它的结构。更主要的是把这种代表具体质性的结构加以量化后，与垄断竞争均衡价格进行建模分析，找出其中的广义均衡和广义帕累托最优规律。

也可以换一种说法，"品种—数量—价格"三维分析中一元的图值代表 N；而升维成"品种—品种—数量—价格"四维后，N 转化为二元，一是纵轴 n 轴，仅代表节点数（代表质的量性这种抽象）；由诸多不同质的品种构成的超平面形成的横切面相对于价格的高低，则代表边分布（代表质的"质性"这种具体，比如关系的邻接性质是怎样的，或一种质的具体的质的规定性是怎样的）。从成本角度说，综合的范围经济（三维的范围经济）是具体的质与抽象的质这二元现象的综合，一元代表着节点复杂度（主要是多样性程度）而呈现的平均成本变化；另一元代表由边的分布特征（边的复杂度）不同而带来的平均成本变化。其中边的复杂度代表的就是具体复杂性。由二者形成的幂律分布，体现了某种标度不变性。即节点与边的无差异曲线比例关系的不变性。对应现象就是无标度网络中的长尾现象这种有规律的特征。"品种—品种"超平面上的长尾，与"品种—数量"平面上的长尾表示的意思完全不同。后者代表的是专业化效率与多样化效率之间的均衡配比（多少品种的多少批量达到均衡），前者代表的是多样化效率与多样化效率之间的均衡配比（多么离散的多样性分布与多么独特的质的配合达到质的均衡，举例来说，音乐四重奏中听众的小众化分布即个性化听众的数量与乐章本身语义辨识度或可引起共鸣的情感体验的细致程度之间恰到好处的结合，恰到好处的结合引起的就是所谓的爆发——网红或爆款）。

回到"品种—品种—价格"三维的结构均衡分析，网络经济的均衡本质上是图值均衡（既非单纯的节点均衡，也不是单纯的边均衡）。单纯的边均衡在低维空间，如空间经济学、国际贸易理论中，表现为寻址模型等具体应用，研究的现象诸如空间中一些路线与另一些路线形成的空间拓扑图形。或泛图论应用分析，即具体图论。

在网络结构均衡分析中，市场和企业都不再是分析的基本单位，而以网络即平台和生态为基本的分析单位。平台是固定成本的单位，固定成本的分享构成了网络的边界（相关市场的边界[①]）。不再以企业划分相关市场，而是按固定成本的分享范围划分经济单位。这是使用的逻辑，而非拥有的逻辑。拥有权必须复归使用才能获得它的合法性基础上的正当性。而且特别需要注意一点，这时的资源不仅限于闲置资源，更主要的辨识性概念是非排他性使用。因为分享不仅仅是单车可以有几个小时从闲置状态变为使用状态（但一个人骑时，另一个不可能同时骑），更在于知识在整个网络的各个节点上同时被非排他性地使用这种分享，尤其是当资本（如数字基础设施 I、数字知识资产 P、数字生产资料 S 或数字资源 D 等）在整个平台价值网络或生态价值网络中非专用地分享使用时。这也是我反对把分享经济研究窄化为闲置资源利用的原因。

7.3.2　问题背景："同质的"异质完全竞争""

可竞争市场理论虽然在主观上宣称自己的同质性，但客观实际上却在为异质完全竞争开辟道路[②]。因为从经济学思想史语境看，它所面对和解决的问题，仍是张伯伦广义完全竞争问题的延展。虽然可竞争市场理论持同质性假定，但它在一个关键点上试图突破标准的完全竞争理论，即张伯伦说的纯粹竞争：它把原来由固定成本（这通常是异质要素的一种隐喻）造成的进入问题，以"可竞争"这样一种名目给取消了。如果对应到实质问题上，相当于说异质性也是可以完全竞争的。而这正是张伯伦思想的精髓所在。不过，可

[①] 这是我坚决反对在反垄断案中仅仅按平台企业本身边界划分相关市场边界（效率边界）的原因。

[②] 闫星宇．可竞争市场理论综述[J]．产业经济研究，2009，(1)．

竞争市场理论总体上是矛盾的，一方面它摒弃了张伯伦对异质性的追求，另一方面却以范围经济的实证拓展了张伯伦仅仅靠规模经济难以描述清楚的产品间差异现象。

7.3.2.1　范围经济与可竞争市场理论

范围经济理论的形成与可竞争市场理论有关。1982年，鲍莫尔与美国西北大学教授潘扎尔（Panzar）、普林斯顿大学教授威利格（Willig）一起出版了《可竞争市场与产业结构理论》一书，标志着系统化的可竞争市场理论的形成。对这本书，最令人感兴趣的是它对范围经济的分析，包括其成本分析（成本次可加性、固定成本、平均成本）、均衡分析、进入分析等。它的方法十分有特色，无论是射线平均成本的分析、超射线凸性的分析等，对我们的结构化均衡分析都有重要的借鉴价值。

在该书前言中，Bailey谈到潘泽和威利格对范围经济的贡献（1975—1979年），指出鲍莫尔的主要贡献在射线平均成本上。他们最初是从次可加性起步探索不同的成本概念，而提出了可竞争市场理论。而可竞争市场的想法最初是由威利格提出的。

可竞争市场理论的产生与标准理论的内在缺陷有关。完全竞争理论设定了特定的假设条件——大数目厂商、自由进入、产品同质和完全信息假定。但是可竞争市场理论无异于在这些假设条件中打开了一个缺口：固定成本这个条件被放松了，从而间接松动了产品同质这个假设。

根据一般介绍我们就知道[1]：当产业中由于规模经济而不存在大量厂商时，就无法实现完全竞争的效率。这就是规模经济与自由竞争的矛盾，即著名的"马歇尔冲突"（Marshall's Dilemma）。从现代经济学的角度看，"马歇尔冲突"实际上可以理解为：效率要求价格等于边际成本，但是当边际成本低于平均成本（即存在规模经济）时，按效率定价将给生产该商品的厂商带来损失。这是在规模报酬递增条件下实现效率的一个基本障碍。

"马歇尔冲突"造成了微观经济学的两分局面：新古典的标准理论在基础理论层面研究完全竞争结构；而产业组织理论在应用层面研究不完全竞争结构。由于产业组织理论依然把同质完全竞争市场作为一般基准，由异质性引

---

[1] 见"可竞争市场理论"的百度百科词条。

起的真实世界问题就会持续性地造成价值论与方法论之间的矛盾。

可竞争性理论提出完全可竞争市场作为评价产业结构的新标准。在同质完全竞争理论中，大数目厂商作为保障完全竞争的条件被松动。有效地将完全竞争的结论推广到了规模报酬递增的情况，从而协调了"马歇尔冲突"。将这一理论稍微往前推进一步，就可以转向基于品种的异质完全竞争理论。

Bailey 认为，可竞争市场理论的关键结论在于是沉淀成本，而不是规模经济，构筑了进入壁垒。这实际上已经内在地把报酬递增的边界，推到了规模经济与范围经济共享的固定成本（有时是沉淀成本）上来。

由此反观，D-S 模型对规模经济的设定，对报酬递增来说，只是特殊限定，而非一般通用结论。仔细想一想，P=AC 这种均衡条件，在 D-S 模型中设置的是不严密的。代表性消费者模型只考虑了规模经济一种情况，没有考虑范围经济也可以共享 P=AC 这同一个条件。这样一来，把规模经济与固定成本作唯一关联，就是不完全成立的，因为漏掉了另外 50% 的可能。范围经济理论代表的是新经济增长理论中，与规模经济相反的一个分支。它从相反方向说明 P=AC 的条件。

7.3.2.2 垄断竞争的网络空间经济学

传统的空间经济学面对的是地理空间，网络空间经济学面对的是网络空间。有空间概念与没有空间概念最大的区别，在于结构是否内生。内生网络结构于经济学，是垄断竞争经济学从三维向四维发展的关键。为此，需要重新认识寻址模型（垂直模型）。

传统空间经济学强调聚集、集中配置资源的重要性，但网络空间经济学通过结构分析，要找出分布式地配置资源的合理性以及其中的规律。换句话说，传统经济学中的结构意识，是一种中心化、向中心化的结构意识，表现为城市越聚集，效率越高，因此农村人口天然向城市聚焦。这对于专业化效率来说，基本是可理解的。但网络经济提出了悖论，因为电子商务不仅擅长集中，而且擅长分散，可以在分散的农村空间，以离散的方式高效地配置资源。数字经济越发达，这种情况会越明显。由此可以发现，在专业化效率之外，还有多样化效率的存在，论多样化效率，分散在农村的名特优新产品，也可能从无效率变成有效率，只要有一种叫作网络的分布式配置资源的体系，系统地替代企业和市场这种集中配置资源的体系，就可以实现。

在基础理论上最先作出这种反应的，是国际贸易理论。因为按照空间聚焦理论，国际贸易就变得不可理解了，因为只要有几个大国充当世界"大城市"的角色，众多小国作为世界的农村，就根本不会有比较优势从事国际贸易了。好在国际贸易理论的主流正在被另一种反向思考所占据。罗伯特·芬斯特拉的《产品多样化与国际贸易收益》代表的就是这样一种不同的思考，他发现多样化也是一种效率因素，小国（泛指农村、分散在各地的上行网商）也可以具有大国（泛指城市、淘宝商城卖家）一样的比较优势。分散主体的优势就在于"不一样"（异质性）这一点。

关于这一点的深入讨论，可以在斯塔伯格模型与张伯伦模型基础[①]上，比较 D-S 模型的空间方法与框架[②]及"中心—外围"结构[③]。

7.3.2.3 可竞争市场、多产品与垄断竞争

可竞争市场的基本假设条件是，企业进入和退出市场（产业）是完全自由的，潜在进入者"打了就跑"（Hit and Run），具有快速进入市场的能力。他们撤出市场时并不存在沉没成本，所以不存在退出市场的概念。也就是说，一种以往视为非完全竞争的市场，可以被视为完全竞争市场。

按说，这已近于异质完全竞争概念。但可竞争市场理论不承认异质性和差异化，它与品种相对的概念是"多产品"。现在看出一种分歧来：规模经济与范围经济，在品种经济理论中，其所指平均成本下降伴随的条件，一个是相对于数量意义上的"多"，另一个是相对于品种意义上的"多"。要看多产品的多，到底是指哪个含义。

如果多产品指的是多品种产品，那么只有范围经济需要内生多产品，而规模经济的单一产品和多产品没有实质区别，因为它们只取决于数量变化，而不取决于品种变化。讨论多品种条件下的规模经济是另一个问题，涉及的是规模经济但范围不经济，与规模经济且范围经济的区别。这时的多品种，

[①] 魏权龄. 经济与管理中的数学规划[M]. 北京：中国人民大学出版社，2011：164.

[②] 皮埃尔·库姆斯，蒂里·迈耶，雅克·蒂斯. 经济地理学：区域和国家一体化[M]. 安虎森，译. 北京：中国人民大学出版社，2011：43.

[③] 大卫·伊斯利，乔恩·克莱因伯格. 网络、群体与市场——揭示高度互联世界的行为原理与效应机制[M]. 北京：清华大学出版社，2011：104，154.

作用于 PQ 平面之外，取决于品种轴上，PN 平面上的成本情形。

如果多产品不是指多品种产品，而只是指多厂商生产的同质产品，而每种产品分别遵循完全竞争法则，彼此只有数量区别，但没有品种区别，则规模经济与范围经济的区别就需要进一步探讨。这里有微妙的区别，多产品如何能够不是多品种？比如是一家生产，还是多家生产。这与厂商数量有关，而不是真正与品种有关。因此还必须把厂商数与品牌数区分开。

如果多产品是同时指多"数量"与多品种，则可以转化为全微分版的代表性消费者模型。这里的多数量意义上的多产品，当指只有数量区别，没有品牌区别的多个产品厂商；但多品种则指有品牌区别的多个产品厂商。

垄断竞争的突出特征是产品差异。有学者指出，在垄断竞争市场，"打了就跑"的进入厂商无法准确模仿在位厂商的生产，只能生产与在位厂商类似的产品，但生产类似产品又无法得出可竞争性结论（闫星宇，2009）。从标准理论角度看，这确实是一个问题。但从三维均衡角度看，却不存在矛盾，因为异质完全竞争是可能的。如果把垄断竞争理解到张伯伦初衷所指的异质竞争的程度，这种产品差异，是完全可以达到"可竞争"这个水平的完全竞争状态的。

从以上情况可以看出，可竞争市场面临的实质的问题，就是异质产品可以完全竞争这样的问题。但由于它不承认异质产品这个概念，就转而演变为同质的多产品这样的替代概念。多产品变成了一个试图调和规模经济与范围经济的中性概念。这样做可以解决一些问题，但也有一些问题解决不了。

7.3.2.4　单一产品的完全可竞争市场：拉姆齐最优

单一产品完全可竞争市场这个问题的语境相当于：与斯密假定有别（因而通常被视为并非完全竞争）的单一产品，如何是"相当于"完全竞争的（即"可竞争的"）。放到三维均衡语境中，可以更直白地表示为：异质的（因而不同于斯密假定）产品是如何完全竞争的。

所谓"单一产品"，直接的意思是指厂商只生产一种产品的情况。但实际的意思是特指非纯粹竞争的单一产品。

可竞争市场理论确定的完全竞争的标准不同于标准理论，它用可维持性（Sustainable）这个概念描述完全竞争的特征。

可维持性概念是指面临潜在进入者条件下的一种均衡，潜在进入者暂时地把现有厂商的价格视为不变，来决定是否进入。为此，改变最优条件，从帕累托最优，改变为拉姆齐最优。二者的最大区别是，拉姆齐最优除了市场出清（MR = MC）外，额外增设了现有厂商经营无亏损（收支平衡）。拉姆齐最优是厂商收支平衡约束下的福利最大化，它排除了帕累托最优中存在亏损厂商这种情况，因而是一个次优最大值。我们看到，这实际是 D - S 模型设定的一种推广形式①。从规模经济和范围经济两个方面逼近的，都是同一个同类项问题。

从三维均衡角度看，这个问题接近于打通同质完全竞争与异质完全竞争的通用标准。只不过可竞争市场理论不认为通向的是异质性，而只是相互有别的多产品。多产品中那个不同于纯粹竞争的核，已隐含在这里所说的单一产品的结构中。

同时包容同质竞争与异质竞争（在这里是所谓的"可竞争"）的广义完全竞争的共通条件是自由进出（即可竞争性）。它既符合帕累托最优，也符合拉姆齐最优。围绕着自由进出，可竞争市场理论假定，在完全可竞争市场，只需潜在进入者的潜在竞争，就足以保证边际成本定价。这与标准理论设定的存在大量小厂商这个条件没有关系了。反过来看，标准理论把厂商数量作为一个先决条件，实际指向的是同质化，它显得反而像是一种特例。也就是说，同质完全竞争，实际是完全可竞争的一个特例。特就特在，它不仅要求自由进出，还"画蛇添足"地加上了存在大量小厂商这个并非必要的特殊条件。这个特殊条件只对于把广义完全竞争（在这里是完全可竞争）限制在同质竞争范围内有意义，却把符合自由进出条件的其他竞争（如多产品的完全竞争、异质完全竞争）不必要地排除在外了。

可竞争市场理论的这一松动，意义重大。它不光是容纳了单一产品可自由出入、多产品同质化完全竞争，客观上也可以容纳基于品种的异质完全竞争②。

在自然垄断条件下，由于存在潜在竞争者，厂商也只能采取一个与非负利润相一致的价格，即平均成本定价，否则就不能阻止进入。这一结果也可以实现厂商非负利润约束下的福利最大化，满足拉姆齐最优。在互联网条件

---

① 推广到了范围经济。
② 基于品种的异质完全竞争与同质的多产品完全竞争，可计算均衡点是一样的。

下，还可能形成平台业务与增值业务分离互补的新垄断竞争结构，平台企业的平均成本定价与增值服务企业的完全竞争定价可以并行。完全竞争甚至可以同自然垄断并行不悖。

7.3.3　范围经济的结构化成本理论

7.3.3.1　射线平均成本

把"可竞争"的单一产品的结论推向多产品，使问题变得微妙起来。因为多产品还多了一层含义，它是在维护同质性假定不变条件下，对多品种的另一种含蓄的说法。

采用射线方法，对避免多产品或多品种引起的混乱①来说，具有特别的方法上的意义。射线在这里指涉的是产出沿着过原点的射线移动，其含义是指产出按比例变化②。具体到这里，是指不同的产出按比例同步地变化，因此可当作同一个变量来简化处理。因此它在方法上的功能就是（在超平面上）降维。

这种方法的实质是，"通过固定企业生产的不同产出比例，使 n 维降为一维。""这样才可以将成本行为作为这种固定比例的产品集合数量的函数予以研究。""在几何上，这相当于研究在产出空间中沿一条经原点的射线而变化的生产的总成本行为。"③

射线平均成本就是多产品平均成本，射线是为了把多产品当作一个产品。这相当于代表性消费者模型的将异质产品处理成同质产品一样。只不过可竞争市场理论假设产品是无差别的。

1. **射线平均成本概念**

射线平均成本（Ray Average Cost，RAC）的方法，在计算上相当于把多产品处理为单一产品：多产品的平均成本计算不同于单产品，因为多产品涉及的产品单位不一定相同。为解决这个问题，可以固定产品比例，将多产品视作复合产品，这样就将多产品归结为单产品的情况，可以分析产出组合

---

① 指不同产品间可能存在不同的供求曲线。
② 理查德·施马兰西，罗伯特·威利格. 产业组织经济学手册（第1卷）[M]. 北京：经济科学出版社，2009：9.
③ 理查德·施马兰西，罗伯特·威利格. 产业组织经济学手册（第1卷）[M]. 北京：经济科学出版社，2009：8.

(Output Bundle) 变化时的成本变化（闫星宇，2009）。

（1）RAC 超平面

我们现在进入经济学结构化均衡分析的论域。以超平面代表将第三维（品种）表示为第四维（图），即诸多不同图值的品种构成的超平面。

首先，我们确定射线平均成本是复合产品的平均成本：

$$RAC = c(ty^0)/t$$

其中 t 是产出组合 y 的数量。我们可以把它视为品种 n。

图 7-3-1 是射线平均成本的超平面图。它表现的是成本曲面沿产出空间，顺着成本曲线图的底部的射线 OR 形成的横截面[①]，注意这里 t 的表示，其几何意义是产出组合轴上的刻度。射线 OR 位于两商品 y（产出空间）组合的中间。

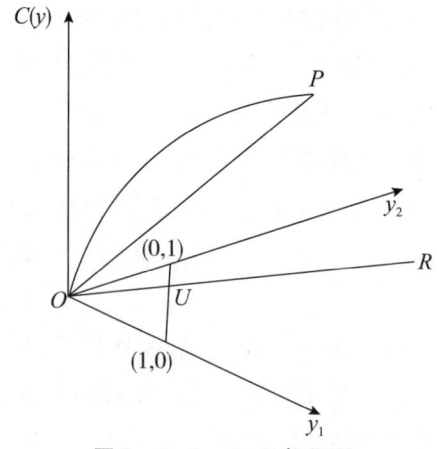

图 7-3-1 RAC 超平面

在两商品情况下，人们描述成本，可以沿总成本超平面画一条垂线，顺着一条像图 7-3-1 中的 OR 那样的射线，到两商品平面。我们在此可以把两商品理解为两商品的具体图值。射线平均成本在横截面上的任何一点 P，都决定于从原点到 P 点的直线的斜率[②]。

当产出上一个成比例的小的改变引起总成本上更小的比例变化时，射线

[①] W. J. Baumol, J. C. Panzar, R. D. Willig. Contestable Markets and the Theory of Industry Structure [M]. New York: Harcourt Brace Jovanovich, 1988: 65.

[②] W. J. Baumol, J. C. Panzar, R. D. Willig. Contestable Markets and the Theory of Industry Structure [M]. New York: Harcourt Brace Jovanovich, 1988: 49.

平均成本会下降。

为什么射线是45度的呢？原来只是为了方便分析，统一计量单位，把每一条射线说成"沿着那条射线"，因此把联系于等距端点（0，1）和（1，0）的45度线所在的轴，当作标准的射线。把沿着每条射线形成的单位束（the Unit Bundle）统一界定为单一单位，作为各个子集的产出之和（the Sum of the Outputs），对各自任意单位的每次测度都等价于这个单位。

（2）RAC 机理

射线平均成本的机理体现在图 7-3-2。

射线平均成本定义为[①]：

$$C(y) / \sum_{i=1}^{it} y_i$$

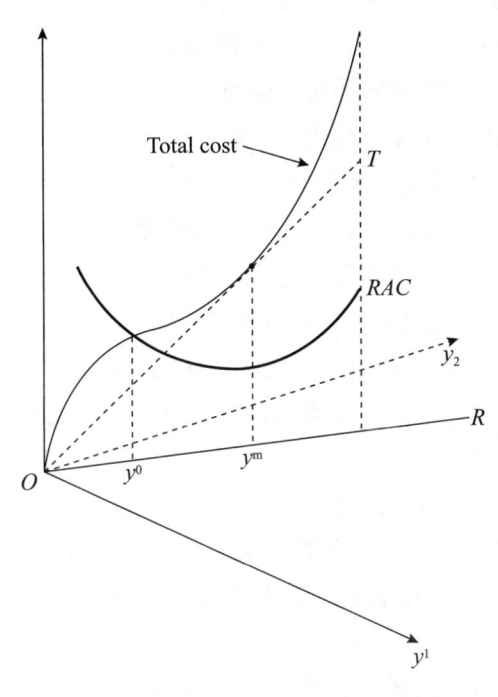

图 7-3-2 射线平均成本的机理图示

如果 RAC（ty）是标量 t（在 t=1）的一个递增（递减）函数，射线平均

[①] W. J. Baumol, J. C. Panzar, R. D. Willig. Contestable Markets and the Theory of Industry Structure [M]. New York：Harcourt Brace Jovanovich, 1988：49.

成本被称为是递增（递减）的；如果对于所有 $t\neq 1$ 的情况，$RAC(y) < RAC(ty)$，射线平均成本被称为是在 y 上最小的[①]。

借助于这样的界定，我们可以在成本（注意，网络经济的成本特指异质成本，即多样化成本[②]）超平面的横截面上画出立于射线上的 RAC 曲线。图 7-3-2 也显示出总成本沿射线 OR 变动的轨迹。我们看到，射线平均成本与总成本有既定的关系。它们相交于单位产出水平 y^0。RAC 在产出 y^m 达到最小，此处，射线 OT 在立于 OR 上的超平面相切于总成本面（Surface）。

注意，图中的总成本只是一条线，但在三维空间它实际是一个曲面（由诸多射线上的总成本集合而成），所以说射线 OT 相切的是一个面。

（3）在射线超平面上表现规模经济与借用

可竞争市场理论表示规模经济和范围经济的方法十分巧妙。它在射线平面上表示规模经济，在超射线平面（即前者的横截面）上表示范围经济。

具体来说，规模经济是平均成本下降部分，在图 7-3-2 中，是 RAC 在 R 轴上 y^0 和 y^m 之间的部分。要注意，一直上升的 OT 射线，并不代表规模经济，它只是总成本的切线。因此，不能认为整个上升的总成本曲面代表规模经济，只能认为，规模经济体现于其中，是总成本曲线与 OT 相切的切点之前（RAC 与总成本曲线切点之后）的部分所对应的平均成本。

如果我们把他们这种方法借用来表达网络结构，数学上不必做任何改变，只要把规模经济替代为多品种范围经济，即以品种替代数量，将多产品范围经济替代为边的度分布就可以了。

此时的横截面表示的就是另一种意思了：它代表以邻接关系（非血缘的、社会化的熟人关系）替代契约关系（社会化的生人关系）引致的缔约交易费用的节省程度。或者说，以信任替代信用所能引起的交易费用的降低。

根据我们在互联网实践中观察得到的经验，用邻接网络（诸多信任关系的边构成的上下文）越有效地锁定某一节点的信用状态（即信息价格水

[①] 理查德·施马兰西，罗伯特·威利格. 产业组织经济学手册（第1卷）[M]. 北京：经济科学出版社，2009.

[②] 网络经济中的同质成本只在数量轴上分析，准确说是在数量—价格平面上分析，关于专业化成本的基本结论也默认标准经济学分析。

平，或信息透明化程度），这一节点与其他节点交易的费用越趋近于零。而邻接网络规模越大，范围越广，它以零成本的信任替代高成本的信用的能力就越强。

2. 射线平均成本：从规模经济到范围经济

(1) 以 RAC 定义的规模经济

通过 RAC 这种简化，可以重新表述规模经济的度（S）。

以 RAC 定义规模经济为：

$$S_N(y) = C(y)/y \cdot \nabla C(y) \neq C(y)/\sum_{i=1}^{n} y_i C_i(y)$$

这里的 $S_N(y)$ 就是规模经济度，相对于它来说，规模报酬是指随着 Sn 大于、等于或小于统一值而递增、不变或递减[①]。

规模经济首先是以平均成本定义的，以往的定义只是单一产品 y 的；现在把 y 展开为超平面，以射线平均成本"代表性"地表示多个产品归一后的平均成本；再将单一产品的规模经济引申到多产品规模经济。

在单一产品情况下，我们通常用规模经济来描述一种产品生产成本的节约情况。但在多产品情况下，这一概念就不再适用了，必须使用特定产品规模经济的概念[②]。特定产品规模经济是指当产品集合中其他产品不变时，某一产品成本随其产量的增加而下降。

(2) 范围经济的美式定义及其缺陷和改进

可竞争市场学派的理论（Baumol，Panzar，Willig，1988）给出范围经济目前流传最广的定义，也是目前《产业组织经济学手册》采用的标准定义。这里讨论的范围经济不同于技术上的范围经济，而专指按企业成本定义的范围经济[③]。按主流的说法，在简化中，范围经济的程度可以定义为（适当定义的）平均成本曲线的导数，主要特征是成本次可加性[④]。

[①] 理查德·施马兰西，罗伯特·威利格. 产业组织经济学手册（第 1 卷）[M]. 北京：经济科学出版社，2009：7.

[②] 理查德·施马兰西，罗伯特·威利格. 产业组织经济学手册（第 1 卷）[M]. 北京：经济科学出版社，2009：9.

[③] 二者区别参见：理查德·施马兰西，罗伯特·威利格. 产业组织经济学手册（第 1 卷）[M]. 北京：经济科学出版社，2009：6-8.

[④] 理查德·施马兰西，罗伯特·威利格. 产业组织经济学手册（第 1 卷）[M]. 北京：经济科学出版社，2009：11.

企业成本分析这里主要分析平均成本①，设厂商的最小总成本是 $TC = TC(v, q)$，平均成本 $AC(v, q) = TC(v, q)/q$，边际成本 $MC(v, q) = \partial TC(v, q)/\partial q$。

成本函数角度的范围经济程度可以用下式衡量②：

$$S(y,v) = C(y,v)/[\sum y_i C_i(y,v)]$$

S 可简化为 AC/MC。S 大于、等于或小于 1，分别对应着范围报酬（局部）递增、不变或下降。其中 y 为产出产品的向量组合，w 为不变的要素价格向量，$C(y, v)$ 为成本函数，$y_i > 0$，$C_i \equiv \partial C/\partial y_i$。

上述主流的范围经济界定存在一个缺陷：它在内容上研究多样化在成本上经济不经济，但在形式上却没有采用专门表示多样性（Variety）的品种③这一计量单位来建立模型。这与规模经济理论不对称。后者在多样化的成本性上与范围经济观点相反（认为越多样化，成本越高），但倒是把品种内生进了自己的理论。代表是"新张伯伦模型"的代表人物如斯蒂格里茨、克鲁格曼等。同是面对多样性这个对象，由于方法不对称，导致规模经济与范围经济的比较在数学上始终无法聚焦，比较不出数学上的分歧点在什么地方。

中国信息经济学派自 1999 年以来，到 2008 年为止，对范围经济进行了一个关键的简化，就是保留范围经济关于多样性的结论不变的情况下，从内生品种的规模经济理论（D-S 模型）中，借用品种（N）这个概念作为均衡维度。将范围经济的界定方法，从基于数量（Q），转换为基于品种（N）。如此一来，范围经济与规模经济的定义方法变得对称，唯一区别只在于规模经济是关于 Q 的，范围经济是关于 N 的。

从问题本身来看，内生增长理论同新古典范式相比，最突出的特征是强调报酬递增。然而，同是报酬递增，有规模经济与范围经济两种形态，前者是规模报酬递增，后者是范围报酬递增。二者在产品多样性的需求分析上结论一致，但成本分析上结论相反。规模经济多强调多样性在效用上经济，而

---

① 哈尔·范里安. 微观经济学：现代观点[M]. 第六版. 上海：上海三联书店，上海人民出版社，2006：291.

② 理查德·施马兰西，罗伯特·威利格. 产业组织经济学手册（第 1 卷）[M]. 北京：经济科学出版社，2009：7.

③ 在英文中，多样性和品种是同一个词 Variety。卡尔顿、佩洛夫在《现代产业组织》中，径直将 Variety 标为 n（品种）。

在成本上不经济（例如，越差异化，进入的固定成本门槛越高越不经济，因此越需要补贴）；范围经济却强调多样性不仅在效用上经济，而且在成本上也经济（例如，越多角化经营，越有利于沉淀成本均摊，因此成本上越经济）。阿里巴巴之所以持范围经济观点，把它作为电子商务的理论基础，就是认识到范围经济与因小而美的实践具有内在关联。

在新的均衡框架中，导致双方观点错位之处也变得一目了然起来。例如，根据后面的数学分析，规模经济不经济，本来与范围经济不经济没有必然联系，但内生品种的规模经济理论现在却认为多样化一定导致成本不经济（Dixit & Stiglitz，1977）。新的框架有利于看清新技术革命条件下上述结论的反例。

提出内生品种的范围经济理论，具有强烈的现实针对性。新古典范式（同质化完全竞争理论）源于对制造业同质化大规模生产经验的理论总结。其同质化假设，相当于暗含了 $N=1$（单一品种）的设定，对同质化生产（如传统"中国制造"）是有解释力的。但信息经济从供求两个方面，使多样性（N 大于 1）这一关键性特征成为新常态。一方面是信息技术产业的发展，极大降低了多样性的成本，在现实中提出了内生品种的规模经济的反例；另一方面以多样性为区别于制造业主要特征的现代服务业在 GDP 比重中的上升，说明人们越来越肯为多样化的需求支付更高价格，但支出高于收入的部分，在理论中往往不知去向。而外生品种的范围经济，又无法内生解释多样性。在这一现实面前，内生品种的范围经济理论把原来基于数量—价格分析的范围经济，扩展到"品种—数量—价格"三维均衡分析，一个实质性的考虑是，在多样性——信息化、服务化、质量阶梯、创新驱动等均是多样性的表象成为经济主导特征后，仅以"数量—价格"维度刻画市场经济，不如以"品种—数量—价格"维度刻画市场经济更加全面。由此，形成了范围经济内部的两个学派，一是以美国西北大学可竞争市场学派为代表的多产品范围经济理论，二是以中国信息经济学派为代表的多品种范围经济理论。下面就引入中国学派的范围经济模型。

（3）与规模经济对偶定义的范围经济

设定品种（N）为多样性的抽象计量单位。与数量（Q）一样是带有 1, 2, 3 等差刻度的数轴，数轴上的每一取值是同质的，仅代表产品差异化程度在量上的区别，而忽略这些差异化的产品之间在质上的区别（即假设它们具有相同的需求曲线和成本曲线）。品种虽然在内容上反映的是异质性价值，但数学形式上遵守的是同质性的要求。作出这种非现实假设是为了理论上的抽象，实现方法同 D－S 模型中的代表性消费者模型一样，通过二元函数中的 CES（不变替代弹性）设定来实现。抽象品种的实质，在于部分修改了经济学的同质性假定，一方面，将价值论意义上的异质性，以差异化的实证形式纳入经济数学；另一方面，又假定这些反映异质性的品种彼此之间是"同质"的（即占有相同市场份额）。

抽象品种在经验中可以对应多种反映质的差异性的具体"品种"，如果质的差异性通过产品多样性来量化，可以以产品品种数量（在实际研究中包括中间产品品种数量、品牌数、商标数等）直接合成为品种指数；同样，如果质的差异性需要通过信息来量化（如反映熵的变化）、通过质量来量化（如反映质量阶梯的变化）、通过创新来量化（如反映新的质取代旧的质）、通过垄断来量化（如反映市场因质而产生的区隔），可以分别用各自反映差异化程度的单位值，去量纲化后，进行间接指数合成。品种在宏观上对应的是 GDP 中体现质的水平的 NOE 量值，幸福值（反映生活的质）、质量水平、服务化程度（反映差异化程度）、信息化水平等均与之有关。

下面的范围经济模型除了符号不同（从 Q 变成 N），其余的形式与规模经济是一模一样的。这不是为了偷懒，而是为了让人们看清规模经济与范围经济在数学上的严格对偶性。

我们定义范围经济的成本是异质成本，即多样性成本，也就是关于 N 轴的成本。将异质成本函数（异质子函数）写为：

$$C_2 = bh_2^{1/(\alpha+\beta)}$$

异质的边际成本函数与平均成本函数分别为：

$$MC_2 = \frac{dC}{dh_2} = \gamma h_2^{1/(\alpha+\beta)-1}, \quad AC_2 = \frac{C}{h_2} = bh_2^{1/(\alpha+\beta)-1}$$

当 $\alpha+\beta=1$ 时，范围报酬不变。

此时，$1/(\alpha+\beta)=1$，$C=bh_2$，故有 $MC_2=AC_2=b$。

当 $\alpha+\beta>1$ 时，范围报酬递增，范围经济。

此时，$1/(\alpha+\beta)<1$，

函数严格凹出，AC_2、MC_2 函数的指数为负，因此是向下倾斜。由于 $\gamma < b$，MC_2 曲线位于 AC_2 曲线下方。

异质成本的范围经济，如图 7－3－4 所示。

图 7-3-3　异质成本子函数

图 7-3-4　异质成本的范围经济

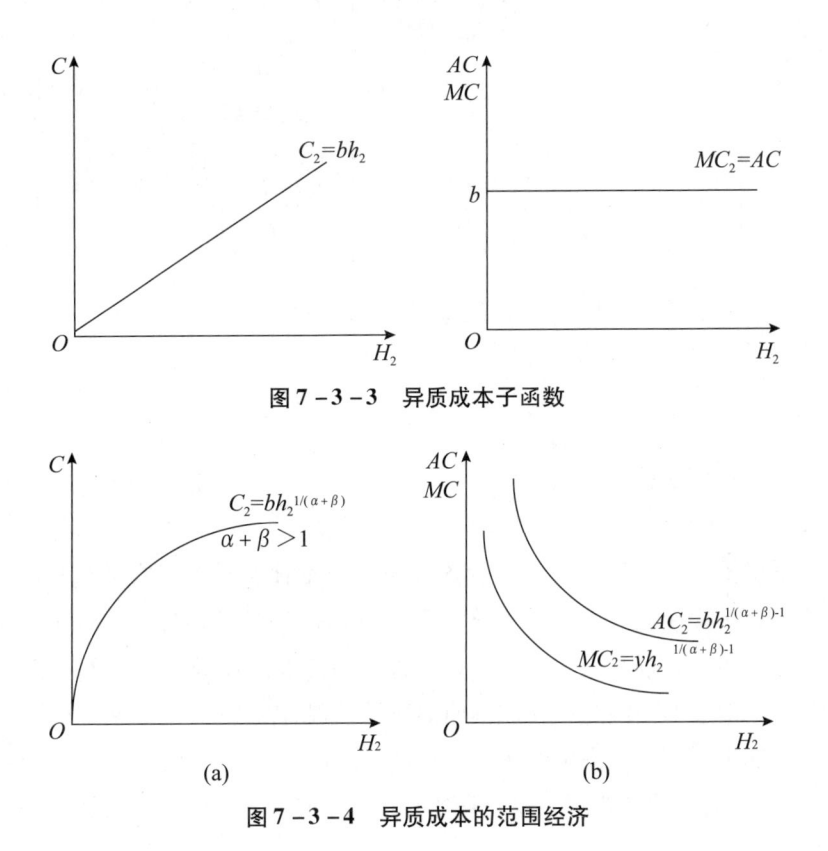

AC_2 即我们一般图示中的 $A'C$。我们看到，图 7-3-4 "异质成本的范围经济" 中的 (b) 图的平均成本 AC_2 正是图 7-2-2 三维均衡空间中的双成本曲线与二元成本曲面中 $A'C$ 成本曲线 b 之前下降的部分，即 rb 段。

当 $\alpha+\beta<1$ 时，范围报酬递减，范围不经济。

此时，$1/(\alpha+\beta)>1$，成本函数严格凸，AC_2、MC_2 函数的指数为正，因此是向上倾斜。由于 $\gamma>b$，MC_2 曲线位于 AC_2 曲线上方。

图 7-3-5 "异质成本的范围不经济" 中 (b) 图中的 AC_2 同样是我们一般图示中的 $A'C$，只不过是 $A'C$ 的另半边。我们看到，图 7-3-5 "异质成本的范围不经济" 中的 (b) 图的平均成本 AC_2 正是图 7-2-2 三维均衡空间中的双成本曲线与二元成本曲面中 $A'C$ 成本曲线 b 之后上升的部分，即 bw 段。

现有范围经济理论是多产品而非多品种范围经济理论，相当于把 Q 轴当作多个同质的产品，用超平面上的多个分支 Q 轴来表现。也就是说，目前的

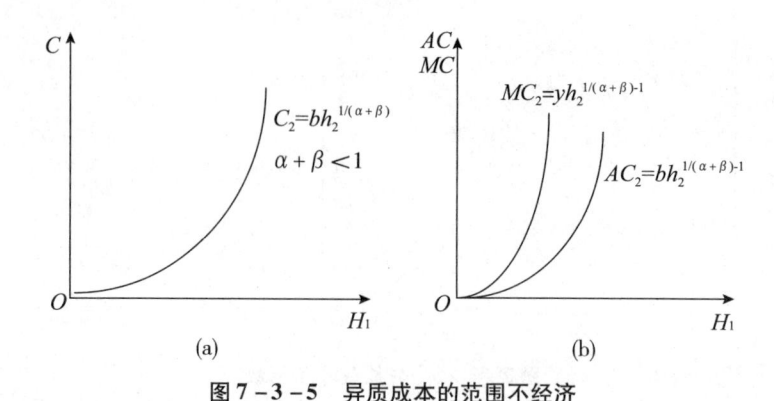

$$C_2 = bh_2^{1/(\alpha+\beta)}$$
$$\alpha + \beta < 1$$

(a)

$$MC_2 = yh_2^{1/(\alpha+\beta)-1}$$
$$AC_2 = bh_2^{1/(\alpha+\beta)-1}$$

(b)

图 7-3-5　异质成本的范围不经济

范围经济，是定义在 PQ 平面上的，而我们的范围经济是定义在 PN 平面上的。这是本文方法的一个重大不同。

在这里，对主流的规模经济观点提出一个批评意见。现有主流规模经济观点多强调多样性在成本上不经济，但规模经济与品种不经济之间的联系不是必然的（例如可能出现大批量与多品种的均衡组合）。如图 7-2-2 三维均衡空间中的双成本曲线与二元成本曲面所示，现有观点将 ra 与 bw 进行了不必要的理论绑定。事实上规模经济（ra）或不经济（av），与范围经济（rb）不经济（bw），没有必然联系。QN 平面上的长尾曲线显示了它们之间的各种自由组合。

更主要的是，经济学家普遍看漏了"因小而美"的可能，因此难以解释阿里巴巴个性化的范围经济实践。图 7-2-2 三维均衡空间中的双成本曲线与二元成本曲面对于"因小而美"给出一种简明的解释：设每个增值应用（App）代表一个品种，rb 存在的条件是固定成本（如平台企业的虚拟店铺或开发平台）可接近零技术成本分摊到每一个个性化应用（App），导致（由平台与 App 共同构成的）商业生态系统中的平均成本随品种 N 增加（无论规模 Q 是否增加）而降低。目前不是人人都接受个性化和因小而美现象，图 7-2-2 三维均衡空间中的双成本曲线与二元成本曲面可一目了然看到问题所在：这些学者没有平均成本可以分摊在品种 N 上的概念。

而缺乏这种问题意识，是由于工业时代经济学具有系统的洞穴之见，看不到杨小凯对工业化源头的一个总的思考，认为多样化与专业化是分工的两个基本方面，是作为工业化思想源头的斯密思想的原意。如果理解了斯密提出分工的原意，在指出与专业化分工并列的，还有多样化分工（以 N 来计量）

的话，才有可能想到事情还有另一面，一旦平均成本在多样化效率提高中均摊，会带来在专业化效率提高中均摊（如传统中国制造）不同的另一种效果，即质量、创新、个性化成为最终覆盖工业化、提升经济现代化水平的第三次浪潮。因为平均成本在 N 上的均摊，换成口语，就是在质量、创新和个性化上分享，即分享经济的资源配置定义。

而这种分摊正体现了信息化技术不同于工业化技术的真正特殊性所在，也是分享经济不同于专用性经济的真正特殊性所在。对应经验现象是：信息通信技术固然可以支持自动化（作用于 Q 轴），但更擅长于智慧化（作用于 N 轴）。现有主流理论只支持到规模经济，自然只能解释"因大而美"（因 Q 值的增加，导致平均成本递减，即 ra 现象）。

明确了这一重大原则问题，就找到了经济学向数字经济方向势如破竹地进行战略突破的根本方向，也就是要在经济学史上第一次重新定义效率，把它分为专业化与多样化两个互补的方向。

（4）能否将射线方法用于代表性消费者模型

在可竞争市场理论中，射线平均成本本身就运用于两商品模型中，只不过这两商品是同类商品。那么，可不可以将这种方法运用于代表性消费者模型的两商品模型中呢？

一个重要区别是，代表性消费者模型的两商品模型采用的是偏微分的方法，而这里将运用的是全微分的方法。当然这一点并不是问题，只要将标价物还原成一般同质商品即可。问题在于，将射线平均成本用于同质—异质两商品模型，分析目标将发生变化，变为同质与异质之间成本的标准化问题。而这是有问题的。

比较有启发性的工具，是各种横截面的分析。在三维均衡框架下，如果有人真想从立体几何角度分析规模经济与范围经济之间的成本横截面关系，也许这里的射线横截面、RT 截面、Trans – Ray Convex（射线间转换截面凸性）等分析工具，都有一定借鉴意义。

一个超级大胆而奇妙的想法是，索性将可竞争市场理论中的规模经济，平移定义为多品种范围经济。根据我们上述"与规模经济对偶定义的范围经济"，在数学上什么也不需要改动，只要把所有数量（Q）轴上的符号换成品种（N）轴上的符号即可。而可竞争市场理论以横截面形式表述的多产品范围经济模型，则可顺延变成我们基于图论的第四维的范围经济模型。也就是说，把可竞争市场理论中规模经济与范围经济的关系，改变为与规模经济对偶定义的多品种范围经济与多产品范围经济对应的超平面（第四维，基于图论的）范围经济的关系。这样改，至少在数学上没有什么问题。它有一个好处：让中美两种定义的范围经济，在互联网最前沿会师，达成新的统一场理论。改造之后的多产品范围经济模型，升级为范围经济的结构模型。一举两得。以此代表中美这两个互联网"世界冠军"之师，对信息革命这场"战争"的胜利之道的最高理解（以数学代表理论上统帅部一级水平的理解），从中可以直接看出欧洲互联网萎靡不振与诸多新兴国家对互联网不得门道要领的数学上的原因，揭示其思维盲区所在的准确数学"穴位"。如果把互联网比作一场针对旧世界的战争，20年来，中国人已经在战争中学会了战争，下面就谈谈中国人产生文化自觉后，对这场战争的数学本质的不同于美国人的理解。

7.3.3.2 增量成本、超射线凸性与范围经济

1. 可竞争市场理论研究范围经济的特殊角度

范围经济是多产品产业的一个重要经济特征。它是指由于经营范围的扩大（从一种产品到多种产品）带来的成本节约。范围经济表明不同产品的生产上存在成本互补性。在非严格意义上，它常作为"跨射线成本凸性"的替代概念起作用，因此，这一概念在多产品产业结构均衡中起着关键作用。把这一思想从产业经济学推广为理论经济学理念，多产品可以从供给方指代创新，而使它成为熊彼特理论的数学化；多产品也可以从需求方指代个性化，而使它成为个性化数字经济的理论基础。

范围经济在方法上的创新在于，讨论一个"至今却未直接用成本曲面'切片'〔按原文：A slice of the cost surface〕的术语予以描述的成本概念"①。这个切片就是指 Trans–Ray Convex（超射线凸性）。

以超射线凸性定义范围经济，是目前教科书中范围经济定义的来历。但如果只是为了与规模经济进行比较，这样定义在方法上是笨拙的，也不是必需的。采用我们改进后的对偶式定义，数学上的优点一望而知，至少我们不

---

① 理查德·施马兰西，罗伯特·威利格. 产业组织经济学手册（第1卷）[M]. 北京：经济科学出版社，2009：12.

必记忆两套数学，而用同一种数学语言可以直接比较出规模经济与范围经济在质的规定性上的不同点所在（见图 7-3-6）。

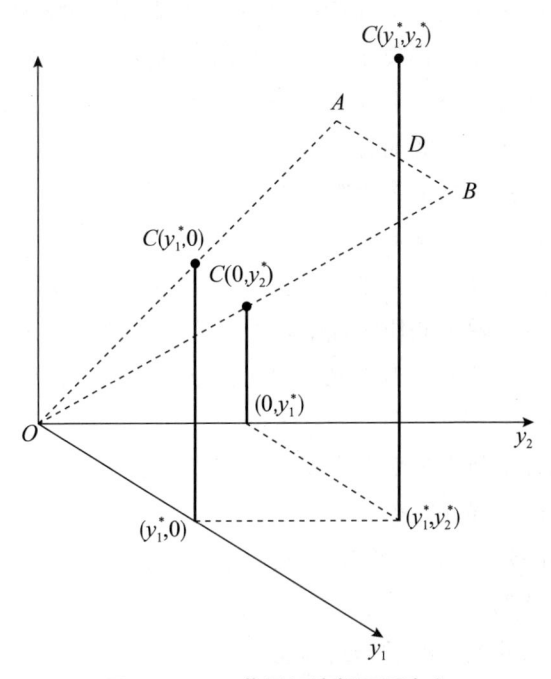

图 7-3-6　范围经济超平面定义

但从更深入的结构化分析角度看，超平面分析的方法有一个优点，它适合把同一维度的变量（在此是多产品的数量，我们把它转化为多品种的数量，即 N 值），变为二维平面来显示。

这与我们原来设想的结构化分析的二维（将第三维解析为二维，从而升级为四维）并不完全是一回事。我们说的从品种一维到品种二维，这里的二维是指图的点与边二维。而超平面说的二维是指把一维的数量升级为 Q_1 和 Q_2 二维，或把一维的品种，升级为 N_1 和 N_2 二维。

但这两种升维方法又是可以统一的，只需要一个条件，即把 N_1、N_2 定义为图值个量，也就是图值 1、图值 2。等于把总的品种值，分解为不同的品种值。那么，图的二维平面到哪里去了呢？到超平面与价格构成的三维空间中去了。也就是说，每条分量线与价格轴共同构成的平面（切片），上面的成本曲线，就代表一条与另一个切片上的另一条曲线具有不同的质的规定性的边所构成的异质成本曲线。事实上，超平面的本意就是如此。我们现在要做的，无非把"代表性的"（作为总量）的品种，以超平面方式表达为代表分量的品种（即图值）。在数学上什么也没有改变。

可竞争市场理论研究范围经济的角度，不同于品种经济的角度。可竞争市场理论研究范围经济，仍然是从数量轴出发定义的。具体来说，它是从投入产出随数量变化而发生的变化来观察范围经济；在这里，多产品并非实质上的多品种，因为多产品的品种本身并没有被内生化，它与规模经济的多产品并无区别，在射线平均成本上都被取齐了；可以认为异质性已被封装进多产品的黑箱里了，这个意义上的多产品对范围经济，只相当于被视同多同质产品的异质多产品。这与张伯伦的角度是不同的。成本次可加性代表的范围经济，可能意指的是两个同质产品的联合生产比分别生产成本更低。需要辨析这与"品种越多，成本越低"的区别。当然，潘泽也提到范围经济发生于不同的（Different）[①] 产出之间。

可竞争市场理论使用超平面表现"多产品"这个概念时，实际已羞答答地默认了每个产品不同质（因为一个不同"切片"代表一种不同的质的规定性），只是口头不承认（或害怕背上背离同质性假定的罪名），在用新古典主义认可的"差异化"来"偷换"、替代新古典主义不认可的"异质性"而已。

范围经济在来源上，被归于成本互补性（Cost Complementarities）和公共品投入（Public Input）[②]。但应该注意到，这里的归因仍然可能是不充分的。因为，第一，我们同样可以把成本互补性和公共品投入当作规模经济的产生原因。第二，所谓公共品投入的说法，仍然是笼统的。还可以进一步提炼出非排他性这一更基本的原因。而对于非排他性来说，就不光只有公共品一种情况了。最近与"分享经济"（Sharing Economy）概念相关的"使用而非拥有"，有助于解释平台支配权分享，而按照使用权收费的非排他性商业生态模式。第三，范围经济的真实原因需要从品种方面寻找，而正是品种异质性构成了范围经济与规模经济形成原因的实质的不同。

进一步来说，公共品是一个制度性的概念。同一个东西，由政府提供叫公共品，由市场提供就可能不再是公共品了。这使"私人提供公共品"（或如

[①] W. J. Baumol, J. C. Panzar, R. D. Willig. Contestable Markets and the Theory of Industry Structure [M]. New York：Harcourt Brace Jovanovich, 1988：71.

[②] W. J. Baumol, J. C. Panzar, R. D. Willig. Contestable Markets and the Theory of Industry Structure [M]. New York：Harcourt Brace Jovanovich, 1988：76-77.

弗雷德·弗尔德瓦里所言"社会服务的市场供给"①）成为一门十分别扭的特殊学问。而从范围经济的实际形成原因，以及从分享经济的资源配置学说及平台与生态经济实践角度，我们宁愿把公共品投入这个归因，转归给非排他性使用产品投入。无论政府提供知识还是私人提供数字经济产品（如知识），数字产品在技术上的非排他性使用的属性都是不变的，都可以产生同样的范围经济效果。这样，当需要解释介于政府与私人之间的平台（如阿里巴巴）分享虚拟店铺和柜台而产生范围经济效率时，就不需要纠结他是不是在提供公共品了，我们只要说阿里巴巴在提供非排他性使用的产品就可以了。

这里同时要指出，范围经济理论有个先天不足，就是没有效率理论（无需固定成本），直接就谈效能理论（必须基于固定成本），因此需要在基础理论上补课，也就是要补上杨小凯指出的多样化效率这一课。多样化效率有固定成本也成立，没有固定成本也成立。举例来说，打台球需要特殊技艺，上体育大学（喻通过学习形成人力资本作为沉淀成本）可以当世界冠军，丁俊辉没有上大学（靠个人禀赋和匠心）照样可以拿世界冠军。而美国范围经济理论如果没有固定成本（他们叫"沉淀成本"）就不成立了。中国范围经济理论一个不同，就是把多样化效率作为范围经济的理论前提。

2. 增量成本

提出增量成本（Incremental Cost）概念的理论意图，是度量在均衡成本（MC = MR）之上的进入成本。把进入成本（沉没的固定成本）当作增量单独度量，作为平均成本定价的表现工具。提出增量成本的客观效果，却在于提出异质成本问题。对范围经济来说，将直接挑开异质成本经济性这个敏感点。

多产品规模经济本来要求产出按射线方向同比例变化，但人们可能要处理另一种情况："成本变化由一种产品（或者产品的一个子集）的成比例增加而其他产品的产出水平维持不变引起。"② 这就需要引入增量成本的概念。这对范围经济来说也一样。

增量成本是指"产品集 $T \subset N$ 在产出 y 的增量成本由 $IC_t(y) = C(y) -$

---

① 弗雷德·弗尔德瓦里. 公共物品与私人社区：社会服务的市场供给[M]. 北京：经济管理出版社，2011.
② 理查德·施马兰西，罗伯特·威利格. 产业组织经济学手册（第1卷）[M]. 北京：经济科学出版社，2009：10.

$C(y_{\hat{T}})$ 给出。同样，$\hat{T}$ 是 T 在 N 中的余集，$y_{\hat{T}}$ 是一个向量，对于在集 $\hat{T}$ 中的产品，该向量的分量等于 y，对于在集 T 中的产品，该向量的分量为零"。[①]

增量成本定义为：

$$IC_i(y) = C(y) - C(y_{N-i})$$

平均增量成本为：

$$AIC_i(y) = IC_i(y)/y_i$$

图 7-3-7 中的 AB 为固定成本。A 是没有固定成本的情况，EC 是加上固定成本的情况。当固定成本是沉没成本（不可退出）时，它就成为边际成本之上的增量成本，平均成本定价即由此而来。

以增量成本表示范围经济（我们引伸为结构化范围经济）：

$$C(y_T) + C(y_{N-T}) - C(y) \geq C(y)$$

一个产出的成本加上一个增量的产出的成本，大于两倍的产出的成本。

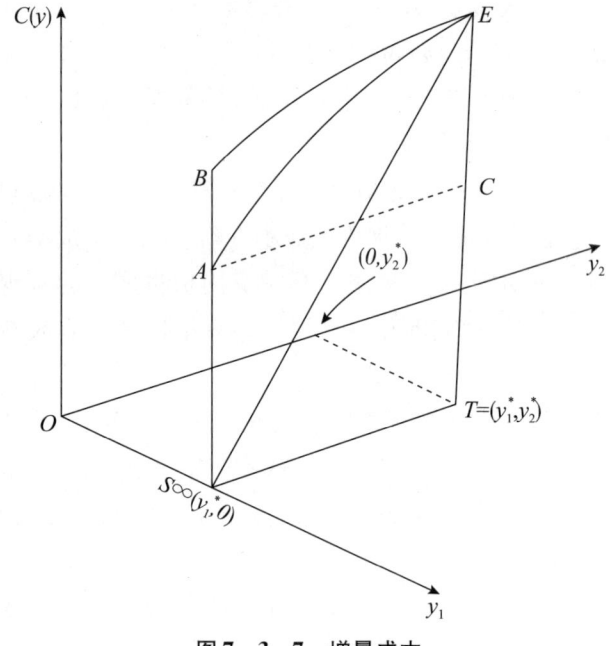

图 7-3-7 增量成本

[①] 理查德·施马兰西，罗伯特·威利格. 产业组织经济学手册（第1卷）[M]. 北京：经济科学出版社，2009：11.

固定成本说到底只是一种经济学上的隐喻，它代表的是一切偏离纯粹竞争的原因的总括。增量成本这个说法可能更加接近真实世界。张伯伦当年就把销售成本当作生产成本的增量成本。从三维均衡角度看，增量成本实质上是异质成本，相对于同质成本，它是一种额外成本。

从历史背景上来说，异质成本的经济性，是整个经济学的"难言之隐"。所有经济学几乎都默认异质成本不经济，即越多样化，成本（无论是总成本、边际成本还是平均成本）只能越高。然而，这等于直接承认了工业病是人类经济和经济学绝症，无药可治。但网络经济正好是反证（越多样性，平均成本越低，即越分工越灵活）。式（7.6）直接挑破了这个理论脓包，揭示事物还有另外相反的一面。人类不需要沿着工业化一条路走到黑，还有相反的信息化的路可走。下面进一步观察其中跟工业化相反的逻辑。

3. 超射线凸性（Trans-Ray Convex）

（1）结构化范围经济与特定产品范围经济的关系

在可竞争市场理论中，范围经济（我们理解的结构化范围经济）被视为对特定产品规模经济（我们替代为特定产品范围经济）效果的放大：

$$S_N(y) = \frac{\alpha_T S_T(y) + (1-\alpha_T) S_{N-T}(y)}{1 - SC_T(y)}$$

式中分母中的 $SC_T(y)$ 可代表对结构化范围经济的度量，在等式中我们可以看到，结构化范围经济在整个范围经济的决定中，放大了特定产品范围经济的效果。在无论范围经济还是范围不经济都不存在时，$SC_T(y) = 0$，此时 S_N 只是特定产品范围经济的一个简单加权加总。然而，如果存在结构化范围经济，$SC_T(y) > 0$，式（7.7）的分母就会小于1，S_N 会大于 $SC_T(y)$ 和 $SC_{N-T}(y)$ 的加权之和（Weighted Sum）。从而，伴随结构化范围经济，T 和 $N-T$ 一起影响到范围报酬递增。即使特定产品范围报酬对 T 和 $N-T$ 都是不变的，随着结构化范围经济出现，对全部范围经济仍将是报酬递增的。即使存在个别生产的范围不经济，充分强的结构化范围经济可以在整个生产集合（Entire Product Set）水平上影响范围经济[1]。

---

[1] W. J. Baumol, J. C. Panzar, R. D. Willig. Contestable Markets and the Theory of Industry Structure [M]. New York: Harcourt Brace Jovanovich, 1988: 74.

可竞争市场理论的原意还原到品种经济语境理解，范围经济的大小，改变的是 N 轴超平面上成本曲线的变化，如果范围经济不存在，相当于 $N=1$，规模经济只考虑 QP 平面的变化；如果 $N>1$，无论范围经济还是不经济，QP 平面的规模经济效果都会被浮动起来，既可能出现规模经济且范围经济，也可能出现规模经济但范围不经济（当然还会出现规模不经济但范围经济或不经济等情况）。如果范围经济足够强，可能直接导致规模与范围的综合效果是经济的，例如利基效果。

当我们把规模经济当作一个 ST 切片（特定产品规模经济）来看的话，范围经济的作用相当于分母中的余量，它的大小，调整的是整个规模经济效果的基座中范围经济所占的比重。如果范围经济不存在，相当于它的比重为 0，则只存在规模经济本身的自我变化。在三维均衡分析中，这一点被简化为一目了然的长尾曲线。

替换为范围经济内部关系之后，其中意思可以理解为，有无熟人结构或结构洞，对范围经济不经济的影响。同样是爆款，基于质的强度造成的爆款（包括造就终身用户的体验），还是引起众多用户心理共鸣的爆款（如畅销的大热门），虽然同属范围经济，但性质仍然不同。

也可以理解为是两个长尾曲线的关系，一个长尾曲线代表的是规模经济与范围经济之间的关系，表示的是数量与品种之间的等均衡曲线；另一个长尾曲线代表无标度网络的幂律，说的是边的度分布规律，或者说爆发与具体的边际关系（邻接关系）之间的关系。经验表明，爆发（如网红）多是在结构洞密集地带由于关键节点的打通而发生，结构化范围经济要解决的问题，就是抓住结构洞带来的机会。正是这种机会，构成了零利润之上的均衡利润，是由此带来的广义均衡水平的生产者剩余（相当于四两拨千斤的效果）。

（2）超射线凸性表示的结构化范围经济

在可竞争市场理论中，范围经济的特性最终是通过超射线凸性（Trans - Ray Convex）表现出来的。超射线凸性由鲍莫尔于 1977 年提出，它要求成本函数在所讨论的超射线超平面是凸的[①]。超射线凸性又译为"超射线凸性""跨射线成本凸性"，实指跨射线截面凸性。

---

① 理查德·施马兰西，罗伯特·威利格. 产业组织经济学手册（第 1 卷）[M]. 北京：经济科学出版社，2009：24.

7 网络经济的均衡结构分析

由于范围经济还不足以描述成本超曲面的横截面状况，就需要引入贯穿射线凸性概念。贯穿射线凸性要求两商品加权产品组合的平均生产成本不大于单独生产二者成本的加权平均值，生产的互补性超过规模经济（闰星宇，2009）。

图 7 – 3 – 8 显示了超射线凸性的情形。从中可以看到，它可以分别表现两商品的成本，并显示射线成本与 RT 两端产品成本的关系，并把它们显示在一个横截面中。

对结构化范围经济来说，这意味着找到一种方法可以度量两种不同质的邻接关系对应的平均成本，而由这种平均成本代表它们之间的差异化水平偏离同质的边构成的网络（如市场或企业）形成的均衡边际值的程度。而这是伯特在结构洞理论的经验描述中还做不到的。如果这一切可以量化，最直接而有用的经济学应用，将有助于实现具有局部与全局同步的全息与分形特征的战略会计（战略损益）计量。在实践中对应的就是海尔"人人都是 CEO"所要求的对最终用户体验的精准化管理。

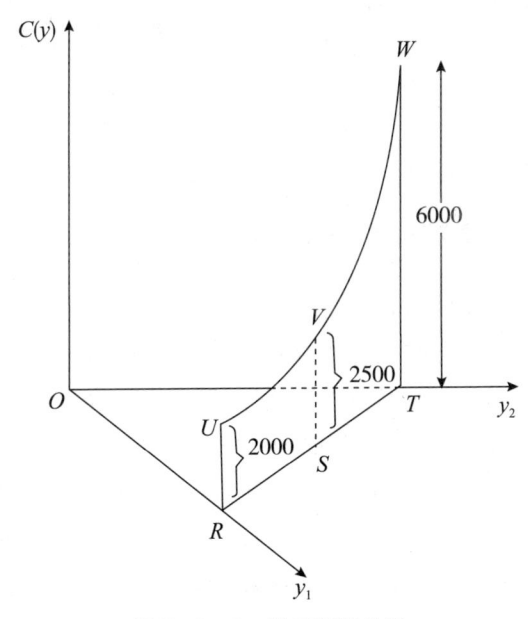

图 7 – 3 – 8　贯穿射线凸性

（3）成本次可加性与超射线凸性的关系

图 7 – 3 – 8 显示了成本次可加性的情形：R 和 T 分别代表两商品的产

出,曲线 WU 沉向中间（Downward Toward the Center）凸向底线,而不是像图 7-3-9 那样凹向底线,在中点 S 上的垂线 VS 代表产出的加权平均。在截面凸性条件下（图 7-3-8）,加权平均（2500）低于两端之和的平均值（4000）；截面凹性条件下（图 7-3-9）加权平均（4500）高于两端之和的平均值（4000）。

由此揭开了范围经济表示方法的谜底。

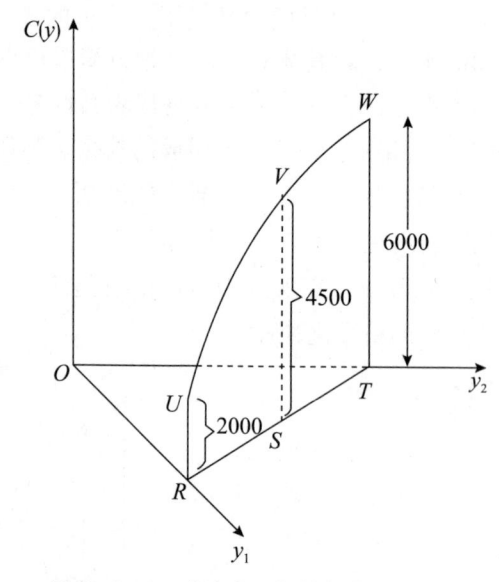

图 7-3-9　成本次可加性与范围不经济

图 7-3-9 表示的是范围不经济。

说一个成本函数具有射线间（截面）凸性,可以表示为：

$$C[ky^n + (1-k)y^n] \leq kC(y^n) + (1-k)C(y^b)$$

其中有两个性质是图中没显现的：第一,凹凸性与产出向量 y 有关,具体是指,如果 y 很小（比如靠近原点）,则射线间截面更近于凹性；只在有 y 足够大,才更接近凸性[1]。这倒符合我们的经验,只有过某个复杂度临界点,数字化效能才高于原子化效能。第二,RT 截面的斜率是无所谓的。

---

[1] W. J. Baumol, J. C. Panzar, R. D. Willig. Contestable Markets and the Theory of Industry Structure [M]. New York: Harcourt Brace Jovanovich, 1988: 81.

射线横截面的凸性转换曲线代表的经济学含义现在清楚了：

以增量成本的形式表现的范围经济节省成本的效果，加大了每个个别的生产规模报酬递增的效果。增量成本是凸的，进一步导致递减的边际成本，支持了特定产品规模经济的存在。Trans – Ray Convex 代表了成本次可加性的几何形式。

当我们用对偶性定义方法定义品种范围经济，而改用这里的方法定义结构化范围经济时，数学不变，但所指含义变了。这里的 y_1 和 y_2 不再指产品，而是指品种。两商品的内容是指两品种。两品种之间的区别由边的度分布决定，也就是由边的邻接结构决定。VS 代表的也不再是关于范围的平均成本（那是纵向的，即射线方向的），而是边的幂律分布。这意味着，在同样的范围经济水平上，爆款的代价仍存在机会成本上的差别。对应实践，这相当于海尔说的用户与终身用户之间的差别，或者更一般地说，是服务与体验的区别。高度体验的赢得，往往呈现强烈的行为经济学特征。它的成本并不体现在这里的射线方向（那还是标准的、"代表性"的），而是体现在横截面上。将来对这里规律的把握，或者要靠大数据，或者要靠文艺理论（一种专注于制造人的喜怒哀乐的专门"技术"）。

成本函数还可以内生固定成本。图 7 – 3 – 10 中的 WA 和 VB 都代表了固定成本。

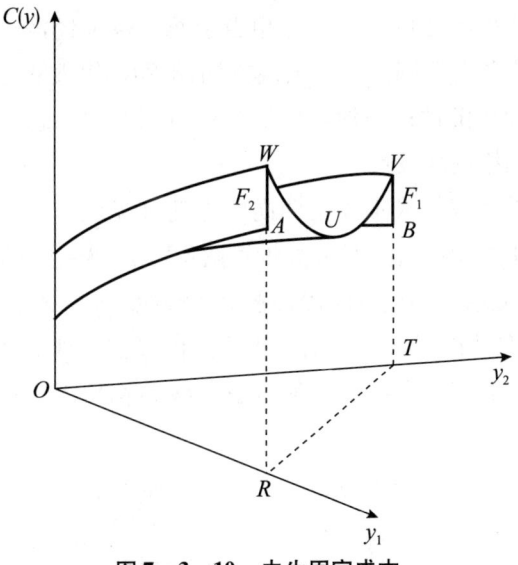

图 7 – 3 – 10　内生固定成本

等成本线为曲面在超平面底平面的投影，如图 7-3-11 所示。

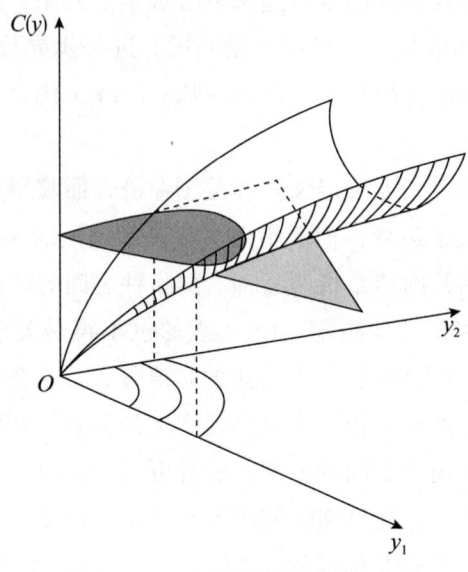

图 7-3-11　范围经济的等成本线

图 7-3-11 显示出拟凸与 Trans-Ray Convex 是一致的。要注意，这是一个规模经济且范围经济的图形。规模经济体现在上升的产出曲线中平均成本（RAC）下降的部分；范围经济体现在超射线横截面的凸性上。

引申到结构化范围经济上来，这相当于两种范围经济——第三维的和第四维的一种对应服务业范围经济，射线方向的 RAC 代表的是非排他性固定成本分享造成的品种经济性；一种对应体验业范围经济，超射线横截面的凸性代表的是无标度网络的爆发性。

我们看到范围经济等成本线是凹向原点的（见图 7-3-13），与无差异曲线的凸向原点正好相反（三维等高投影图见图 7-3-12[①]）。

图 7-3-13 显示出等成本线代表了拟凸特性。

SR 截面实际是范围经济（包括结构化范围经济）中，等成本线与资源 T 的切线。这令人想起等产量线与一般等成本线的相切图，只不过这里的等成本线是范围经济的。

从经验上说，切点应是资源分享之点。越靠近射线平均处，占用资源越

---

① 欧瑞秋，王则柯. 图解微观经济学[M]. 北京：中国人民大学出版社，2005：50.

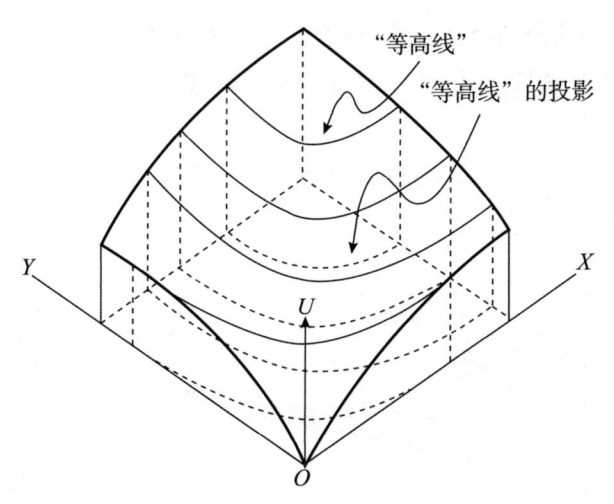

图 7-3-12　无差异曲线凸向原点

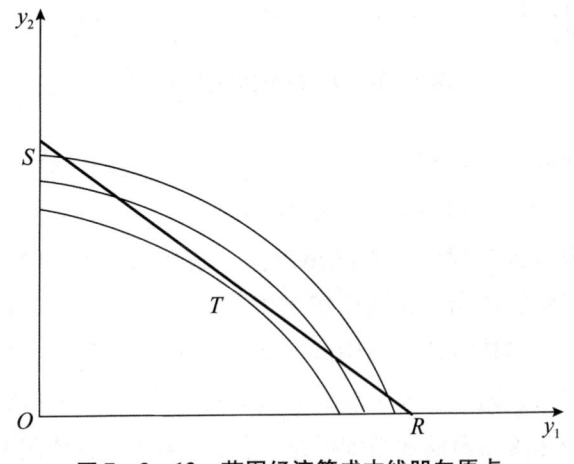

图 7-3-13　范围经济等成本线凹向原点

少,或者说资源利用越充分。

(4) 次可加性的充分条件:超射线可支撑性

超射线可支撑性(Trans-Ray Supportability)是成本次可加性的充分条件。可支撑是指在最低点托底。换句话说,在射线超平面截面上,没有任何一点比这点更低。

y_0 可视为 a_1y_1 和 a_2y_2 的加权和。在 y_0 点超射线可支撑。"任何隐含着超射线可支撑性的成本互补条件将产生次可加性"。"递减的射线平均成本和超射线可支撑性的这个结合是自然垄断的另一组充分条件"[1]。

超射线可支撑性（不像超射线凸性）并不排除产品特定固定成本的存在[2]。

图7-3-14显示了投入上的微小提升对超射线凸性的影响。

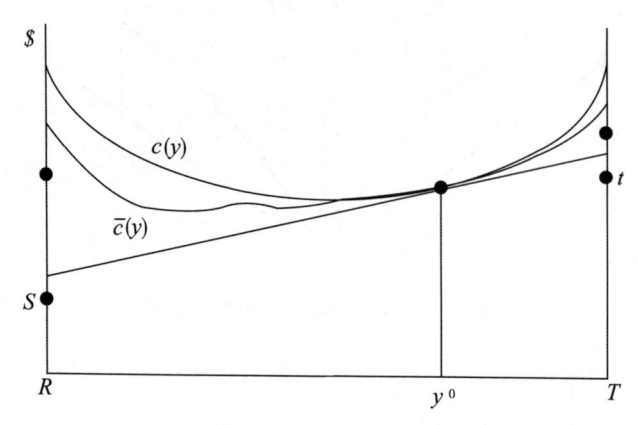

图7-3-14 超射线可支撑性[3]

对于超射线截面上的任意两点 y_a、y_b 来说超射线凸性要求[4]：

$$C(ky_i + (1-k)y_b) \leq kC(y_a) + (1-k)C(y_b)$$

有两个原因导致超射线凸性的出现：一是从超平面边缘向中央的移动，减少各个单独产品的产出，在这个案例中，产出的收缩减少了对资本的超过分摊部分的利用。二是向超平面中间的运动减少了产品的特殊性而增加了分享资本设备的机会，因而有利于减少资本购入（见图7-3-15）。

对电子商务来说，新商业基础措施（包括I和P）在使用上的技术非排他性，使得资本得以充分分享，不仅不降低资本的使用价值，反而因为网络效应增加其使用价值。在这里，资本的使用价值就具体成为了重资产在诸多轻

---

[1] 理查德·施马兰西，罗伯特·威利格. 产业组织经济学手册（第1卷）[M]. 北京：经济科学出版社，2009：24.

[2] 理查德·施马兰西，罗伯特·威利格. 产业组织经济学手册（第1卷）[M]. 北京：经济科学出版社，2009：25.

[3] 理查德·施马兰西，罗伯特·威利格. 产业组织经济学手册（第1卷）[M]. 北京：经济科学出版社，2009：23.

[4] W. J. Baumol, J. C. Panzar, R. D. Willig. Contestable Markets and the Theory of Industry Structure [M]. New York: Harcourt Brace Jovanovich, 1988: 161.

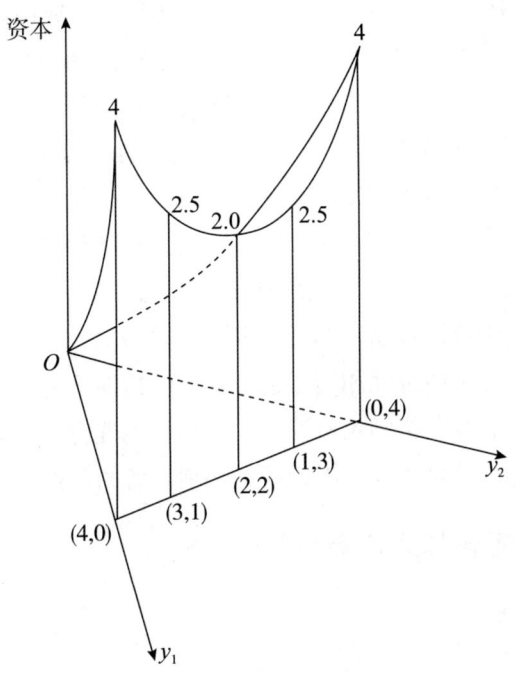

图 7-3-15 资本投入的范围经济效果

资产（App）运作中的分享。这种复用，在非同质化的应用（App）上，就会造成范围经济。

对结构化范围经济来说，这里的资本限定为结构洞资本，是关系加信任[①]构成的社会资本。这与规模经济的情况很不一样。规模经济要求的社会关系，一般是均质的社会关系，从图的结构看，应是正则网络那样的等边长的结构。如果说对一般多品种范围经济来说，还可以用服务业的规律解释，包括IaaS、PaaS、SaaS这种分享经济的收费模式来解释，那么对结构化范围经济来说，就不仅是一个分享资本，按使用（服务）收费，涉及按体验收费（P2P、一对一或情境定价能力）。而体验不光取决于I、P、S一端（云这一端），而且取决于端（App）这一端面对的结构洞和处理能力。这是一个重大的区别。比如，同是在微信之上，微信提供的总的关系（所有几亿节点的度分布），不等于每个App面对的具体的结构洞形势。每个App也是一定程度上的资产拥有者（如双创人员至少要有创新精神）。我们不要想象这里还存在雇佣制。在

---

① 注意，是信任不是信用，是邻接关系，不是陌生关系。

《分享经济：垄断竞争政治经济学》我们已经指出，分成制是资本（重资产）与人力资本（轻资本）之间的分成。这里的App（劳动者、小微主）不是劳动力，而是具有轻资产的人（数字化的"佃农"），轻资本是劳动者赖以分成的根据。具体到结构化范围经济来说，说资本分享，实际准确说是重资产分享，而直接造就增值的劳动却是专用的。专就专在，他要以"人人都是CEO"的精神，单独面对自己的用户，发现属于自己的特定的结构洞。从这个意义上来说，结构化范围经济，实际是最细微的范围经济。它与一般多品种范围经济的关系，是体验范围经济与服务范围经济的关系，相当于潜意识与意识的关系，则结构化范围经济就相当于进行商业的精神分析。

鲍莫尔、潘泽和威利格细致讨论了次可加性的充分条件，在此不再细述。总之，我们可以认为这是一般范围经济都必须具备的条件。

7.3.4 拉姆齐定价作为均衡与最优价格

7.3.4.1 拉姆齐定价

拉姆齐定价（Ramsey Pricing）指高于边际成本的最优定价。这个最优，在广义均衡（即视创新与个性化为新常态的均衡）中，在要素充分流动性下，符合的是广义的帕累托最优。

正如汪丁丁所认为的，当某一商品或服务（在我们看来通常是差异化的商品或服务）的价格提升所产生的净损失（额外成本）小于运用额外收入所产生的净收益时，当需求曲线下方面积与价格水平所界定的"消费者剩余"总量贴现值被最大化时，经济被认为是有效率的。这里要补充一句，它不仅符合专业化效率，而且符合多样化效率。特别是，如果有了多样化效率的概念——它专门作用于投入产出中的 AC – MC 区间（租值区间[①]）——就不会像新古典主义经济学那样，仅仅把反创新的"循环流转"现象视为帕累托最优（窄义帕累托最优）了。

拉姆齐价格本来是用来解释规模经济的。但范围经济同样在提供一种对偏离标准竞争提供报酬递增补偿的条件，使对于同质竞争帕累托最优的偏离特别是对异质竞争帕累托最优的趋近成为一种经济的现实。

[①] 如果把租直接定义为经济利润，则这一区间就是有别于会计利润的经济利润区间。

拉姆齐定价的条件是，产品价格偏离 MC 的距离与其需求弹性成反比，且满足零利润条件，即总收入＝总成本。

需求弹性越大，偏离越小；需求弹性越小，偏离越大。对需求弹性大的产品（如 X），价格应定得与边际成本较近；反之，对需求弹性相对较小的产品（如 Y），价格应定得离边际成本较远。

用我们的语言描述，这是边际值与平均值的关系。产品、服务和体验间的差异越大，则边际值与平均值之间的差值越大；产品、服务和体验间的差异越小，则边际值与平均值之间的差值越小。这种说法还带有这样的意思：差异化经济，不仅具有需求方的理由，也可以具有成本方的理由，也就是范围经济——从平均成本上经济的理由。

如果结合异质性加以考虑，则需求弹性与异质性是成反比的，弹性越大，异质性越低；弹性越小，异质性越高。而异质性与产品价格偏离 MC 的程度是呈正比的。

按标准见解，与最优定价（First‐Best Pricing，即按边际成本定价）相比，拉姆齐定价是一种次最优定价（Second‐Best Pricing），但我们从广义均衡及广义最优角度，却把拉姆齐定价视为一种最优定价。至少与按边际成本定价是"同样"优的。从三维均衡直至四维均衡（结构化范围经济）观点看，异质性带来的不是一种消极的影响，因为创新是人的基本道德，它就是人类的一种常态。相反，同质完全竞争才是一种反自然的东西，只盛行于拿破仑战争至国际金融危机中间这一小段时间（说得远一点，也顶多到洛克），以一万年（前5000年与后5000年）为尺度，只相当于人类中午午休中打盹的三四分钟而已。

比较客观的说法是：对异质性的投入如果说是一种相对于同质化的额外代价的话，其产出则是相对于同质化的额外所得。

7.3.4.2 可支撑（进入）的拉姆齐价格与拉姆齐均衡

拉姆齐均衡由产出空间（Output Space）和价格空间（Price Space）构成。如图 7-3-17 所示，前者由总成本（平面）构成，包括 $C(y) + E(y)$；后者由总收益 $yP(y)$ 构成。

图 7-3-16 显示了加入进入成本 $E(y)$ 的总成本与总收入的关系。在拉姆齐定价中，只有沉没成本才算进入成本。固定成本不完全算进入成本。

利润等于进入成本[1]。(因此零利润就是要冲抵掉沉没成本。)

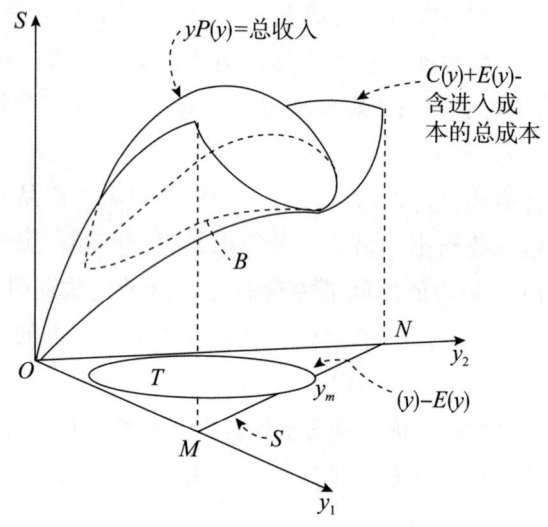

图 7-3-16 可支撑(进入)的拉姆齐价格

成本函数满足下降的射线平均成本和超射线凸性(互补性)两个条件[2]。注意,在这里,超射性凸性与互补性是同一个概念。

总收入曲面为:

$$yP(y) \equiv \sum y_i P^i(y)$$

H_1 是价格超平面,这里假定价格是固定的。由于价格是固定的,它与需求条件无关,不代表市场收入,可以将其视为准收入超平面(Pseudo Revenue Hyperplane)[3]。它相当于影子价格,只不过不代表均衡。

准收入超平面(Pseudo Revenue Hyperplane)H_1 可以代表增量成本函数(the Augmented Cost):$C^*(y) = C(y) + E(y)$,在总收入与总成本相切中,用来观察垄断者的价格对于进入的冲抵状况。这个差,对应的就是"平均成本与边际成本之差的补贴"。

---

[1] W. J. Baumol, J. C. Panzar, R. D. Willig. Contestable Markets and the Theory of Industry Structure [M]. New York: Harcourt Brace Jovanovich, 1988: 209.

[2] W. J. Baumol, J. C. Panzar, R. D. Willig. Contestable Markets and the Theory of Industry Structure [M]. New York: Harcourt Brace Jovanovich, 1988: 210.

[3] W. J. Baumol, J. C. Panzar, R. D. Willig. Contestable Markets and the Theory of Industry Structure [M]. New York: Harcourt Brace Jovanovich, 1988: 210.

7 网络经济的均衡结构分析

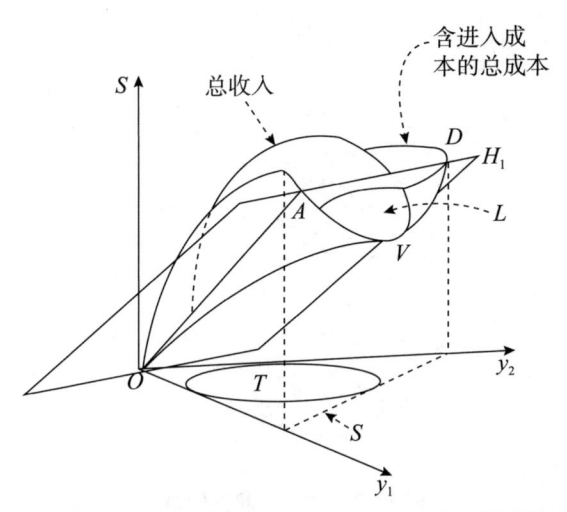

图7-3-17 价格平面同总收益曲面与总成本曲面相切

图7-3-17显示了价格平面同总收益与总成本相切时的情形。这是规模经济且范围经济下的均衡条件。

C^* 支持垄断定价，在这个价格上，消费者买入 y^m。如果 H 位于或高于 y^m 上的 C^*，即 $P \geq C(y) + E(y)$，价格 $y_i^m = h_i$ 将是可支撑的。意思是，如果价格大于等于（MC 决定的）价格（P≥MC），垄断者所得可以盖过（Cover）他的成本。

如果这个超平面由于需求价格的关系，切过（Cut Through）T 上方的总成本曲面（即高于总成本下端），这时的价格是支撑不住的（不可承受的，成本的最低点会塌下来），会引起竞争者的进入。这些竞争者会以较低价格，例如 L 点的价格，提供某种产出组合，并从所得超过成本的生产中获益①。

图7-3-18表现了垄断者对市场价格的反击：为了阻止价格水平的上升，H 一开始就不能低于 C^*（加上进入成本增量的总成本水平）。垄断者可以削减所有价格，直到它达到最低的价格超平面 H_2。超平面 H_2 与超百吉饼（Hyper Bagel，意为一个交集）至少有一个接触点，这个点是 H 与 B 之间的切点②。

令这一点的数量为 y^m，对应的 H_2 价格定义为 h^m。如果这些价格满足反

---

① W. J. Baumol, J. C. Panzar, R. D. Willig. Contestable Markets and the Theory of Industry Structure [M]. New York: Harcourt Brace Jovanovich, 1988: 211.

② W. J. Baumol, J. C. Panzar, R. D. Willig. Contestable Markets and the Theory of Industry Structure [M]. New York: Harcourt Brace Jovanovich, 1988: 211.

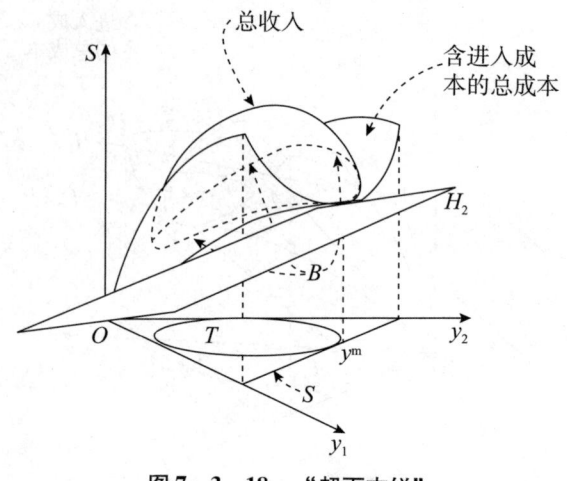

图 7-3-18 "超百吉饼"

需求函数 $h_i^m = P^i(y^m)$，H_2 就成为联系于 y^m 的准收入超平面，准收入与市场收入合一于 y^m。由此一来，H_2 低于除了 y^m 之外的 T 之上的总成本曲面，而 h^m 成为可支撑的。

最后，我们来还原一下进入零利润的条件：在图 7-3-19 中，设 T 上一点 D，垂直于 $S^\sim$ 平面。准收入超平面满足拉姆齐相切条件，表现为 T 上的任何产出 D 肯定会因进入而赔钱，因为 L 位于 M 之上。L 和 M 分别是成本曲面和准收入超平面 H 上的对应点（Corresponding Points）。对成本曲面来说，画

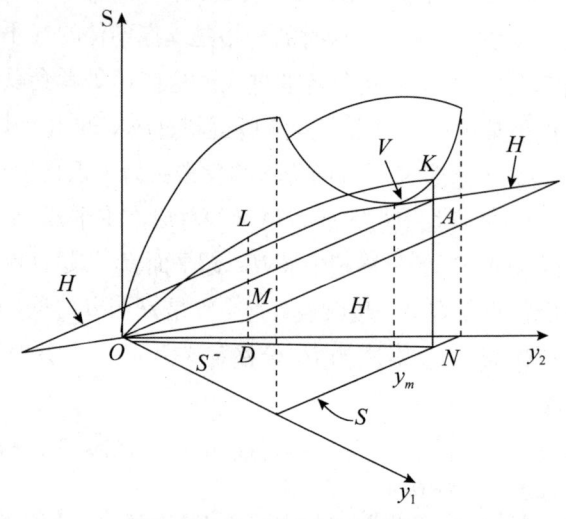

图 7-3-19 进入零利润的条件

横截面 ONKL 在射线 ODN 上方经过点 L。如果成本曲面和超平面 H 相切于 V，在 N 上的成本点 K（由于超射线凸性）肯定位于或高于超平面 H 上的点 A。严格地经过（By）递减射线平均成本，点 L 肯定位于联接原点到 K 线段之上，并依次肯定位于或高于包含 M 的 OA 线段上。因此，L 肯定位于 M 之上。所以 S˜ 上的任何 D 点肯定对于进入是没有利润的[①]。

这就回到了拉姆齐价格可支撑性的定理：在同时存在规模经济和超射线凸性两个条件的成本函数下，"拉姆齐—优化价格—产出向量"对一般可支撑性是充分的（Sufficient）[②]。

"平均成本与边际成本之差的补贴"，就等于利润，等于进入成本。现有论证解决的主要是这个问题。但需要注意，它不仅可以支持规模经济，也可以支持范围经济；不仅可以支持政府补贴，也可用于论证以高度自由选择为特征的网络经济。

从原则上来说，拉姆齐均衡才是网络经济的均衡。我们完全可以理解传统经济学认为拉姆齐定价不符合帕累托最优，就他们立论时与这个判断匹配的时代条件来说，他们没有"错"。我们满怀同情地看到他们被困在自己的时代局限中，理解他们为什么做出这样的推论。同时我们自信在广义的帕累托最优中，拉姆齐均衡将成为最优的新常态。做出这种判断的逻辑也没有什么变化，只是最关键的前提条件变了：创新被内在嵌入我们这个时代，创新驱动才是新常态的本质。

我们讨论到均衡论的最后，要对进入是什么意思，从网络经济角度包括结构化范围经济角度重新推敲一下。当经济学家一听到进入这个词时，就像狗见到骨头就会条件反射般产生唾液一样，本能地把世界当作一个不存在分享经济的世界，他们把资源的非专用性，发展为制度上的非专有性，但致命地漏算了一样：信息革命。信息革命最终的改变，是使资源（包括资产）的 90% 以上从专用变为非专用，并使专用的经济单位——市场和企业，变为非专用的经济单位——网络。对网络来说，资本不过就是可以在网络的诸多节点上复用的平均成本，因此不存在进入门槛。每个企图在成熟的网络中构建

[①] W. J. Baumol, J. C. Panzar, R. D. Willig. Contestable Markets and the Theory of Industry Structure [M]. New York: Harcourt Brace Jovanovich, 1988: 214.

[②] W. J. Baumol, J. C. Panzar, R. D. Willig. Contestable Markets and the Theory of Industry Structure [M]. New York: Harcourt Brace Jovanovich, 1988: 214, 209.

资本的人，第一念头都会像马云那样，把它按非排他性的本性，尽快分享到所在生态网络的每个节点上。为的是在"使用而非拥有"的条件下，从租值中取得重复按使用效果收费的回报。网络就像王府井大街，修筑门槛就好比对进入王府井大街进行收费，会极大地限制人流而影响店铺（喻 App）的生意，因此是再愚蠢不过的。人们逛王府井并不存在搭便车问题，因为王府井大街的经营者会向店主收取地租。如此一来，把沉淀成本定义为后进入者需单独付出的代价，就要十分小心。我们不能把开店的人，理解为后进入者。App 无疑在进入，但不是进入对王府井大街本身的经营，而是在王府井大街上开店。对他们来说，分享经济意味着王府井大街可以视使用效果交付租金。因此没有人会拦着他们进入经营增值业务。他们根本不必为进入王府井大街这个 FC（固定成本）本身付一分钱。

对可竞争市场理论来说，零利润只是解释了进入的代价。但是拉姆齐定价在真实世界中，尤其是分享经济中，并不只是补贴沉淀成本达到零利润了事，而是要获得真正的经济利润，即我们在《分享经济：垄断竞争政治经济学》中讨论的核心——租值。零利润之上的租值，来自可竞争市场理论没有指出的一个来源，这就是资源和资产的非专用性，当这一分享属性与劳动者离散的、拓扑结构的社会网络结合时，会产生出来自平均成本分摊的创造性增值，创新和个性化才是拉姆齐均衡的真正支撑。

从结构化范围经济角度看，进入又是什么意思？进入王府井大街，不等于进入真正的用户体验。拉姆齐定价，不光是王府井大街一方的功劳，还需要在大街上开店的人（喻网商、App）进入用户心里。进入王府井大街的人，只是顾客（买产品的人），还不是用户（买服务的人），更不是终身用户（买体验的人）。如果我们把用户当作多品种范围经济的需求方，终身用户要靠直面需求方的人（App、小微主）经营关系与信任网络来获得。经济学需要把以企业为中心的进入观，改造为以网络用户为中心的进入观，实现人单合一双赢意义上的均衡。这才是拉姆齐均衡推广后的应有之义。

进入，从本质上说，是对自由的限制。对自由的限制，仅在均衡与最优构成的规则范围内是合理的。网络经济的资源配置本质，就是通过共同使用，降低进入的门槛，从而扩大人的自由选择的范围。当人从需求（个性化体验）与供给（创新）两方面扩大了自由选择范围，而又没有破坏（或者说创造出新的）均衡这一"秩序"时，进入门槛被踏平，人的自由而全面发展就会成为现实，新时代就到来了。

7.4 展望：从两两均衡到全局均衡

图均衡是网络均衡不同于标准均衡（包括三维均衡）之处。图均衡的本质性不同在于，它是一种分布式均衡，它的最优是情境最优。与图均衡相比，传统均衡只是图均衡的一种特例。这种特例相当于把所有情境均衡、情境最优，都转化为标准的全局最优。

具体到图论分析来说，情境均衡是以两两均衡（一对一精准匹配）形式表现的 P2P 式均衡，它是全局均衡的分布式形态。两两均衡既可能是小农式的，也可能是网络式的。前者与全局均衡是否定关系；后者与全局均衡是扬弃关系。

两两均衡与小农经济的明显区别，在于技术上的"无须远行，无须久等"，与权利上的全网分享（连接一切），其内在含义在于，由近及远，连接一切，分享一切，其两两均衡与全局均衡是全息的，都体现着互利的关系原则。从这个意义上说，广义的帕累托最优，不仅仅是关于全局的最优，而且是全局最优与两两最优的全息的结合。

我们从网络经济的结构分析中得出的资源配置的结论是，分享本身与网络是同一个概念，分享即网络，网络即分享；局部即整体，整体即局部。

平台是分享的一种特例形式，它的特殊性表现在，它以企业方式经营固定成本，与其价值网络上的利益相关人进行围绕使用的分享和分成。

在推广的形式中，平台融入整个网络之中，成为全人类的共同知识，它的回报，就是付出本身。因为在人本之外，并无别的（社会）存在。人并不异于社会。

均衡论的本质是自由论，讨论在道的水平，实现的是何种自由，如何实现。"网络何以可能"这样的问题，在均衡论水平，最终变成网络自由何以可能的问题。意思是，原来的市场自由、企业自由，不过是规则化节点（同质化、社会化个人）的自由，以及固定的中心节点（精英）的自由。这种自由到了网络结构中，必须从节点与边的双重异质化，分别进化为异质的边的自由（个性化的自由选择）与分布式节点的自由（草根的自由选择）合成的网络自由。而网络均衡就是保证这种波粒二象性自由得以实现的秩序，简称自由秩序。

总的来说，网络经济学研究的不是工程师在楼道里布线以更好提速降价的具体计算问题，而是讨论人类的自由而全面发展如何因合理而最终变为现实的规律。